Daolu Fangpaishui Jishu

道路防排水技术

李志勇　王江帅
李彦伟　赵永祯　　编著

人民交通出版社

内 容 提 要

《公路排水设计规范》出版多年，部分内容已经不适应当前公路建设的需要，本书可弥补现有排水设计方法和规范的不足，使排水设计做到有章可循、有据可依。全书共分路表综合防排水系统、道路内部防排水设计、城市道路排水、桥面及支挡构造物排水及工程应用等5篇，详细介绍了当前道路防排水在设计和施工方面的最新技术。

本书可供公路施工技术人员、建设管理、监理等相关从业技术人员参考使用，亦可供高等院校相关专业师生参考。

图书在版编目（CIP）数据

道路防排水技术 / 李志勇等编著. -- 北京 ：人民交通出版社，2011.9
ISBN 978-7-114-06292-6

Ⅰ. ①道… Ⅱ. ①李… Ⅲ. ①道路－排水工程 Ⅳ. ①U417.3

中国版本图书馆CIP数据核字(2011)第119150号

书　　名：道路防排水技术
著 作 者：李志勇　王江帅　李彦伟　赵永祯
责任编辑：高　培
出版发行：人民交通出版社
地　　址：(100011)北京市朝阳区安定门外外馆斜街3号
网　　址：http://www.ccpress.com.cn
销售电话：(010)59757969,59757973
总 经 销：人民交通出版社发行部
经　　销：各地新华书店
印　　刷：北京盛通印刷股份有限公司
开　　本：720×960 1/16
印　　张：21
字　　数：366千
版　　次：2011年9月　第1版
印　　次：2011年9月　第1次印刷
书　　号：ISBN 978-7-114-06292-6
定　　价：65.00元
（如有印刷、装订质量问题的图书由本社负责调换）

前　言

雨水降落到路界范围内时，一部分会通过道路路面或路基结构渗入道路结构内部；另一部分会首先润湿路基路面结构，继而形成道路表面径流。

渗入道路结构内部的水，首先会损害路面结构，造成水泥混凝土路面的唧泥、板底脱空，进而形成路面板的断裂；对沥青路面结构，则会形成松散、剥落，继而形成坑槽等破坏。一旦水渗入道路的层间结构，还会使层间结构发生变化，使路面结构过早出现破坏，降低路面的使用寿命。

由雨水形成的表面径流，首先会冲刷道路边坡，形成水毁；道路表面的水还会给行车安全带来危害，例如：前车形成的水雾会影响后车的视线；车速过快容易形成“水漂”等，从而造成较严重的交通事故；城市道路内的积水过多也会使居民生活受到影响。

由此可见，不论雨水处于何种情况，都会给道路结构以及行车安全造成重大影响。仅以水毁为例，仅在1990～1996年，全国公路水毁损失就高达200多亿元。每年汛期因洪水造成公路水毁的直接经济损失就达数十亿元，而且呈逐年上升的趋势。另外，从交通运输部获悉，2010年，中国有17条国道，上百条省道因水毁导致交通中断，累计造成公路水毁损失高达118亿元。因此，有效的排水设施对道路结构稳定以及行车安全是必不可少的。而有效的排水设施依赖于正确的排水设计，为弥补现有排水设计方法和规范的不足，使排水设计做到有章可循、有据可依，作者特组织人员编写本书。

全书共分为5篇16章。第1篇：路表综合防排水系统，在对路界表面防排水设计参数论证的基础上，介绍了漫流式防排水、集中式防排水及消能设施的设计方法；第2篇：道路内部防排水设计，包括路基内部排水、路面内部排水及中央分隔带排水三部分；第3篇：城市道路排水，对城市道路综合排水系统及城市路表排水设施——边沟及排水口进行了说明；第4篇：桥面及支挡构造物排水，介绍了桥面排水设施的使用和施工方法；第5篇：工程应用。

本书是在河北省“道路防排水综合技术研究”科研成果的基础上编写而成的。课题参研单位包括：重庆交通大学、河北省交通规划设计院、河北燕峰路桥建设有限公司，河北省交通运输厅公路管理局、石家庄市交通运输局提供了部分参考资料，在本书稿完成之际，特对以上单位表示感谢。管理单位、科研单位、设计单位及工程建设单位的通力合作，使得本书力求“理论升华、实际应用”的宗旨得以实现。

本书由李志勇、王江帅、李彦伟、赵永祯、郑利卫、张文臣、许丽辉、赵彦东、杜群乐、石鑫、党奇志等编著。全书由李志勇、杜群乐统稿。

本书编写尚属首次，错误之处在所难免，有些内容属于初步建立，多有不成熟之处，敬请广大读者谅解。

编者

2011 年 5 月

目　录

第 1 篇　路表综合防排水系统

第2篇　道路内部防排水设计

第3篇 城市道路排水

第4篇 桥面及支挡构造物排水

第5篇 工 程 应 用

第1章 概　论

不论雨水处于何种情况，都会给道路结构以及行车安全造成重大影响。雨水降落到路界范围内时，一部分会通过路面或路基结构渗入道路结构内部；另一部分会首先润湿路基路面结构，继而形成表面径流。据调查，2007～2010 年河北省一般国省干线公路水毁损失分别为 6 000 万元，7 500 万元，5 597 万元，7 950万元，投入应急抢修资金总额分别为 5 350 万元，4 350 万元，3 000 万元，5 500万元；2010 年还增加了大量的养护资金以及养护专项资金。就全国范围来看，仅在 1990～1996 年，公路水毁损失总金额就高达 200 多亿元。每年汛期因洪水造成公路水毁的直接经济损失就达数十亿元，而且呈逐年上升的趋势。根据有关资料显示，1994 年全国公路水毁损失 37 亿元，1996 年达到 69 亿元，1998 年则达到了 91 亿元。另外，从交通运输部获悉，2010 年，中国有 17 条国道，上百条省道因水毁交通中断；累计造成公路水毁损失达 118 亿元。

1.1　水存在的危害

当有水存在于路表及道路结构内部时，其危害主要体现在对道路结构的破坏、对路基稳定性的危害以及降低行车安全等方面。

1.1.1　水引起的道路结构破坏

(1)水能浸入沥青混合料的孔隙中而使沥青黏附性减小，从而导致混合料的强度和劲度减小；另外，水还能进入沥青薄膜和集料之间，阻断沥青和集料的相互黏结，最终导致沥青从集料表面剥落。

(2)水分通过接缝渗入水泥混凝土内部，在水泥混凝土面板和基层之间形成层间水，此部分水在车辆荷载作用下会对基层形成冲刷，使水泥路面出现唧泥，继而形成板底脱空，使得水泥混凝土板过早出现断裂现象。

(3)我国沥青路面大多采用半刚性基层，水分渗入路面结构后，由于半刚性基层的致密性，水分会滞留在面层底面和半刚性基层顶面之间，从而撕裂面层和基层的连续性，使得面层底面出现较大的弯拉应力，使沥青路面过早出现裂缝等破坏。

1.1.2 水引起的路基失稳

对于路基，假设公路施工中路基土的压实按最佳含水率控制，则土颗粒表面上包裹着的结合水膜一般很薄，且是强结合水，溶解在其中的阴阳离子的静电引力较强，将表面带负电荷的黏粒连接起来，形成一定的连接强度。但当水渗入土体时，土体中部分起胶结作用的可溶盐发生离子交换，削弱了骨架颗粒联结点的强度。首先在土体薄弱地方(如支架接触和小桥状联结)形成不稳定结构，水分子顺着原来的大孔隙趁机楔入。由于有支架孔隙的存在，水不断地进入，支架结构迅速瓦解，随着颗粒间水膜的增厚，孔隙中自由水和弱结合水膜增多，水膜像楔子一样将牢固连接的土颗粒分开，使土粒表面产生膨胀，引力减小，内聚力下降，导致更多的胶结物发生软化或溶解。这个过程随水分不断的供给而继续，土体中的孔隙增多增大，压实土体逐渐变成多孔的松散土体，最终，水分渗入到整个土体，使土体强度完全丧失，之后，可能带来路基土沉陷、边坡滑动等地质灾害或病害，与之有关的现象主要有：

(1)湿陷。这是浸湿时黄土的剧烈沉陷，其与一般沉陷的本质区别在于湿陷发生的速度特别快，并且是土的物理力学性质改变的结果。黄土层浸湿的一个主要原因是地下水位的上升，也就是浸湿由下而上进行，浸湿的方向对湿陷特性有重要影响:在地下水位上升情况下，这个过程同自上而下浸湿的过程是不同的。

(2)浸没。当地下水(常为潜水)接近地表，特别是当浸没地表时，可能形成沼泽，发生区域沼泽化。

(3)滑坡。当路基位于天然山坡的坡积层上时，由于坡积层地下水的静水压力和动水压力的作用，引起坡积层滑动，导致路基失稳。

(4)冻胀。在季节性冰冻区，地下水位上升至冰冻线以上时，将产生冻胀，冬季局部抬高，春季出现冻融，引起一系列路基路面病害。

(5)路基土含水率增大。潜水或上层滞水发生毛细水浸润路基时会形成饱和含水层的局部区，路基土含水率增大，抗剪强度下降，稳定性降低。

地下水水位的变动也会影响到路基土的回弹模量和弯沉，进而影响路面各结构层的应力应变状态。

(6)泥石流。泥石流是指水流中携带着大量泥沙,流速较快,破坏力极大,是山区经常发生的病害之一,每年我国山区公路均有因泥石流冲毁路基的情况发生。

1.1.3 水对行车安全的影响

(1)车辆在有积水的路面上行驶时,尾部因飞溅产生水雾,影响驾驶员视线,容易引起交通事故,妨碍行车安全。

(2)夜间行车时,水面对车灯的反射可造成驾驶员的错觉,影响行车安全。

(3)城市道路表面有积水时,车辆行驶时造成的雨水飞溅还会影响自行车道和人行道的通行。积水问题还可能导致本身已较为拥挤的道路发生更加严重的堵车现象,尤其是在连通主干路的下穿式通道出现大量积水的时候严重影响交通。

路表径流是水对行车安全的又一重要影响因素,当轮胎在有薄层表面径流的路面上转动时,水被轮胎花纹和道路路面的不平整所渠化,当路表径流水量超过轮胎花纹和路面表面的排水能力时,轮胎前开始出现壅水,且轮胎开始出现打滑。当壅水现象出现时,产生一个由水形成的“楔子”,且此“楔子”可产生动水压力,此动力可将轮胎抬离路面表面。因水几乎不提供剪切力,故轮胎失去牵引力,从而形成“水漂”现象。

笔者曾采用图 1-1 所示计算模型对动水压力问题进行过研究,其计算结果亦可从表面径流水膜厚度及行车速度等方面进行分析。

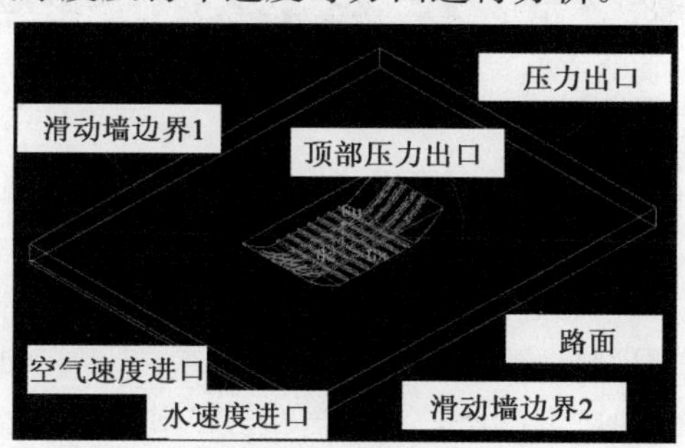

图 1-1 计算模型示意图

1. 水膜厚度对动水压强的影响

计算结果如图 1-2～图 1-4 所示,不同花纹深度的轮胎在三种水膜厚度的路面上以 90km/h 速度行驶时所受到的动水压强随着轮胎花纹深度的减小、水膜厚度的增加而增长,其原因是当水膜厚度较小时,轮胎花纹能够及时将水排出,使得轮胎沟槽内动水压强不至过大,保证胎面与路面的良好接触;随着轮胎花纹深度的减小、水膜厚度的增加，同一时间内通过过水断面的水量加大，导致轮胎花纹不能及时将积水排出，使得胎面和路面之间形成一层水膜，轮胎的附着力下降。

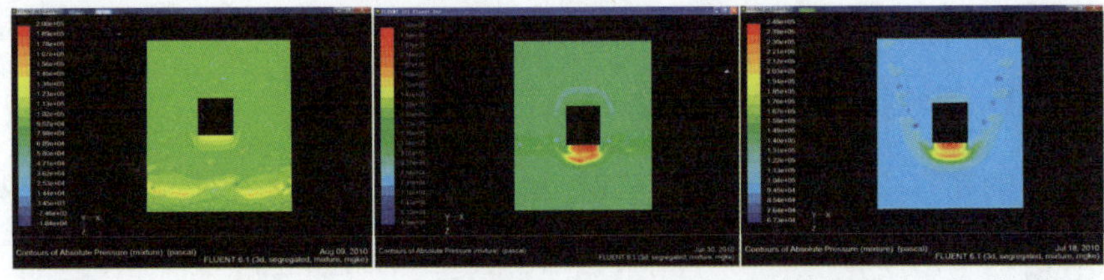

a) h=0.2cm；v=90km/h　　b) h=0.8cm；v=90km/h　　c) h=1.2cm；v=90km/h

图 1-2　平面动水压强分布图(轮胎花纹深度为 7mm)

a) h=0.2cm；v=90km/h　　b) h=0.8cm；v=90km/h　　c) h=1.2cm；v=90km/h

图 1-3　平面动水压强分布图(轮胎花纹深度为 4mm)

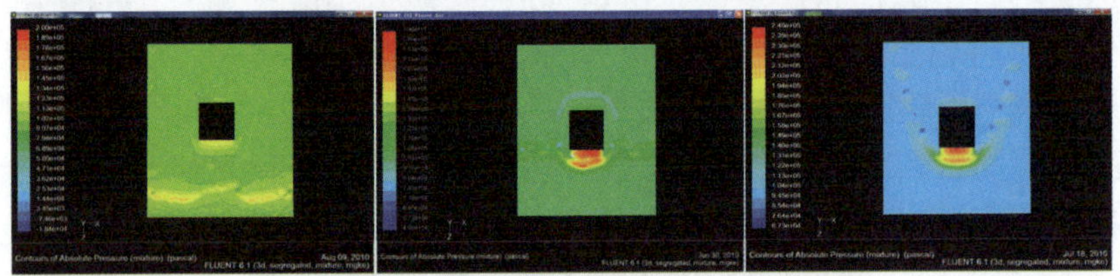

a) h=0.2cm；v=90km/h　　b) h=0.8cm；v=90km/h　　c) h=1.2cm；v=90km/h

图 1-4　平面动水压强分布图(轮胎花纹深度为 0mm)

以 8mm 水膜为例[图 1-2b)]，轮胎的阻挡作用使水流过水断面减小，并在轮胎的前部形成一个高压区域[图 1-2b)中红色部分]。该高压区域的压力数值分布由中间向两侧递减，大致呈对称分布。当水膜厚度较浅(8mm 以下)时，由于轮胎花纹的排水作用没有完全丧失，高压区域对轮胎的作用会延伸至轮胎底部；随着水膜厚度和行驶速度的提高，轮胎花纹逐渐丧失排水作用(即轮胎发生滑水现象)，高压区域对轮胎的作用只发生在轮胎前端。国外专家通过研究认为，如动水压强等于轮胎内部压强就会发生完全滑水现象。汽车行驶速度较低时，轮胎沟槽内的积水能够及时排除，产生的动水压强远小于轮胎内部压强；随着车辆行驶速度的增加，轮胎沟槽内产生壅水现象使得轮胎前端动水压强增大，当动水压强等于轮胎内部压强时，轮胎与路面完全脱离接触，即出现临界滑水状态。

2. 行驶速度对动水压强的影响

当水膜厚度远小于轮胎花纹深度，且车辆以正常速度（$v \leqslant 120$km/h）行驶时，轮胎花纹能够完全将水排出，不会发生壅水现象，如图 1-5 所示。当水膜厚度与轮胎花纹深度差别不大时，由于轮胎的阻挡，使得轮胎前段形成一条与行驶方向几乎平行的速度界限，从而影响轮胎后部水膜的速度。此时，轮胎花纹已不能完全将积水排出，轮胎前端发生的壅水现象使得动水压强增大、沟槽内水流速度下降，如图 1-6a)所示。当水膜厚度远大于轮胎花纹深度时，轮胎前端的壅水现象更加明显，动水压强迅速增大，轮胎前端的速度界限（图 1-6 中绿色与蓝色分界线）由于轮胎的阻挡则向后偏移，其偏移量随着速度的增大而增大。

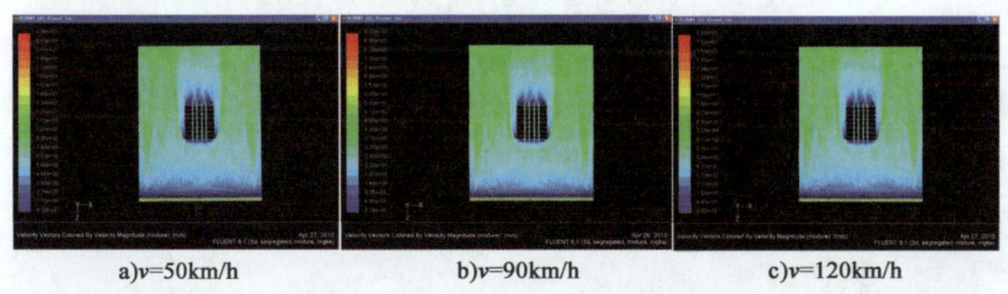

a)v=50km/h　　b)v=90km/h　　c)v=120km/h

图 1-5　h=2mm 速度分布图

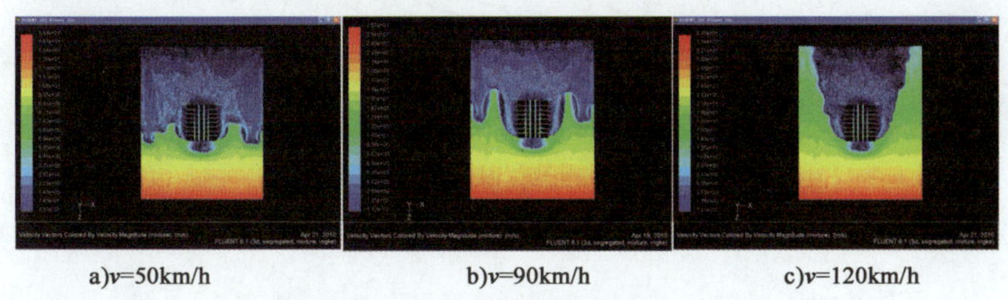

a)v=50km/h　　b)v=90km/h　　c)v=120km/h

图 1-6　h=12mm 速度分布图

3. 动水压强影响因素的多元回归分析

调整水膜厚度和行车速度，不同花纹深度轮胎受到的动水压强结果见图 1-7。当水膜厚度很薄时，动水压强与车速几乎呈线性关系，而且增长速度十分缓慢，当路面积水厚度在 5mm 以下时，在正常行驶速度范围内轮胎能够及时将积水排出，因此不会发生临界滑水状态；随着水膜厚度的增加，动水压强与车速逐渐成曲线关系，其增长的速度明显加快，对于 8mm 水膜，当轮胎花纹深度为 7mm，行驶速度为 120km/h 时，轮胎所受到的动水压强与轮胎内压几乎相等，由此可以判断此时为临界滑水状态，而当花纹深度为 4mm 时临界滑水速度降低为 110km/h；对于 12mm 水膜，临界滑水状态约为 95km/h，如果速度进一步提高，轮胎则完全悬浮于水膜上（发生完全滑水）。

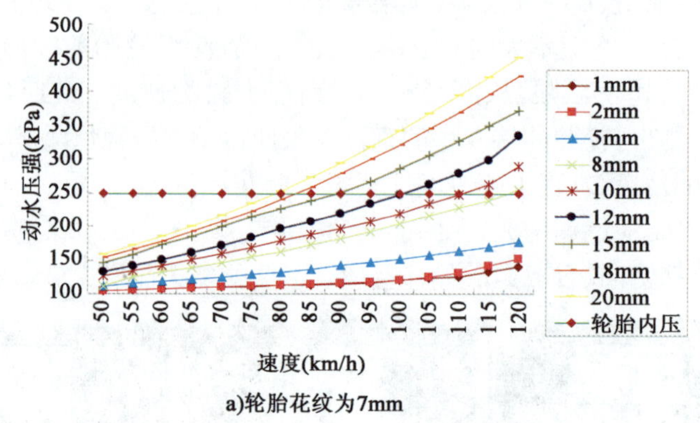

a)轮胎花纹为7mm

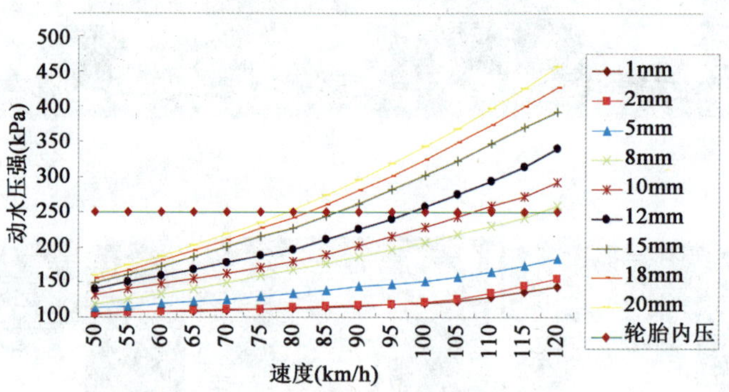

b)轮胎花纹为4mm

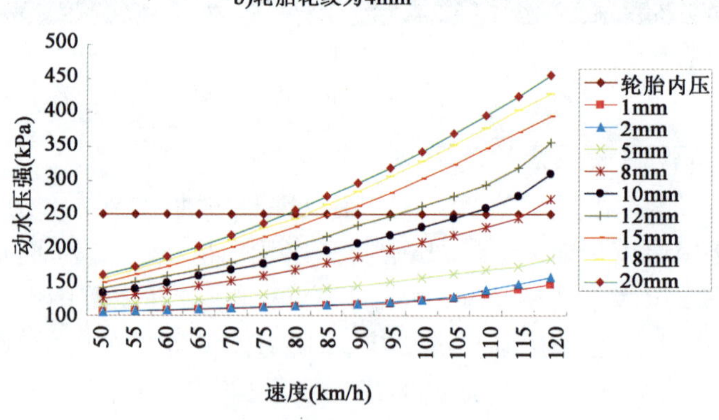

c)轮胎花纹为0mm

图 1-7　动水压强增长图

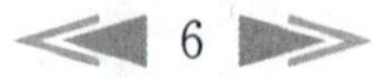

由于行车速度、水膜厚度和轮胎花纹深度对动水压强有很大影响，而且上述因素之间有很好的相关关系，因此可以通过行车速度、水膜厚度和轮胎花纹深度与动水压强之间的关系建立四者的多元线性回归模型。

一般的，设有 k 个影响因素 $\chi_1,\chi_2,\cdots,\chi_k$，与因变量 $\boldsymbol{Y}$ 关系如式(1-1)所示：

$$\boldsymbol{Y}=\beta_0+\beta_1\chi_1+\beta_2\chi_2+\cdots+\beta_k\chi_k+\boldsymbol{\varepsilon} \tag{1-1}$$

$$\boldsymbol{\varepsilon}=N(0,\sigma^2) \tag{1-2}$$

称为多元线性回归模型，线性函数：

$$f(x_1,x_2,\cdots,x_k)=\beta_0+\beta_1\chi_1+\beta_2\chi_2+\cdots+\beta_k\chi_k \tag{1-3}$$

称为多元线性回归函数，$\beta_i(i=0,1,2,\cdots k)$ 称为回归系数。$\beta_i(i=0,1,2,\cdots k)$ 与 σ^2 均未知。

设 $(x_{i1},x_{i2},\cdots x_{ik},y_i)$ $(i=1,2,\cdots,n)$ 为 $(\chi_1,\chi_2,\cdots,\chi_k,\boldsymbol{Y})$ 的试验数据，且：

$$\begin{cases}y_i=\beta_0+\beta_1\chi_{i1}+\beta_2\chi_{i2}+\cdots+\beta_k\chi_{ik}+\varepsilon_i,i=1,2,\cdots n\\ \boldsymbol{\varepsilon}=\mathrm{N}(0,\sigma^2),\mathrm{i}=1,2,\cdots,n\\ \mathrm{Cov}(\varepsilon_i,\varepsilon_j)=0,i\neq j,j=1,2,\cdots,n\end{cases} \tag{1-4}$$

记 $\boldsymbol{\beta}=(\beta_0,\beta_1,\beta_2,\cdots,\beta_k)^T,\boldsymbol{Y}=(y_1,y_2,\cdots,y_n)^T,\boldsymbol{\varepsilon}=(\varepsilon_1,\varepsilon_2,\cdots,\varepsilon_n)^T$

$$\boldsymbol{X}=\begin{pmatrix}1&\chi_{11}&\chi_{12}&\cdots&\chi_{1k}\\1&\chi_{21}&\chi_{22}&\cdots&\chi_{2k}\\\vdots&\vdots&\vdots&&\vdots\\1&\chi_{n1}&\chi_{n2}&\cdots&\chi_{nk}\end{pmatrix}$$

则式(1-4)可以表示为：

$$\begin{cases}\boldsymbol{Y}=\boldsymbol{X\beta}+\boldsymbol{\varepsilon}\\ \boldsymbol{\varepsilon}=N_n(0,\sigma^2\boldsymbol{I}_n)\end{cases} \tag{1-5}$$

式(1-5)就是通常所说的线性模型，式中 $\boldsymbol{X}$ 是一个纯量矩阵，称为设计矩阵或结构矩阵，在回归分析中一般假设 $\boldsymbol{X}$ 为列满秩，$E\boldsymbol{\varepsilon}=0$ 是 n 维零向量，$\boldsymbol{I}_n$ 是 n 阶单位矩阵。

设 $\boldsymbol{\beta}=(\beta_0,\beta_1,\beta_2,\cdots,\beta_k)^T$ 是 $\boldsymbol{\beta}$ 的估计量，则称：

$$\hat{\boldsymbol{y}}=\hat{\beta}_0+\hat{\beta}_1\chi_1+\cdots+\hat{\beta}_k\chi_k \tag{1-6}$$

为多元线性回归方程，记：

$$\hat{\boldsymbol{y}}_i=\hat{\beta}_0+\hat{\beta}_1\chi_{i1}+\cdots+\hat{\beta}_k\chi_{ik},i=1,2,\cdots,n \tag{1-7}$$

$$\hat{\boldsymbol{Y}}=(\hat{y}_1,\hat{y}_2,\cdots,\hat{y}_n)^T$$

则：

$$\hat{\boldsymbol{Y}} = \boldsymbol{X}\hat{\boldsymbol{\beta}} \tag{1-8}$$

残差平方和为：

$$\begin{aligned} S_E^2 = S_E^2(\beta) &= \sum_{i=1}^{n}(y_i - \beta_0 - \beta_1\chi_{i1} - \beta_2\chi_{i2} - \cdots - \beta_k\chi_{ik})^2 \\ &= |\boldsymbol{Y} - \boldsymbol{X\beta}|^2 = \boldsymbol{Y}^{\mathrm{T}}\boldsymbol{Y} - 2\boldsymbol{Y}^{T}\boldsymbol{X\beta} + \boldsymbol{\beta}^{\mathrm{T}}\boldsymbol{X}^{\mathrm{T}}\boldsymbol{X\beta} \end{aligned} \tag{1-9}$$

对给定的观测数据$(\chi_{i1},\chi_{i2},\cdots,\chi_{ik},y_i)$，$i=1,2,\cdots,n$，$\hat{\boldsymbol{\beta}}$选择为：

$$\min_{\beta} S_E^2(\beta) \tag{1-10}$$

的最优解，因此$\hat{\boldsymbol{\beta}}$为：

$$\frac{\partial}{\partial\beta}S_E^2(\beta) = 0 \tag{1-11}$$

的解。由式(1-11)可得：

$$\boldsymbol{X}^{T}Y = \boldsymbol{X}^{\mathrm{T}}\boldsymbol{X\beta} \tag{1-12}$$

称之为正规方程。由于 $\mathrm{rank}(\boldsymbol{X}^T\boldsymbol{X})=\mathrm{rank}(\boldsymbol{X})=k+1$，所以$(\boldsymbol{X}^T\boldsymbol{X})^{-1}$存在，故得到 $\boldsymbol{\beta}$ 的 LS 估计：

$$\hat{\boldsymbol{\beta}} = (\boldsymbol{X}^T\boldsymbol{X})^{-1}\boldsymbol{X}^T\boldsymbol{Y} \tag{1-13}$$

从而式(1-8)为：

$$\hat{\boldsymbol{Y}} = \boldsymbol{X}\hat{\boldsymbol{\beta}} = \boldsymbol{X}(\boldsymbol{X}^T\boldsymbol{X})^{-1}\boldsymbol{X}^T\boldsymbol{Y} \tag{1-14}$$

通过对 405 组数据使用式(1-13)进行回归分析，求得回归系数的估计值：

$$\hat{\boldsymbol{\beta}}^T = (\hat{\beta}_0,\hat{\beta}_1,\hat{\beta}_2,\hat{\beta}_3) = (-84.686, 2.26, 9.437, -0.9996)$$

多元样本线性回归方程为：

$$\hat{y} = -84.686 + 2.26\chi_1 + 9.437\chi_2 - 0.9996\chi_3 \tag{1-15}$$

在此方程中$\hat{y}$为动水压强 P；χ_1 为车辆行驶速度 v；χ_2 为道路水膜厚度 $h_{水}$；χ_3 为轮胎花纹深度 $h_{胎}$。因此，式(1-15)可以改写为：

$$P = -84.686 + 2.26v + 9.437h_{水} - 0.9996h_{胎} \tag{1-16}$$

式中：P——动水压强，kPa；

v——行车速度，km/h；

$h_{水}$——道路表面径流水膜厚度，mm；

$h_{胎}$——轮胎花纹深度，mm。

对式(1-16)进行显著性检验，即检验：

$$H_0: \beta_1 = \beta_2 = \beta_3 = 0$$

为此先计算各偏差平方和：

$$S_T^2 = \sum_{i=1}^{405} y_i^2 - 405\bar{y}^2 = 898\,500.5$$

$$S_R^2 = \hat{\beta}_1 l_{1y} + \hat{\beta}_2 l_{2y} + \hat{\beta}_3 l_{3y} = 783\,130.6$$

其中：

$$l_{iy} = \sum_{k=1}^{405} (\chi_{ki} - \bar{\chi}_i)(y_k - \bar{y}) \quad (i = 1,2,3)$$

$$S_E^2 = S_T^2 - S_R^2 = 115\,369.9$$

于是：

$$\frac{S_R^2}{S_E^2} = 6.788$$

取显著性水平 $a=0.01$，查 F 分布表得 $F_{1-\alpha}(k,n-k-1) = F_{0.99}(3\,401) = 3.78$，从而临界值 $c=\frac{k}{n-k-1}F_{1-\alpha}(k,n-k-1)=0.028\,3<6.788$，故拒绝 H_0，即行车速度、水膜厚度、轮胎花纹深度对动水压强的线性影响在 $a=0.01$ 下是显著的。

通过对试验数据进行分析，当轮胎花纹深度为 7mm 时，发生临界滑水的车速与水膜厚度的关系约以 3.5km/(h · mm)递减；当轮胎花纹深度为 4mm 时，临界滑水车速与水膜厚度的关系约为 4.083km/(h · mm)。由此可知旧胎发生滑水的临界车速约为新胎的 85%～90%，建议驾驶员定期检查轮胎，保证其磨耗值不应大于 2mm。

对上述三个因素进行主成分分析评价，结果表明行车速度对动水压强的影响最为明显；水膜厚度和轮胎花纹深度对动水压强的影响几乎相同。因此控制行车速度能够有效降低汽车发生完全滑水的风险，建议驾驶员雨天时以中速(65～85km/h)行驶，切勿高速驾驶。

因此，公路防排水设施是公路工程必不可少的重要组成部分，在施工期可以提高施工效率，保障施工人员及设备的安全；在运营期可以减少公路的返修率，降低维护费用，提高汽车运行的平稳性和安全性，提高行车速度，保证正常的通车时间，减少交通事故。

1.2 防排水的目的和形式

1.2.1 防排水的目的

根据水源不同，影响道路结构及运营的水可分为地表水流及地下水，相应的排水设施则可分为路表排水及地下排水。

地表水包括大气降水及江河、湖泊中的水，其引起的破坏主要是冲刷和渗透。冲刷导致水毁；渗入路基则使路基软弱，渗入路面结构则使路面层间结构过早出现破坏。

地下水包括上层滞水、潜水、层间水等，其主要危害是软化结构强度，影响使用效果。

因此，公路防排水的目的就是将公路结构范围内的湿度降低到一定范围，保持其常年处于干燥、中湿状态，确保结构的强度与稳定，避免积水，特别是路表积水，以确保并延长其使用寿命，避免公路结构受水的危害。

1.2.2 防排水形式

根据防排水的要求及排水特点，本文将道路的防排水分为四种形式：

(1)路表防排水。

(2)内部排水，包括路基内部排水和路面内部排水。

(3)城市道路排水。在雨水的收集及排放方式上，城市道路排水和一般公路排水有着许多不同之处。

(4)桥面排水。

1.3 道路防排水的综合布设

道路防排水系统是由各种拦截、汇集、拦蓄、输送、排放地表水和地下水的排水设施和构造物组成的总体，其是一个综合性较强的系统工程，如图 1-8 所示。

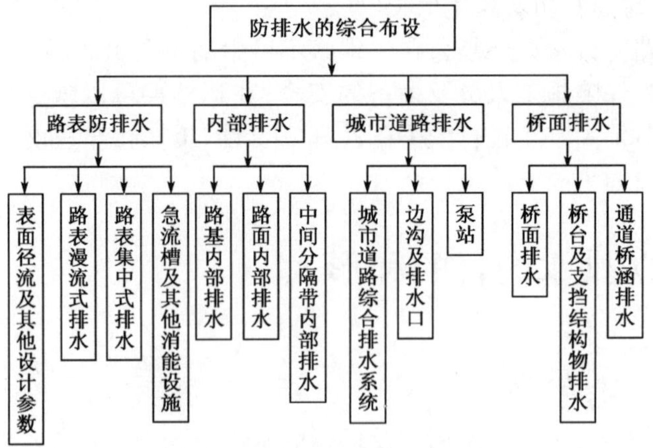

图 1-8 道路防排水综合布设图

1.4 排水设计的原则及思路

在进行公路排水设计及施工时，应遵循如下原则和思路：

(1)排水设计要因地制宜、全面规划、因势利导、综合整治、讲究实效、注意经济，充分利用有利地形和自然水系。一般情况下，地面和地下设置的排水沟渠不宜过长，以使水流不过于汇集，做到及时疏散，就近分流。

(2)各种排水沟渠的设置，应注意与农田水利相配合，必要时可适当增设涵管或加大涵管孔径，以防农业用水影响道路稳定性，并做到有利于农田灌溉。路基边沟一般不用做农田灌溉渠道，两者必须合作并使用时，边沟的断面应加大，并予以加固，以防止水流危害路基。

(3)设计前必须进行调查研究，查明水源与地质条件，重点路段要进行排水系统的全面规划，考虑排水设施与桥涵布置相配合，地面排水与地下排水相配合，各种排水沟渠的平面布置与竖向布置相配合，做到综合整治，分期修建。对于排水困难和地质不良的路段，还应与道路防护与加固相配合，并进行特殊设计。

(4)排水要注意防止水土流失，尽量不破坏天然水系，不轻易合并自然沟溪和改变水流性质，尽量选择有利地质条件布设人工沟渠，减少排水沟渠的防护与加固工程。对于重点路段的重要排水设施以及土质松软和纵坡较陡路段的排水沟渠，应进行必要的防护与加固。

(5)排水设施和排水方法的选择，除了认真分析其排水效果外，还应充分考虑其负面影响和危害(如城市道路篦条式雨水口对自行车交通的影响)，尽量避免或减少负面影响。

(6)排水设施及方法的选择应根据具体路段具体设计，避免“一刀切”。

第 1 篇　路表综合防排水系统

第2章 公路路表防排水系统的组成及相关参数

2.1 路表防排水系统组成

如图2-1所示，按降水在路界内降落的范围，可将路表排水分为路面表面排水、中央分隔带排水、坡面排水和相邻地表排水4个部分。路面表面排水范围包括行车道和路肩。

路表防排水的目的，就是将降落在路界范围内的表面水有效地汇集并迅速排除出路界，同时把路界外可能流入的地表水拦截在路界范围外，以减少地表水对路基和路面的危害以及对行车安全的威胁。具体的排水系统所包含的组成内容如下。

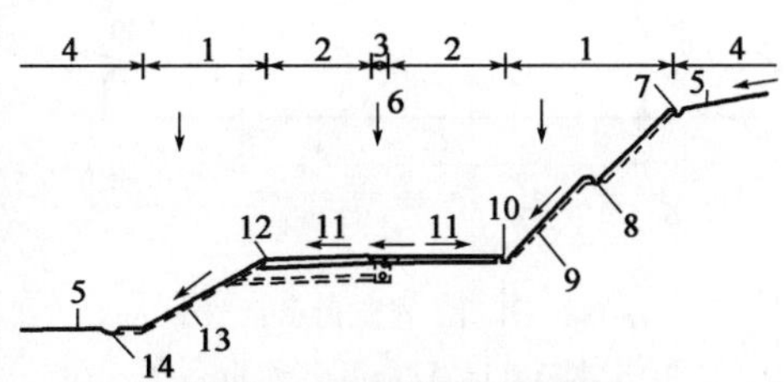

图2-1 路界表面排水系统

1-坡面排水；2-路面排水；3-中央分隔带排水；4-相邻地段排水；5-路界；6-降雨；7-坡顶截水沟；8-边坡平台排水沟；9-竖向排水管；10-边沟；11-路面横坡；12-拦水带；13-竖向排水沟；14-坡脚排水沟

2.1.1 纵坡

道路纵坡和其现行设计有关，根据道路纵坡的情况，可将道路路表的防排水形式分为分散漫流式和集中截流式两种。

1. 分散漫流式

公路排水不畅的地段，现行《公路路线设计规范》(JTG D20—2006)规定应采用不小于0.3%的纵坡，但因为公路纵断面设计中须满足最小坡长300m的要求，同时采用0.3%的纵坡时高速公路修建时的土方量会大大增加；在软土地基分布区域，填土较高的路堤不利于路基的稳定；公路纵断面的频繁起伏也不利于车辆的行驶，使公路的平纵组合设计不容易做到。因此，公路设计中往往允许且存在有平坡路段。

公路纵坡较缓(<0.3%)或为零时,拦水带基本上不起排水作用。因此,在汇水量不大,坡面耐冲刷能力强的情况下应优先采用横向漫流分散排放的方式。

2.集中截流式

当公路路堤较高、纵坡较大时,采用集中截流式排水是合理的,即在硬路肩外侧边缘设置拦水带(城市道路中通常为设置缘石)或排水沟渠,将路面表面水首先汇集至拦水带附近或边沟内,再通过一定间隔设置的排水口和坡面急流槽,排到路基边沟。

对于集中截流式,公路常用的排水口形式有开口式和狭槽式两种:

(1)开口式排水口——在拦水带或排水沟渠上开口,让边沟内水流侧向流入(图 2-2,图 2-3)

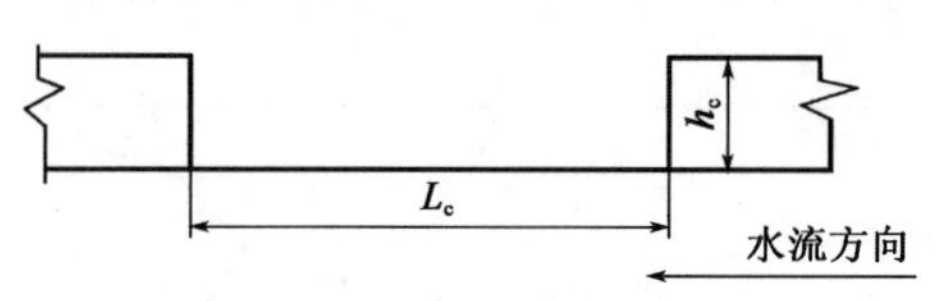

图 2-2 开口式排水口示意图 1

L_c-排水口开口宽度;h_c-拦水带高度

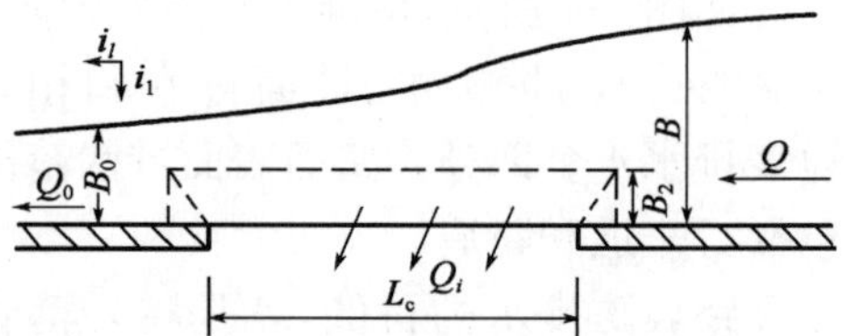

图 2-3 开口式排水口示意图 2

Q-水流总流量;Q_0-经过排水口后的剩余水流量;Q_i-流入排水的水流量;B-排水口进口水流过水断面宽度;B_0-经过排水断面宽度;i_1-道路横坡;i_l-道路纵坡

(2)狭槽式排水口——在道路边缘设置槽式排水口,在槽下以管道连接(图 2-4、图 2-5)。

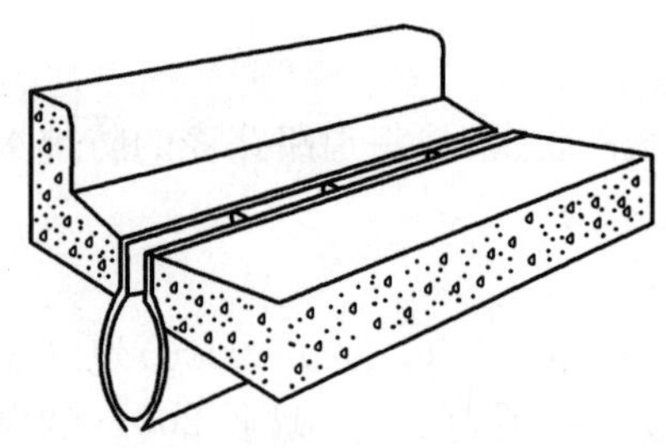

图 2-4 狭槽式排水口示意图

对于纵坡的设置,还应遵守以下基本原则:

(1)对于设置拦水带的道路来说,需设置一最小纵坡,因为水被拦水带所束缚,只有设置纵坡才能形成水流的纵向流动。对于未设拦水带道路的平坡路段,如果允许在道路边缘种植植被,美化道路,因植被有一定的拦截水流的能力,可能会引起过水断面宽度过宽的问题。

(2)对于有拦水带的道路,理想的边沟沟底坡度应不小于 0.5%,极限最小值应为 0.3%。在平坡路段,可采用连续起伏的断面形式达到最小纵坡的要求。

(3)为了在竖曲线底部提供合理的排水设施，在最低点 15m 范围内应保持 0.3%的最小坡度。

2.1.2　横坡

降落至路表的雨水，通过在行车道和路肩上设置的横向坡度，使雨水排向道路两侧。

无中央分隔带或采用分离式路基的公路，在未设超高路段上，行车道路路面应沿路中心线设置向两侧倾斜的双向横坡；在设超高路段上，应设置向曲线内侧倾斜的单向横坡。设置中央分隔带的公路，各个行车方向的行车道路面应分别设置单向横坡。

图 2-5　狭槽式排水口应用

横坡大，虽然有利于迅速排水，但不利于行车安全，《公路排水设计手册》为行车道路面规定的横坡值，列于表 2-1。路肩的横坡值应较行车道横坡值大 1%～2%。右侧硬路肩边缘设拦水带时，其横向坡度宜采用 5%；或者，也可在邻近拦水带内边缘约 0.5～1m 宽度范围内将路肩铺面的横向坡度增加到 5%或 5%以上。

行车道路面横坡值　　表 2-1

路面类型	横坡 (%)	路面类型	横坡 (%)
水泥混凝土、沥青混凝土	1～2	半整齐块料	2～3
其他沥青面层、整齐块料	1.5～2.5	碎石、砾石等粒料	2.5～3.5
		碎石土、砂砾土等	3～4

当道路横坡值为 2%时，几乎对车辆的驾驶稳定性没有影响。在暴雨较多的地区，可采用大于 2%的横坡以利排水。当车道数为三条甚至更多时，应提高最外侧车道的横坡值，以便增加水深，从而降低过水断面宽度。另外一个方法是靠近路拱线的两车道采用同一横坡值，外侧车道，每车道的横坡值可增加0.5%～1%，但行车道最大横坡度不宜超过 4%。关于横坡值，还有其他一些原则：

(1)当车道数较多时，如条件允许，内侧车道可坡向中间带。

(2)中间带的水不能排向行车道。

(3)平坡路段和长度应尽量少。在凹形竖曲线、凸形竖曲线及零纵坡路段，应考虑增加横坡值。

(4)除非有超高,路肩应坡向水流流走的方向。

2.1.3 拦水带、道路边缘排水设施及边沟

在路堤较高,边坡坡面未作防护,且易遭受路面表面水流冲刷,或者坡面虽已采用防护措施但仍有可能受到冲刷时,可沿硬路肩外侧边缘设置拦水带。对于二级及二级以下公路,拦水带通常设置在道路最外侧的边缘;对于一级公路和高速公路,拦水带设置在路肩附近。

(1)使路表雨水控制在道路边缘,远离其他结构。

(2)避免对填方边坡的侵蚀。

(3)提供道路的界限。

(4)为设置排水口提供可能。

在不设拦水带的道路上,通常设置道路边缘沟渠来排除道路范围内的雨水以及其他流向道路范围的水。由于用地条件的限制,在大多数的城市主干路,一般不设边缘沟渠。边缘沟渠通常设置在挖方路段、低洼区路段、用地条件富裕路段以及车道数和交叉口较少的区域。为了避免中间带附近的水横跨全部行车道,应使内侧路肩坡向中间带。对于高速公路及单侧车道数超过两条的情况,这样的设计是非常有效的。

当雨水降落在有斜坡的路面表面上时,路表形成薄层水流,在向公路边缘流动时水流深度会逐渐增加,最后汇聚到边沟。影响公路路表水面深度的因素有水流路径的长度、表面粗糙度(曼宁系数)、路表坡度和降雨强度。边沟的主要作用是拦截路表径流且使其沿道路路面或路肩流动到合适的排水口。

当道路没有设计拦水带时,抛物线形、V 字形和半圆形等形式边沟主要应用于路堑断面、有低凹区的断面、有足够通行能力的地段或者车道和交叉点很少的地段,在中间分隔带排水设计中也经常使用;对于高速公路,当车辆偏离路基或偏离矩形、梯形边沟时,容易造成较大的交通事故。因此,对于公路边沟,宜采用浅三角形边沟。在城市道路中,受交通条件的限制,常在道路右侧设置缘石结构。如此便形成了由道路铺面、路肩和拦水带或缘石构成的浅三角形沟渠,见图 2-6。

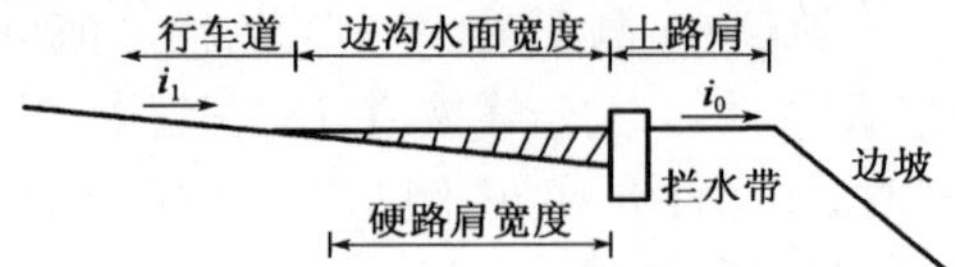

图 2-6 道路边缘浅三角形边沟示意图

边沟是大部分排水设施的重要组成部分，边沟设计直接影响到排水系统的运行。边沟设计主要包括边沟的平面布置、排水口设置和边沟纵坡的设计。图2-6为道路边缘由拦水带和硬路肩构成的浅三角形边沟布置示意图（其他形式的边沟形式见后续章节）图中拦水带和硬路肩组合成一个三角形沟渠的形式，此沟渠可全部或部分转移设计流量，从而不至于阻断交通。边沟宽度一般为0.3～1.0m，其横坡可以和道路铺面横坡取同一值[图2-7a)]，也可以在边沟一定宽度内设计更大的横坡值，形成低洼区[图2-7b)]AASHTO道路几何线形设计指南将8%作为最大的增大横坡值。低洼区的设置可以增加过水断面的流量，相同流量下可减小过水断面的宽度，因此，公路施工时常常采用增大硬路肩处横坡的方法来设置低洼区。然而考虑到路面和硬路肩采用不同坡度不利于行车安全，同时随着机械化施工的普及，路面和硬路肩宜采用同一横坡的实际情况，公路拦水带设于硬路肩外侧时，推荐采用具有单一横坡值的边沟，而拦水带在道路最外侧边缘时，可采用复合横坡的形式。

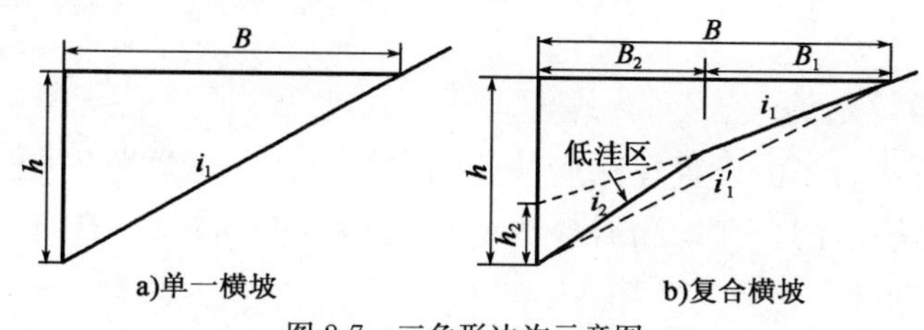

图2-7　三角形边沟示意图

2.1.4　排水口

排水系统的排水口通常用于收集表面水并将其流注到其他的排水系统。排水口大多布置于连续坡段上或凹形竖曲线底部的边沟断面内，在路面的中间分隔带、路边或中线的沟渠中也有应用。在一些特殊地点，也应该设置排水口，如：

(1)凹形竖曲线底部前后3m或前后高差0.6m处。

(2)弯道内侧及线形为反向曲线时横坡的反转点。

(3)道路交叉口的路面最低点。

(4)下穿道路的入口处。

(5)桥梁上坡段坡度改变处(防止公路路表水流到桥面)。

(6)桥梁下坡段坡度改变处(截取桥面水流)。

(7)城市道路中人行横道上坡段坡度改变处。

排水口的排水能力取决于其自身的几何形状和边沟内水流流动的性质。排水口的排水能力控制着边沟内水流转移的水量，从而最终影响整个排水系统的工作效率。排水能力的不足或者排水口位置的错误，都有可能导致道路表面水流的泛滥。公路常用的排水口有开口式排水口及狭槽式排水口两种形式(图2-2～图2-5)。

2.1.5 坡面排水

坡面排水主要涉及路堤边坡和路堑边坡，其设施主要包括有截水沟、边沟、排水沟、竖向排水沟、急流槽、跌水及消能设施等。

1. 截水沟

路堑或路堤边坡上方自然坡面流入路界的地表径流量大时，须设置截水沟予以拦截。截水沟应设在路堑坡顶5m或路堤坡脚2m以外，如土质良好、路堑边坡不高或沟壁进行铺砌时，前者也可不小于2m。截水沟应结合地形和地质条件沿等高线布置，将拦截的水顺畅地排向自然沟谷或水道。沟渠须转弯时，其曲率半径不得小于3倍水面宽度或10倍水深。截水沟一般采用梯形横断面。

2. 边沟和排水沟

路堑边坡坡面水由设置在路肩外侧的边沟排出。低矮路堤的路堤坡面水流向设置在坡脚的边沟。在硬路肩外边缘设置边沟的高路堤，在其坡脚处专设排水沟引排坡面水。

深路堑边坡为增加坡体稳定而做成台阶形(设边坡平台)时，或高路堤边坡设边坡平台时，在坡面径流量大的情况下可设置平台排水沟，以减少坡面冲刷。

3. 竖向排水沟(吊沟、急流槽)

在高路堤和深路堑的坡面上，从坡顶或者坡面平台向下竖向集中排水时，须设置竖向排水沟。吊沟和急流槽采用浆砌片石铺砌或水泥混凝土构件[或混凝土、金属、塑料(PVC)管]砌成矩形或梯形断面沟槽用。

4. 消能设施

当边坡坡度较陡或流程较长时，水流速度会逐渐加快，当流速超过一定值时，必须设置一定的消能设施来降低流速，以避免对路堤坡角的冲刷。道路用消能设施包括：跌水池消能或斜插式消能，后续章节中还会就一种新的消能方式——阶梯式消能设施进行介绍。

2.2 路面表面防排水相关设计参数

不论是分散漫流式排水，还是集中截流式排水，设计道路表面防排水系统时，都需要进行相关参数的选择，其中包括过水断面宽度、降雨强度、设计重现期或设计频率、径流系数、降雨历时以及汇流时间等内容。

2.2.1　过水断面宽度

水在道路边缘流动时，会在边沟内形成一定的过水断面宽度（图2-6、图2-7），此宽度包括边沟宽度、停车道和路肩，水流量较大时甚至会蔓延到部分行车道。在路表排水设计中，过水断面宽度是一个很重要的指标，可根据道路类型和车速进行选择。对于低交通量和低车速道路，蔓延至行车道的过水断面宽度可适当放宽，即通常认为过水断面达到行车道的一半甚至更多一点是最低标准。对于中级道路，设计标准的选择似乎要困难一些，例如，一些主干路，交通量较大，但却没有路肩，而往往路肩的任务之一就是转移水流，以避免其侵蚀行车道。对于此类情况，进行不同过水断面引起的行车风险及成本评估，对于标准的选择是有帮助的。过水断面宽度的选择可依据表2-2中所列参数。

过水断面宽度允许值 *B*　　表2-2

公路等级	车速、交通量或位置	允许过水断面宽度
大交通量或分车道行驶道路	车速<70km/h	路肩+1m
	车速>70km/h	路肩
	凹形竖曲线底部	路肩+1m
车辆集中行驶道路	车速<70km/h	1/2行车道
	车速>70km/h	路肩
	凹形竖曲线底部	1/2行车道
城市慢车道	小交通量	1/2行车道
	大交通量	1/2行车道
	凹形竖曲线底部	1/2行车道

2.2.2　雨水流量

雨水流量主要用于计算沟渠的断面尺寸和坡度，其进行沟渠设计时，要求沟渠的流量不小于雨水流量。雨水流量的计算见式（2-1）：

$$Q=\frac{CIA}{K_u} \tag{2-1}$$

式中：Q——雨水设计流量，m^3/s；

C——径流系数；

I——降雨强度,m/h;

A——汇水面积,m^2;

K_u——系数。

上述公式往往认为是流域内的最大流量,即洪峰流量,是采用推理方法得出的结论。在此推理公式中得出的过程中作了如下假设:

(1)最大流量是指全流域范围内的最大流量。

(2)在水流汇流的时间范围内,降雨强度为同一值。汇流时间是指水流从最远点汇聚至某点所需时间。

(3)计算最大流量所用频率和降雨强度是一致的,即如采用 10 年期的降雨强度,则可形成 10 年期的最大流量。

(4)对于所有的降雨条件,径流系数为同一值。

正是基于这些假设,所以推理公式只适用于流域面积小于 $1km^2$ 的情况。需要说明的是系数 K_u,其值会随着其他三个参数所用量纲形式的不同而改变,在计算时应予以注意。

2.2.3 径流系数

降落在地面上的雨水,只有一部分沿地面流入排水口,这部分雨水成为径流量。径流量与全部降雨量之比,称为径流系数。径流系数受降雨强度、降雨历时、地面(坡面)坡度、地表覆盖状况、土壤种类和湿度等多种因素的影响。现行《公路排水设计规范》按汇水区域内的地表种类推荐的径流系数参考值见表2-3。当汇水区域内有多种类型的地表时,应在分别为每种类型选取径流系数后,按相应的面积大小取加权平均值。

径流系数(《公路排水设计规范》)　　表 2-3

地表种类	径流系数	地表种类	径流系数	地表种类	径流系数
沥青混凝土路面	0.95	细粒土坡面和路肩	0.40～0.65	起伏的草地	0.40～0.65
水泥混凝土路面	0.90	硬质岩石坡面	0.70～0.85	平坦的耕地	0.45～0.60
透水性沥青路面	0.60～0.80	软质岩石坡面	0.50～0.75	落叶林地	0.35～0.60
粒料路面	0.40～0.60	陡峻的山地	0.75～0.90	针叶林地	0.25～0.50
粗粒土坡面和路肩	0.10～0.30	起伏的山地	0.60～0.80	水田、水面	0.70～0.80

美国联邦公路局对径流系数作了如下取值说明,见表 2-4。

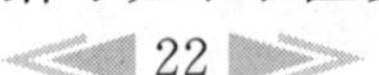

径流系数(美国联邦公路局)　　表2-4

地表种类	径流系数	地表种类	径流系数
水泥混凝土及薄层沥青路面	0.8～0.9	较陡的草地(2:1)	0.5～0.7
沥青碎石路面	0.6～0.8	草地	0.1～0.4
砂砾层路面或路肩	0.4～0.6	森林	0.1～0.3
空地(无作物的土地)	0.2～0.9	耕地	0.2～0.4

注:对平缓路段及渗透性较强的材料,取低限;否则取高限。

对于径流系数的取值,可将两表格所列数据交叉使用。

2.2.4　降雨强度

在降雨过程中降雨强度是变化的,但在求解最大流量的方法中,常常假设降雨强度是固定的。降雨强度定义为降雨的速率,通常用mm/h或mm/min或mm/s来表示。不同设计重现期和降雨历时的降雨强度可选用下述三种方法得到:

1.降雨强度参考公式

附近区域有适用的降雨强度公式时,亦选用相应的公式推算。在现行《公路排水设计手册》中,给出了我国降雨强度的计算公式,可参考表格中的计算公式计算不同区域的降雨强度。

2.降雨强度公式推算

无适用公式,有10年以上自记雨量记录的雨量站时,亦通过整理雨量资料推求降雨强度公式。公式的推算需要降雨强度—降雨历时—降雨频率曲线(IDF曲线),该曲线可从某一区域内的降雨计量结果得到。通常的做法是将降雨历时作为横坐标,将降雨强度作为纵坐标,描述不同降雨频率的曲线。统计学方法或频率分析的方法可用于该曲线的分析,其中包括正态分布、对数正态分布、gumbel极值分布、威尔逊III类对数相关系数分布等。其中的威尔逊III类对数相关系数分布是一个三参数的伽玛分布,其中的自变量进行了对数转换。应用该方法可形成以下3种形式的降雨强度计算公式:

(1)塔伯特公式(适用于$t \leqslant 120$min)

$$I = \frac{a}{t+b} \tag{2-2}$$

(2)希尔曼公式(适用于$t > 120$min)

$$I = \frac{c}{t^n} \tag{2-3}$$

(3)荷纳公式

$$I = \frac{a}{(t+b)^n} \tag{2-4}$$

式中：t——降雨历时，min；

n——指数；

a、b、c——系数。

3. 标准降雨强度等值线图

当地缺乏自记雨量计资料时，可利用标准降雨强度等值线图以及重现期转换系数和降雨历时转换系数的方法计算确定设计重现期和降雨历时内的降雨强度。标准降雨强度等值线图所选的标准为 5 年重现期 10 分钟降雨历时。降雨强度计算式如下：

$$I = c_p c_t I_{5,10} \tag{2-5}$$

式中：$I_{5,10}$——5 年重现期和 10min 降雨历时的标准降雨强度，mm/min，参见图 2-8；

c_p——重现期转换系数，为设计重现期降雨强度 I_P 同标准重现期降雨强度 I_5 的比值，I_P/I_5，参见表 2-5；

c_t——降雨历时转换系数，为降雨历时 t 的降雨强度 I_t 同 10min 降雨历时的降雨强度 I_{10} 的比值，I_t/I_{10}，参见表 2-6、图 2-9。

重现期转换系数 C_P 表 2-5

地区	重现期 P (a)			
	3	5	10	15
海南、广东、广西、云南、贵州、四川东、湖南、湖北、福建、江西、安徽、江苏、浙江、上海、台湾、重庆、香港、澳门	0.86	1.00	1.17	1.27
黑龙江、吉林、辽宁、北京、天津、河北、山西、河南、山东、四川西、西藏	0.83	1.00	1.22	1.36
内蒙古、陕西、甘肃、宁夏、青海、新疆(非干旱区)	0.76	1.00	1.34	1.54
内蒙古、陕西、甘肃、宁夏、青海、新疆(干旱区*)	0.71	1.00	1.44	1.72

注：* 干旱区约相当于 5 年一遇 10min 降雨强度小于 0.5mm/min 的地区。

降雨历时转换系数 c_t 表 2-6

c_{60}	降雨历时 t (min)										
	3	5	10	15	20	30	40	50	60	90	120
0.30	1.40	1.25	1.00	0.77	0.64	0.50	0.40	0.34	0.30	0.22	0.18
0.35	1.40	1.25	1.00	0.80	0.68	0.55	0.45	0.39	0.35	0.26	0.21
0.40	1.40	1.25	1.00	0.82	0.72	0.59	0.50	0.44	0.40	0.30	0.25
0.45	1.40	1.25	1.00	0.84	0.76	0.63	0.55	0.50	0.45	0.34	0.29
0.50	1.40	1.25	1.00	0.87	0.80	0.68	0.60	0.55	0.50	0.39	0.33

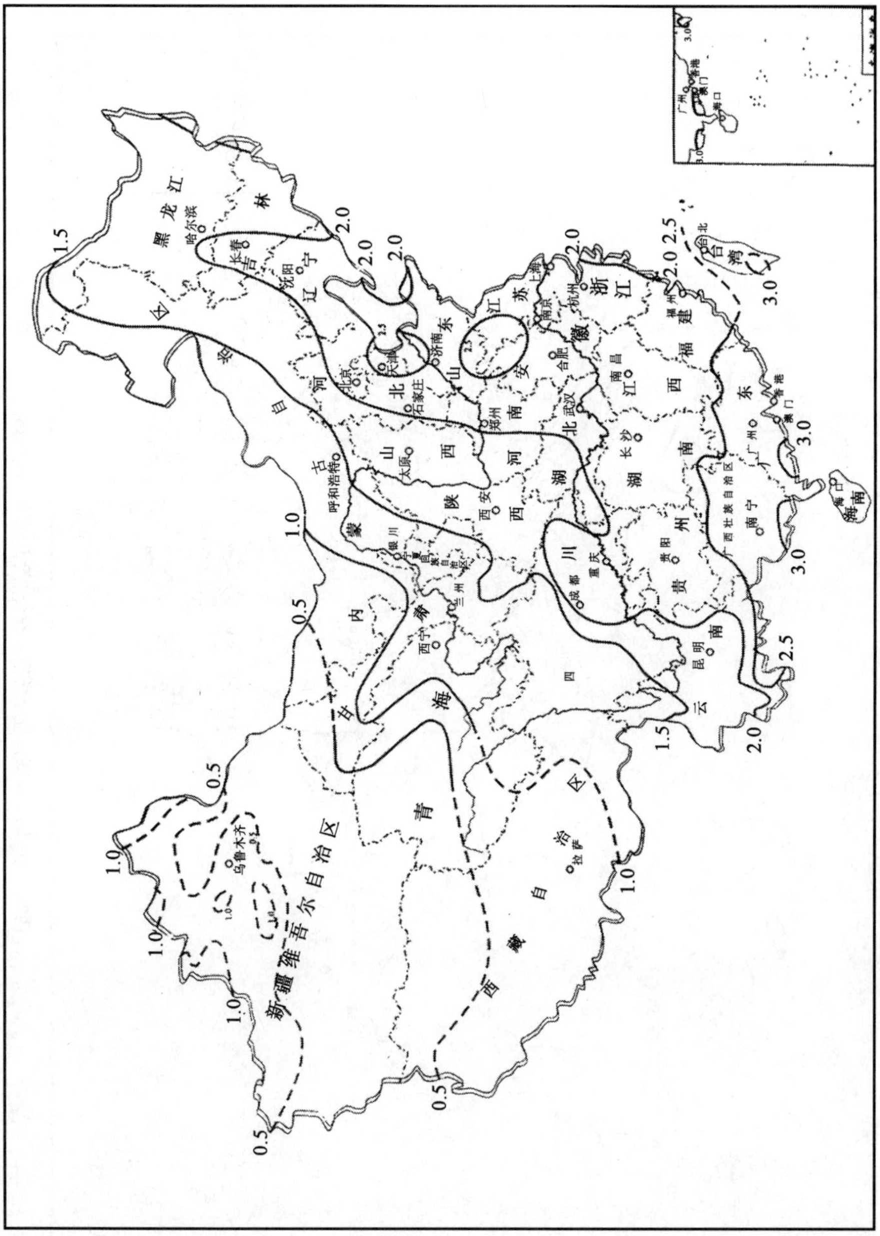

图2-8　中国5年一遇10min降雨强度($I_{5,10}$)等值线图(mm/min)

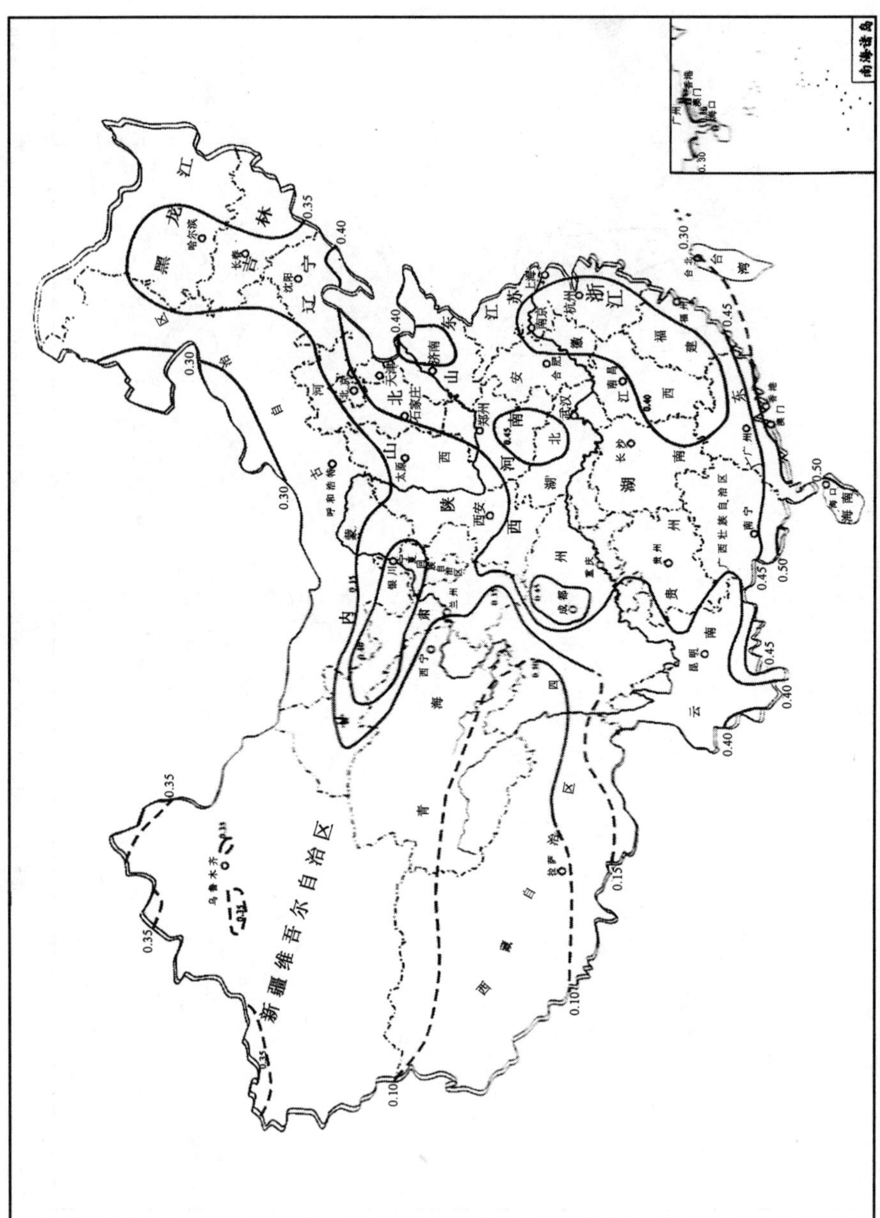

图2-9 中国60min降雨强度转换系数(c_t)等值线图(mm/min)

当地缺乏自记雨量计资料时，也可由各重现期(频率)的日雨量，按时间雨量与日雨量的关系式推求：

$$I = \frac{I_{p,d}}{24}\left(\frac{24}{n}\right)^n \tag{2-6}$$

式中：I——在某一设计重现期下，降雨历时为 t 小时的降雨强度，mm/h；

$I_{p,d}$——设计重现期的日雨量，mm；

t——降雨历时，h；

n——指数。

2.2.5　降雨历时

降雨历时一般按设计控制点的汇流历时确定。汇流历时 t 为由汇水区内最远点(按水流时间计)流达排水设施处所需要的时间，它由坡面汇流(或地面汇流)历时 t_1 和沟渠或管内由入口到控制点的沟管汇流历时 t_2 组成。

1. 坡面汇流历时 t_1

(1)克比公式

$$t_1 = 1.445\left(\frac{m_1 L_S}{\sqrt{i_s}}\right)^{0.467} \quad (L_S \leqslant 370\text{m}) \tag{2-7}$$

式中：L_S——坡面流的长度，m；

i_s——坡面流的坡度；

m_1——地表粗糙度系数，由表 2-7 选取。

地表粗糙度系数 m_1　　表 2-7

地表状况	粗糙度系数	地表状况	粗糙度系数
沥青路面、水泥路面	0.013	牧草地、草地	0.40
光滑的不透水地面	0.02	落叶树林	0.60
光滑的压实土地面	0.10	针叶树林	0.80
稀疏草地、耕地	0.20	—	—

(2)柯皮奇公式

$$t_1 = 0.0195\frac{L_S^{0.77}}{i_s^{0.385}} \quad (0.03 < i_s < 0.10) \tag{2-8}$$

(3)修正的曼宁公式

雨水在有斜坡的路表流动时，会形成统一厚度的薄层水流。这种情况通常发生在流程相对较短的时候，流程很少超过 130m，通常情况下在 25m 左右。薄层水流通常采用运动波计算公式计算，也是曼宁公式的修正公式：

$$t_1 = \frac{6.92}{I^{0.4}}\left(\frac{nL_S}{\sqrt{i_s}}\right)^{0.6} \tag{2-9}$$

式中：n——粗糙度系数，可采用表 2-7 中数据；

I——降雨强度，mm/h。

式(2-9)考虑了降雨强度对汇流时间的影响，公式提出的前提是路表粗糙度、流速及水流厚度保持一致，因此本书建议在流程小于 100m 时，采用式(2-9)来计算坡面汇流时间。

(4)在成型溪内的汇流时间

$$t_1 = \frac{L_S}{3.6v_1} \tag{2-10}$$

式中：t_1——成型溪流入时间，h；

L_S——汇水区代表距离，m；

v_1——成型溪内平均流速，m/s，可参照表 2-8。

成型溪平均流速与溪床平均坡度的关系 表 2-8

溪床平均坡度(H/L_S)	≥0.01	0.01～0.005	≤0.005
溪内平均流速 v_1(m/s)	3.5	3.0	2.1

路面排水的汇流历时通常都在 5 min 以内；挖方边坡坡面排水的汇流历时为 3～5 min，通常都可取为 5 min；而山坡坡面的汇流历时约为 15～30 min，视坡面长度而定。城市道路排水的地面汇流历时一般采用 5～15min。

2. 沟管汇流历时 t_2

计算沟管内汇流历时，先在断面尺寸、坡度变化点或者有支沟(支管)汇入处分段，分别计算各段的汇流历时后再叠加而得，即：

$$t_2 = \sum_{i=1}^{n}\left(\frac{l_i}{60v_i}\right) \tag{2-11}$$

式中：i、n——分段数和分段序号；

l_i——第 i 段的长度，m；

v_i——第 i 段的平均流速，m/s。

沟管的平均流速可按曼宁公式计算确定。但应用时，须在排水设施的过水断面和出水口确定后才能计算得到，而设计径流量尚未确定，过水断面和出水口便无法设计确定。因而，需采用试算法，先假设一个沟管内汇流历时，计算汇流历时和设计径流量，确定排水设施的过水断面和出水口。然后，按曼宁公式计算设计沟管内的平均流速，再计算汇流历时，并同假设的汇流历时进行比较。相差大时，调整假设值，重新计算。

在沿程有旁侧水流流入时，流量和流速沿程逐渐变化。其中第一段沟管的平均流速用该段沟管的末断面流速乘折减系数 k_m（一般取 $k_m = 0.75$）计算，其余各段用上、下端断面流速的平均值计算。

沟管的平均流速也可按齐哈(Rziha)近似公式估算：

$$v = 20 i_g^{0.6} \tag{2-12}$$

式中：i_g——该段排水沟管的平均坡度。

边沟内的平均流速一般为 0.5～1.0m/s，小口径管内的平均流速一般为 0.8～2.0m/s，大口径管内的平均流速为 0.6～1.0m/s。在考虑路面表面排水时，可不计沟管内汇流历时。

2.2.6 设计重现期与设计频率

道路防排水的设计重现期和设计频率呈倒数关系，是排水设计时最重要的两个参数。设计重现期的不同体现在对降雨强度的选择不同，因而影响设计流量、路表水流深度、流速，从而进一步影响漫流排水时的边坡防水类型、集中式排水时排水口及边沟的尺寸和消能设施的类型。

设计频率（或设计重现期）并非独立的参数，流域面积不同时，设计频率应不同；低交通量、低车速的道路和高等级公路相比，设计频率也应不同。公路暴雨条件下，排水设计的目的是在选定的暴雨条件下保证车辆安全运行。在选择设计频率（或设计重现期）的过程中，应考虑水的原因造成的交通事故和交通延误，同时，排水系统的工程造价也应作为一个因素。行车道有水存在所带来的行车风险要比大交通量及高车速带来的风险要大，高等级公路的行车风险要比低交通量、低车速的道路要大。关于设计频率及设计流域面积选择的主要影响因素如下：

(1)在选择过程中，公路等级是出发点，因为对于道路的积水情况体现了公众的期望，如果在高车速、大交通量的道路行车道上出现了积水，这和公众的期望是相悖的，由此引起的交通事故的风险增加，且由于交通延误造成的损失也是巨大的。

(2)对于设计标准，设计车速非常重要。有研究表明：车速超过 70km/h 时即可能出现打滑。

(3)对于经济因素，计划交通量是非常重要的指标，当交通量增加时，由于交通延误和交通事故引起的损失也会增加。

(4)降雨强度很大程度上影响了设计频率和设计流域面积的选择。对于道路有积水条件下的行车风险，即使在干旱地区出现大暴雨天气，其风险也会比降雨频繁但雨量较小地区的风险要小。

(5)基建费用的因素也不容忽视。考虑到费用问题，有必要采用合理的方法来选择设计标准。因此，需要在理想、可行的标准之间进行权衡。

对于城市道路，其他需要考虑的还包括对于行人交通，即不应该出现不方便、危险和损害的情况。此因素不容小视，例如在商业区，就可能会是需要考虑的主要因素。公路的相对高程及地下条件也应予以考虑，因为对于某些区域，排水系统是其唯一排水途径。在进行频率标准选择时，应使路表积水的深度不超过危险值，同时，降雨条件的校验频率应低于设计频率。对于设计频率或设计重现期，多个国家或地区均制定了相应的标准如表 2-9～表 2-13 所示。

公路排水设计规范中的设计降雨重现期(年)　　表 2-9

公 路 等 级	路面和路肩表面排水	路界内坡面排水
高速、一级公路	5	15
二级及二级以下公路	3	10

日本道路协会的道路排水设计分类标准　　表 2-10

设计日交通量(veh/d)	道 路 类 别			
	高速公路国道	一般国道	都道、府县道	市镇村道
10 000 以上	A	A	A	A
10 000～4 000	A	A,B	A,B	A,B
4 000～500	A,B	B	B	B,C
<500			C	C

日本道路协会的道路排水设计降雨重现期(年)　　表 2-11

<table>
<tr><th>分类</th><th>排水能力</th><th>路面、小坡面、一般道路排水</th><th>重要排水设施，排除长大自然坡面水、横向穿越排水设施</th></tr>
<tr><td>A</td><td>高</td><td rowspan="3">3</td><td>10 以上*</td></tr>
<tr><td>B</td><td>中</td><td>7</td></tr>
<tr><td>C</td><td>低</td><td>5</td></tr>
</table>

注：* 重要的道路横向穿越排水设施取 30 年。

法国路界排水设施的设计降雨重现期(年)　　表 2-12

道 路 等 级	高速公路、城市快速路	其 他 道 路
排水设施	10	5～10
路面淹没检算	25	—

中国台湾《公路排水设计规范》中路界排水设施的设计降雨重现期(年)　　表 2-13

构造物种类	国道	省县道	乡道
浅沟及路边沟	5～10	2～10	2～5
进水口	5～10	2～10	2～5
排水联络支管	5～10	2～10	2～5
路旁排水渠(宽度＞10m)	20～50	20～50	10～50
路旁排水渠(宽度＜10m)	10～20	10～20	5～20
平台截水沟及吊沟	5～20	2～10	2～5

我国公路排水的设计降雨重现期偏大，尤其是坡面排水要求过高。日本道路协会对路面、小坡面、一般道路排水设施的设计降雨重现期要求仅为 3 年，设计降雨重现期大于等于 10 年，仅为 A 类(排水能力要求高)排除长大自然坡面水设施；法国《道路排水设计指南》中地表排水结构物的设计降雨重现期为 5～10 年，对高速公路和城市快速路的路面被淹的检算采用 25 年重现期；我国台湾地区《公路排水设计规范》中对排水设施的分类更细，引排路面和路界内坡面雨水的主要排水设施为边沟的设计降雨重现期为 2～10 年，截水沟和吊沟的设计降雨重现期为 5～20 年。

排水设施的设计降雨重现期，从 3 年提高到 5 年，排水设施的泄水能力需提高 16%～40%，从 5 年提高到 10 年，排水设施的泄水能力需提高 17%～44%，从 5 年提高到 15 年，排水设施的泄水能力需提高 27%～72%。就梯形和矩形边沟而言，沟底宽度增加 0.1m，其泄水能力增加 10%～50%，例如：沟壁内坡为 1∶1.5、水深 0.2m、底宽 0.4m 等腰梯形沟的泄水能力约比相同内坡、水深，底宽 0.3m 沟的泄水能力大 20%左右。也就是说，在其他条件相同的情况下，边沟的设计降雨重现期提高一个等级(3 年到 5 年，或 5 年到 10 年，或 10 年到 15 年)，边沟底宽至少增加 0.1m 甚至更多。

另外，现行规范的设计降雨重现期按路表(路面和路肩)和路界内坡面分级的，而不是按排水设施的类型分类，在使用上不够简明。例如，公路排水设施中的边沟，一般情况下均兼排路面雨水和路堤或路堑边坡雨水，这时，边沟的设计降雨重现期该采用何值？若按规范要求，分别取不同设计降雨重现期来计算路表雨水和坡面雨水的设计流量，再两者叠加得到其总流量，则该总流量失去了设计基准期概念。

公路排水设施的设计降雨重现期的大小，取决于结构的重要程度、损坏后的后果及修复的可易性。对于一般公路排水沟渠(边沟、截水沟)来说,若雨水流量超过设计泄水能力,将出现雨水溢出沟渠;流速过大而冲刷沟渠。从其危害性来看,不同场合是有很大的差异的。

在地势平坦、植被良好的地区,少量的雨水溢出不会造成很大的问题;但在长陡坡,且易冲刷地区,雨水溢出沟渠可能冲刷坡面和坡脚,严重时危及边坡和路基的稳定。沟渠流速超过沟渠材料的抗冲刷允许流速,沟壁和沟底可能被冲刷,严重时会导致沟渠结构损坏而失效,但沟渠失效后的危害程度,也与公路所在地区的地形、地貌有关,植被良好地区的危害程度远小于陡坡、植被较少的易冲刷地区,另外,沟渠冲刷后的修复性也有较大的差异,边沟的修复比截水沟容易很多。因此,路界表面排水设施的设计降雨重现期不宜简单地归结为路表(路面和路肩)雨水和路界内坡面雨水分类,应综合考虑排水设施类型、公路所在地区的地形、地貌以及损坏后的后果及修复的可易性因素,同济大学谈至明考虑我国设计重现期的缺陷,给出了新的设计重现期建议值,本书拟采用此建议值,并在此研究的基础上添加了部分内容,如表 2-14 所示。

路界表面排水设施的设计降雨重现期的建议值(年)　　表 2-14

公路等级		高速公路、一级公路	二级、二级以下公路
排水设施	路面边缘浅沟	1～2	0.5～1
	边沟	3～10	2～5
	连续坡段进水口	5～15	3～10
	截水沟	5～15	3～10
	急流槽、消能设施	5～15	3～10
	大型排水沟	10～20	5～15
	竖曲线底部排水口	10～20	5～15
	分散漫流式防水措施	5～15	3～10

上表中的路面边缘浅沟是指在路面或硬路肩边缘设置拦水带或缘石形成的浅三角形沟。它主要用于高路堤且路堤坡面易冲刷的场合,以减少路面雨水沿路堤边沟散射而引起的坡面冲刷。一般来说,平均一年一次或半年一次的少量雨水溢出浅三角形沟而顺路堤坡面漫流不会造成什么冲刷问题,即便会冲刷也易发现和整修。

在法国的《道路排水设计指南》中,未要求对路面边缘浅沟的泄水能力进行验算,边缘浅沟的长度规定多雨地区为 30m,一般地区为 40m,少雨地区为 50m。按照法国《道路排水设计指南》的路面边缘浅沟的典型结构(0.1m 高的沥青拦

水带和 0.05m×0.25m 浅槽)，反推得到其设计降雨重现期为 1 年左右。因此，表中所列路面边缘浅沟设计降雨重现期在高速公路、一级公路时为 1～2 年，其他等级公路为 0.5～1 年。

关于在原有基础上提出的新的重现期的建议，作如下说明：

(1)竖曲线底部的排水口，采用较大的设计重现期。因为所有的路表水流均需通过竖曲线底部的排水口排除，而在连续坡段上的排水口，并不一定有 100% 的截留率。

(2)对于平坡路段的分散漫流式排水方式，需要在路肩及边坡处设置相应的防水措施，避免水流对此部位的冲刷。因此，按公路等级提出了此种排水方式的设计重现期。

第3章 分散漫流式排水

3.1 概述

3.1.1 分散漫流式排水的内容

分散漫流式排水可以认为由两部分组成：一是道路表面的漫流式排水，即利用道路的路拱横坡，使降落于路表的水流从最远处的中间分隔带沿路拱向道路边缘流动，经土路肩顺边坡流下；二是坡面的排水，其中包括路堤边坡及路堑边坡。两边坡均是水流自高向低自由流动。因此，针对分散漫流式排水方式，需要考虑的问题之一是雨水在路表形成径流后的水深和道路边缘的流速；问题之二是水流在坡面上的流速，并制订相应的防水措施。

3.1.2 分散漫流式排水的适用条件

通常情况下认为：在路线纵坡平缓、汇水量不大、路堤较低，且边坡坡面不会受到冲刷的情况下，可采用让路表水以横向漫流式向路堤坡面分散排放。具体有以下一些要求：

(1)当边坡采用种植草皮防护时，且路堤高度在3m以下时，可以采用横向分散漫流式排除路表雨水。

(2)当边坡采用工程防护(如衬砌拱、混凝土网格等)并结合种植草皮防护时，且当路堤高度为7m以下时，可采用分散漫流式排水方式。

(3)当边坡采用工程全防护(如浆砌片石、满铺混凝土预制块)时，可以采用分散漫流式排水。

(4)漫流式排水方式在工程上便于施工，经济性较好，因此应在满足路面排水及边坡冲刷要求的前提下尽可能采用分散分散漫流式排水。

(5)当道路纵坡小于0.3%，且在砂性较弱的路段应优先采用分散漫流式排水。

因任何植被对水流均有一点的蓄拦作用，这样会导致路面水流流速降低，进一步引起水流深度增加的问题，且因水深增加，车辆出现打滑的速度降低，即车辆更易出现打滑现象，故对分散漫流式排水方式，不应在道路边缘的土路肩位置种植植物。

3.2　路表水深、流速

3.2.1　降雨—汇流模型

1. *层流与紊流*

降落于路表的水形成表面径流后，存在着两种流态：层流和紊流。两种流动形态的水头损失是不同的，层流时，水头损失和流速的一次方成正比；当紊流时，水头损失与流速的1.75～2次方成正比。因此，流态的不同影响了流动过程所受到的沿程阻力的大小。对流态的判断可采用临界雷诺数，针对路表水流，其计算公式如下：

$$Re = \frac{vR}{\upsilon} \tag{3-1}$$

式中：Re——雷诺数；

v——水流流速，m/s；

R——水力半径，$R=\frac{A}{\rho}$，A为过水断面面积，ρ为湿周；

υ——水的运动黏度，取值可参见表3-1。

不同水温下水的运动黏度值　　表3-1

t(℃)	0	2	4	6	8	10	12
υ(cm^2/s)	0.0177 5	0.0167 4	0.0156 8	0.0147 3	0.0138 7	0.0131 0	0.0123 9
t(℃)	14	16	18	20	22	24	26
υ(cm^2/s)	0.011 76	0.011 8	0.0106 2	0.010 10	0.009 89	0.009 19	0.008 77
t(℃)	28	30	35	40	45	50	60
υ(cm^2/s)	0.008 39	0.008 03	0.007 25	0.006 59	0.006 03	0.005 56	0.004 78

计算路表水流流态时，假设取水流宽度为B，水深为h，则面积$A=B\times h$，湿周$\rho=2h+B$，因h远小于B，则水力半径$R=A/\rho=(Bh)/(2h+B)\approx Bh/B=h$。因此，路表水流的雷诺数计算公式修改为式(3-2)，其中h为水流深度，其他参数

同式(3-1)：

$$Re = \frac{vh}{\upsilon} \tag{3-2}$$

判断流态的临界雷诺数通常取 $Re=580$，即雷诺数大于 580 时为紊流，否则为层流。但天然情况下的无压流(路表水流、明渠水流等)多属紊流，因而很少进行流态判断。

2. 降雨模型

降雨量计算，应包括一定历时内的降雨总量及时空分布。道路汇水面积一般较小，空间变化常可忽略，但降雨强度的时程变化在较短历时内也是非常明显的，对洪峰流量及流量过程线都有显著影响。暴雨量过程线可以根据实测降雨资料，也可以根据暴雨公式和雨型参数计算。在模拟实际径流过程时，一般可以通过自计雨量资料整理成降雨过程线。在校核综合排水系统的设计时，常采用模型降雨过程线。

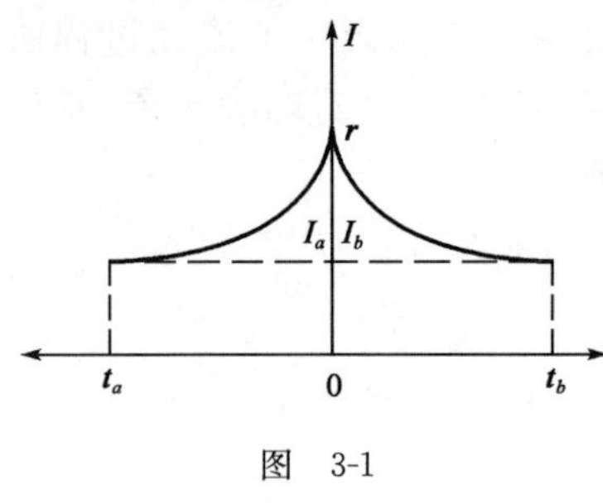

图 3-1

在降雨公式中引入降雨强度过程的平均形态和强度高峰的位置，能更全面地反映降雨的各种特征，这种模式雨型把短历时的强度过程看作长历时强度过程中相应最强雨段的过程，它将不同场次暴雨的同频率雨段按强度过程的平均趋势作了组合，同时它把各管段设计流量的出现描绘在这一场降雨模式之中。

降雨强度的过程如图 3-1 所示。其降雨总历时为 t_0，峰值前后的瞬时强度曲线分别为 I_a、I_b，相应的历时为 t_a、t_b，令强度最高峰的位置为 r，则 $t_a=rt_0$，$t_b=(1-r)t_0$，$t_0=t_a/r=t_b/(1-r)$，取降雨强度公式为 $i=A/(T+b)^n$ 的形式，取降雨高峰时间坐标为原点，则降雨峰值前后的平均强度 i_a、i_b 为：

当 $0\leqslant t\leqslant t_a$ 时
$$i_a = \frac{A}{(t/r+b)^n} = \frac{r^n A}{(t+rb)^n} \tag{3-3a}$$

当 $0\leqslant t\leqslant t_b$ 时
$$i_b = \frac{A}{\left(\frac{t}{1-r}+b\right)^n} = \frac{(1-r)^n A}{[t+b(1-r)]^n} \tag{3-3b}$$

对以上两式求微分，并调整其时间坐标，取雨始点坐标为 0，降雨历时为 T，得强度高峰前后的瞬时强度 I_a 和 I_b 为：

当 $0\leqslant t\leqslant t_a$ 时
$$I_a = \frac{\mathrm{d}}{\mathrm{d}t}(i_a \cdot t) = \frac{(1-n)r^n A}{(t_a-t+rb)^n} + \frac{nbr^{n+1}A}{(t_a-t+rb)^{n+1}} \tag{3-4a}$$

$$当\ t_a \leqslant t \leqslant T\ 时\ I_a = \frac{\mathrm{d}}{\mathrm{d}t}(i_b \cdot t) = \frac{(1-n)(1-r)^n A}{[t-t_a+(1-r)b]^n} + \frac{nb(1-r)^{n+1}A}{(t-t_a+(1-r)b)^{n+1}} \tag{3-4b}$$

3. 汇流模型

通常对类似于路表径流的薄层水流的计算，可采用扩算波法，因为该法不但可以计算路面汇流的流量，还可以计算路面水流的深度。该模型可由圣维南方程得到：

$$\begin{cases} \dfrac{\partial \zeta}{\partial t} + \dfrac{\partial q_x}{\partial x} + \dfrac{\partial q_y}{\partial y} = i - l \\ \dfrac{\partial q_x}{\partial t} + gH\dfrac{\partial \zeta}{\partial x} + \dfrac{\tau_{xb}}{\rho} = 0 \\ \dfrac{\partial q_y}{\partial t} + gH\dfrac{\partial \zeta}{\partial q_y} + \dfrac{\tau_{yb}}{\rho} = 0 \end{cases} \tag{3-5}$$

式中：ζ——水位高程；

H——水深；

q_x、q_y——分别为 x、y 方向的单宽流量，$\mathrm{m^2/s}$；

i、l——分别为降雨强度、入渗强度，m/s；

τ_{xb}、τ_{yb}——分别为 x、y 方向的路床剪力；

ρ、g——分别为水的密度和重力加速度。

令：

$$q_x = HU \tag{3-6}$$

$$q_y = HV \tag{3-7}$$

$$\tau_{xb} = \frac{\rho g U\sqrt{U^2+V^2}}{C^2} \tag{3-8}$$

$$\tau_{yb} = \frac{\rho g V\sqrt{U^2+V^2}}{C^2} \tag{3-9}$$

$$C = -\sqrt{32g}\log\left(\frac{k_s}{12H} + \frac{1.255C}{Re\sqrt{2g}}\right) \tag{3-10}$$

式中：U、V——分别为 x、y 方向的平均流速，m/s；

k_s——当量粗糙度；

Re、C——分别为水流的雷诺数和谢才系数。

对于模型的求解，可将式(3-6)～式(3-10)带入式(3-5)，并采用显格式有限差分法离散：

$$\frac{\zeta_{i,j}^{n+1}-\zeta_{i,j}}{\Delta t}+\frac{q_x\big|_{i,j}^{n}-q_x\big|_{i-1,j}^{n}}{\Delta x_{i,j}}+\frac{q_y\big|_{i,j}^{n}-q_y\big|_{i,j-1}^{n}}{\Delta y_{i,j}}=(i_{i,j}^{n}-l_{i,j}^{n}) \tag{3-11}$$

$$\frac{q_x\big|_{i,j}^{n+1}-q_x\big|_{i,j}^{n}}{\Delta t}+g\frac{H^{n+1}\Delta\zeta_{i,j}^{n+1}}{\Delta x}+gq_x\big|_{i,j}^{n+1}\frac{\sqrt{q_x^2+q_y^2}}{C^2H_x^2}\Bigg|_{i,j}^{n}=0 \tag{3-12}$$

$$\frac{q_y\big|_{i,j}^{n+1}-q_y\big|_{i,j}^{n}}{\Delta t}+g\frac{H^{n+1}\Delta\zeta_{i,j}^{n+1}}{\Delta y}+gq_y\big|_{i,j}^{n+1}\frac{\sqrt{q_x^2+q_y^2}}{C^2H_y^2}\Bigg|_{i,j}^{n}=0 \tag{3-13}$$

式中：$H^{n+1}=H_{i,j}^{n+1},\Delta\zeta_{i,j}^{n+1}=\zeta_{i-1,j}^{n+1}-\zeta_{i,j}^{n+1},\Delta x=\Delta x_{i,j}$ （当 $q_x\big|_{i,j}^{n}>0$）

$H^n=H_{i+1,j}^{n},\ \Delta\zeta^n=\zeta_{i+1,j}^{n+1}-\zeta_{i,j}^{n},\quad \Delta x=\Delta x_{i+1,j}$ （当 $q_x\big|_{i,j}^{n}<0$）

$H^n=H_{i,j}^{n}\quad \Delta\zeta_{i,j}^{n}=\zeta_{i,j-1}^{n+1}-\zeta_{i,j}^{n},\quad \Delta y=\Delta y_{i,j}$ （当 $q_y\big|_{i,j}^{n}>0$）

$H^n=H_{i,j+1},\ \Delta\zeta^n=\zeta_{i,j+1}^{n+1}-\zeta_{i,j}^{n},\quad \Delta y=\Delta y_{i,j+1}$ （当 $q_y\big|_{i,j}^{n}<0$）

联立式(3-11)～式(3-13)，便可求出每个网格点的 $\zeta_{i,j}^{n}$，$q_x\big|_{i,j}^{n}$和$q_y\big|_{i,j}^{n}$。方程的求解采用显格式方式，最终结果可表示为：

$$\zeta_{i,j}^{n+1}=\zeta_{i,j}^{n}+\Delta t\left[(i_{i,j}^{n}-l_{i,j}^{n})-\frac{q_x\big|_{i,j}^{n}-q_x\big|_{i-1,j}^{n}}{\Delta x_{i,j}}-\frac{q_y\big|_{i,j}^{n}-q_y\big|_{i,j-1}^{n}}{\Delta y_{i,j}}\right] \tag{3-14}$$

$$q_x\big|_{i,j}^{n+1}=q_x\big|_{i,j}^{n}-\Delta t\left[g\frac{H^{n+1}\Delta\zeta_{i,j}^{n+1}}{\Delta x}+gq_x\big|_{i,j}^{n+1}\frac{\sqrt{q_x^2+q_y^2}}{C^2H_x^2}\big|_{i,j}^{n}\right] \tag{3-15}$$

$$q_y\big|_{i,j}^{n+1}=q_y\big|_{i,j}^{n}-\Delta t\left[g\frac{H^{n+1}\Delta\zeta_{i,j}^{n+1}}{\Delta y}+gq_y\big|_{i,j}^{n+1}\frac{\sqrt{q_x^2+q_y^2}}{C^2H_y^2}\big|_{i,j}^{n}\right] \tag{3-16}$$

上式即为路表水流的汇流数值模拟模型。国内外曾有学者根据该式编制有限元程序来计算路表汇流时的水深及流速。但该方法存在两个方面的不足：一是水深及流速的获取需通过计算图的颜色的对比方法，容易产生二次误差，即读数过程产生的误差，使得结果出现偏差；二是计算过程过于繁琐，需编制程序利用计算机进行求解。下面介绍一种较为简单的求解水深及流速的方法。

3.2.2 水深、流速的计算

设水流单宽流量为 q，水深为 h，则 $q=vh$，其量纲为 m^2/s。计算水流雷诺数 Re 的公式可改写成如下形式：

$$Re=\frac{vh}{\upsilon}=\frac{q}{\upsilon} \tag{3-17}$$

为了计算，引入两个参数：一是沿程阻力系数 λ；二是沿程能量梯度坡度 S_f。如假设流程长度为 L，沿程水头损失为 h_f，则：

$$S_{\mathrm{f}} = \frac{h_{\mathrm{f}}}{L} \tag{3-18}$$

对于薄层水流，S_{f} 在数值上等于路表的坡度 S_0。根据达西-魏兹巴赫定律，沿程水头损失公式为：

$$h_{\mathrm{f}} = \lambda \frac{L}{4R} \frac{v^2}{2g} \tag{3-19}$$

式中：R、v 分别为水流水力半径（如前所述，对路表径流，$R=h$，h 为水深）及流速，合并式(3-18)及式(3-19)可知：

$$S_{\mathrm{f}} = \frac{\lambda v^2}{8gh} = \frac{\lambda v^2 h^2}{8gh^3} = \frac{\lambda q^2}{8gh^3} \tag{3-20}$$

因 $S_{\mathrm{f}}=S_0$，并将式(3-20)改变形式：

$$\lambda = \frac{8gS_{\mathrm{f}}h^3}{q^2} = \frac{8gS_0h^3}{q^2} \tag{3-21}$$

根据水力学公式，水流为层流或紊流时沿程阻力系数的表达式可表示成另一种形式：

水流为层流时
$$\lambda = \frac{24}{Re} = \frac{24\upsilon}{q} \tag{3-22a}$$

水流为紊流时
$$\lambda = \frac{C}{Re^{0.25}} = C\left(\frac{\upsilon}{q}\right)^{1/4} \tag{3-22b}$$

联立式(3-21)和式(3-22)，消去沿程阻力系数 λ，可得：

水流为层流时
$$q = \frac{gS_0h^3}{3\upsilon} \tag{3-23a}$$

水流为紊流时
$$q = \left(\frac{8gS_0}{C\upsilon^{0.25}}\right)^{4/7} h^{12/7} \tag{3-23b}$$

改变式(3-23)的形式，可以得出水流水深的表达式如下：

水流为层流时
$$h = \left(\frac{3\upsilon q}{gS_0}\right)^{1/3} \tag{3-24a}$$

水流为紊流时
$$h = \left(\frac{C\upsilon^{1/4}q^{7/4}}{8gS_0}\right)^{1/3} \tag{3-24b}$$

由式(3-24)可知，υ 为水流运动黏度，可由表 3-1 按水流温度查取；S_0 为道路路表坡度，由道路线形设计得到；g 为重力加速度，取 $g=9.81\mathrm{m/s^2}$；C 为系数，等于 0.223；q 为单宽流量，即取宽度为单位长度，一定长度的流域，其面积可求，然后按流量计算公式求解 q。其中的降雨强度可采用式(3-4)。由以上分析可知，式(3-24)中等号右侧所有参量均为已知量，则水深可求。

值得注意的是，在计算参数中提出了参数——曼宁系数，且其值为 0.012。

曼宁系数代表了路表的粗糙度程度，其值大，说明路表较为粗糙；反之则说明路表较光滑。光滑的路表流速较快，因而相同条件下，路表水流水深较浅。因而当路表粗糙程度不同时，应对水深计算公式(3-24)进行修正。方法如下：粗糙度不同时，主要影响雷诺数的计算及式(3-24)中的 C 值。现有材料铺筑的路面结构，其曼宁系数在 0.012～0.020 之间变化，而式(3-24)中 $C=0.223$ 也是在曼宁系数 $n=0.012$ 时得出的，因而可以以此为基础进行修正。本文对其他曼宁系数取值时进行了计算，结果表明只需在式(3-24)的基础上乘以一修正系数 F 即可。修正系数 F 的表达式如下：

$$F = 0.912 \times \frac{n}{0.012} \tag{3-25}$$

式中：n——某一材料铺筑的路面的曼宁系数。

对于道路表面的水流，更为关注的是水流的深度。应尽量降低水深以避免发生行车危险。根据计算结果，可得出如下结论：

(1)路表粗糙度降低，水深降低，但同时也会造成路表过于光滑，使得行车的抗滑能力不够。所以，虽然使路表光滑可使水深降低，但在工程上并不可行。

(2)从式(3-24)可知，增加道路坡度，可使水深降低，同时纵坡加大，水深增加。因此，在保证行车舒适、安全的前提下，应尽量加大道路横坡。

(3)道路纵坡加大，水深增加，其原因主要是水流流程增加，使得单宽流量增加，汇流的水量增加，因而水深增加。因此，在道路线形设计时，应尽量避免设计过大的纵坡。

(4)车道数增加，水深增加较快。因此对多车道公路，在两侧道路均应采用双向路拱，使其中一些车道横坡坡向中间带，以避免外侧车道水深过深。

求解水流深度 h 后，选定某一断面，则进一步可知这一断面的单宽流量 q，流速可利用单宽流量 q 和水深 h 的关系进行求解：

$$v = \frac{q}{h} \tag{3-26}$$

应该注意的是，利用上式计算所得结果是水深为 h 的过水断面的平均流速，而实际上应求得水流的最大流速。如图 3-2 所示，受路表摩阻力的影响，水流流速呈抛物线形分布，在接近路表某一位置，流速为零；在水流表面流速最大。

图 3-2 为薄层水流流速分布图。图中：z_0 为路表绝对粗糙度，是路表在微观下表现出的不平整度；k 为黏性底层厚度；z 为自高程为 0 处的高度；$u(z)$为高度为 z 处的流速，$u(k)=0$。其流速分布公式可用下式表示：

$$\frac{u(z)}{u_*} = \frac{1}{\chi}\ln\left(\frac{z}{k}\right)+B = \frac{1}{\chi}\ln\left(\frac{z}{z_1}\right) \tag{3-27}$$

式中：u_* 为水流的剪切流速，$u_* = \sqrt{\frac{\tau}{\rho}}$ 或 $u_* = \sqrt{gS_0 y}$（针对薄层水流），其中 τ 和 ρ 分别为流动界面的剪切力和水的密度。以剪切流速计算所得雷诺数为剪切雷诺数 $Re_* = \frac{u_* k}{\upsilon}$；$\chi$ 为常数，对路表流动，$\chi=0.4$；$z_1 = ke^{-\chi B}$ 且 $k=z_1+z_0$，k 为黏性底层厚度，其值可通过水力学公式求得；参数 B 为剪切雷诺数的函数，当 $Re_*>7$ 时，$B=8.5$；当 $Re_*<7$ 时，$B = 11.5 - 1.62\ln Re_*$。

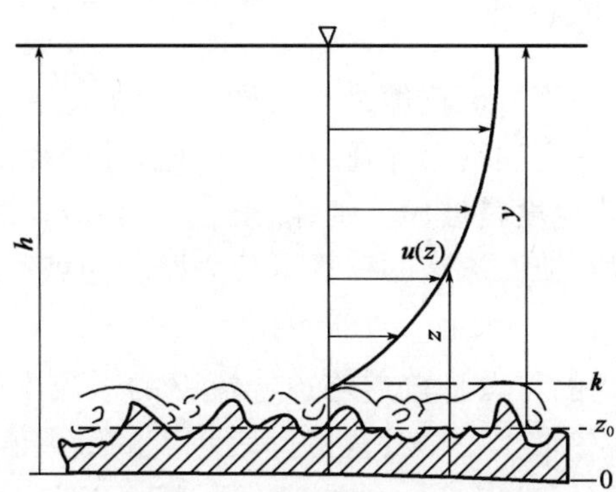

图 3-2 薄层水流流速分布图

在式(3-27)中，受路表绝对粗糙度的影响，z 值的选取应从$(z-z_0)$处开始。

$$u(z) = \frac{u_*}{\chi}\ln\left(\frac{z-z_0}{z_1}\right) \tag{3-28}$$

将上式从 $z=z_1+z_0$ 到 $z=h=y+z_0$ 积分，可得：

$$q = \frac{u_*}{\chi}\left[y\ln\left(\frac{y}{z_1}\right)-y+z_1\right] \tag{3-29}$$

因 z_1 远小于 y，所以上式可修改为：

$$q = \frac{u_* y}{\chi}\left[\ln\left(\frac{y}{z_1}\right)-1\right] \tag{3-30}$$

将 $v=q/y$ 带入上式，则：

$$\frac{v}{u_*} = \frac{1}{\chi}\left[\ln\left(\frac{y}{z_1}\right)-1\right] \tag{3-31}$$

对于式(3-28)，当 $z=h$，流速为水流表面流速，为流速分布中的最大值：

$$\frac{u_{\max}}{u_*} = \frac{1}{\chi}\ln\left(\frac{y}{z_1}\right) \tag{3-32}$$

比较式(3-31)和式(3-32)，即可得出水流最大流速和平均流速的关系。两者的比值是水深、雷诺数、黏性底层厚度等参数的函数，定义符号 w 为平均流速与最高流速的比值，则 w 有如下规律：

$$\begin{cases} w = 0.67 & Re \leqslant 500(\text{层流}) \\ w = 0.7 & 500 < Re < 1250 \\ w = 0.8 & Re \geqslant 1250 \end{cases}$$

根据比值 w 的结果，可首先求解出平均流速，进一步可计算水流的最大流速。

3.2.3 边坡流速计算

分散漫流式排水，水流自道路边缘直接顺边坡流下，随着流程的长度增加，水流速逐步加快，达到一定程度会冲毁边坡。因此，坡面径流流速是引起冲刷的决定性因素。坡面径流速度是坡面坡度、降雨强度、径流长度和坡面植被状况的函数。根据流动特点，对坡面流速的计算可分为路堤边坡和路堑边坡。

1. 路堤边坡

路堤边坡水流流动的特点是自道路边缘流下的水流本身就具备一定流速，设其流速为 v_1，其值应该取上一节计算的路表水流的最大值。

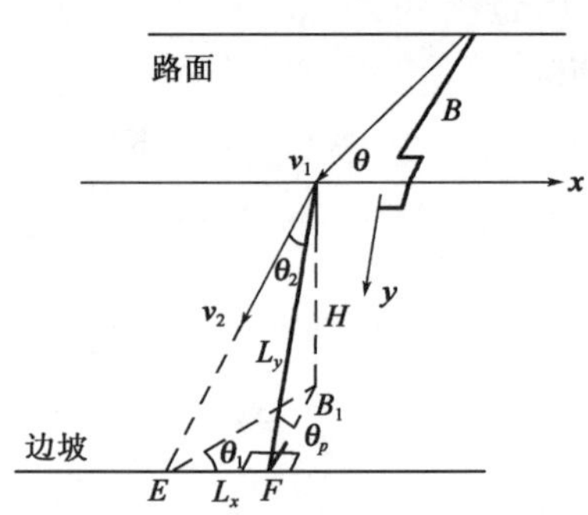

图 3-3 路堤边坡坡面流动示意图

图 3-3 所示为初速度为 v_1 的水流顺边坡流下的示意图。要想求解坡面上任意一点的流速 v_2，需首先确定水流动的加速度 a。a 值可通过坡面汇流时间公式确定：

$$t = 1.445\left(\frac{m_1 L_S}{\sqrt{i}}\right)^{0.467} \tag{3-33}$$

则：

$$L_S = 0.455\frac{\sqrt{i}}{m_1}t^{2.141} \tag{3-34}$$

对初速度为 0 的加速运动，时间和距离的关系为：

$$L_S = at^2/2 \tag{3-35}$$

比较上两式，可近似认为坡面水流的加速度为：

$$a = \frac{0.91\sqrt{i}}{m_1} \tag{3-36}$$

初速度 v_1 与加速度 a 呈夹角 θ_2，即坡面流的初速度和加速度方向不一致，坡面流将做初速度为 v_1 的抛物线运动。假设坡面的粗糙度系数为 m_2，坡度为 i_p，边坡上一点 B_1 至土路肩边缘的高度为 H。则坡面流的加速度 a 及时间 t_1

时刻的速度 v_2 为：

$$a = \frac{0.91\sqrt{i_p}}{m_2} \tag{3-37}$$

$$v_2 = v_1 + at_1 \tag{3-38}$$

速度为标量，为此，可在边坡局部范围内设置 x、y 坐标系。则：

$$\begin{cases} v_{2x} = v_{1x} = v_1\cos\theta \\ v_{2y} = v_{1y} + at_1 = v_1\sin\theta + at_1 \\ v_2 = \sqrt{v_{2x}^2 + v_{2y}^2} \end{cases} \tag{3-39}$$

由于道路横坡值较小，为了确定夹角 θ_2，可忽略道路横坡值，认为路面是水平面，则：

$$L_y = H/\sin\theta_p \tag{3-40}$$

$$B_1 = H/\cot\theta_p \tag{3-41}$$

如图 3-3，DF 平行于 v_1 的方向，在三角形△DEF 中：

$$L_x = B_1\cot\theta_1 = H\cot\theta_p\cot\theta_1 \tag{3-42}$$

$$\tan\theta_2 = \frac{L_x}{L_y} = \frac{H\cot\theta_p\cot\theta_1}{H/\sin\theta_p} = \cos\theta_p\cot\theta_1 \tag{3-43}$$

显然，当 $\theta_p=0°$时（路面和坡面在一个平面内），得到 $\tan\theta_2=\cot\theta_1$，即有 $\theta_2=90°-\theta_1$；当 $\theta_p=90°$时（路面和坡面垂直），得到 $\tan\theta_2=0$，即有 $\theta_2=0°$。

因坡面流在 y 方向的分运动为具有初速度 v_{2y}的等加速直线运动，因此坡面流在 y 方向的运动距离 L_y 与运动时间 t_2 的关系可表示为：

$$L_y = v_{2y}t_1 + \frac{1}{2}at_1^2 \tag{3-44a}$$

或：

$$\frac{1}{2}at_1^2 + v_{2y}t_1 - L_y = 0 \tag{3-44b}$$

解方程可知：

$$t_1 = \frac{-v_{2y} \pm \sqrt{v_{2y}^2 + 2aL_y}}{a} \tag{3-45}$$

由于时间为正数，故：

$$t_1 = \frac{-v_{2y} + \sqrt{v_{2y}^2 + 2aL_y}}{a} \tag{3-46}$$

将式(3-37)、式(3-46)带入式(3-39)，即可得坡面上任何一点的流速 v_2。然后可根据边坡所用材料的允许流速指标来确定边坡的冲刷状况。

2.路堑边坡

对路堑边坡的坡面，水流从雨水充分润湿坡面材料后开始形成径流，即可以看做是初速度为0的流动，且其流动的方向和边坡的坡度方向一致，即垂直于等高线的方向。对路堑边坡水流流速的求解，可采用曼宁公式中单宽流量和水深的关系式来进行。

$$q = \frac{1}{n} h^{5/3} S_0^{1/2} \tag{3-47}$$

式中：q——单宽流量；

n——曼宁系数；

h——水深；

S_0——坡面坡度。

上式可变成如下形式：

$$h = \left(\frac{nq}{\sqrt{S_0}}\right)^{0.6} \tag{3-48}$$

式(3-48)中，可根据道路所在区域及道路设计结果确定边坡坡度 S_0、曼宁系数 n。当确定了径流系数 C、降雨强度 I 及流程长度 L_S 后，则 $q=CIL_S$。则水流水深可求，然后根据 $v=q/h$ 来计算流速 v。值得注意的是，此时计算的流速为平均流速，欲求最大流速，可根据流态进行修正，从而获得最大流速。

计算边坡坡面流速的目的，在于根据计算速度的结果来检查边坡不同防护形式的冲刷情况，当流速超过边坡防护形式的允许流速时，应改变防护形式的种类，以免发生边坡水毁现象。表 3-2 即为不同防护形式的坡面允许流速。

不同防护形式的坡面允许流速　　表 3-2

防护类型	允许流速(m/s)	防护类型	允许流速(m/s)
植草	0.4～0.6	浆砌片石	4～5
衬砌拱植草	0.8～1.0	混凝土预制块	4～8

3.3　坡面防排水措施

3.3.1　坡面排水

坡面排水主要有截水沟和急流槽等形式，急流槽的问题将在后续章节中进行讨论。此部分内容主要讨论截水沟。

截水沟又名天沟，一般设置在挖方路基边坡坡顶以外，或山坡路堤上方的适当地点，用以拦截并排除路基上方流向路基的地面径流，减轻边沟的水流负担，保证挖方边坡和填方坡脚不受水流冲刷。降水量较少或坡面较硬和边坡较低以致冲刷影响不大的地段，可以不设截水沟；反之，若降雨量较多，山坡汇水面积较大且暴雨较多，山坡覆盖层松软，水土流失比较严重的路段，必须设置截水沟。

图 3-4 为设置在路堑边坡上方的截水沟示意图。图中 d 一般为 5m，土质不良地段可取 10m 或更大。截水沟下方一侧可堆放挖沟的土方，要求做成顶部向沟倾斜 2%的土台。路堑上方设置弃土堆时，截水沟、弃土堆位置及尺寸如图 3-5所示。

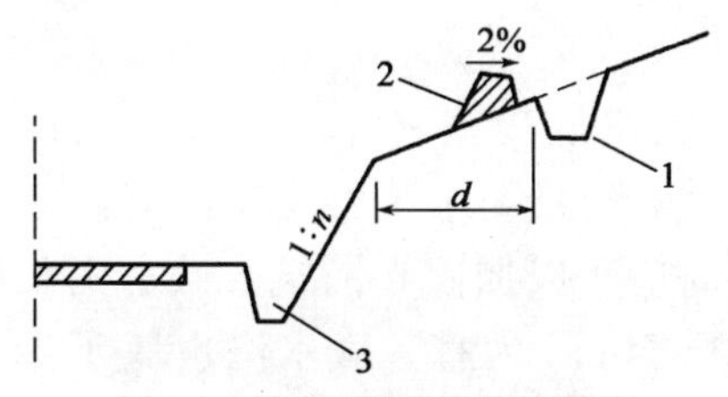

图 3-4　挖方路段截水沟示意图

1-截水沟；2-土台；3-边沟

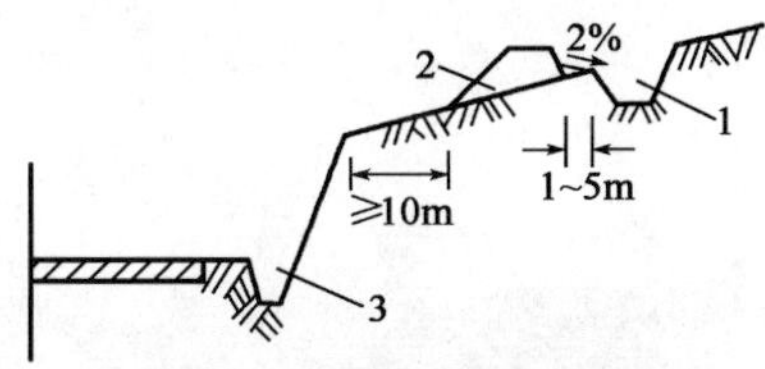

图 3-5　挖方路段弃土堆与截水沟

1-截水沟；2-弃土堆；3-边沟

山坡填方路段可能遭到上方水流的破坏作用，此时必须设置截水沟，拦截山坡水流，保护路堤，如图 3-6 所示。截水沟与坡脚之间应有不小于 2m 的间距，并做成 2%向沟倾斜的横坡，确保路堤不受侵害。

如图 3-7 所示，截水沟断面形式有梯形、矩形、V 形和 L 形，一般设计成梯形。按铺筑沟底及侧壁的材料可分为土沟、加固土沟(铺草皮、三合土或三合土护面)、干砌片石沟、浆砌片石沟、混凝土沟等。图 3-8 即为土沟及石沟的横断面图。

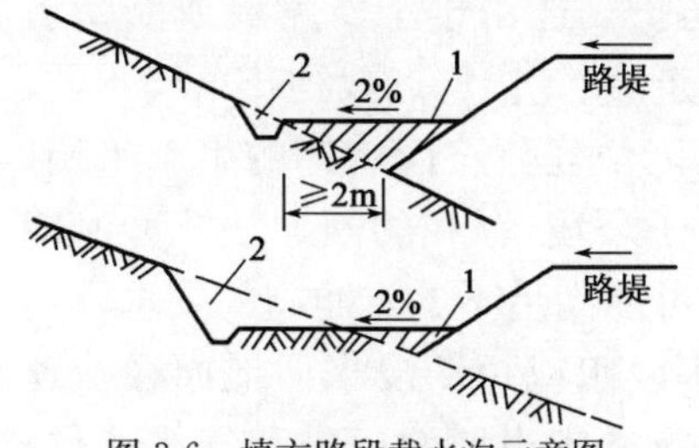

图 3-6　填方路段截水沟示意图

1-横坡；2-边沟

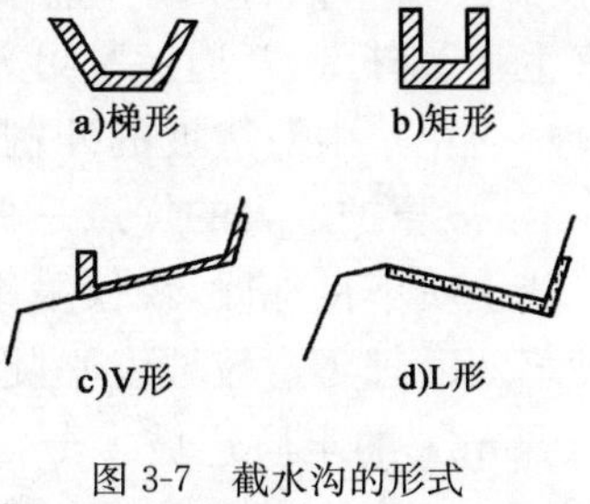

a)梯形　b)矩形

c)V形　d)L形

图 3-7　截水沟的形式

截水沟的位置，应尽量与绝大多数地面水流方向垂直，以提高截水效率并缩短沟的长度。如图 3-9 的截水沟，沟的位置及走向均存在不合理之处(此处没有必要设置截水沟，因为不存在水排向公路表面问题；即使设了截水沟也有其不合理之处；截水沟走向没有垂直于水流方向)，设计中应避免此类设计。截水沟应保证水流畅通，就近引入自然沟内排除，必要时配以急流槽或涵洞等结构物，将水流引入指定地点。

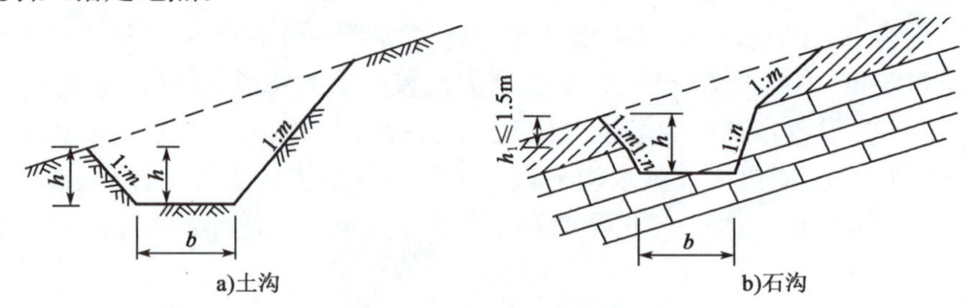

图 3-8　截水沟的横断面图

图 3-9　不合理的截水沟布置形式

截水沟的沟底应具有不小于 0.3%以上的纵坡，沟底和边壁要求平整密实，不渗水，不滞水，必要时应予以加固和铺筑。截水沟长度一般以 200～500m 为宜。截水沟也属于排水沟渠的一种，关于其坡度设计、流量计算等内容，可参见沟渠设计部分。

3.3.2　边坡的防水(防护)措施

边坡防护措施中能起到防水流冲刷的方式主要包括植被防护、圬工防护和综合防护之类。

1. 植被防护

植被防护主要有播种植草、铺草皮、植树防护。适用于土质路堤或路堑坡面，在适宜生长服务区、互通区都可采用。根据土壤、气候特点栽种花草树木，既可防风护坡，防止暴雨对边坡的冲刷，又可恢复因修建公路而破坏的生态平衡，美化环境。植被防护最大的优点是保护和美化了环境，存在的问题是抗冲刷能力低，对一些土质不良地段，仅仅采用植被防护可能满足不了防冲刷的要求。

(1)种草　适宜于边坡坡度不陡于 1∶1，不浸水或短期浸水但地面径流速度不大于 0.6m/s 的土质边坡。草的品种选用应适应当地的土质和气候条件，最好具有根系发达，叶茎低矮，多年生长等特点。不宜种草的坡面，可以铺 5～10cm 的种植土层，且土层应与原地面结合稳固。

(2)铺草皮　可用于较高、较陡的边坡。当坡面冲刷严重，边坡较陡，径流速

度大于 0.6m/s,最大流速达 1.8m/s 以上时,应根据具体条件(坡度与流速),分别采用平铺、水平叠置、垂直坡面或与坡面成一半坡脚的倾斜叠植草皮,还可采用片石砌成方格或拱式边框,方格或框内再铺草皮,如图 3-10 所示。

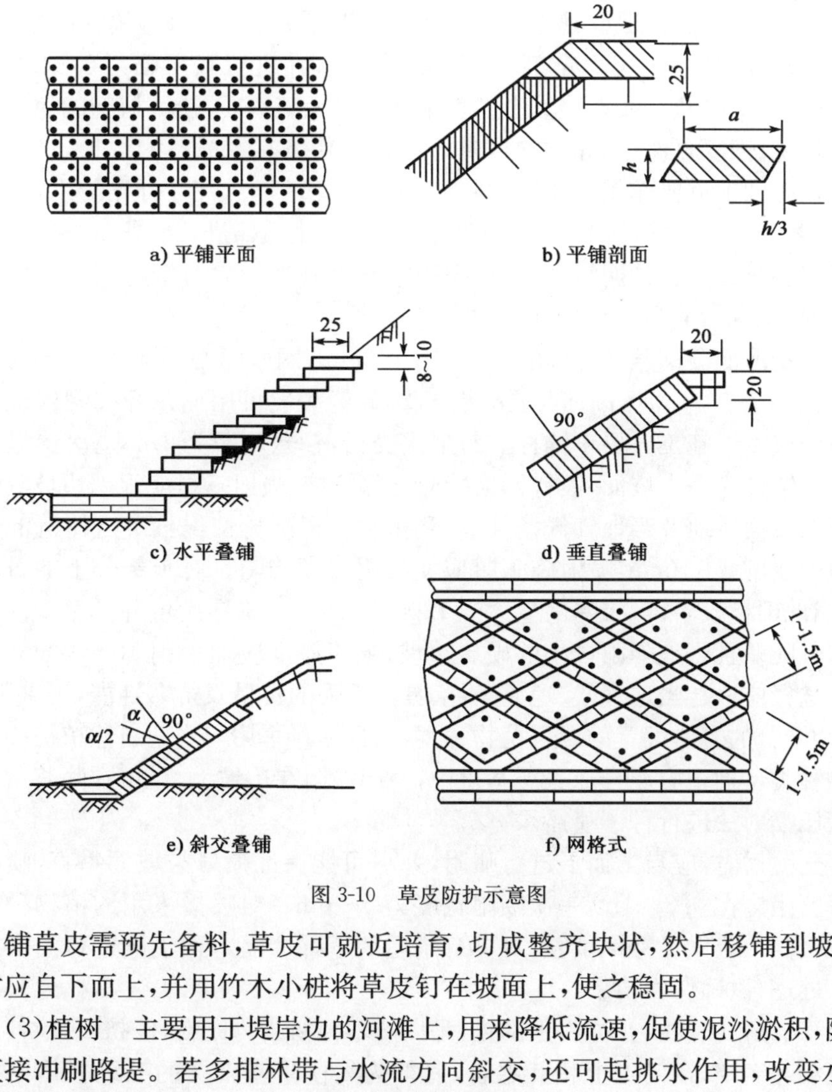

a) 平铺平面
20
25
a
h
h/3
b) 平铺剖面
25
8~10
c) 水平叠铺
20
20
90°
d) 垂直叠铺
α
90°
α/2
e) 斜交叠铺
1~1.5m
1~1.5m
f) 网格式

图 3-10　草皮防护示意图

铺草皮需预先备料,草皮可就近培育,切成整齐块状,然后移铺到坡面上。铺时应自下而上,并用竹木小桩将草皮钉在坡面上,使之稳固。

(3)植树　主要用于堤岸边的河滩上,用来降低流速,促使泥沙淤积,防止水流直接冲刷路堤。若多排林带与水流方向斜交,还可起挑水作用,改变水流方向。沙漠和雪害地区,防护林可起阻沙防雪作用。

植树位置与宽度,应根据防护要求、水流速度及当地自然条件而定。树种的种植应适合于当地的土质、气候条件,能迅速生长,且根系发达,用于冲刷防护的

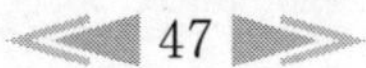

树种宜选用生长很快的杨柳类或不怕水淹的灌木类。

(4)客土喷播　适用于山地开挖后形成的除极其坚硬和坡度陡于1∶0.5的石质边坡以外的各种路堑石质边坡及碎石边坡。客土喷播首先是通过加入由种植土、泥炭土、纤维料、长效肥、生物菌肥、保水剂等按合理比例配置而成的专业客土基材，给植物提供保证其正常生长的有效基质；然后通过钉锚、挂网以及在基质中加入纤维料、土壤稳定剂、结合料（水泥），并进行高压喷射（0.4MPa以上）保证碎石块以及基质在边坡上的稳定性。客土喷播后，边坡植物的生长在绿化美化环境、恢复自然生态的同时，植物根系尤其是灌木根系的生长，对坡面的长期稳定起到了重要作用。在边坡陡峭、岩基不稳等条件下，可先使用格笼、抗滑桩、锚索等防护措施使山体稳定，之后再使用客土喷播进行绿化。

材料要求：打锚、挂网材料，应根据边坡坡度及坡面岩石情况而定。一般主锚长0.8～1.5m，直径12～22mm；次锚0.4～0.6m，直径12mm。机编镀锌网材可采用菱形低碳钢丝网，网丝直径不小于2mm，网丝间距不大于6mm。对于部分坡比小于1∶1、坡面平整、坡高小于20m的缓坡可用尼龙纤维网代替钢丝网以节约成本。施工时要求锚杆分布主次交错，一般间距为1m，主次锚呈梅花形分布。锚杆应垂直坡面，镀锌网搭接应全部铰接；喷射基材应根据边坡具体条件（坡度、坡面质地及当地气候条件等）和植物种子配比情况按一定比例混合而成。喷射厚度8～10cm，喷射施工时应使喷附厚度均匀。对于部分土加石的缓坡，且当地雨量较丰富（年降雨量大于1200mm）时，喷浆厚度可降低至5～6cm，对于部分陡峭且当地降雨量小的硬岩边坡，喷浆厚度应加大到10～12cm；植物种子的选择应适合当地气候、地质条件、具有较强的抗旱及抗寒性能，可采用草、灌、乔相结合的立体配置的混合植物种类，而且尽量采用与当地自然植被相类似的植物种类。种子应混合在表层基材中，一起喷附在边坡上，也可在喷浆后采用普通液压喷射法进行种子喷播。

客土喷播时，应自上而下进行喷附，并尽可能保证喷口与坡面垂直，喷口与坡面垂直距离在0.8～1m，一次喷附宽度为5～6m。对喷播采用的植物种子必须以批次为单位做发芽率试验，对具有蜡质的草种和灌木种子应进行温水浸泡等催芽处理，以确保出苗率。

(5)三维植被网　亦称固土网垫，是以热塑性树脂为原料，经挤压、拉伸等工序形成相互缠绕，在接点上相互融合，底部为高模量基础层的三维立体结构网垫。三维植被网在土质路堤、路堑边坡均可应用，强风化岩石边坡、处理后的土石混填路堤边坡也可应用。常用坡比为1∶1.5，一般不超过1∶1.25，坡比大于1∶1时慎用；坡高要求每级高度不超过10m；应在春季和秋季施工，尽量避免在

暴雨季节施工。

三维植被网具有固土性能优良、消能作用明显、网络加筋突出、保温功能良好等优点。其基础层由1～3层经双向拉伸处理后得到的均匀方形网格组成，拉伸后的方形网格质轻、丝细且均匀，具有很好的适应坡面变化的贴伏性能。三维植被网的上部为1～3层网包层，上下两层的复合即形成三维植被网垫。

采用此类防护时，对路堤填土土质条件差、不利于草种生长的坡面采用回填改良客土，厚度为50～70mm，并用水润湿让坡面自然沉降至稳定。若pH值不适宜，尚需改良其酸碱度。施工时应在坡顶及坡底沿边坡走向开挖一矩形沟槽，沟宽30cm，沟深不少于20cm，坡面顶沟离坡面30cm，用以固定三维植被网。固定时，要求三维植被网的剪裁长度比坡面长130cm，顺坡铺设。铺网时，应让网尽量与坡面贴伏紧实，防止悬空。一般可采用U形钉或聚乙烯塑料钉固定，也可采用钢钉，钉长20～45cm，松土用长钉。钉的距离一般为90～150cm，在沟槽内也应按约75cm的间距设钉，然后再填土压实。雨季施工时，为使草种免受雨水冲失，并实现保温保湿，应加盖无纺布，促进草种的发芽生长，也可采用稻草、秸秆编制席子并覆盖。

草种的选择应根据气候区划选择，草种应具有优良的抗逆性，并采用两种以上的草种进行混播。草种可采用人工播撒，也可采用液压喷播。图3-11为三维植被网防护的典型设计图。

(6)藤蔓植物护坡　也称垂直绿化，是指栽植攀缘性和垂吊性植物。以遮蔽硬质岩陡坡和挡土墙、锚定板墙等圬工砌体，美化环境的绿化方法。此类护坡各地均可应用，对边坡也没有限制。一般多用于以下工程：①已修建的圬工砌体等构造物处，如挡土墙、抗滑桩挡土板、锚定板及声屏障等；②路堑边坡平台，特别是采用挂网喷浆、护面墙等防护处理的边坡；③坡比超过1∶0.3的岩石边坡。

2.圬工防护

对坡面较平整的边坡，主要是指浆砌片石、块石、条石、实心混凝土预制块等；对于不宜草木生长且坡面高低不平的岩石坡面，可采用抹面、捶面、喷浆、勾(灌)缝等的工程措施防护；对严重剥离、破碎的岩石坡面，或坡面径流大且土质易冲刷的土质坡面可采用护面墙等工程防护措施加以防护。此类防护措施抗冲刷能力强，但是造价高、不美观而且对环境有污染，所以建议一般能不用则不用，对某些土质不良地段必须采用时，采用预制块代替片石不失为一种较好的方法。

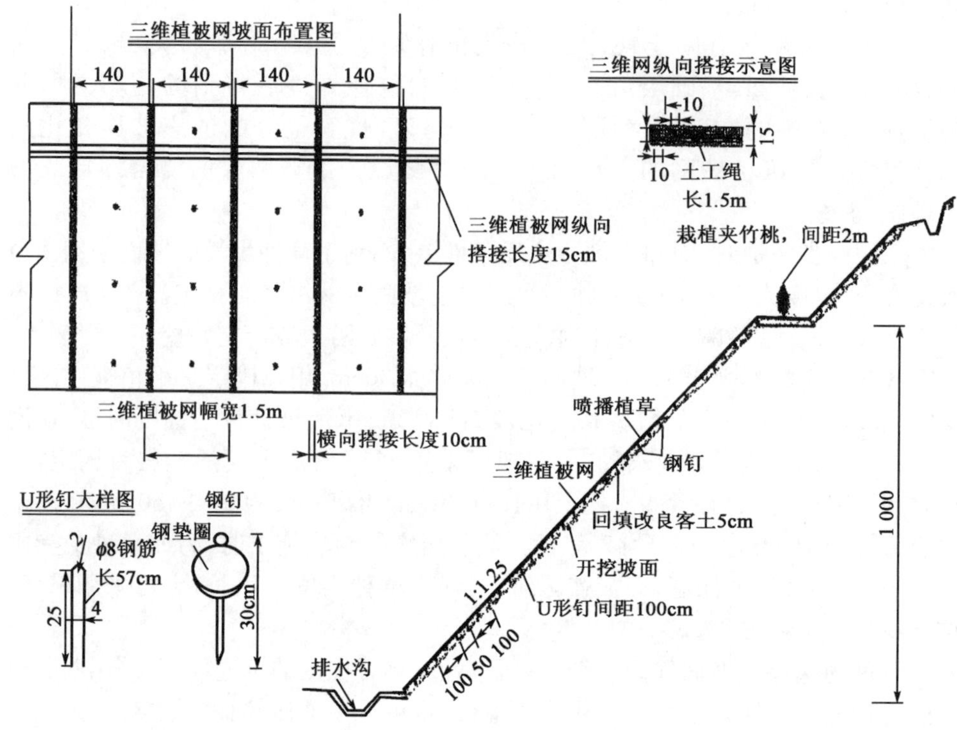

图 3-11　三维植被网护坡典型设计图(尺寸单位：cm)

(1)抹(捶)面　抹面和捶面适用于易风化但表面比较完整，尚未剥落的岩石边坡，如页岩、泥岩、泥灰岩、千枚岩等软质岩层，如图 3-12 所示。

抹(捶)面材料常用石灰炉渣混合灰浆，石灰炉渣三合、四合土及水泥石灰砂浆。其中三合土和四合土需用人工捶夯，故亦称为捶面。抹(捶)面材料的配合比应经试抹、试捶确定，以保证能稳定地密贴于坡面。抹(捶)之前，坡面上的杂质、浮土、松动的石块及表面风化破碎岩体应清除干净，当有潜水露出时，应作引水或截流处理，岩体表面要冲洗干净，表面要平整、密实、湿润。抹面宜分两次进行，底层抹全厚的 2/3，面层 1/3。捶面应经拍(捶)打使与坡面紧贴，并做到厚度均匀、表面光滑。在较大面积抹(捶)面时，应设置伸缩缝，其间距不宜超过 10m，缝宽 1～2cm，缝内用沥青麻筋或油毛毡填塞紧密。抹面表面可涂沥青保护层，以防止抹面开裂并提高抗冲蚀能力。抹(捶)面的周边，必须严格封闭，如在其边坡顶部作截水沟，沟底及沟边也应进行抹(捶)面的防护。

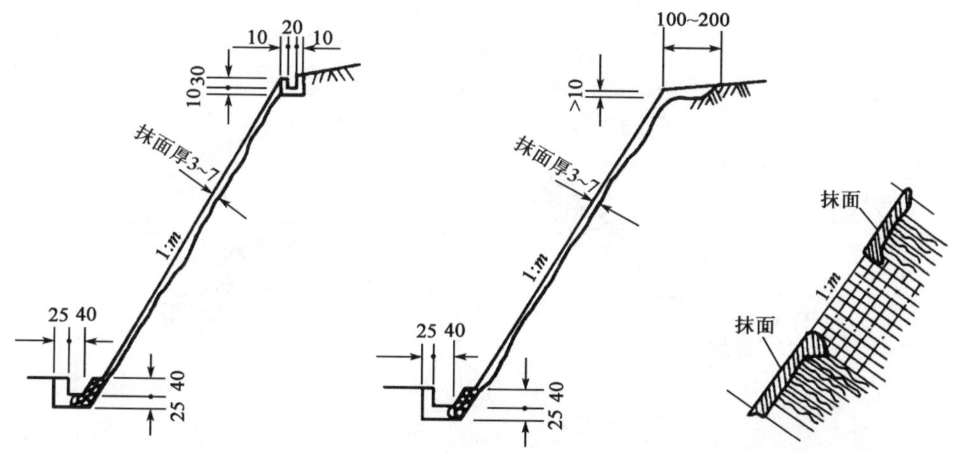

图 3-12　抹面护坡示意图(尺寸单位:cm)

(2)勾缝、灌浆　勾缝适用于比较坚硬,且裂缝多而细的岩石边坡,勾缝可防止水分浸入岩层内造成病害;灌浆适用于坚硬但裂缝较宽和较深的岩石边坡,借砂浆的胶结力,使坡面表层成为防水的整体。

(3)喷浆　适用于易风化和坡面不平的岩石挖方边坡,喷浆的水泥用量较大,可用于重点工程路段。比较经济的砂浆是用水泥、石灰、河沙及水四种原料,按1∶1∶6∶3配合组成。喷浆前后的处治与抹面相同。对坡面较陡或易风化的坡面,可以在喷浆前先铺设加筋材料,加筋材料可以使用铁丝网或土工格栅,喷浆坡面应设置排水孔。

喷浆厚度以5～10cm为宜,砂浆强度不低于M10。喷浆作业应由下而上,喷枪垂直坡面并保持0.6～1.0m的距离,喷射压力150～170kPa。灰体初凝后,立即洒水养生,持续5～7天。喷浆层上部需特别加以重视,必须很好封顶处理,以防止地表径流冲蚀。

(4)砌石护坡　用于土质或风化岩质路堑或土质路堤边坡的坡面防护,亦可用于浸水路堤及排水沟渠的冲刷防护。

石砌护坡方式有干砌和浆砌两种。干砌片石的主要作用是防止水流冲刷边坡,要求被防护的边坡自身基本稳定。干砌片石可做成单层,亦可做成双层,片石下面应设置垫层,起平整作用。干砌片石要用砂浆勾缝,以防止水分浸入,并提高整体强度,如图3-13所示。

浆砌片石护坡,常用于防护流速较大(4～5m/s)的沿河路堤,亦可与护面墙等综合使用,以防护不同岩层和不同位置的边坡。其厚度一般为0.2～0.5m,基础要求稳固，应深入水流冲刷线以下，同时对基础应加设防护措施。

(5)锚喷　对岩体节理发育而表层破碎严重的硬岩或节理发育并向路侧倾斜的层状结构，宜采用锚喷(锚杆钢筋网喷射混凝土)防护。

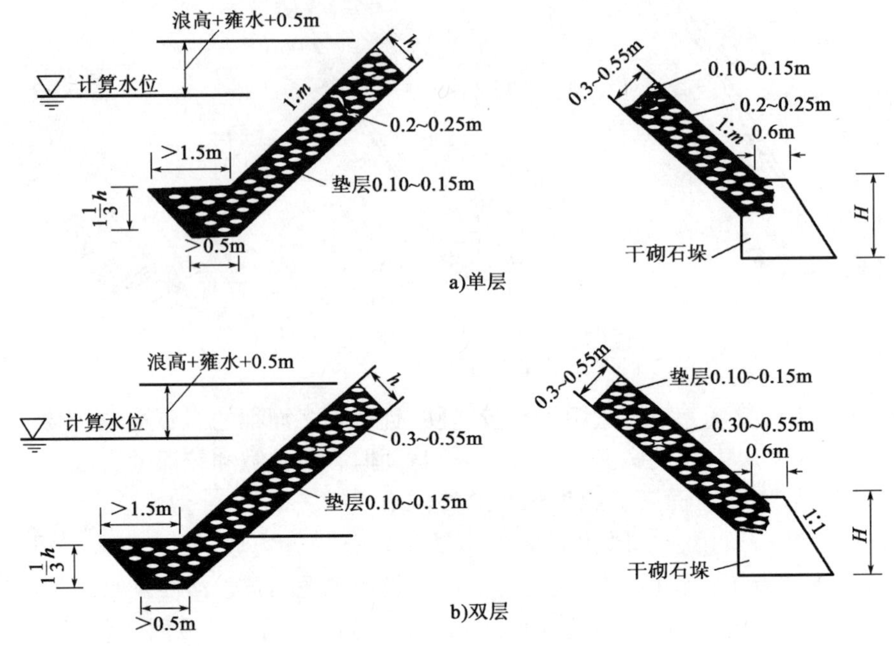

图 3-13　砌石护坡示意图

锚喷防护的主要技术参数为：锚杆一般采用 ϕ16～20 的圆钢筋，长度决定于破碎层的厚度，一般为 0.5～1m；锚孔深度比锚杆长度大 0.2m，锚孔用 1∶3 的水泥砂浆填封；每片网的大小为 2～2.5m²，网框条为 ϕ6 圆钢筋，网线为 ϕ2 镀锌铁丝，网目 0.2～0.25m；喷射混凝土厚度 0.1～0.15m，混凝土最大粒径不大于 30mm、强度不低于 C15、水灰比控制在 0.35～0.42 之间。

钢筋网与锚杆必须连接牢固，每隔 10～12.5m(5 片网)设置一条伸缩缝，缝宽 20mm 左右，用沥青麻筋填塞(图 3-14)。喷射混凝土时，喷嘴应垂直坡面，两者相距 0.5～1.0m，喷射压力控制在 150kPa。混凝土初凝后，立即洒水养生，持续 7～10 天。

(6)护面墙　护面墙是一种浆砌片石覆盖层，常用于严重风化破碎的岩石挖方边坡。护面墙除自重外，不承受其他荷重，亦不承受墙背土压力。其构造与布置，如图 3-15 所示。墙高与厚度及路堑边坡的关系，参见表 3-3。

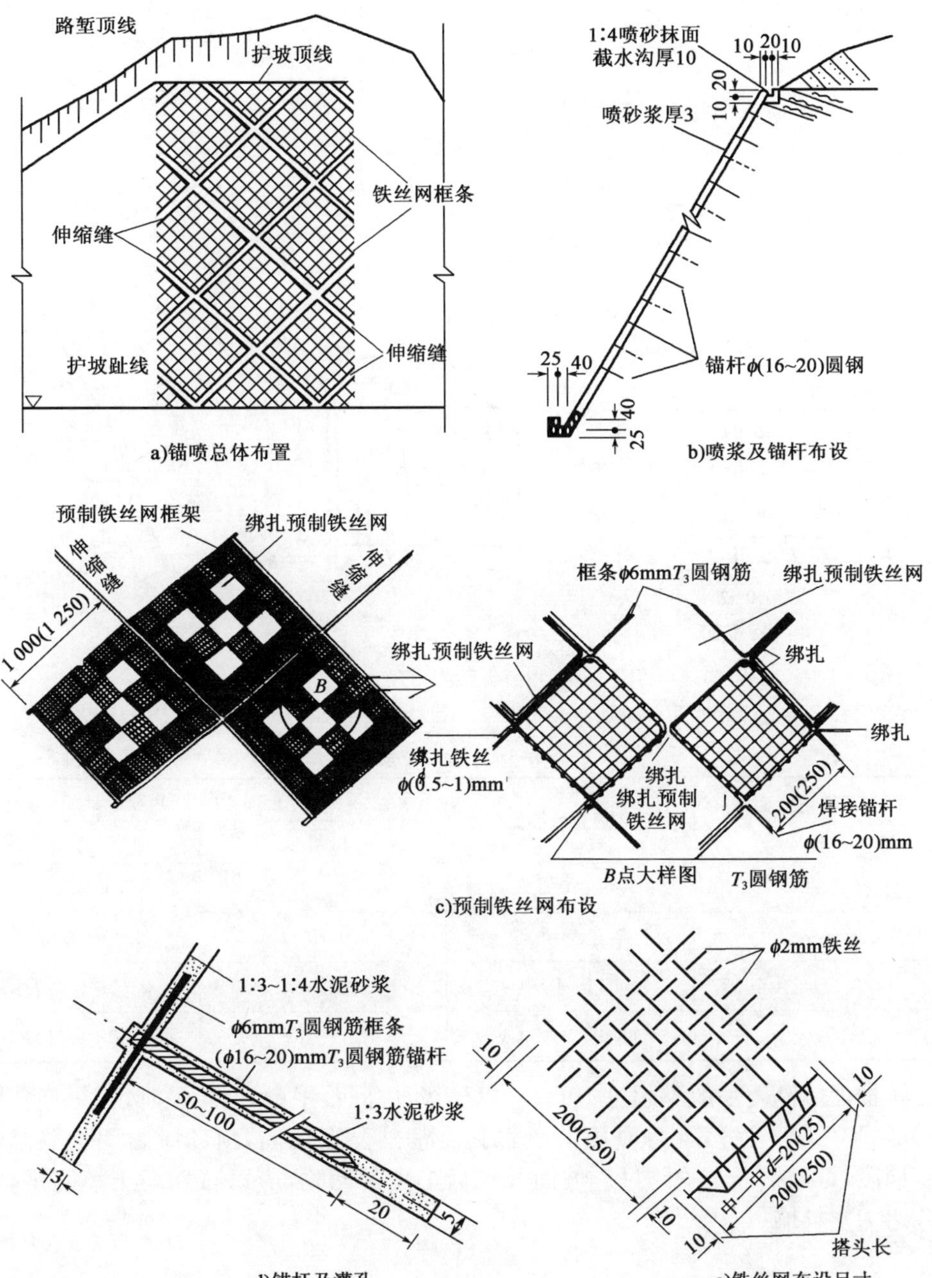

图 3-14　锚喷防护示意图(尺寸单位:cm)

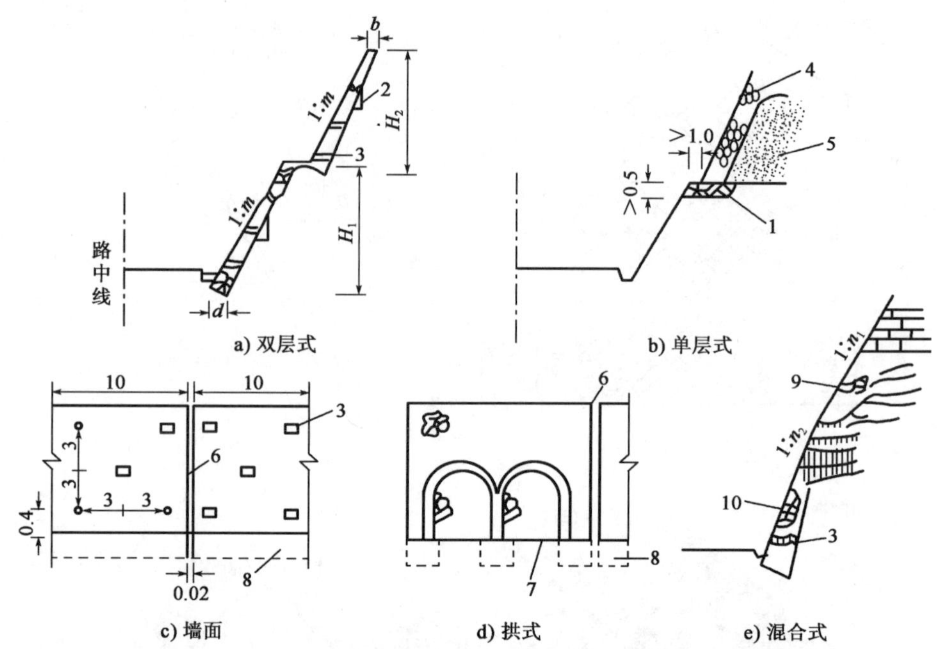

图 3-15　护面墙示意图(尺寸单位:m)

1-平台;2-耳墙;3-泄水孔;4-封顶;5-松散夹层;6-伸缩缝;7-软地基;8-基础;9-支补墙;10-护面墙

护 面 墙 高 度　　表 3-3

护面墙高度 H (m)	路堑边坡坡比	护面墙厚度(m)	
		顶宽 b	底宽 d
≤2	1∶0.5	0.40	0.40
≤6	陡于 1∶0.5	0.40	$0.40+0.1H$
$6<H\leq10$	1∶0.5～1∶0.75	0.40	$0.40+0.05H$
$10<H<15$	1∶0.75～1∶1	0.60	$0.60+0.05H$

护面墙高度一般不超过 10m,可以分级,中间设平台,墙背设耳墙,纵向每隔 10m 设一条伸缩缝,墙身应预留泄水孔。基础要求稳固,顶部应封闭。墙基软弱地段,可用拱形结构跨过。坡面开挖后形成的凹陷,应以石砌圬工填塞平整,称之为支补墙。

3. 综合防护

综合防护就是植物防护与圬工防护相结合,即以圬工防护为骨架,在空隙处采用植物防护,重点是骨架形式的设计,目前常用的有衬砌拱、六角空心块、浆砌

片石网格等。此类防护的特点是兼顾了植物防护与圬工防护的优点，既具备较强的抗冲刷能力又符合生态环保的要求，是目前防护的主要形式。

(1)拱形骨架护坡

拱形骨架护坡是目前公路最常用的一种护坡形式，适用于各类土质路堤路堑边坡，但由于雨水飞溅，拱部易受冲刷，尤其是在离拱顶一定范围(约 50cm 左右)内会出现掏空现象，所以在具体施工时，镶嵌边石和浆砌片石结合是否紧密是保证施工质量的关键，应严格控制灌浆和勾缝的施工质量，如图 3-16 所示。

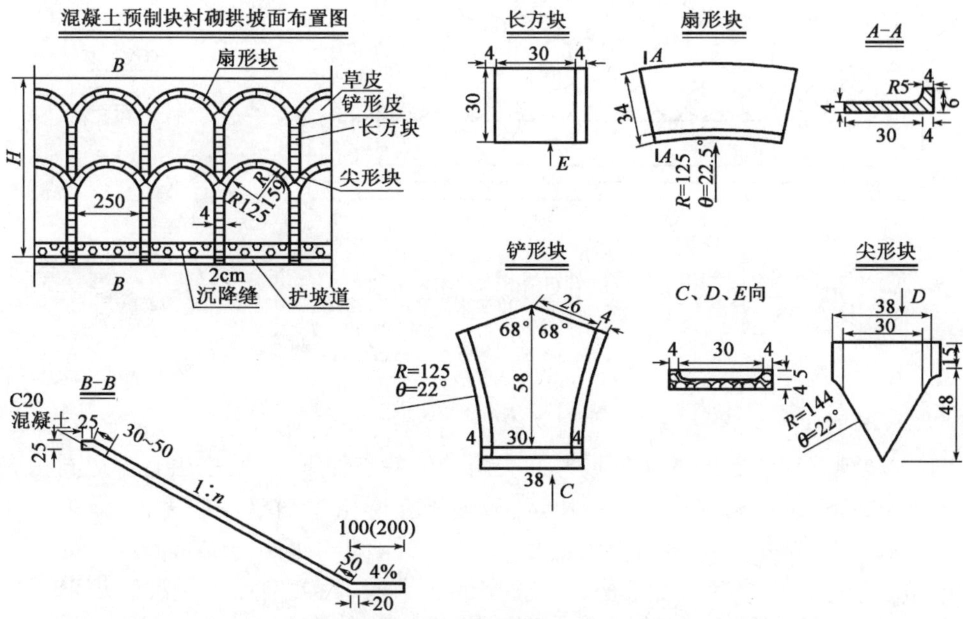

注：1.图中尺寸除H以m计外；其余均以cm计。H为路基边缘与护坡道内侧标高之差。

2.当$H<4$m时，设置一层拱；当$4<H<7$m时，设置二层拱；当$H>7$m时，设置三层拱。

3.沿路基纵向每隔6个拱圈设沉降缝一道，缝宽2cm；用沥青麻盘填塞；沉降缝从上至下贯穿各层衬砌拱。

4.防护工程应在路堤沉实或夯实后施工；以免因路堤的沉降而引起破坏。

5.本图适用于$H\geqslant3$m路段的边坡防护。

6.各预制块用C50细粒式混凝土预制，在拼砌时用M10砂浆勾缝。

图 3-16　拱形护坡标准设计图

(2)六角块防护　用空心的混凝土预制大六角块＋植草皮防护形式，适用广泛。这种大六角块边长为 30cm 左右，边厚 4～5cm，空心面积 0.15m^2 以上，可以在空心处种植几块完整的草皮，并且在剩余的空隙处播种植草，这样，不仅能满足路堤边坡的早期防护的要求，而且随着草皮生长及草种的发芽、繁殖，较长时间后以茂盛的草覆盖六角块，达到自然美观的效果，如图 3-17 所示。

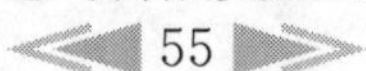

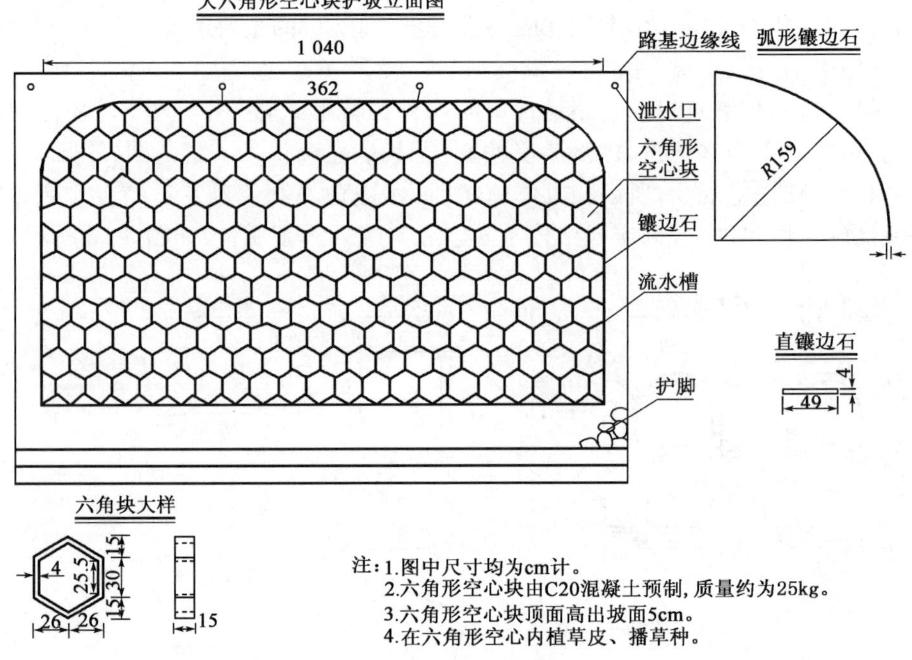

图 3-17　大六角块防护设计

(3)预制块正方形网格护坡　此类防护的特点如下：①网格由直镶边石构成一个正方形大网格，在中间不设小网格，便于在网格中铺草皮或播种，效果比较美观漂亮；②镶边石顶面与土表面平齐，浆砌片石带顶面比土表层低 5cm 左右，这样由镶边石和浆砌片石带构成了斜交的流水槽，大大增加了这种防护形式的排水能力，从而也提高了它的抗冲刷能力；③浆砌片石水槽改为混凝土预制块水槽，增加了整体骨架的强度以及美观性。

其设计标准图见图 3-18。

(4)钢筋混凝土框架填土植被护坡　该护坡在边坡上现浇钢筋混凝土框架或将预制件铺设于坡面内形成框架，在框架内回填土并采取措施使土固定于框架内，然后在框架内植草以达到护坡绿化的目的。与浆砌片石骨架植草护坡类似，区别在于钢筋混凝土对边坡的加固作用更强。该方法适用于各类边坡，但由于造价过高，仅在那些浅层稳定性差且难以绿化的高陡岩坡和贫瘠土坡中采用。应用此方法时，固定框架内的土是非常重要的，主要有以下三种：

①框架内填空心六棱砖固土植草护坡

在框架内满铺并浆砌预制的空心六棱砖，然后在空心六棱砖内填土植草。

该方法使回填土有很强的稳定性，能抵抗雨水的冲刷。可适用于坡比达到1∶0.3的岩质边坡。空心六棱砖规格如图3-19所示。空心砖植草也可单独使用，主要用于低矮路堤边坡的植被防护，一般边坡坡比不超过1∶1，高度不超过10m，否则易引起砖的滑塌，造成植被防护的失败。

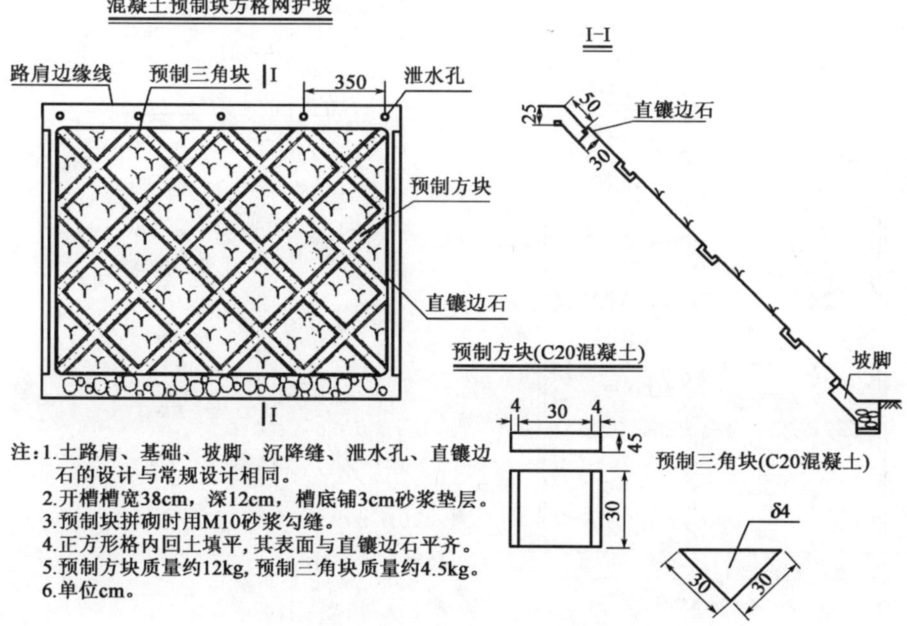

图3-18　混凝土预制块正方形网格防护设计标准图

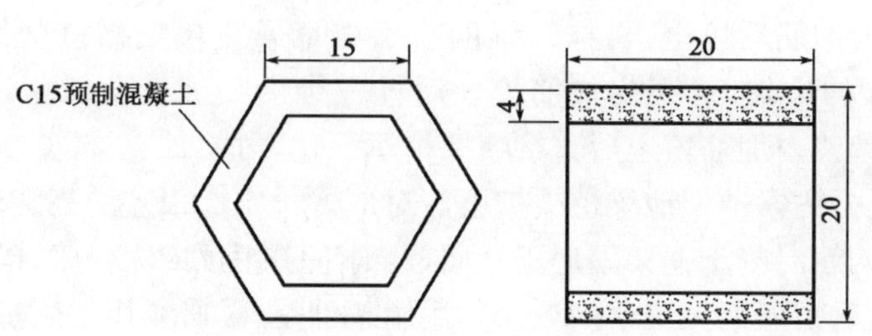

图3-19　空心六棱砖规格(尺寸单位：cm)

②框架内设土工格室固土植草护坡

框架内固定土工格室，并在格室内填土，挂三维网喷播植草绿化，从而可在陡峭的路堑边坡上培土20～50cm。施工方法是：整平坡面至设计要求并清除坡面危岩→浇筑钢筋混凝土框架→展开土工格室并与锚梁上钢筋、箍筋绑扎牢固→在格室内填土，填土时应防止格室胀肚现象→在坡面采用人工或机械喷播营养土1～2cm，以覆盖土工格室及框架→从上而下挂铺三维植物网并与土工格室绑扎牢固→将混有草种、肥料等的混合料用液压喷播法均匀喷洒在坡面上→覆盖土工膜并及时洒水养护边坡，直至植草成坪。图3-20为框架内加土工格室植草绿化的示意图。

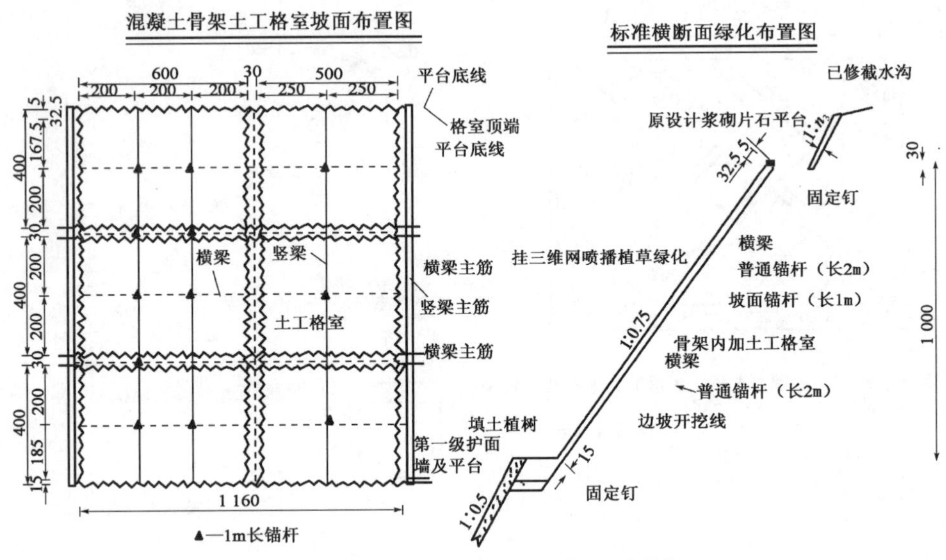

图3-20　框架内加土工格室固土植草(尺寸单位:cm)

③框架内加筋固土植草护坡

在框架内加筋后填土，再挂三维网喷播植草或直接喷播植草的绿化方法。对于1∶0.5的边坡，骨架内加筋填土后挂三维网喷播植草绿化，边坡坡比为1∶0.75时，骨架内加筋填土后直接喷播植草绿化，可不挂三维网。

(5)预应力锚索框架地梁植被护坡　对那些稳定性很差的高陡岩石边坡，用锚杆不能将钢筋混凝土框架固定于坡面，此时应采用预应力锚索，既固定框架又加固坡体，然后在框架内植草护坡。其适用条件是：①必须用锚索加固的高陡岩石边坡；②边坡坡度大于1∶0.5，高度不受限制。

图3-21为预应力锚索框架地梁内植被护坡图，在使用此方法时，应注意以下问题：

①浇筑锚索反力座和框架地梁时，应严格按混凝土浇筑施工方法进行，确保质量。

②框架地梁也可用预制件，但要确保与反力座及节点的连接牢固，其底面要和坡面密贴。

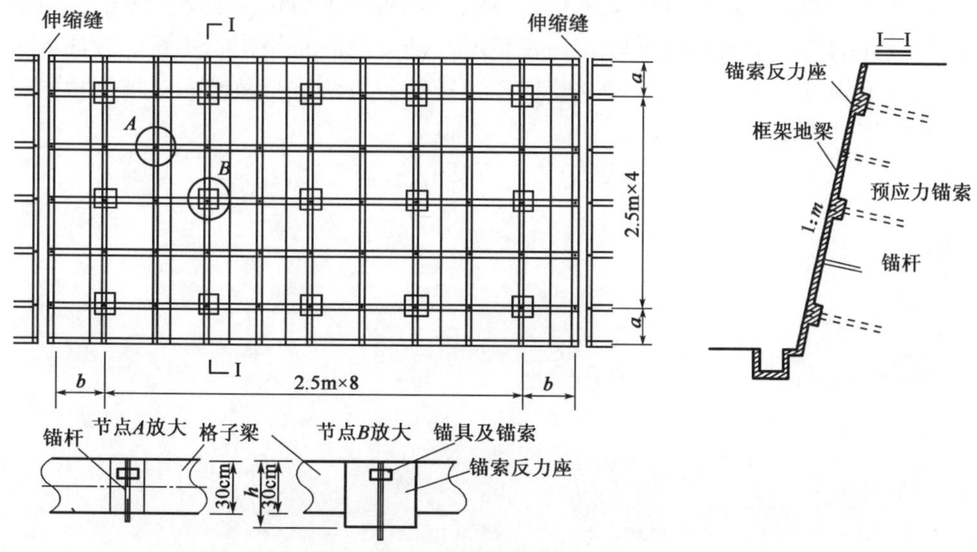

图 3-21　预应力锚索框架地梁内植被护坡

③喷播层种植基材和混合草种时，要喷射均匀，也要确保草籽分布均匀。

(6)预应力锚索地梁植被防护

对于那些浅层稳定性好，但深层易失稳的高陡岩石边坡，不必用框架固定浅层，而只用地梁即可。这样可去掉框架的横梁，从而节约较多的材料，其结构形式如图 3-22 所示。

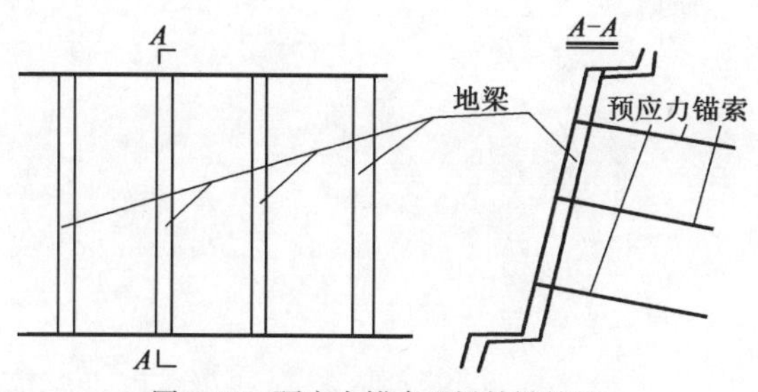

图 3-22　预应力锚索地梁植被护坡

地梁用预应力锚索固定于坡体，对于稳定性较好的坡体还可采用锚杆固定。地梁之间可采用液压喷播或厚层基材喷播植被防护等方法进行植被。如果坡体浅层稳定性较差，可在地梁之间采用浆砌片石形成框架，然后在框架内植被护坡。

此方法施工工序如下：按设计要求开挖并平整坡面→在坡面上定出地梁位置并铺设模板，留出预应力锚索孔的位置→浇筑地梁→待地梁强度达到要求后钻锚索孔→清孔下锚索并注浆→待浆体强度达到要求后按一根地梁上的锚索数量和设计的张拉锚索到设计吨位→视情况在地梁之间采用浆砌片石等方法形成框架→采用液压喷播或厚层基材喷播植被护坡等方法进行植被→对坡面植被进行养护直至长出茂盛的植被。

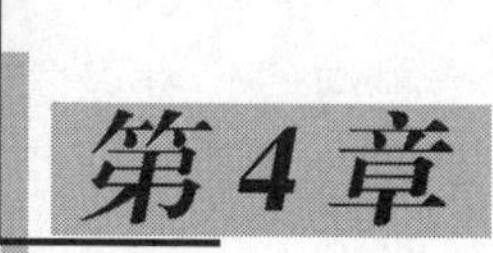

第4章 集中式排水

集中式排水就是水流首先是由道路横坡、纵坡形成的合成坡度汇聚至沟渠，然后通过在沟渠内开口的方式将水排出。水流的排出需要水流形成纵向流动，因此，集中式排水适用于道路有纵坡的路段。集中式排水方式由沟渠和排水口组成。

4.1 排水沟渠设计

道路边沟是道路路面结构的一部分，在降雨时可转移水流。通常布置在道路边缘或中间分隔带。此章内容主要讨论道路边缘的排水沟渠设计。

4.1.1 排水沟渠的形式

排水沟渠的形式可分为传统型及浅薄型。传统型包括矩形、梯形、三角形等；浅薄型有V字形、皿形及半圆形等，如图4-1所示。

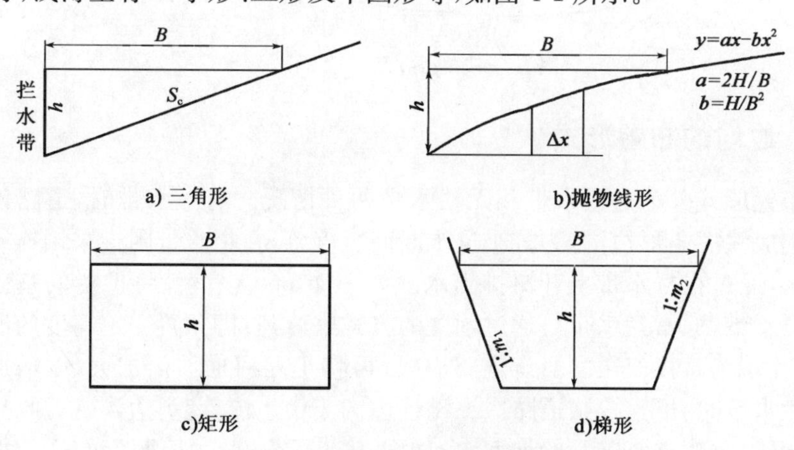

图4-1　传统型排水边沟

H-路拱高度；B-路拱至道路边缘的宽度。

三角形边沟及抛物线形边沟是由拦水带及道路铺面构成的，此时应注意控制道路的过水断面宽度，两者在形式上非常类似，主要取决于道路的横坡形式。三角形边沟还有一种是带有低洼区的，但在公路排水中应用较少。矩形和梯形也是常用的边沟形式，对此两类，主要控制沟底尺寸及边沟内水流的深度。

图 4-2 中，图 a)的 V 字形常应用于道路边缘排水的边沟，c)常用于中间分隔带排水。皿形和半圆形因水深较小，因此同样的排水量条件下，其过水断面宽度较矩形及梯形要大，因此不太适合应用于道路硬路肩处的边沟。

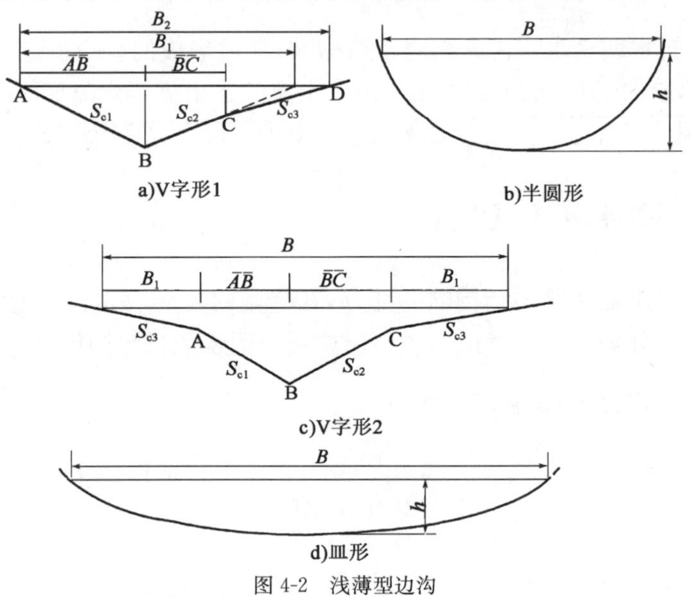

图 4-2　浅薄型边沟

4.1.2　边沟的布置形式

边沟的布置形式分为有拦水带和无拦水带两种情况。有拦水带时，道路铺面和拦水带构成浅三角形边沟，为减小过水断面宽度，可在拦水带附近采用连续或局部低洼区，通过在拦水带上开口排出水。如图 4-3a)，该设计将护栏的基础同时又作为拦水带，通常拦水带可通过预置的方式来修建，即预置一定高度的混凝土块，然后在现场直接安装。当有土路肩时，可将土路肩横坡值加大，以增加排水量。无拦水带时，可直接在道路边缘设计边沟集中水流，此类边沟既可收集道路表面水，又可收集路堑路段的坡面水，如图 4-3b)、c)、d)。后两者的边沟加装了盖板，通过在盖板上开孔或留缝隙的方式来进行排水。图 4-3e)为皿形边

沟，此沟同时排出道路表面及路堑坡面的水。图 f)为半圆形边沟，因道路范围外的高度要高于路表，因此此类布置形式需在边沟内设置排水口。

a)护栏基础为拦水带

b)道路两侧设置梯形边沟

c)设置带圆孔盖板的边沟

d)加装带缝隙盖板的边沟

e)皿形边沟

f)半圆形边沟

图 4-3　多样的边沟布置形式

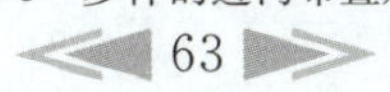

对于道路边缘的边沟布置形式，应遵循如下原则：

(1)边沟布置总体原则应根据路段的不同分别设计，避免整齐划一，一刀切。

(2)对于路堤路段，本文推荐设置两种边沟形式：一是设置拦水带，由此形成浅三角形边沟，由于施工的问题，硬路肩横坡值和道路铺面相同，因此，此三角形边沟采用单一横坡；二是采用梯形或矩形边沟，但并不建议采用图 4-3b)的边沟形式，原因有二：一是边沟尺寸过大；二是边沟是敞开式的，车辆一旦向道路边缘偏离，冲入边沟，会形成较大的交通事故。因此，本文建议矩形或梯形边沟使用时要加装盖板，在盖板上开孔或留缝隙。对图 4-4 所示的皿形或半圆形边沟，不推荐在道路边缘使用。在水流量较大或流速较快时，水流会越过越出边沟，直接冲刷土路肩或边坡。当采用三角形边沟时，拦水带处水深 h_c和过水断面宽度 B 是设计的关键参数，两者之间可用式(4-1)来表示，其中 S 为道路硬路肩处的横坡值。为减小过水断面宽度，可在道路边缘处设置带浅槽的三角形边沟，如图 4-5所示。其槽深可采用 5cm，槽两侧侧壁可直立，亦可有一定的倾斜度。

$$h = B \times S_c \tag{4-1}$$

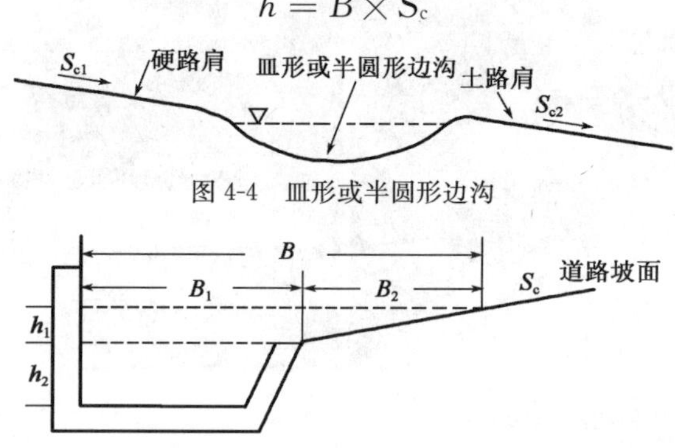

图 4-4　皿形或半圆形边沟

图 4-5　带浅槽的三角形边沟

(3)挖方路段的排水量要大一些，因为既有路表水，又有坡面水。在图 4-3c)、d)、e)三图中，都存在着路堑坡面排水的问题，但设计均有不足之处：对于图 c)，在道路边缘设置了拦水带，阻碍了坡面水向边沟的汇流，没有充分发挥边沟的作用；图 d)中未设置拦水带，且边沟上加装了盖板，但水流从较陡的坡面流下时，会流过边沟盖板至道路铺面，使得路表水流增加；图 e)采用了皿形边沟汇聚路表及路堑坡面水，但土路肩的高度太高，且土路肩的防冲刷措施不太合理。考虑以上因素，路堑路段宜使用如图 4-6 所示的边沟形式：半圆形或皿形边沟。

(4)当采用图 4-6 所示的排水形式时，为避免半径 R 过大，即边沟较浅时，可在边沟内设置如图 4-7 的排水口，将水流引入排水口，以避免水流宽度过宽时漫流至路面。采用此类排水口于边沟内的最大问题是排水管的堵塞问题，其原因有三：①运土方、煤、砂石料的卡车超载严重，沿路撒落现象普遍，随雨水进入边沟而造成淤积。②纵坡偏小而造成流速不足(10cm 内径管，要满足 0.75m/s 的防淤要求，沟底纵坡至少要达到 1.3%)。③清淤困难。采用此类排水口时，可采用高压水流解决沟底的冲淤问题。

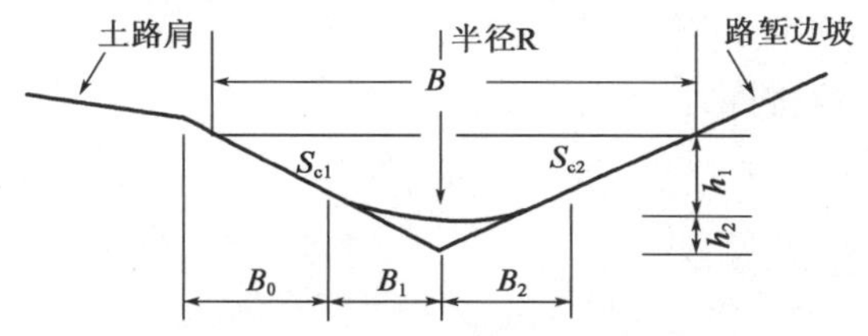

图 4-6　路表路堑 V 字形边沟排水示意图

(5)如图 4-3e)所采用的皿形边沟，属道路两侧的用地高于路表的路段，且距离较长，因此需要在边沟内设置排水口(如图 4-8)，以便将水引入，降低边沟内的水流宽度，防止其漫流至路表。

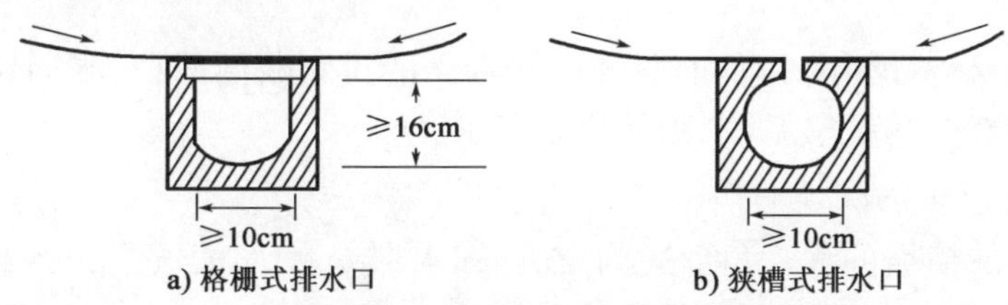

图 4-7　边沟内设置排水口示意图

图 4-8　皿形边沟内设置排水口

(6)设置边沟时，除了考虑其适用性以外，还需考虑施工难度、经济性等因素，选择合理的边沟布置形式。

4.1.3 沟渠流量计算

在上文中所提到的沟渠流量均可以通过曼宁公式进行计算，其表达式如下：

$$Q = vA \tag{4-2}$$

式中：A——过水断面面积，m^2；

v——边沟内的平均流速，m/s。

边沟内平均流速按谢才公式计算：

$$v = C\sqrt{Ri} \tag{4-3}$$

式中：R——水力半径，m，$R=\frac{A}{\rho}$；

ρ——过水断面湿周，m；

i——水力坡度，m/m，对于沟渠，可按和沟渠底部纵坡 S_l 相等进行计算；

C——流速系数，$m^{0.5}/s$。可按曼宁公式计算确定：

$$C = \frac{1}{n}R^{\frac{1}{6}} \tag{4-4}$$

由式(4-2)～式(4-4)可知，只要已知沟渠的过水断面面积、湿周、沟渠材料、沟渠纵坡所对应的曼宁系数，则其流量可求。

1. 三角形边沟流量计算

对于单一横坡的浅三角形边沟，在已知水深 h、铺面横坡 S_c 的情况下，水面宽度 B、面积 A 和湿周 ρ 的计算公式如下：

$$B = \frac{h}{S_c} \tag{4-5}$$

$$A = \frac{Bh}{2} = \frac{h^2}{2S_c} \tag{4-6}$$

$$\rho = h + B(1 + S_c^2)^{1/2} \tag{4-7}$$

由于 S_c 很小，$S_c^2 \ll 1$，$h \ll B$，因此式(4-7)可以简化为：

$$\rho \approx B \tag{4-8}$$

由此可以得出水力半径 R 的计算结果为：

$$R = \frac{A}{\rho} = \frac{Bh}{2B} = \frac{h}{2} \tag{4-9}$$

根据上述水力参数，取道路纵坡 S_l 为水力坡度 i，则浅三角形边沟的流量计算公式为：

$$Q = AC\sqrt{Ri} = 2\left(\frac{h}{2}\right)^{8/3}\frac{i_l^{1/2}}{ni_1} = 0.315\,\frac{1}{i_1 n}h^{8/3}i_l^{1/2} \tag{4-10}$$

对于浅三角形边沟，公路表面水的宽度有可能会超过水面深度的40倍以上，上述曼宁公式的水力半径不能准确的描述边沟的形式。因此，采用修正过的曼宁公式进行流量计算，即在曼宁流速系数上乘以1.2的系数，则可以得到规范中推荐的浅三角形边沟流量计算公式：

$$Q = 0.377 \frac{1}{S_c n} h^{8/3} S_l^{1/2} \tag{4-11}$$

将式(4-11)变换形式，则可以得到以过水断面为变量的边沟流量计算公式：

$$Q = 0.377 \frac{1}{n} S_c^{1.67} S_l^{1/2} B^{2.67} \tag{4-12}$$

如令：

$$K_1 = \frac{n}{0.377 \sqrt{S_l} B^{2.67}} \tag{4-13}$$

则：

$$S_c^{1.67} = K_1 Q \tag{4-14}$$

当横坡值 S_c 变化时，可得对流量的影响，公式表示为：

$$\left(\frac{S_{c1}}{S_{c2}}\right)^{1.67} = \frac{K_1 Q_1}{K_1 Q_2} = \frac{Q_1}{Q_2} \tag{4-15}$$

采用同样的方法，可得纵坡 S_l 及过水断面宽度 B 对边沟水流量的影响，其指数分别为：0.5、2.67。根据此结果得图4-9。对边沟流量的影响，水面宽度要大于横坡和纵坡，因为流量和水面宽度之间有更大的指数关系。边沟形式相同时，$B=3$m 的水流量比 $B=1$m 的水流量大18.8倍，比 $B=2$m 的水流量大3倍；横坡不同时，对边沟的流量也有较大的影响。当 $S_c=0.04$ 时，其流量是 $S_c=0.01$ 时的10倍，是 $S_c=0.02$ 时的3.2倍；当纵坡 S_l 从0.04变成0.02时，水流量减少到 S_l 为0.04的71%。

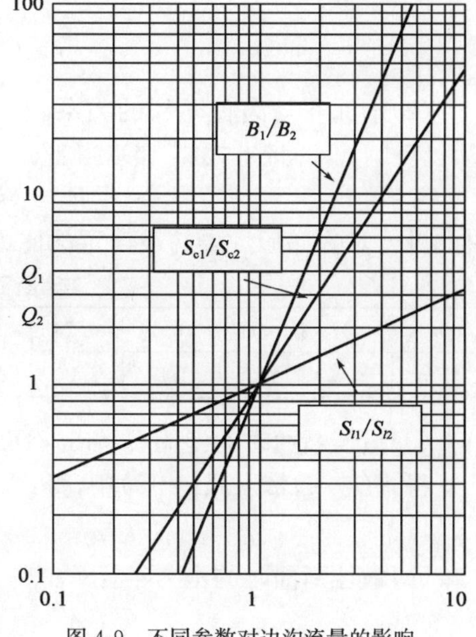

图4-9　不同参数对边沟流量的影响

2. 矩形、梯形边沟流量计算

通过曼宁公式，同样可以解决此问题，如图4-1d)，过水断面的面积可使用下式表示：

$$A = Bh + \frac{1}{2}(m_1 h^2 + m_2 h^2) \tag{4-16}$$

式中：m_1、m_2——分别代表梯形边沟侧壁的坡比。

湿周的表达式如下：

$$\rho = B + kh \tag{4-17}$$

上式中，k 为计算系数。对称梯形边沟，$k = 2\sqrt{1+m^2}$；不对称梯形边沟，$k = \sqrt{1+m_1^2} + \sqrt{1+m_2^2}$；矩形边沟，$k = 2(m = 0)$。将式(4-16)、式(4-17)带入式(4-2)～式(4-4)，即可得到梯形和矩形边沟的流量。

公路排水系统中，梯形边沟的应用非常广泛。在进行设计时，可确定其最佳水力横断面及其水力要素，即在既定设计流量条件下，以容许最大流速通过时，使所得的水流横断面面积最小，据此确定排水沟渠的横断面尺寸。

在固定条件下，如果使设计沟渠的横断面具有最小湿周，则可使水流横断面面积最小，下面以对称梯形沟渠为例，推导最佳断面的水力要素计算式。

(1)水流深度 h 与水流横断面面积 A 的关系

将式(4-16)带入式(4-17)中，得：

$$\rho = \frac{A}{h} + (k - m)h \tag{4-18}$$

要使 ρ 最小，令 $\frac{d\rho}{dh} = 0$，则得：

$$h = \sqrt{\frac{A}{k - m}} \tag{4-19}$$

(2)水深 h 与沟底宽 B 的关系

将式(4-19)带入式(4-16)，得：

$$B = (k - 2m)h \tag{4-20}$$

由此可得对称梯形沟渠的最佳宽深比 B/h 与侧壁坡比的关系，如表 4-1 所示。

沟渠断面最佳比值 表 4-1

m	0	0.25	0.5	0.75	1	1.25	1.5	1.75	2	3
B/h	2.00	1.56	1.24	1.00	0.83	0.70	0.61	0.53	0.47	0.32

(3)最佳断面时的湿周 ρ_0 与断面面积的关系

将式(4-20)带入式(4-19)中，得：

$$\rho_0 = 2\sqrt{A(k - m)} \tag{4-21}$$

(4)最佳断面时的水力半径 R_0

$$R_0 = \frac{A}{\rho_0} = \frac{1}{2}\sqrt{\frac{A}{k - m}} = \frac{h}{2} \tag{4-22}$$

(5)最佳断面时的流速 v_0

令 $\alpha=\dfrac{1}{2\sqrt{k-m}}$ 为与 m 值有关的常数，则式(4-22)可改写为 $R_0=\alpha A^{0.5}$，再带入式(4-3)，得：

$$v_0=\frac{1}{F}A^{0.5y+0.25} \tag{4-23}$$

式中：$F=\dfrac{n}{\alpha^{y+0.5}i^{0.5}}$。

(6)最佳水力横断面面积

已知设计流量 Q_S 与 v_0，则横断面面积为：

$$A_0=\frac{Q_S}{v_0}(Q_S\cdot F)^{\frac{1}{0.5y+1.25}} \tag{4-24}$$

上式中，y 为指数，当 $R\leqslant 1$ 时，$y\approx 1.5\sqrt{n}$；当 $R>1$ 时，$y\approx 1.3\sqrt{n}$。对于加固的沟渠，一般可取 $y=1/6=0.167$；无加固的沟渠，可取 $y=1/4=0.25$。不同材料的曼宁系数值见表4-2。

曼 宁 系 数 表4-2

沟渠表面铺砌类型	n	$1/n$	沟渠表面铺砌类型	n	$1/n$
不整齐土方边沟、整齐石方边沟	0.0275	36.5	干砌块石铺砌	0.020	50
整齐土方边沟、草皮铺砌	0.025	40	浆砌块石铺砌、粗糙混凝土铺砌	0.017	59
不整齐石方边沟	0.030	33.3	整齐混凝土铺砌	0.014	71

3.半圆形边沟流量计算

半圆形边沟，如图4-2b)，因其过水断面面积及湿周的表达式较为复杂，因此，其流量计算公式可表示为如下形式：

$$\frac{h}{d}=1.179\left(\frac{nQ}{d^{2.67}S_l^{0.05}}\right) \tag{4-25}$$

式中：d——半圆形边沟的半径；

n——曼宁系数，可由表4-2选取。

此时过水断面的宽度可由下式计算：

$$B=2[r^2-(r-h)^2]^{0.5} \tag{4-26}$$

4.皿形边沟流量计算

如图4-2d)为皿形边沟，其过水断面面积及湿周的计算公式如下：

$$A = \frac{2}{3}Bh \tag{4-27}$$

$$\rho = \frac{1}{2}\sqrt{16h^2 + B^2} + \left(\frac{B^2}{8h}\right)\ln\left(\frac{4h + \sqrt{16h^2 + B^2}}{B}\right) \tag{4-28}$$

将上两式相除，即可得水力半径，再代入流量计算公式可求沟渠流量。所得流量计算结果应大于等于设计流量，否则应改变沟渠尺寸，或根据设计流量利用迭代的方法反算沟渠尺寸。

5. V 字形沟渠流量计算

V 字形沟渠采用双向横坡，可采用式(4-12)来计算此类沟渠的流量，只不过其中的横坡采用如下公式计算所得的综合横坡值：

$$S_c = \frac{S_{c1}S_{c2}}{S_{c1} + S_{c2}} \tag{4-29}$$

式中：S_{c1}、S_{c2}——分别为 V 字形边沟的左右两侧侧壁的坡比。

6. 带浅槽的三角形沟渠

如图 4-5，在求出侵入路面的水面宽度 B_2 之后，可按梯形面积公式分别求得浅槽汇水面积和浅槽上部的双向开口且有变坡浅三角形汇水面积两部分 A_1，A_2。

通过如下的变换，可将带槽的浅三角形沟变换为汇水面积同水深水面宽度 $B(B_1+B_2)$ 单坡直立浅三角形沟，其等效水深 h^* 和沟横坡 $S_c{}^*$ 为：

$$h^* = 2A/B \tag{4-30}$$

$$S_c{}^* = h/B \tag{4-31}$$

在求得等效水深 h^* 和沟横坡 $S_c{}^*$ 后，可按三角形沟渠流量计算公式计算流量。

7. 用于路堑路段的 V 字形沟渠流量计算

如图 4-6，其流量计算可采用如下方法：

圆弧段两侧宽度 B_1、B_2 为：

$$B_i = \frac{m_i I}{\sqrt{(1 + m_i^2)}}, i = 1,2 \tag{4-32}$$

$$I = R\tan(\alpha_m/2) \tag{4-33}$$

$$\alpha_m = \mathrm{arccot}(m_1) + \mathrm{arccot}(m_2) \tag{4-34}$$

式中：α_m——圆弧段的夹角；

m_1、m_2——V 字形边沟两侧边壁的坡比。

若水面未淹过两侧圆弧时，边沟为大尺寸的皿形沟；当水面超过两侧圆弧，可采用下式近似计算其设计流速 v 和泄水能力 Q_c：

$$v = \xi^{2/3} v^* \quad (4\text{-}35)$$

$$Q_c = \xi^{5/3} Q_c^* \quad (4\text{-}36)$$

$$\xi = 1 - R(2I - R\alpha_m)/Bh^* \quad (4\text{-}37)$$

式中：h^*、v^*、Q_c^*——分别为不计圆弧影响的三角形沟的水深、平均流速、泄水能力；

B——水面宽度；

ξ——皿形修正系数，皿形面积 A 与三角形面积 A^* 之比值（A/A^*）。

式(4-32)～式(4-37)是建立在皿形沟湿周用三角形湿周近似替代的前提下的，当 $m_1 \geqslant 6$ 和 $m_2 \geqslant 4$（高速、一级公路的一般要求）时，湿周 ρ 的误差不到1.5%，平均流速 v 和泄水能力 Q_c 的误差分别小于1%和3%。

以上内容即为不同形式沟渠的流量计算方法，计算沟渠流量的目的是设计的沟渠尺寸所对应的流量应大于等于设计流量，或以设计流量为依据计算沟渠的最小尺寸。

4.1.4　沟渠的容许最小与最大流速

为了使沟渠不致产生泥沙淤积，设计时应保证沟渠内的水流具有一定的流速。沟渠的容许最小流速 v_{min}，一般可按下列经验公式计算：

$$v_{min} = \alpha R^{0.5} \quad (4\text{-}38)$$

式中：R——水力半径；

α——与水中含土粒径有关的参数，参见表4-3。

淤积系数　表4-3

土的类别	α	土的类别	α
粗砂	0.65～0.77	细砂	0.41～0.45
中砂	0.58～0.64	极细砂	0.37～0.41

为使沟渠不致冲刷，应限制设计流速。各种沟渠的容许最大流速由试验结果确定，一般可参见表4-4，所列数值适用于水深 h=0.4～1.0m，超过此值时应乘以下列修正系数：

h<0.4m　　0.85

1.0m<h<2.0m　　1.25

$h \geqslant$2.0m　　1.40

沟渠容许最大流速 表 4-4

沟 渠 类 别	v (m/s)	沟 渠 类 别	v (m/s)
粗砂及亚砂土	0.8	干砌片石	2.0
亚黏土	1.0	浆砌片石及浆砌砖	3.0
黏土	1.2	石灰岩、砂岩及混凝土	4.0
草皮护坡	1.6	—	—

同济大学谈至明教授对于防冲淤问题，认为标准中还存在以下问题：

(1)公路排水沟渠的流量是沿程逐渐增加的，在沟渠的前段，因流量小而流速低，是无法满足防淤要求的。

(2)验算防冲淤条件的沟渠设计流量是设计降雨重现期的数值，也就是说，该设计流量在设计降雨重现期内平均只遇到一次，其他时刻的沟渠流量和流速均小于设计计算值，在较小雨量时，沟渠可能均处于淤积状态。

(3)水深较浅，湿周较大的浅三角形沟、碟形、皿形边沟和路面边缘集排水沟的流速较小，若要满足防淤积的最小流速，就要求有较大的沟底纵坡，这对地势平坦地区是比较困难的。

鉴于沟渠淤积问题的不可避免，因此应从加强日常养护入手，即利用有一定压力的水流对淤积的沟渠进行冲刷，以避免因淤积导致的有效过水断面面积减小的现象。

4.1.5 沟渠流态判别

沟渠内水流流动大多属明渠流，水流自由表面会随着不同的水流条件和明渠自身条件而变动，形成各种流动状态和水面形式，其分类方法如表 4-5 所示。

液体流动分类方式 表 4-5

分类方式	名称	定 义
按运动要素	恒定流	各运动要素不随时间变化的流动
	非恒定流	运动要素随时间变化的流动
按流线	均匀流	各流线呈彼此平行直线的流动
	非均匀流	流线彼此不平行的流动
按流线间夹角	渐变流	水深沿程渐变，流线接近平行直线的流动
	急变流	水深沿程变化急剧，流线急剧弯曲或流线夹角很大的水流

渐变流和急变流都属于非均匀流，进行明渠水流分析时，为了简化问题和分析过程，常常将渐变流近似看作均匀流，因此，均匀流所建立的基本理论在渐变

流中同样适用。例如，在断面形状大小沿程变化很小的长直渠道中因渠底突降引起水深沿程变化的明渠水流。对于边沟中的水流，是典型的明渠流，具有自由表面。当降雨强度、排水口排水能力等参数为定值时，水流运动要素不随时间变化，可看作是恒定流；在较短的道路范围内，其水深沿程渐变，流线接近平行直线，可看作是渐变流。当流至排水口时，水流发生急剧变化，水流变成急变流。总之，边沟水流可看作是恒定的非均匀流。

边沟明渠断面的水力要素有过水断面、湿周、水力半径、水面宽度和边坡系数等，进而可以计算出流量、流速等。边沟水流看作非均匀流时，可按水流的弗汝德数(Froude Number)来判别是渐变流，还是急变流。

明渠水流按流速和在净水中传播的微波速度 c 相比，可分为三种流态：缓变流、临界流和急变流，c 又称作相对波速。

当水流断面平均流速 v 小于相对波速 c 时，微波将以绝对速度 $v'=v-c$ 向上游传播，同时又以绝对速度 $v'=v+c$ 向下游传播，这种水流称为缓流；当水流断面平均流速 v 等于相对波速 c 时，微波向上游传播的绝对速度 $v'=0$，而向下游传播的绝对速度 $v'=2c$，此种水流为临界流；当水流断面平均流速 v 大于波速 c 时，微波只以绝对速度 $v'=v+c$ 向下游传播，而对上游水流不产生任何影响，这种水流称为急变流。

相对波速 c 可按式(4-39)求取：

$$c=\sqrt{gh} \tag{4-39}$$

对于任意断面的明渠，相对波速 c 公式可为：

$$c=\sqrt{g\frac{A}{B}}=\sqrt{g\bar{h}} \tag{4-40}$$

式中：$\bar{h}$——平均水深；

A、B——分别为断面面积和断面水面宽度。

对临界流来说，断面平均流速 v 等于相对波速 c，即：

$$\frac{v}{\sqrt{g\bar{h}}}=\frac{c}{\sqrt{g\bar{h}}}=1 \tag{4-41}$$

对 $v/\sqrt{gh}$ 进行量纲分析可知，它是无量纲量，称为弗汝德数(Froude Number)，用符号 Fr 表示。显然对临界流，$Fr=1$；因此可以用弗汝德数来判别明渠水流的状态：当 $Fr<1$，水流为缓流；$Fr>1$，水流为急流。

$$Fr=Fr=\frac{v}{\sqrt{gh}}=\sqrt{\frac{v^2/2g}{h/2}} \tag{4-42}$$

由式(4-42)可以看出，弗汝德数 Fr 表示过水断面单位重量液体平均动能与平均势能之比的两倍开平方，这个比值大小的不同反映了水流状态的不同。当水流的平均势能等于平均动能的两倍时，弗汝德数 $Fr=1$，水流是临界流。Fr 越大，意味着水流的平均动能所占的比例越大。另外 弗汝德数的物理意义是代表水流的惯性力和重力两种作用力的对比关系。当 $Fr=1$ 时，说明惯性力作用与重力作用相等，水流是临界流；当 $Fr>1$ 时，说明惯性力作用大于重力作用，惯性力对水流起主导作用，这时水流处于急流状态；当 $Fr<1$ 时，惯性力作用小于重力作用，这时重力对水流起主导作用，水流处于缓流状态。

当水流发生急变流向缓变流的突变时，即会发生水跃现象。出现水跃时，水流深度及流速会发生显著变化，且水流所携带的能量会消散，因此，水跃是一种消能措施。图 4-10 即为水跃发生的示意图。当水跃发生时，需考虑其势能，其弗汝德数接近于 1，沟渠底部的纵坡由陡变缓。

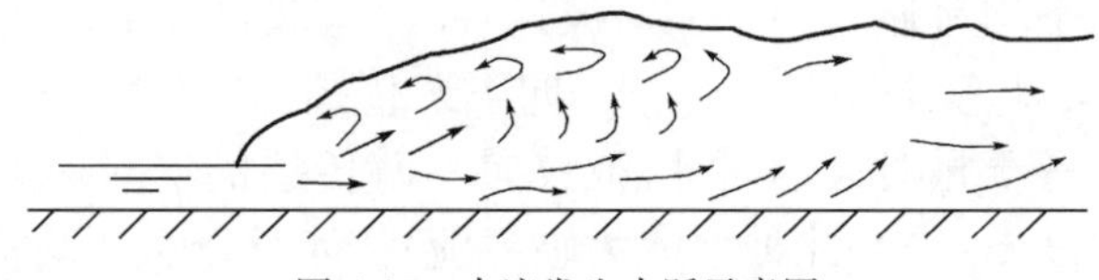

图 4-10　水流发生水跃示意图

4.1.6　水流在曲线段的流动

沟渠中的水流在曲线段流动时，水流方向会发生改变，且会产生离心力。离心力会使水流外侧的高度高于内侧，即产生超高，如沟渠边壁不做正确设计，则有可能会出现水流溢出沟渠边界的可能。此超高可由式(4-43)进行计算：

$$\Delta h=\frac{v^2 B}{r_c g} \tag{4-43}$$

式中：Δh——曲线段流动时沟渠内外侧水流表面的高度差，m；

r_c——沟渠中线的半径，m；

g——重力加速度，9.81 m/s^2，其他符号意义同前。

上式对缓流是适用的，和沟渠中线的水面高度相比，外侧水面高度要高出 $\Delta h/2$，而内侧水面要低 $\Delta h/2$。

水流为急流时，进入曲线段后，由于凹槽壁的阻碍，水流将出现激波，使水面壅高。在进入弯道后的偏转角 θ_0 处水面达到最高，矩形槽的 θ_0 的计算式为：

$$\theta_0=\arctan[b\cot\beta_1/(r_c+b/2)] \tag{4-44}$$

式中：b——沟渠的宽度；

β_1——初始波角，$\sin\beta_1=1/Fr$，其他符号意义同前。

曲线段沿沟渠边壁的水深为：

$$h=\frac{v^2\sin^2(\beta_1+\theta/2)}{g} \tag{4-45}$$

对外侧边壁，偏转角 θ_0 为正值；对内侧边壁，偏转角 θ_0 为负。

水流为急流时，曲线段内外侧边壁水面最大超高近似为缓流超高的 2 倍，为 $\frac{2v^2B}{gr_c}$，即激波波幅为 $\frac{v^2B}{2gr_c}$。

水流进入弯道会出现环流，水头损失增加，从而在弯道的前端水面被抬高 Δh。大部分能量消耗在上游段，一小部分消耗在下游段。弯道前端水面抬高量 Δh 与弯道曲率半径 r_c、水面宽度 B、水深 h、转角 θ_0 以及雷诺数 Re 有关。其中，弯道曲率半径 r_c 与水面宽度 B 之比值 r_c/B 影响最大，在 $r_c/B\geqslant3$ 时，水面抬高量 Δh 较小，可予忽略。

通过以上分析可知，水流在曲线段流动时，由于离心力的作用，会导致外侧水面高于内侧水面的现象，抬高的高度和水流流态有关。在曲线段修建沟渠时，应注意根据计算结果使边沟外侧高于内侧。

4.1.7 排水沟渠设计参数

沟渠的设计参数包括设计频率、沟渠几何尺寸、沟底纵坡、植被类型、水面距沟渠顶面的高度等。

1. 设计频率

对于道路边缘及中间带沟渠的设计频率，通常可采用表 2-14 所列数值，另外，如设计临时性沟渠，可采用较小的设计重现期，一般为 2 年。

2. 沟渠的几何尺寸

众多沟渠形式中，梯形是最常用的形式。对于沟渠，其深度、沟底宽度和顶面宽度是必选的参数，设计标准是必须提供足够的流域面积。三角形及梯形沟渠的边壁坡度不应超过土或沟渠铺装材料的休止角。对行车安全要求较高的路段，梯形坡度应放缓，或采用皿形或半圆形边沟。沟渠的设计应结合道路几何线形和道路结构设计，以保证行车安全及道路排水的需要。

3. 沟底纵坡

沟渠底部的纵坡应受道路纵断面线形及其他条件的约束，但是，如考虑沟渠的稳定性，其纵坡可做微小调整以保证沟渠的稳固。当坡度超过 2%时，可采用柔性材料铺筑来保持稳固。大多数的柔性材料都可对坡度大至 10%的沟渠进行防护，但植草除外。引起结构不稳定性的原因有漫顶、冻融循环、冻胀或过大的孔隙水压力等。

4. 水面距沟渠顶面的高度

水面距沟渠顶面的高度是很重要的参数，它决定了水流不会溢出沟渠。此高度的设计要求在水面波动、出现水面超高等现象时水流不会溢出沟渠。对于永久性沟渠，推荐此高度值为150mm。对临时性沟渠，则不需要此高度。对于坡度较陡的沟渠，如急流槽，推荐此高度等于水深，因为由于水流波动、喷溅及涌浪等原因，水面可能产生较大的变动。

4.1.8 排水沟渠设计过程

1. 制定初步的排水计划

(1)准备现有的及推荐的计划，推荐沟渠的断面图。

(2)确定并在图中描绘出自然凹地的位置分布及沟渠的出口。

(3)收集土壤类型、地形条件等可用的和现场有关的材料。

2. 获得或建立横断面数据

建立最初的横断面几何参数，掌握其物理特点，并遵循以下原则：

(1)正确设计沟渠深度，以保证排水并减小冻融影响。

(2)沟渠边壁的设计应符合参数设计标准，此标准包括安全、经济、土壤类型、美学等要求，同时应选择沟渠的出入口。

3. 确定初步的沟渠坡度

在设计图上确定最初的沟渠坡度，值得注意的是，挖方路段的沟渠坡度受道路纵坡的制约。确定坡度时，因遵循以下原则：

(1)纵坡的大小应使沟渠不会出现积水和沉淀物的积累。

(2)尽量避免影响或限制坡度的行为。

4. 校正排水能力，进行必要地调整

(1)计算沟渠断面的设计流量。

(2)初步确定沟渠尺寸、粗糙度、坡度的值，以长期条件为基础，并综合考虑沟渠的养护问题。

(3)确定沟渠的最大容许深度和水面至沟渠顶面的高度。

(4)应用曼宁公式校正沟渠的最大排水能力。

(5)如排水能力不够，可采用如下方法增加排水能力：

①增加沟底宽度。

②采用更缓的沟渠边壁。

③采用更光滑的材料铺筑沟渠。

④在沟渠内设置跌水井式排水口及排水管路以弥补沟渠的排水能力。

5. 确定所需的沟渠防护措施

(1)选择沟渠铺装材料,确定容许最大流速。

(2)选择曼宁系数,估计水深。

(3)应用曼宁公式,以设计流量为基础计算水流深度,并和上一步的估计水深比较,如水深合格,进行下一步,如不合格,修改沟渠尺寸。

(4)验证容许最大流速,如铺筑材料不合格,应做如下调整:

①选择抗冲刷能力更强的材料。

②使用混凝土等刚性材料。

③减小沟渠纵坡。

④减小沟渠纵坡的同时,采用跌水井等措施。

⑤增加沟渠宽度或采用更缓的边壁坡度。

(5)评估沟渠边坡的稳定性。

(6)如有曲线段,评估材料的稳定性。

6. 检验沟渠的过渡及沟渠的末端条件

沟渠的过渡是指横断面、纵坡、流量和粗糙度发生变化的地点,在这些地点,应做逐步的改变,且需要更为详细的水力评估。

(1)确定沟渠过渡的地点。

(2)重新调查过渡位置上下游的水力条件(水流面积、水深、流速等),如这些参数发生了明显的改变,需要进行额外的水力评估来确定过渡段附近的水流条件,可采用能量方程来计算水流条件。

(3)提出逐步过渡的方案,尽量避免水力条件的突变。

7. 分析沟渠出口及对下游的影响

(1)当沟渠出现下列情况时,应确定其对下游的负面作用:

①流量的增加和减少。

②流速的增加。

③水流深度的制约。

④出口处水流质量的改变。

⑤从其他流域来的水流的汇聚。

(2)制定减轻负面作用的方案,具体如下:

①加大沟渠出口或设置控制构造以适应沟渠内流量的增加。

②设置速度控制或消能设施。

③增加排水能力或改善沟渠下游的铺装。

④设置堰或其他的出口设施以使集中水流重新分配。

⑤取消能引起下游水毁或高成本的分流措施。

⑥为获得最佳的沟渠系统设计，应进行反复试验以获得最终设计成果。

4.1.9 排水沟渠的施工工艺

排水沟渠的施工大体包括如下工作内容：

施工准备（清理现场、核查设计布置是否合理、组织施工人员及施工机械、材料准备）→测量放样→撒石灰线（机械开挖）或挂线（人工开挖）→沟槽开挖→人工修整→验槽→沟渠加固（沟底纵坡大于3%时，或土质沟渠采用矩形断面时，或需要放置沟渠水流下渗时）

公路用地比较紧张，排水沟渠大多采用矩形断面形式，通常需要结合其他防护工程进行加固处理。高等级公路路面汇水面积较大，另外，有些山区公路的挖方边坡较高、较长，从边坡汇入边沟的水流流量亦较大，边沟的设计断面尺寸较大，标准断面尺寸为60cm×60cm、80cm×80cm、100cm×100cm。为了行车安全和增加路面视觉宽度，通常需要在边沟顶面加带槽孔的混凝土盖板。因此，高等级公路沟渠的施工工艺可表示为：

全转仪定位放线→撒石灰线→挖机或人工开挖沟槽→人工修整→验槽→砌筑沟底→砌筑沟帮→检查沟底、沟帮→沟帮、沟底抹面或勾缝→运输盖板→清除边沟淤积及沉降缝封缝→安装盖板→找平外露边沟顶面

1. 土质沟渠的施工方法

沟槽测量放样，可根据设计图纸尺寸，利用经纬仪及钢尺或皮尺从中桩引测，或利用全站仪从测量控制点引测，放样点间距直线段一般为10m一点，曲线段根据转弯半径大小距离为2～5m设置一点。

放样时，应检查沟渠设计位置是否合理，是否与公路设施及建筑物位置发生冲突；坡降是否过大或过小，过大是否需要采取加固措施，过小是否会产生积水或漫流现象；与其他防排水措施交接处是否会发生错位或冲刷，是否需要进行防冲加固；出水口水流是否顺畅，是否会发生冲刷危害，是否应采取消能或提供抗冲刷的加固措施；边沟转弯半径是否符合有关要求，是否应在外侧加高或加固。设计存在不合理的地方或存在需要完善的地方，需及时向有关单位进行汇报，并

对设计进行修改和完善。

放样之后，应进行现场清理，清除杂草、灌木、有机质土及覆土等杂物，平整场地及进行施工临时排水。

低等级道路，或降雨量较少的地区，沟渠设计尺寸亦较小，通常采用人工开挖沟槽。反之，高等级道路，或降雨量较大的地区，沟渠尺寸亦较大，为了保证施工质量和工期，大多采用人工配合挖掘机开挖。在纵向，一般应从下游向上游开挖。

如果采用人工开挖，在测量放样后挂线施工。施工时一般采用分段开挖的方法，每一段可以分层开挖，自上而下，逐渐成形，也可以全断面开挖，开辟出一个工作面，修整成设计断面，然后往前推进，每一个断面都一次成型。

如果采用机械开挖，应该先放样，然后撒石灰线，挖掘机开始工作。开挖过程中，最好欠挖，人工修整到位，不能超挖。如果出现超挖，超挖部分应采用浆砌片石或其他加固方式找补。

开挖时尽量不扰动原状土，当采用机械开挖，可适当欠挖，边挖边测量控制，沟底工程用水准仪实测控制，最后人工修整。修整时以一定长度(一般为10m，曲线段根据转弯半径大小为2～5m)按设计尺寸定一标准断面，在两标准断面间拉线，按线修整，也可用断面样板或皮尺、钢尺逐段检查，反复修整，直到符合设计要求为止。雨季施工时基坑开挖必须采取防止坑外雨水流入基坑的措施，坑内雨水应及时排出。

2. 石质沟渠的施工方法

石质沟渠的开发，无论是采取人工还是机械施工，均需放炮，使石方松动后开挖成型，这样容易超挖，故应控制炮孔位置和爆破药量，超挖部分用浆砌片石、混凝土或砂浆找补。

石质沟渠其他工序的施工方法与土质沟渠相同。

3. 排水沟渠加固措施

为防止水流对沟渠的冲刷及水流的渗漏，对排水沟渠的沟底及沟壁应进行加固。加固措施原则上应遵循就地取材、简单易行、经济实用的原则，常见措施如表4-6所示。

常用排水沟渠加固类型表 表4-6

序号	形式	名称
1	草皮式	竖铺草皮
2		平铺草皮

续上表

序 号	形 式	名 称
3	筑捣式	沟底、沟壁夯实
4		水泥砂浆抹平层
5		高液限黏质土
6		中液限黏质土
7		灰土
8		石灰、炉渣、黏土加固层
9		黏土、碎(卵)石加固层
10		石灰、炉渣、黏土、河沙加固层
11		水泥土
12	干砌式	干砌片石加固层
13		干砌片石水泥砂浆勾缝
14		干砌片石水泥砂浆抹平
15	浆砌式	浆砌片石加固层
16		混凝土预制块加固层
17		砖砌水槽
18	现浇	沥青混凝土
19		水泥混凝土

4.2 倒虹吸与渡水槽

4.2.1 倒虹吸与渡水槽的构造与布设

当水流需要横跨路基，同时受到设计高程的限制时，可以采用管道或沟槽，从路基底部或上部架空跨越，前者称为倒虹吸，后者为渡水槽，分别相当于涵洞和渡水桥。两者均属于路基地面排水的特殊构造物，常是配合农田水利、电站引水所需而采用的。

1. 倒虹吸的构造与布设

当路线跨越沟渠，而沟渠水位与路基高程相差不多，既不便设明涵，又不能架空渡水槽时，采用倒虹吸是一种可行的方案，布设方式如图 4-11 所示。

倒虹吸借助上下游水位差，利用势能迫使水流降落，经路基下部管道流向路

基另一侧，利用动能提高流入下游沟渠。由于所设管道为有压管道，竖井式倒虹吸的水流多次垂直改变方向，水流条件差，结构要求高，容易漏水、淤塞，清理和修复困难，因此，应尽量不用或少用。若采用则需合理设计，为减少堵塞现象，设计时要求管道内的水流速度不小于 1.5m/s，并在进水口前设置沉淤池和拦污栅，沉积泥沙和拦截污物。同时进行水力计算，选择最佳设计方案，保证施工质量。

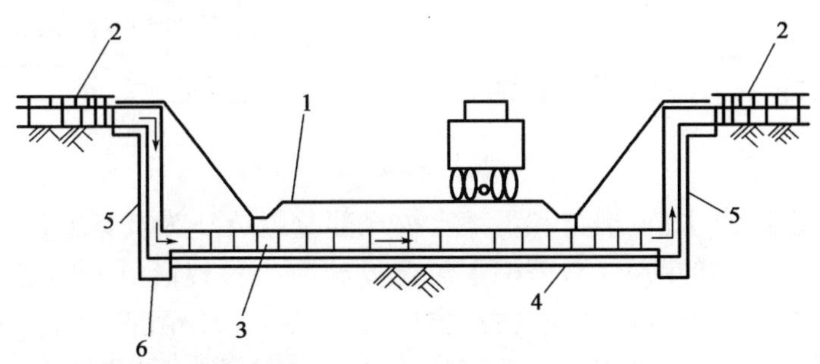

图 4-11 倒虹吸布设图

1-路基；2-原沟渠；3-洞身；4-垫层；5-竖井；6-沉淀池

倒虹吸管道有箱形和圆形两种形式。以混凝土和钢筋混凝土结构为主，临时性简易管道可采用砖石结构，永久性或急需时亦可用钢铁管道。管道孔径一般为0.5～1.5m，管道顶部的路基填土厚度一般不小于 1.0m，以免行车荷载压力过于集中，严寒地区亦可赖以防冻。由于倒虹吸过水能力有限，为便于施工和养护，管道不宜埋置过深，以填土高度不超过 3.0m 为宜。

倒虹吸两端设竖井，井底高程低于管道，起沉淀泥沙和杂物的作用，同时亦可采用斜管式和缓坡式，以代替竖井式升降管，此时水流条件有所改善，但路基用地宽度增大，管道长度增加。

倒虹吸进水口所设的沉沙池位于原沟渠与管道之间的过渡段，池底和池壁采用砌石或混凝土抹面，厚度 0.3～0.4m(砌石)或 0.25～0.3m(混凝土)，并可设网状拦污栅。倒虹吸的出口，亦应设过渡段与下游沟渠平顺衔接，对原土质沟渠应进行适当加固。

2. 渡水槽的构造与布设

渡水槽相当于渡水桥，如图 4-12 所示，其作用是在路基上空将两侧沟渠连接起来，以保证水流畅通。当原水道与设计路基高程相差较大，路基两侧地形有利，且确有必要，可采用架设渡水槽或管道的方案，连通路基两侧的水流。

渡水槽的受力特点与桥梁相似，故其设计方法亦与桥梁相近。但由于其主要作用是输水，所以除在结构上应具有足够的强度外，还必须考虑输水能力，进出水口的衔接,以及防止冲刷和渗漏等。此外,渡水槽的架设应满足道路对净空和美化的要求。

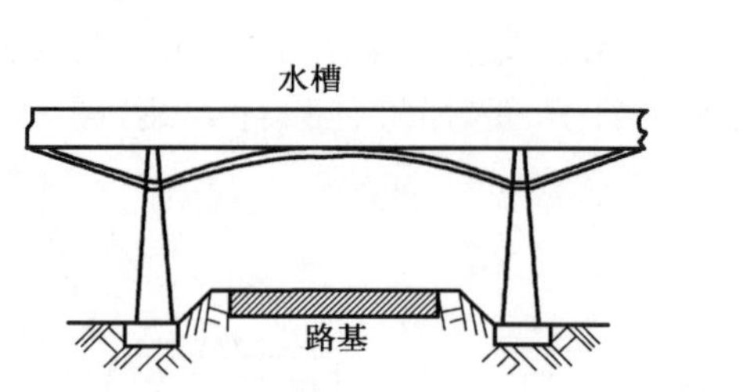

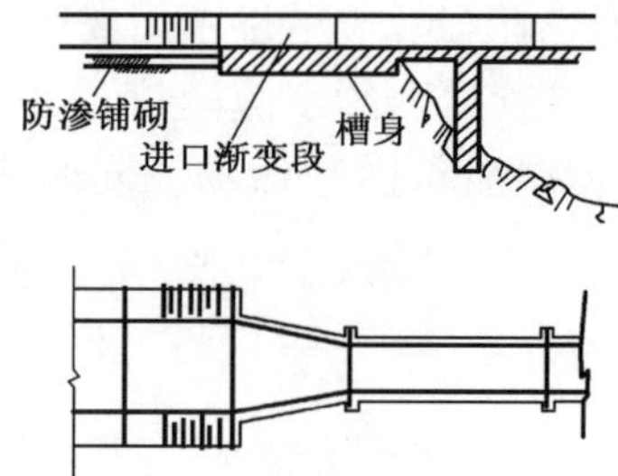

图 4-12 渡水槽及进出水口布置图

渡水槽由进出水口、槽身和下部支撑 3 部分组成。为节省工程造价,槽身断面一般较两端沟渠的断面小,槽中水流速度相应有所提高,因此,进出口段应防止冲刷和渗漏。进出水口处应设置过渡段,并根据土质情况,分别将槽身伸入路基两侧地面 2~5m,且出水口过渡宜长一些,以防淤积。如果主槽较短,可不设过渡段,取槽身与沟渠断面相同,槽身直接衔接。水流断面不同时,过渡段的平面收缩角为 10°~15°,据此确定过渡段的有关尺寸。与槽身连接的土质沟渠,应予以防护加固,其长度至少是沟渠水深的 4 倍。

4.2.2 倒虹吸与渡水槽的施工工艺

1.倒虹吸的施工工艺

倒虹吸的施工工艺较为复杂,大致可采用如下步骤:

测量放样→开挖基坑→预制涵管→涵管运输、安装→企口处理→竖井浇筑→质量检查→涵周填土

2.渡水槽的施工工艺

渡水槽的结构特点和桥梁相似,其施工工艺也与桥梁相似。

采用砌石支撑结构的渡水槽,其施工可按如下步骤进行:

测量放样→支撑结构施工→槽身施工→进出水口施工

其中,支撑结构施工工艺为:

开挖基坑→基坑检查→基础砌筑→基础检查→基坑回填→桥墩砌筑或混凝土现浇→槽身托梁现浇或预制、安装

槽身大多为钢筋混凝土结构,其施工工艺为:

(1)预制安装

预制场预制渡水管或渡水槽→渡水管或渡水槽运输、安装→接头企口处理

(2)现浇

搭脚手架→支底模→绑扎焊接钢筋网→支侧模→浇筑混凝土→拆模养生

进出水口的施工工艺:

沟槽开挖→沟底防渗铺砌→沟帮砌筑→过渡段与渡水槽接头处理→沟顶、沟帮和沟底抹面。

4.2.3 倒虹吸与渡水槽的施工方法

1. 倒虹吸的施工

倒虹吸的沟槽开挖可采用机械或人工两种方式,沟槽土基超挖时,应采用砂或砾石填补。

(1)倒虹吸的施工应在路面铺筑之前,在已压实的路基上开挖埋设,若过早进行埋设,势必影响路基的碾压,且造成排水管两侧一定范围内路基压实不密,排水管变位,甚至破坏等问题。

(2)钢制倒虹吸的制作成型宜与开挖沟槽同时进行或提前制作与组装。倒虹吸采用钢管组装或混凝土管时,应选择溜放或吊装方便的场地,组装时可制作平台,平台的结构应简单、牢固,在管节焊接过程中应有可调解高度的滑移装置。

(3)倒虹吸两侧竖井的施工方法:

①竖井的施工应符合以下各项要求:

a. 竖井基础应与管道基础同时浇筑。

b. 竖井内的槽宜与井壁同时浇筑。当采用砖石铺筑时,表面应采用砂浆分层压实、抹光,流槽应与上下游管道底部接顺。

c. 在井室砌筑时,应同时按照踏步,位置应准确。踏步安装后,在砌筑砂浆或混凝土达不到规定抗压强度前不得踩踏混凝土井壁的踏步。

d. 在砌筑检查井时,管与井壁衔接处应严密,水平管管口宜采用低强度等级砂浆砌筑,封口抹平。

e. 竖井接入圆管的管口应与井内壁平齐,当接入管径大于300mm时,应砌砖圈加固。

f. 砖砌圆形竖井时,应随时检查直径尺寸。

g. 砖砌竖井的内壁应采用水泥砂浆勾缝,有抹面要求时,内壁抹面应分层压实,外壁应采用水泥砂浆封缝挤压密实。

②竖井采用预制装配式构件施工时,企口坐浆与竖缝灌浆应饱满,装配后的接缝砂浆凝结、硬化期间应加强养护,并不得受外力碰撞或振动。

③雨季砌筑竖井,井身应一次砌起。为防止漂管,可在检查井的井室侧墙底

部预留进水孔，回填土前应封堵。

④冬季砌筑竖井应采取防寒措施，并应在两管端加设风挡。

⑤竖井的周围回填前应符合下列规定：

a. 井壁的勾缝、抹面和防渗层应符合质量要求。

b. 井壁同管道连接处应采用水泥砂浆填实。

(4)倒虹吸水平段与斜坡段交接处应采用弯头连接。钢管弯头处的加强措施应符合设计规定，排水倒虹吸的混凝土弯头可现场浇注或预制，混凝土抗冻等级和抗渗标号不应低于设计规定。

(5)在斜坡地段的倒虹吸现场浇注混凝土基础时，应自下而上进行浇注，并采取措施防止混凝土下滑。

(6)应在进水口设置沉沙池，防止泥沙进入倒虹吸；或在倒虹吸底部设置排沙阀便于排除进入倒虹吸的沉沙不致堵管，也可同时设置沉沙池和排沙阀。

(7)倒虹吸施工结束后，应进行水压试验，合格后，可向沟槽回填。

(8)水平管周围回填土的施工：

①管道沟槽的回填：水平管施工并验收合格后，沟槽应及时回填。回填前，应符合下列规定：

a. 预制管铺设管道的现场浇注混凝土基础、接口抹带或预制构件现场装配的接缝水泥砂浆强度不应低于 5MPa。

b. 现场浇注混凝土管沟的强度应达到设计要求。

c. 现场浇注混凝土沟管、预制钢筋混凝土拱形管或其他拱形管应采取措施，防止回填时发生移位或损伤。

②回填土应符合下列规定：槽底至管顶以上 50cm 范围内，不得含有有机物、冻土以及大于 50mm 的砖、石等硬块。在抹带接口周围，应采用细粒土回填。回填土的含水量，宜按土类和采用的压实工具控制在最佳含水量附近。

③回填土的每层松铺厚度，应按采用的压实工具盒要求的压实度确定，对一般压实工具，松铺厚度可按表 4-7 中的数值选用。

回填土每层松铺厚度 表 4-7

压 实 工 具	松铺厚度(cm)	压 实 工 具	松铺厚度(cm)
木夯、铁夯	≤20	压路机	20～30
蛙式夯、火力夯	20～25	振动压路机	≤40

④回填土每层的压实遍数，应按要求的压实度、压实工具、松铺厚度和含水量，经现场试验确定。

⑤回填土或其他回填材料运入槽内时，不得损伤管节及其接口，并应符合下列规定：

a. 根据一层松铺厚度的用量将回填材料运至槽内，且不得在影响压实的范围内堆料。

b. 管道两侧和管顶以上 0.5m 范围内的回填材料，应由沟槽两侧对称运入槽内，不得直接扔在管道上，回填其他部位时，应均匀运入槽内，不得集中推入。

c. 需要拌和的回填材料，应在运入槽内前拌和均匀，不得在槽内拌和。

⑥管道两侧回填土的压实度应符合下列规定：

a. 对混凝土管、钢筋混凝土管和铸铁圆形管，其压实度不应小于 90%；对钢管道，其压实度不应小于 95%。

b. 矩形或拱形沟管的压实度应按设计文件规定执行，设计文件没有规定的，其压实度不应小于 90%。

c. 当沟槽位于路基范围内，且路基要求的压实度大于上述规定时，应按表 4-8执行。

沟管两侧回填土作为路基的最小压实度 表 4-8

由路槽底算起深度范围(cm)	道路类型	最低压实度(%)	
		重型标准击实	轻型标准击实
≤80	高速公路及主干路	95	98
	次干路	93	95
	支路	90	92
80～150	高速公路及主干路	93	95
	次干路	90	92
	支路	87	90
>150	高速公路及主干路	87	90
	次干路	87	90
	支路	87	90

⑦当沟槽覆土较浅，管道的承载力较低，压实工具的荷载较大，或原土回填达不到要求的压实度时，竖井周围的回填应符合下列规定：

a. 现浇混凝土或砌体水泥砂浆强度应达到规定值。

b. 路面范围内的井室周围，应采用混凝土浇筑或石灰土、砂、砂砾等材料回填，其宽度不宜大于 40cm。

c. 井室周围的回填应与管道沟槽的回填同时进行；当不便同时进行时，应留台阶接茬。

d. 井室周围回填压实应沿井室中心线对称进行，且不得漏夯。

e. 回填材料压实后应与井壁紧贴。

2. 渡水槽的施工

(1)软基开挖宜分层、分段依次进行。在负温下，挖除保护层后应立即采取可靠的防冻措施。软基开挖工程，应尽量在雨季或冬季前完成。雨季施工时，对保证工程质量所采取的技术措施等均应在施工组织设计中规定，避免基坑积水。雨季前，应根据地形将施工场地的排水系统进行疏通，加固或修建，以保证水流畅通，不形成积水，并防止四周临近地带的地面水流入场内。

(2)岩石基础开挖，应自上而下进行。对节理裂隙不发育、较发育、发育和坚硬、中等坚硬岩体基础面的开挖偏差，应符合下述规定：

①水平建基面高程的开挖偏差，不应大于±20cm。

②设计边坡轮廓面的开挖偏差，在一次钻孔深度条件下开挖时，不应大于开挖高度的±20%，在分台阶开挖时，其最下部一个台阶坡脚位置的偏差，以及整个边坡的平均坡度，均应符合设计要求。对节理裂隙极发育和软弱的岩体、不良地段的岩体以及在坑槽部位和有特殊要求的部位，其开挖偏差应符合设计要求。

(3)地基开挖达到建基面，必须对基础面进行认真的清理。清理软土地基时，应将地面上的草皮、竹、木、树根、乱石、淤泥及各种建筑物全部清除；对残积物、滑坡体等，按设计要求清除，松动岩石和破碎岩石以及不符合质量要求的岩体，必须清除或处理。

(4)基坑开挖之后暴露出来的裂隙、断层破碎带、溶洞、岩穴软弱夹层等应按设计进行认真处理，当设计无规定时，可参考下列措施处理：

①对一般节理裂隙可采用喷砂浆或混凝土封闭。对于较宽的裂隙，应将裂隙充填物清除干净，再回填水泥砂浆或混凝土。

②对于断层破碎带的处理，应视其具体情况，在清除一定深度后，宜先浇筑混凝土板、混凝土塞或用浆砌石封堵。

③对溶洞、岩穴宜用混凝土塞堵塞洞穴，再用充填灌浆或固结灌浆。

④软弱夹层埋深浅，应将软弱层挖除。软弱夹层倾角较陡，嵌入较深，应在清除一定深度后，回填混凝土封闭。

⑤基础面出现泉眼或渗水，应妥善封堵和导排。

⑥对极易风化、冻化或冻裂的软弱基础面，在上部结构暂不施工时，应及时用砂浆或混凝土封闭，或按设计要求进行处理。

(5)基础采用其他处理方式时，按相应的施工规范进行施工质量控制和验收。基础处理结束后，应及时进行测绘基础竣工地质图。未经验收签证，施工单位不得进行下一道工序的回填或浇筑、砌筑等作业。

(6)现浇混凝土排架应妥善安排浇筑顺序，适当控制混凝土上升速度，一般为1.0m/h。排架施工前，应加强模板支撑，保证模板稳定。施工过程中，应随时观测，如有偏斜，应随时纠正。

(7)运输设备选择：渡槽施工属高空作业，应根据每座渡槽的实际情况对起吊运输设备进行选择。有条件时，应优先选用缆索。

(8)渡槽两岸接头：

①渡槽进出口与填方水沟相连接时，接头处的填筑质量，除应符合规定外，尚应进行填土的预沉，必须重视槽端截水环与填土接触面的施工质量。

②伸缩缝止水形式应符合设计要求。

4.3 排水口设计

排水口是道路排水系统的终端，即水流必须经排水口排出。公路排水系统中常用的排水口有开口式排水口(图2-3)、狭槽式排水口(图2-4、图2-5)，两者在排水形式上非常相似：因排水设计要求水深不能超过拦水带高度或沟渠深度，开口式排水口及狭槽式排水口的排水过程均为堰流方式，流量计算公式可采用同一公式。因此用开口式排水口为例来分析其排水能力，所得结果同样可应用于狭槽式排水口。

按照道路线形的条件，水流在边沟内流动的方式分为两种，即在连续坡段上流动和凹形竖曲线底部流动。在连续坡段上，排水口全部或者部分截流上游来水，将其导入排水系统的其他部分。排水口的排水能力可以通过截留量 Q_i 和截流率 E 来表示。截流率 E 表示截留量 Q_i 和边沟总流量 Q 的比值。在连续坡段上使用截流率 E 表示排水口的排水能力更为直接，计算更为方便；在凹形竖曲线底部，需要排出的水流量来自3个方向，即两个坡段上的剩余水流量和其流域范围内铺面的水流量。排水口的设计应使水流量快速排出，以免造成路面积水，因此，在凹形竖曲线底部，主要通过截留量 Q_i 考察排水口的排水能力。

$$E=\frac{Q_i}{Q} \tag{4-46}$$

则流过排水口的剩余水流量 Q_0 可由式(4-47)计算

$$Q_0=Q(1-E) \tag{4-47}$$

式中：Q_0——流过排水口的剩余水流量，m^3/s；

Q_i——排水口截取的水流量，m^3/s；

E——排水口截流率。

对于排水口排水能力的分析，主要有 3 种方法：经验公式法、理论分析法及数值模拟法。

4.3.1 经验公式法

1. 连续坡度上的截流率

在连续坡段上，排水口的入水口范围内水深是逐渐变化的。设其上游端设计水深为 h，由于泄流作用，水深逐渐变小，至下游端变为 h_1，则其平均水深为 $\frac{(h+h_1)}{2}$。排水口长度 L_c 越小，h_1 越接近 h；反之，L_c 越大，h_1 越小。当 L_c 增大到一定程度时，h_1 为零，平均水深为 $\frac{h}{2}$。

开口式排水口的截流量一般采用堰流计算公式进行计算：

$$Q_i = m\sqrt{2g}h_p^{1.5}L_c \tag{4-48}$$

式中：h_p——平均水深，m；

m——堰流系数。

则排出全部边沟水流量所需的开口式排水口的长度 L_t 的计算公式为：

$$L_t = \frac{Q}{m\sqrt{2g}\left(\frac{h}{2}\right)^{1.5}} \tag{4-49}$$

将式(4-49)和式(4-11)联立，且消去 h 项，则可得 L_t 计算公式：

$$L_t = K_3 Q^{0.43} S_l^{0.28}\left(\frac{1}{ni_1}\right)^{0.56} \tag{4-50}$$

式中：$K_3 = \frac{(0.377)^{\frac{9}{16}}}{m\sqrt{2g}(0.5)^{1.5}}$。

由于开口式排水口的特定的水流条件，堰流并不能非常准确的描述其流态。美国华盛顿运输部研究部门经过分析，确定系数 $K_3=0.817$。同时将单一横坡边沟 L_t 计算公式修正为：

$$L_t = 0.817Q^{0.42} S_l^{0.3}\left(\frac{1}{ni_1}\right)^{0.6} \tag{4-51}$$

开口式排水口的截流率可用下面公式表示(参考图 4-13)：

$$E = 1-\left(1-\frac{L_c}{L_t}\right)^{1.8} \tag{4-52}$$

式中：L_c——开口式排水口的长度，m。

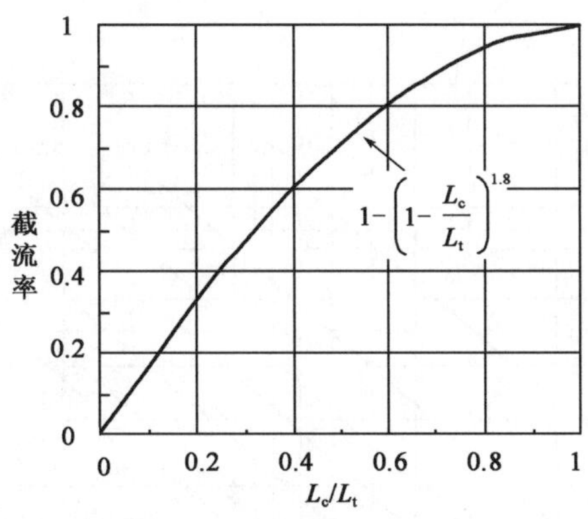

图 4-13 开口式排水口截流率

2. 凹下竖曲线底部排水口的排水量

凹形竖曲线底部开口式排水口的排水能力取决于拦水带处的水深、排水口的开口宽度和排水口的开口高度。对于公路常用的开口式排水口，水流始终处于堰流状态。

在凹形竖曲线底部的开口式排水口不设置低洼区时，实质上是一有边墩无坎宽顶堰，其排水能力的计算公式为：

$$Q = \varepsilon m L_c (2g)^{0.5} h^{1.5} \tag{4-53}$$

式中：ε——侧收缩系数，与两侧拦水带的形状有关；

其他符号意义同前。

侧收缩系数 ε 可由经验公式估算：

$$\varepsilon = 1 - 0.2\xi\left(\frac{h}{L_c}\right) \tag{4-54}$$

式中：ξ——边墩形状系数，矩形为 1.0、折线和圆角形为 0.7、流线形为 0.4。

对于常用的开口式排水口，$\left(\frac{h}{L_c}\right) \ll 1$，因此 $\varepsilon \approx 1$。取堰流系数 $m=0.375$ 且将重力加速度 $g=9.81\text{m/s}$ 带入，则可得与排水手册相同的开口式排水口堰流计算公式：

$$Q = 1.66 L_c h^{1.5} \tag{4-55}$$

开口式排水口水流量 Q 与水深 h 的关系诺模图见图 4-14。

3. 对经验公式的分析

经验公式阐述了排水口在连续坡段及凹下竖曲线底部排水口的排水能力，其规律是符合实际情况的，但是还存在着不足之处：

(1)开口式排水口的水流进口形式是在重力作用下的流动,并不完全复合堰流的流动形式。

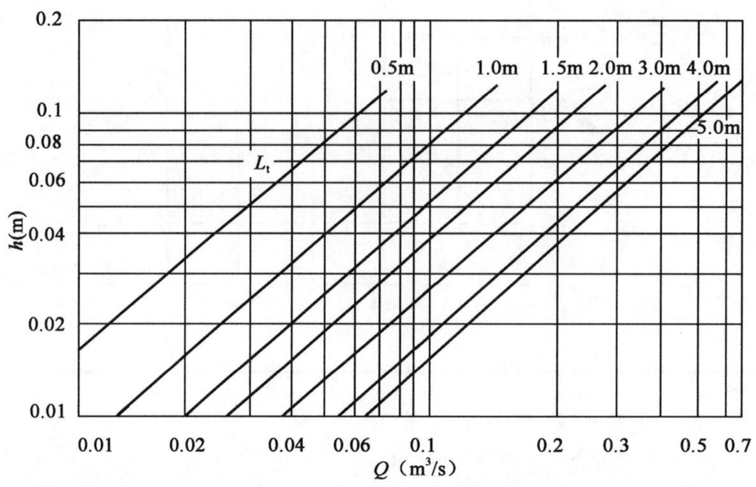

图 4-14　开口式排水口水流量 Q 与水深 h 关系诺模图

(2)连续坡段上排水截流率公式推导过程中采用了平均水深,求取平均水深采用的是线性平均的方法,这和实际的流动过程有一定的差距。

(3)采用堰流公式计算的截流率和水流水深 h 有关,水深 h 的求取须结合一定的横坡、纵坡和流量,当这些变量不同时,水流存在着不同的流速,计算时没有考虑速度对排水量的影响。

(4)应用于公路排水时,因拦水带外侧往往有土路肩,再采用堰流公式计算有一定误差。

4.3.2　理论分析法

开口式排水口在连续坡段上,当水流沿边沟流动时,遇到在拦水带或缘石处垂直开口的排水口,水流沿排水口排出,过水断面减小,水流未全部排出时,剩余水流继续沿边沟流动至下一排水口。

水流在边沟内的流动属于明渠流,在道路连续坡段上流动过程中,会形成一定的过水断面,有一定的流速且在拦水带或缘石处形成一定的水深。三者之间有着固定的函数关系,当流量固定时,流速越大,过水断面越小,水深越小;流速变小,则其他两参数则变大。

当有一定水深和流速的水流经过拦水带或缘石处的垂直开口式排水口时,可以将排水口看做是一边堰,经排水口流出的水流量可以采用边堰计算公式进行计算。式(4-56)即为边堰流量计算公式，也为经排水口排出的流量：

$$Q_i = mL_c\sqrt{2g}h^{1.5} \tag{4-56}$$

式中：Q_i——边堰的水流量，m^3/s；

m——边堰的流量系数；

h——拦水带或缘石处的水深，m。

式(4-56)和堰流公式有相似之处，主要的区别在于对边堰流量系数 m 的确定。m 的确定和边沟内水流进口处的弗汝德数 Fr 有很大关系，当 $Fr<2$ 时，可采用公式(4-57)计算：

$$m = 0.407\sqrt{\frac{2+Fr^2}{2(1+Fr^2)}} \tag{4-57}$$

当 $Fr>2$ 时，边堰的流量系数 m 采用式(4-58)计算：

$$m = \frac{2}{3}(0.36-0.008Fr) \tag{4-58}$$

由式(4-56)及图4-15、图4-16可以看出，边堰的水流量和水深有关，而水流在通过排水口排出的过程中，水深处于沿程减小的过程中，所以排水口的流量也处于沿程减小的过程，因此不能以固定的水深或线性平均得到的平均水深来计算整个排水口的流量。排水口的计算过程可采用如下的方式。

由边堰流量的定义可知：

$$\frac{dQ}{dL} = -q = -m\sqrt{2g}h^{1.5} \tag{4-59}$$

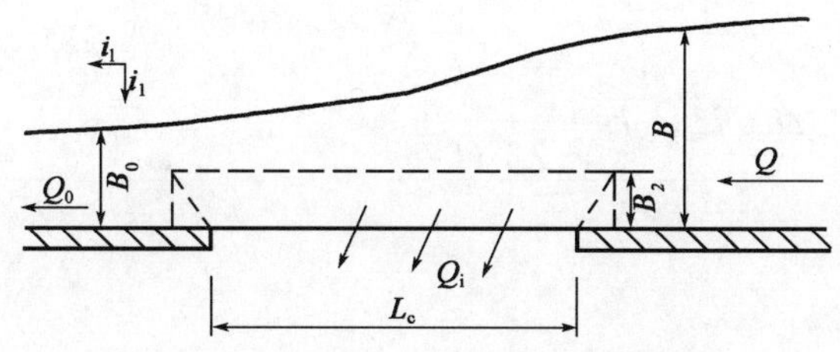

图4-15 开口式排水口排水示意图

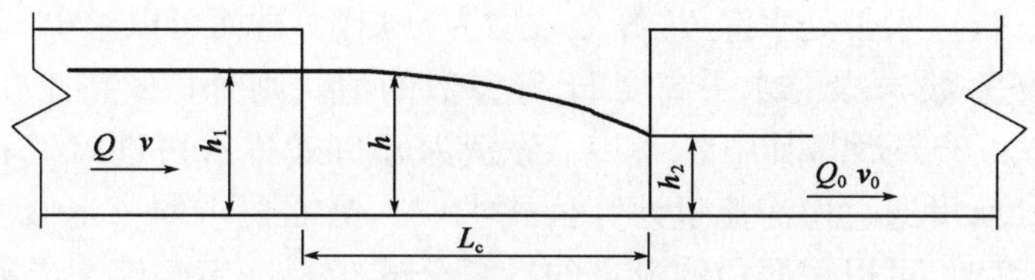

图4-16 开口式排水口计算示意图

式中：$\frac{dQ}{dL}$——边沟水流量沿开口式排水口长度方向的微分；

q——单位长度内边堰的水流量，m^2/s。

明渠水流流动过程中，如遇到有排水口存在时，虽然会产生分流，但总的能量不会变化。因此可利用水流能量方程对排水口流量进行计算，边沟内水流流至排水口时，其能量公式可由式(4-60)表示：

$$H = h_1 + \frac{v^2}{2g} \tag{4-60}$$

式中：H——总水头高度；

h_1、v——分别为进口处水深和流速。

边沟内的平均流速可以应用水流量 Q 和面积 A 的表达式来表示：

$$A = \frac{h^2}{2S_c} \tag{4-61}$$

则：

$$H = h + \frac{Q^2}{2gA^2} \tag{4-62}$$

$$Q = A\sqrt{2g(H-h)} = \frac{h^2}{2S_c}\sqrt{2g(H-h)} \tag{4-63}$$

利用上述公式即可建立开口式排水口长度 L 和拦水带或缘石处水深 h 的关系式：

$$\frac{dQ}{dL} = \frac{1}{2S_c}\left[2h\sqrt{2g(H-h)} - \frac{\sqrt{2g}h^2}{2\sqrt{H-h}}\right]\frac{dh}{dL} = -m\sqrt{2g}h^{1.5} \tag{4-64}$$

$$L = -\frac{1}{2mS_c}\int_{h_1}^{h_2}\frac{2h\sqrt{H-h} - \dfrac{h^2}{2\sqrt{H-h}}}{h\sqrt{h}}dh = -\frac{1}{2mS_c}\int_{h_1}^{h_2}\frac{4H-5h}{2\sqrt{h(H-h)}}dh \tag{4-65}$$

上式中，当边沟流量和边沟形式一定时，其过水断面 B、水流平均流速 v、过水断面面积 A、拦水带处水深 h_1 等参数均为可知量，进而可以求出 i_1、弗汝德数 Fr、边堰流量系数 m 及总水头高度 H 等参数的值。则开口式排水口的长度 L_c 可通过公式(4-65)求得，其中 h_1 和 h_2 分别为开口式排水口进口处和末端处的边沟水流深度，可通过边沟流量计算公式求取。当需要求取一定截流率的开口式排水口长度时，可以按照边沟流量的计算公式求得一定截流率下剩余流量在拦水带或缘石处形成的水深 h_2，再按照式(4-65)进行求解。

例如：排水口设计截流率为 $E=40\%$，对于同一形式的边沟则有 $\left(\frac{h_2}{h_1}\right)^{2.67}=1-E=0.6$，则 h_1 和 h_2 的比例可以求出，则 h_2 也可求，进一步则可以求得一定流量下截流率 $E=40\%$ 时开口式排水口的长度。

为分析水深或流速对开口式排水口排水能力的影响，也可以采取无量纲分析的方法对所得公式进行分析，即设 $z=\frac{h}{H}$，则可得：

$$\frac{\mathrm{d}z}{\mathrm{d}L}=-\frac{z\sqrt{z}}{\frac{H}{2mS_c}\left(2z\sqrt{1-z}-\frac{z^2}{2\sqrt{1-z}}\right)}=-\frac{2mS_c}{H}\frac{\sqrt{z}}{4-5z} \tag{4-66}$$

令：

$$f_1(z)=5-4Z \tag{4-67}$$

$$f_2(z)=\sqrt{z} \tag{4-68}$$

则：

$$L=\frac{H}{2mS_c}\int_{z_1}^{z_2}\frac{f_1(z)}{f_2(z)}\mathrm{d}z \tag{4-69}$$

应用理论法计算所得截流率较经验公式计算所得偏大，其主要原因是：计算边堰流量系数 m 时采用了进口水流的弗汝德数 Fr，而水流在实际流动过程中，水深逐渐减小，弗汝德数 Fr 有增大的趋势，Fr 的增大导致边堰流量系数 m 减小，则流量减小。而利用理论法计算时，计算边堰流量系数 m 时，Fr 取值为水流进口值。

4.3.3 数值模拟法

雨水汇入边沟，经排水口排出的过程，属于明渠流的范畴。在流体力学及水力学的范围，明渠流的研究是最为困难的。计算流体力学(CFD)的出现为此类研究提供了一种较为简单的方法。

笔者利用计算流体力学中的有限元软件 FLUNET 对排水口的排水能力进行了分析，在计算模型中，分别设置平直开口及喇叭形开口的排水口。

1. 连续坡段截流率计算

(1)平直开口排水口

平直开口排水口在连续坡段上的截流率可用式(4-70)～式(4-76)计算：

$$E=1-\left(1-\frac{\widetilde{L}_c}{L_t}\right)^{1.8} \tag{4-70}$$

$$\widetilde{L}_c=\xi_1\xi_2\xi_3L_c \tag{4-71}$$

$$\xi_1 = aS_l^b \tag{4-72}$$

$$a = 2.60Q + 1.52 \tag{4-73}$$

$$b = \begin{cases} 0.127Q^{0.172} & 0.01 \leqslant Q \leqslant 0.05 \\ 0.052Q + 0.07 & 0.05 < Q < 0.4 \end{cases} \tag{4-74}$$

$$\xi_2(S_1) = \begin{cases} 1 & S_1 \leqslant 0.02 \\ (1 - S_1)^2 & 0.02 < S_1 \leqslant 0.06 \end{cases} \tag{4-75}$$

$$\xi_3 = \begin{cases} 1 & S_c - S_1 > 0.08 \\ 0.73S_l^{-0.024}[1 + 3(S_c - S_1)] & S_c - S_1 \leqslant 0.08 \end{cases} \tag{4-76}$$

式中：$\widetilde{L}_c$——排水口有效宽度，m；

ξ_1——排水口宽度的流量、纵坡修正系数；

ξ_2——排水口宽度的横坡修正系数；

ξ_3——排水口宽度的土路肩横坡修正系数；

S_l——道路纵坡；

S_1——道路横坡值；

S_c——土路肩横坡值；

其他符合意义同前。

(2)曲线开口排水口

图 4-17 为曲线开口的排水口，采用此类排水口，可增加排水口的排水能力。开口又可分为不对称开口($r_1 > r_2$)和对称开口($r_1 = r_2$)两种。

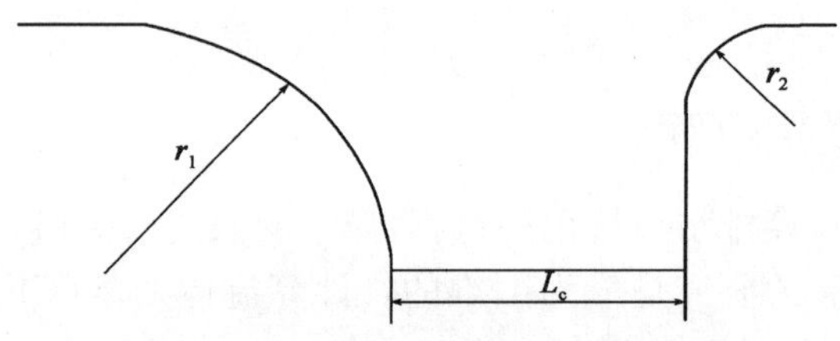

图 4-17　不对称喇叭口形式排水口示意图

在路表排水设计中，常常希望连续坡段上的排水口具有 70%～80%的截流率。很明显，开口式排水口除了在较小流量时可满足要求外，大多数情况下排水口的截流率并不尽如人意。虽然增加排水口宽度或道路横坡可增大截流率，但也不能通过无限制的增大。因为增大排水口宽度势必要增加排水沟渠的修建难度，这样对施工和材料都存在浪费现象；过大的增大横坡会给行车安全带来较大的危险，在边沟内设置局部或连续低洼区也同样会造成施工过程的增加，因此应考虑改变排水口的形式，即设置不同的曲线开口来增加排水量。曲线开口排水口的优势体现在：

①采用平直开口时，水流在经排水口排出的过程中，在出口处会出现一部分出口没有水流的现象，有时甚至会出现回流。且进口水流流速越大，出现没有水流的区域和回流区域越大，这较大的影响了水流的排出。

②当采用曲线开口时，消除了平直开口水流流动时的缺点，流动顺畅，且出口的水流流速明显加快。因此在连续坡段上应当采用曲线开口的出口形式。

③当采用曲线开口时，出口终点处的水流速度减小，从而减小了水流对沟槽的冲刷力度。

曲线开口排水口的截流率计算公式和平直开口排水相似，其有效宽度计算公式如下，公式中符号意义同前：

$$\widetilde{L}_c = \xi_2 \xi_3 (\xi_1 L_c + \alpha_1 r_1 + \alpha_2 r_2) \tag{4-77}$$

$$\alpha_1 = a_2 S_l + b_2 \tag{4-78}$$

$$a_2 = 25.2Q + 4.23 \tag{4-79}$$

$$b_2 = 4.0Q^{0.21} \tag{4-80}$$

$$\alpha_2 = 0.3S_l^{-0.22} \tag{4-81}$$

2. 凹形竖曲线底部排水量计算

在连续坡段上的水流经过排水口的截流，全部剩余水量流至凹形竖曲线底部，经排水口排出。排水设计规范中推荐采用堰流计算公式计算排水口的排水量，根据排水口长度及流量等参数确定凹形竖曲线底部的水深。经数值模拟计算，不论是平直开口，还是曲线开口的排水口，其流量计算公式可表示成如下形式，排水口采用曲线开口形式时，其开口形式常常采用对称的形式，即$r_1 = r_2 = r$：

$$Q = 1.66\widetilde{L}_c h^{1.5} \tag{4-82}$$

$$\widetilde{L}_c = \xi_3 \xi_4 (L_c + \alpha_3 r) \tag{4-83}$$

式中：ξ_3——排水口宽度的土路肩横坡修正系数；

ξ_4——排水口宽度的流速修正系数；

α_3——排水口宽度的开口半径修正系数。

(1)平直开口排水口

$$\xi_3 = \begin{cases} 1 & S_c - S_1 > 0.08 \\ 0.8[1 + 3(S_c - S_1)] & S_c - S_1 \leqslant 0.08 \end{cases} \tag{4-84}$$

$$\xi_4 = -0.22v + 1.5 \tag{4-85}$$

式中：v——进口流速，m/s。

(2)曲线开口排水口

$$\alpha_3 = a_3 v - b_3 \tag{4-86}$$

$$a_3 = 1.93r + 3.87 \tag{4-87}$$

$$b_3 = 0.26r + 0.35 \tag{4-88}$$

由以上对开口式排水口在凹形竖曲线底部的计算和分析，可以确定竖曲线底部排水口设计步骤如下：

①确定两方向来水流量及排水口自身流域内流量，流量之和即为排水口总的排水量。

②根据边沟形式确定排水口进口流速。

③初拟排水口形式及宽度。

④根据修正后的流量计算公式计算排水口处水深。

⑤如水深不超过拦水带高度，则说明排水口宽度适合；如水深过低，则可减小排水口宽度，重新计算；如水深过高，则应增加排水口宽度。

对开口式排水口的应用，应注意以下几个方面：

①开口式排水口的排水量受流速影响较大，且平直开口的排水口形式排水量明显偏小，难以满足排水要求。当边沟水流量较小（$<0.05\text{m}^3/\text{s}$），且横坡较大，纵坡较小时，可以采用平直开口的排水口。

②对于连续坡段上的公路路表排水，推荐采用不对称的喇叭口开口形式。对于小流量（$<0.05\text{m}^3/\text{s}$）水流，建议开口长度不大于1.0m，不同的开口半径的排水量可根据计算结果查取。

③当边沟流量较大时（$>0.05\text{m}^3/\text{s}$），建议开口长度在1.0～1.5m之间进行选择，因为L_c过小，则会影响排水量，且造成沟渠内流速过大，需在急流槽底部设置过于复杂的消能设施；L_c过大时，会造成急流槽与排水口之间的过渡段施工复杂，存在材料和施工浪费现象。排水口不同开口长度和开口半径的截流率可根据计算结果查取。

④在凹形竖曲线底部的开口式排水口，建议采用对称的喇叭口开口形式，可以明显增加排水口的排水量。在进口流速较小时，开口半径r的设置没有必要过大；当进口流速较大时，可适当增加开口半径。其流量计算公式可参考相应计算结果。

⑤利用计算结果查取数据时，流量限值为$0.4\text{m}^3/\text{s}$，主要考虑是过水断面不应超过规范要求，如排水口前流量超过$0.4\text{m}^3/\text{s}$，应考虑增加排水口数量。

4.4 超高路段排水

4.4.1 超高路段排水描述

在设计道路纵向线形时,设计车速和圆曲线曲率是两个重要参数,当车辆在圆曲线上行驶时,会产生离心力,而离心力可通过限制曲线半径或设置超高来控制。在超高段,外侧车道的横坡值从正常路拱条件下的负值转变为全超高条件下的正值。

横坡的超高过渡过程如图 4-18 所示,位置 1 为正常的路拱结构,位置 2 为外侧车道开始旋转至零横坡位置,位置 3 的道路具有统一的横坡值,位置 4 表示横断面继续旋转至全超高。超高段的排水方式取决于道路横坡及纵坡的变化。

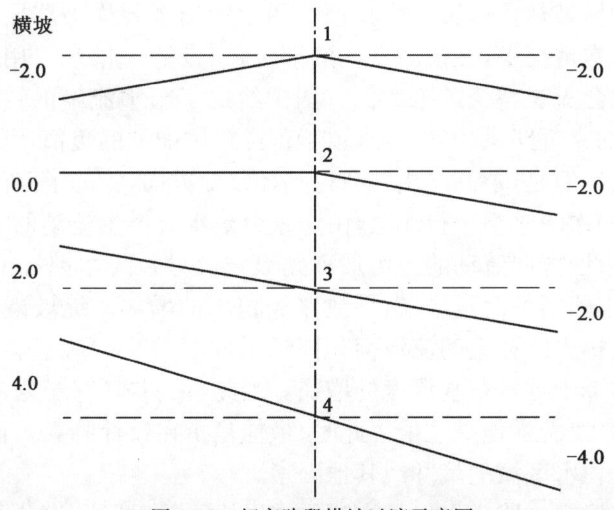

图 4-18 超高路段横坡过渡示意图

超高段的曲线设计,导致内侧车道边缘降低而外侧车道抬高。这意味着外侧的行车道需从负的横坡值转变为正的横坡值。这种横坡的转变也意味着肯定存在着一段零横坡的路段。同时,线形设计规范中还规定了超高渐变率的问题,这和纵向长度是有关的,当设计车速提高时,渐变率应随之下降。这也意味着对于设计车速较高的道路,零横坡的路段长度要增加。为避免降雨时积水,在零横坡路段必须保持道路的一定纵坡。有的设计规范指出:在超高段的零横坡路段,要特别注意,零横坡路段不能使其纵坡为零,可应用道路等高线来解决超高段的排水问题。但是,现在还没有设计方法来说明超高段的最小纵坡应为多少以及纵坡和渐变率、道路宽度及设计降雨量的关系。在零横坡路段，增加纵坡可引起排水路径的增加，导致路面积水深度变深。假设路拱的中心线作为超高的旋转轴，超高段的水流如图 4-19 所示。

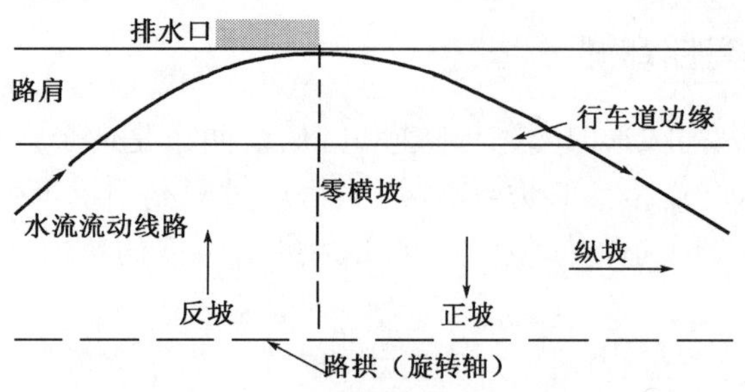

图 4-19　水流在超高路段流动示意图

如图 4-19 所示，沿道路纵向长度方向，外侧的行车道高程以一定渐变率逐步提高，道路的横坡从负值转变为正值。图中给出了零横坡路段。由于横坡值的转变，所以通常情况下，在横坡变化的部位，应设置一排水口用于拦截并排除雨水，否则雨水会流过整个道路表面。图中给出了雨水流经的线路。路径开始于零横坡路段的靠近路拱的某一点，由于正常路拱横坡的负值，开始的流向指向行车外侧的边缘，但是，超高的出现使得路径改变方向，指向道路的内侧边缘，雨水的路径需要两次跨越整个行车道，由于重力是水流产生流动的唯一动力，因此水流整体是朝下坡方向流动的。增加道路纵坡会导致排水路径的延长，不断的降雨会使沿排水路径的流量增加，导致路表积水的增加。纵坡减小会使沿程路径缩短，从而使排水路径上的流域面积降低。同时较小的流速会使排水时间延长，由于不断的降雨导致积水深度的增加。因此，很明显，对于假定的降雨强度，可能存在着超高段的最佳纵坡值。此时，最佳是指在设计降雨条件下，可控制的最大积水厚度、积水区域的尺寸或其他因素。

对超高段，确定公路排水口的方法要予以修正。对四车道公路，排水口间距的设计以单侧的两车道为基准，考虑两侧的边沟来设计边沟。

4.4.2　相关设计参数

1. 纵坡

道路的纵坡会影响水流的汇聚量和过水断面的宽度，不同纵坡影响了道路坡度的方向和流动的方式。有研究表明：当纵坡为 0.1%时，表面径流的汇聚仅仅局限于外侧车道的零横坡附近。在外车道边缘位置，当纵坡为正(上坡路段)，朝向下游时，由于有超高的存在，水流将产生反向流动。由于水流路径指向道路边缘，汇聚的水流不会向内侧车道扩散。纵坡为1.0%时，在区域内不存在非正的纵坡，因为道路纵坡大于由于超高产生的上坡坡度，因此，当超过零横坡路段后，外车道汇聚的水流将向内流动。水流在道路中线处开始积水且越过中线后展开。

道路纵坡会影响水流流动的动力，纵坡越大，出现最大水深的位置离零横坡的位置越远。

对轻微的纵坡(S_l=0.1%～0.3%)，最大水深出现在外侧行车道靠近零横坡处，当横坡增加到0.4%～3.0%时，最大水深出现在道路中线附近，当纵坡增大到4.0%以上时，最大水深出现在内侧道路边缘。道路外车道纵坡的改变及横坡的突变会产生这样的水流不连续。纵坡较小时，由于横坡过渡引起的高程增加超过了纵坡引起的高程增加，外侧行车道边缘的纵坡为正值，而道路中线和内侧行车道的坡度为负，因为存在反向坡度，因而在道路上存在着停滞点，路表形成一个类似马鞍状的区域。由于停滞点附近的双曲线形状，这一区域的水流会流向相反的方向。

停滞点的位置受纵坡的影响，如果纵坡很小，停滞点在零横坡断面的中线附近，大纵坡路段，停滞点的位置向外车道边缘移动，如果纵坡达到一定程度，并保持外车道边缘的坡度为负，停滞点将消失。当道路中线为正常路拱形式超高过渡的旋转轴时，在横向上，道路中线处会形成一个锐角。超高段的内侧车道的横坡要大于外侧车道。当停滞点消失后，最大水深的位置移向道路中线，汇聚于中线处的水流在流过中线后，迅速展开。

2. 降雨强度

研究表明：最大积水深度和降雨强度呈线性关系。

3. 行车道数

超高段水流的流程和车道数呈正比。例如，8车道的流程长度是4车道流程长度的两倍。车道数对最大水深的影响不能直接得出，因为车道数增加了，流域面积也随之增加。当路面较宽，纵坡较大时，水流的最大水深也会增加。

4. 雨水的滞留时间

由于超高段引起的排水流程加长会使水流在道路上滞留的时间增加。研究结果表明纵坡加大，滞留时间延长。这意味着和平缓路段相比，纵坡较大的路段上的水将在路表滞留更长的时间，和正常路拱结构相比，超高路段的水流滞留时间更长，其差别与纵坡引起的差别是一致的。同时，车道数增加，时间的差值也增加。

5. 开口式排水口的位置

当设置有拦水带时，推荐使用开口式排水口完成收集、排除雨水的目的。FHWA 推荐的排水口位置的选取应首先在紧邻零横坡路段的上游处设置一开口式排水口。在图 4-20 中，水平轴代表排水口末端距离零横坡断面的长度，竖轴为积水的最大水深。排水口的位置影响道路积水的深度，当排水口向着零横坡断面的上游移动时，最大水深先减小，后增加。最大水深的最小值出现在距离为 1.5m 时，这说明当在距离零横坡上游 1.5m 处设置排水口时，其排水效率最高，其原因是当边沟水流在流至零横坡断面之前即开始扩散。此时的横坡依然是指向外车道边缘，水流依然自行车道流向道路边缘。当排水口继续向上移动，排水口效率将下降，因为排水口无法拦截处于排水口与零横坡断面间的水。当然，对于道路水流的控制，研究结果并不能认为 1.5m 处设置排水口即为最佳位置，因为从图中看出，最大水深的最大值和最小值之间的差并没有超过 1mm。另外，当不设拦水带时，也可采用篦条式排水口来排水。

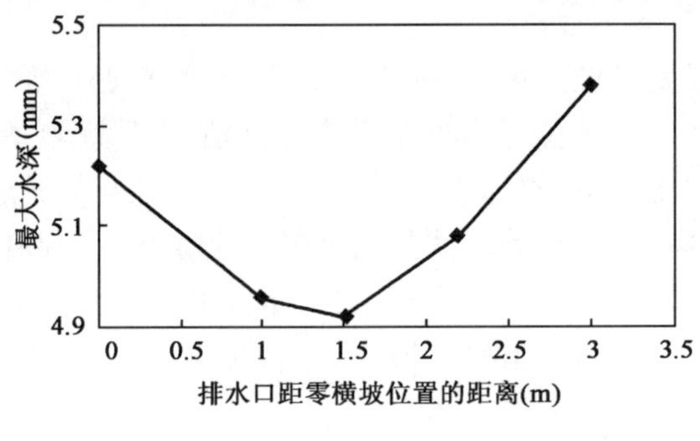

图 4-20　不同位置最大水深

第5章 陡坡路段的防排水及消能设施

水流从排水口排出后，经边坡沟渠或急流槽排至路堤边沟。随着高程的降低，槽内水流速度逐渐加快，当流速超过一定值时，必须设置一定的消能设施来降低流速，以避免对沟渠材料或路堤坡脚的冲刷。因此，通常需要在急流槽或边坡较陡的位置设置消能设施。

5.1 急流槽水力计算

急流槽是指设在路堤或路堑坡面上的竖向人工排水沟槽。图 5-1 为设在涵洞出口处的急流槽。

图 5-1　涵洞出口处的急流槽

急流槽由进口、陡坡槽身、消能设施和出口四部分组成。其水力计算的内容为：按设计流量确定槽身宽度、陡槽起点和终点断面的水深、槽内水面降落曲线长度，判别槽后是否需要设置消能设施等。

1. 进口部分

急流槽进口部分通常都做成宽度逐渐变小的过渡段。过渡段的长度约为过渡段前过水断面水深的 2～4 倍。

2. 陡坡槽身部分

(1)槽底宽度 b

槽底宽度可参照下述经验公式确定：

$$b = 0.7665Q^{\frac{2}{5}} \tag{5-1}$$

式中：Q——设计流量。

(2)起点断面水深 h_k

水流在急流槽整个槽身内处于急流状态，起点断面水深即为临界水深，其后各断面水深均小于临界水深。

矩形断面的临界水深可按式(5-2)计算，梯形断面的临界水深可按式(5-3)计算。

$$h_k = \sqrt[3]{\frac{\alpha Q}{gb^2}} \tag{5-2}$$

$$\frac{\alpha Q}{g} = \frac{A_k^3}{b_k} \tag{5-3}$$

式中：α——流速不均匀系数，通常取 1；

A_k——临界水深的过水断面面积；

b_k——临界水深的水面宽度；

其他符号意义同前。

(3)槽内正常水深 h_0 和流速 v_0

假设陡槽内的水流为均匀流，由设计流量、槽身坡度和槽壁的粗糙度系数，按曼宁公式确定正常水深 h_0 和流速 v_0。

(4)降水曲线长度

从起点断面水深 h_k 到正常水深 h_0 之间的降落曲线，其长度 l_s 可按下式计算：

$$l_s = \frac{E_0 - E_k}{i - i_p} \tag{5-4}$$

式中：E_0——水深为 h_0 时的断面比能；

E_k——水深为 h_k 时的断面比能；

i——槽底坡度；

i_p——平均坡度，其值为：

$$i_p = 0.5(i_0 + i_k)$$

i_k——水深为 h_k 时的坡度；

i_0——水深为 h_0 时的坡度。

在流速不小于 4m/s，坡度大于 0.06，水力半径不大于 0.3m 时，必须考虑水流的掺气影响，在计算流速系数时需引入掺气系数 δ：

$$C = \frac{R^{\frac{1}{6}}}{(\delta n)} \tag{5-5}$$

式(5-5)中的掺气系数 δ 和曼宁系数 n 可参考表 5-1 和表 5-2。

考虑掺气影响的掺气系数　　表 5-1

陡 槽 坡 度	0.1～0.2	0.2～0.4	0.4～0.6
δ	0.33	0.33～2.0	2.0～3.33

曼宁系数和允许流速　　表 5-2

铺 砌 类 型	n	v(m/s)
0.1～0.2m 碎石垫层上河卵石单层铺砌，厚 0.15～0.2m	0.020	2.5
0.1～0.2m 碎石垫层上河卵石单层铺砌，厚 0.15m	0.025	2.5
0.1～0.2m 碎石垫层上河卵石单层铺砌，厚 0.20m	0.025	3.0
0.1～0.2m 碎石垫层上河卵石单层铺砌，厚 0.25m	0.025	3.5
0.1～0.2m 碎石垫层上粗凿面石料单层铺砌，厚 0.20m	0.025	3.5
0.1～0.2m 碎石垫层上粗凿面石料单层铺砌，厚 0.25m	0.025	4.0
0.15～0.25m 碎石垫层上双层片石铺砌，上层厚 0.20m，下层厚 0.15m	0.025	3.5
0.15～0.25m 碎石垫层上双层水泥砂浆片石铺砌，双层厚 0.35m	0.025	6.0
0.2m 碎石垫层上 C25 混凝土板拼装式铺砌	0.015	8.0
混凝土护面加固	0.017	6.0
带有粗糙面的 C15 混凝土水槽	0.017	10.0

当降水曲线长度 l_s 不大于急流槽长度 L 时，为长急流槽。l_s 与 L 之间为陡坡均匀段，终点断面水深为正常水深 h_0。

当降水曲线长度 l_s 大于急流槽长度 L 时，为短急流槽。此时，槽身内为不完整的降水曲线。终点断面水深 h_z 可通过直线内插求得：

$$h_z = (h_k - h_0)\frac{l_s - L}{l_s} + h_0 \tag{5-6}$$

3. 消能设施

为判别急流槽后是否需要设置消能设施，可先试算下游沟渠内的水深 h_1，然后取槽末端终点断面水深 h_z 为跃前水深 h_1，通过水跃计算可得到跃后水深

h_2，以此 h_2 和 h_1 进行比较：当 h_2 不大于 h_1 时，槽后发生淹没式水跃，此时可不设消能设施，只需考虑槽后采取适当的铺砌加固；当 h_2 大于 h_1 时，槽后发生远离式或临界式水跃，此时须设置消能设施，通常设置为具有消力池、消力槛的跌水。

4. 出口部分

根据槽末端终点断面的流速，参照表 5-2 中不同铺砌材料的允许流速，结合当地可用材料，选择槽后铺砌加固类型。

5.2 跌水水力计算

设置带消力池或消力槛的跌水，可使水流在该消能设施中产生淹没式水跃以消耗水流的动能，防止水流在出水口外产生严重冲刷。

设消力池的跌水由进水口、池身和出水口三部分组成，如图 5-2 所示。

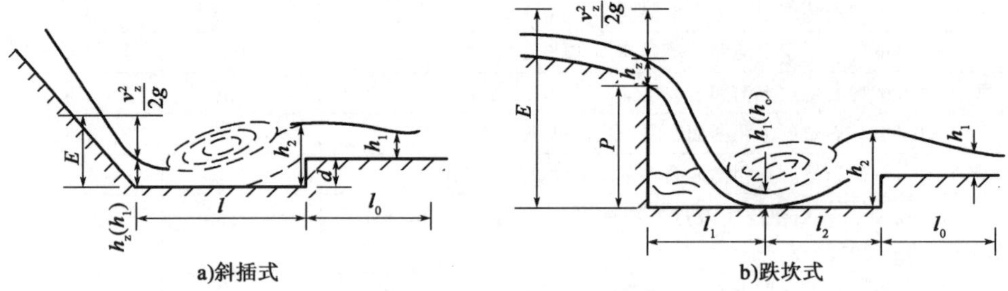

图 5-2　消力池跌水示意图

进口部分可做成斜插式[图 5-2a)]或跌坎式[图 5-2b)]。前者为在急流槽末端直接设置消力池；当水平方向长度受到限制无法布置斜插式时，可采用跌坎式。

1. 斜插式消力池

(1)跃前和跃后水深

消力池的跃前和跃后水深可根据水力学相关公式计算，因内容较多，故在此不具体列出。

(2)消力池深度

消力池深度计算公式为：

$$d = (1.05 \sim 1.10)h_2 - h_t \tag{5-7}$$

式中：h_t——下游正常水深。

(3)消力池长度

消力池长度计算公式为：

$$l = 3h_2 \tag{5-8}$$

(4)铺砌长度

水流在发生水跃后仍存在一定的剩余动能，为使水流有一静定缓和过程，因此在池后加设一段铺砌，其长度可按下式计算：

$$l_0 = (2.5 \sim 3.0)l \tag{5-9}$$

2. 跌坎式消力池

(1)跃前和跃后水深

跌坎上的水深为急流槽末端终点断面水深 h_z 或临界水深 h_k。水流经过跌坎进入消力池时出现收缩水深 h_c，水跃前的水深 h_1 取为收缩水深 h_c。

(2)消力池深度

消力池深度的计算公式同式(5-7)。

(3)消力池长度

消力池长度包括射流长度 l_1 和水跃长度 l_2 两部分，分别予以计算：

$$l_1 = v_z\sqrt{\frac{2(P + d + 0.5h_z)}{g}} \tag{5-10a}$$

$$l_2 = (4.83 \sim 5.52)(h_2 - h_1) \tag{5-10b}$$

消力池长度为：

$$l = l_1 + l_2$$

(4)铺砌长度

铺砌长度计算公式为：

$$l_0 = (2.5 \sim 3.0)l_2 \tag{5-11}$$

以上为陡坡路段常用的急流槽及其消能设施的常用公式，并在已有的研究成果中进行了说明，有些已写入设计规范。上述内容从形式上看非常简单，因此在本章下面的内容中，将采用数值模拟的方法分析消能设施的消能机理，提出相关设计参数，同时也提出一种新的消能形式：阶梯式消能，即在急流槽或排水沟渠内设置类似于楼梯的阶梯以达到消能的目的。

对消能设施拟通过水气两相的 VOF 模型和 k-ε 湍流模型进行数值模拟。消能前的水流大多已处于急流状态，且对消能设施的模拟主要是水面线的变化，因此在 VOF 模型中计算面通量的方案采用几何重建(geometric reconstruction)方式，相应的数值计算方法采用瞬时流计算方法。

5.3 跌水与急流槽施工工艺

由于跌水与急流槽的纵坡陡，水流速度快，冲刷能力强，故要求跌水与急流槽的结构必须稳固耐久，一般宜采用浆砌块石、混凝土预制块铺筑或混凝土现浇，并具有相应的防护与加固措施。

当急流槽与跌水通过岩石山坡时，亦可利用岩石坡面开槽形成急流槽槽身，并进行必要的勾缝、灌浆或喷射混凝土等处理措施。跌水与急流槽的施工工艺为：施工准备（清理现场→核查设计布设是否合理）→测量放样→沟槽开挖→沟槽清理→验槽→槽身加固（跌水与急流槽砌筑）→进出水口铺筑→消力池砌筑检查验收。

跌水沟槽的开挖，在土质或风化比较深的边坡可以采用人工开挖或机械直接开挖；在岩石边坡可以采用爆破方法开挖。跌水基础应开挖到设计要求的高程或设计要求的承载力基础上为止。

1. 材料要求

当采用浆砌石砌筑时，应使用微风化或新鲜、坚硬、裂隙不发育，单轴抗压强度大于 30MPa 的片石；如果采用预制混凝土块施工，预制块强度应满足设计要求，且砌筑砂浆强度等级不应低于 M7.5。

2. 跌水施工要求

（1）跌水沟槽一般采用人工开挖，如果坡度允许和断面尺寸合适，也可采用机械开挖。

（2）跌水槽开挖后，立即平整夯实，如土质干燥需洒水润湿，遇有鼠洞、陷穴，应堵塞夯实。

（3）砌石砂浆应按设计配比拌制均匀，随拌随用，自出料到用完，其允许间歇时间不应超过 1.5h。

（4）浆砌石的施工，应按下列要求进行。

砌筑顺序：纵向方向，从下游向上游铺筑；横向方向，宜先砌跌水沟底后砌墙，砌墙时，应从墙脚开始，由下而上分层砌筑。

3. 石料的安放要求

（1）浆砌块石应花砌，大面朝外，错缝砌筑，并选择较大、较规整的块石砌在跌水沟底和沟坡墙的下部。

（2）浆砌料石和石板，在跌水沟坡墙应纵砌；在跌水底应横砌，错缝砌筑，料石错缝距离宜为料石长的一半左右。

(3)浆砌卵石，相邻两排应错开茬口，并选择较大的卵石砌于跌水沟底和沟坡墙脚，大头朝外，紧靠密实。

(4)浆砌块石，应先砌面石，后砌腹石。面石与腹石应交错连接，浆砌块石的挡墙式跌水沟帮，应有足够的丁石。

(5)浆砌预制块，跌水边墙应纵砌；跌水底应横砌，错缝砌筑，料石错缝距离宜为料石长的一半左右。

4. 石料砌筑要求

(1)砌筑前宜将石料洒水润湿，石料应冲洗干净。

(2)浆砌料石和块石，应干摆试放后分层铺筑、坐浆饱满。每层砂浆的铺筑厚度：料石宜为 2～3cm；块石宜为 3～5cm；当块石缝宽超过 5cm 时，应填塞小碎石。

(3)卵石可采用挤浆砌筑，也可干砌后用砂浆或混凝土砂浆灌缝。

(4)浆砌石板应保持砖缝密实平整，石板接缝间的不平整度不宜超过 1cm。

(5)浆砌预制块应保持砖缝密实平整，预制块接缝间的不平整度不宜超过 1cm。

5. 勾缝要求

浆砌料石、块石、卵石、预制块和石板，宜在砌筑砂浆初凝前勾缝。勾缝自上而下用砂浆充填、压实和抹光。浆砌料石、块石、石板宜勾平缝；浆砌卵石宜勾凹缝，且缝面宜低于砌石面 1～3cm。

6. 混凝土浇筑施工要求

施工顺序应从下游向上游浇筑。急流槽施工和跌水施工相似。

5.4 阶梯式消能

影响阶梯式消能率的主要因素有进口流速、边坡坡度、阶梯高度等。消能率 η 的计算采用应用最广泛的能量计算公式(5-12)，式中上、下游以水头表示的总能量 E_1 和 E_2 分别由式(5-13)、式(5-14)计算。

$$\eta = \frac{\Delta E}{E_1} \times 100\% = \frac{E_1 - E_2}{Z_1} \times 100\% \tag{5-12}$$

$$E_1 = Z_1 + h_1 + \frac{\alpha_1 v_1^2}{2g} \tag{5-13}$$

$$E_2 = h_2 + \frac{\alpha_2 v_2^2}{2g} \tag{5-14}$$

式中：Z_1——上游相对于下游的高度，m；

h_1、h_2——分别为上、下游的水深，m；

v_1、v_2——分别为上游进口和下游出口的流速，m/s；

α_1、α_2——分别为上下游的流速系数，均取 1。

图 5-3 为阶梯式消能计算模型示意图。进口边界由上部的气体进口和下部的水进口组成。水的进口采用速度进口边界条件；所有气体边界都设为压力边界，此边界条件适用于边界压力大小已知，但边界上通量未知的情况。设气体边界处的压力都为大气压，出口也采用压力出口，由于出口水流为自由出流，与大气相通，故认为出口压力为大气压值。整个模型只有一个出口，也可采用质量出口(outflow)边界条件，但由于出口水深未知，水气边界分不开，只能作为同一出口边界，因此采用压力边界较为合适，一方面气体可以任意流动，另一方面水也可以自由出流。

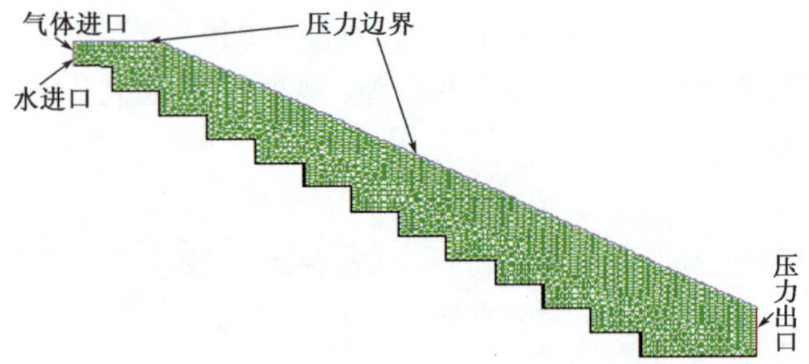

图 5-3　阶梯式消能计算模型示意图

利用上述模拟对阶梯式消能进行计算，得到流速等值线图(图 5-4)，由图可以看出，在阶梯的凹角内有顺时针漩涡产生，且流速越大，产生的漩涡范围越大。因此水流在阶梯上的流动可分为漩涡和滑移主流两部分。沿边坡法线方向，水流流速由小变大，到自由表面处流速达到最大。流速等值线沿边坡法线方向由稀变密，表面速度梯度由大变小，说明滑移主流内的流速沿边坡法线方向变化不大。滑移主流流速沿程逐渐增加，这是由于水流由势能转化为动能后能量增大，而沿程因摩阻而消耗的能量不能抵消动能的增量所致。

图 5-5、图 5-6 分别为水流流过阶梯时的湍动能 k 和湍动耗散率 ε 的等值线图。由这两幅图可以看出，湍动能 k 和湍动耗散率 ε 并非定值，但到一定阶段后，滑移主流内的湍动能 k 和湍动耗散率 ε 不再变化，达到稳定状态。湍动能 k 在漩涡与滑移主流的交界处达到最大值，正是因为漩涡和滑移主流的相互作用，才能使阶梯上的势能转化为湍动能，从而耗散于漩涡中。湍动耗散率 ε 在阶梯的水平面和立面上各有一个较大的值，分别对应于漩涡从滑移主流向内旋转，即

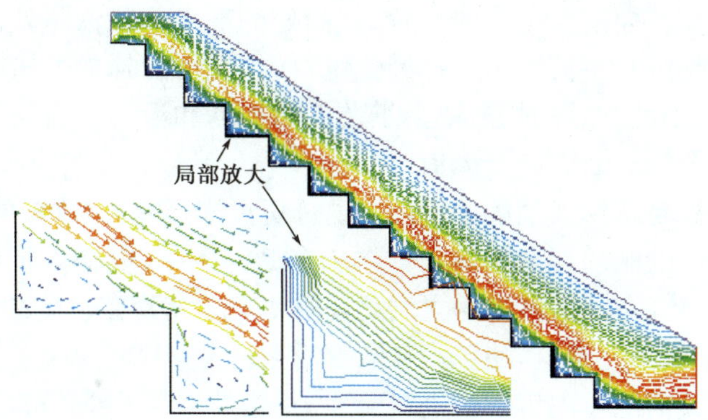

图 5-4　流速等值线图

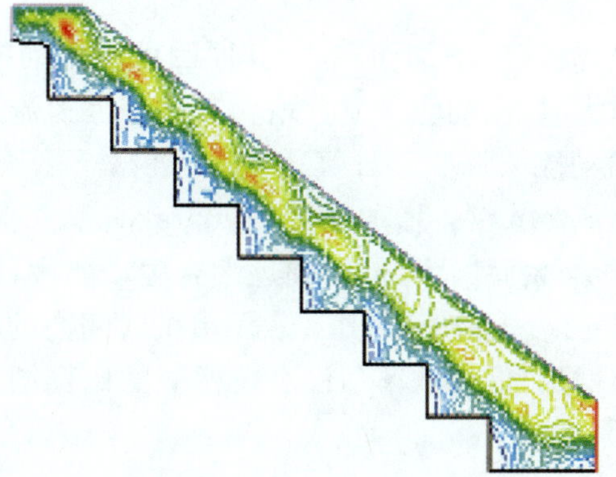

图 5-5　湍动能等值线图

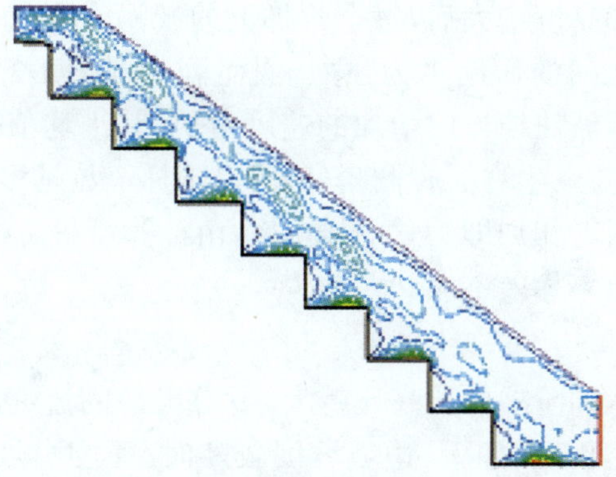

图 5-6　湍动耗散率等值线图

漩涡从阶梯立面转向滑移主流的位置，这两处的湍动能耗散最快。阶梯水平面靠近边缘处也是滑移主流冲击阶梯的位置，在水流与阶梯的冲击过程中也要消耗一定的能量，因此该处的耗散率由于漩涡的运动和滑移主流与阶梯面的相互作用而达到整个阶梯断面的最大值。

以上可看做是阶梯式消能的机理。由分析可知，要提高阶梯的消能效果，从根本上应使水流的湍动耗散率增大。在急流槽消能中，应增大阶梯表面的粗糙度，从而增加水流的湍动，继而增大湍动耗散率。尤其是在水流冲击阶梯水平面的位置，更应采取一些措施，使湍动耗散率增大。

影响阶梯式消能率的因素有进口流速 v_1、边坡坡度 i_s、阶梯高度 z 及路堤高度 Z_1 等，下面分别予以讨论。

1.进口流速 v_1

消能率随着进口流速的增加而减小，其原因可由湍动能 k 和湍动耗散率 ε 的变化得出：流速增大时，湍动能 k 显著增大。这是因为流速增大后，脉动速度也随之增大，则使湍动能 k 增大。计算表明：当进口流速从 3m/s 增加到 5m/s 时，湍动能最大值由 3.24m^2/s^2 增加到 9.72 m^2/s^2，增大了整两倍。而湍动耗散率 ε 虽然也随流速的增大而增大，但增幅远没有湍动能大，同样条件下，湍动耗散率 ε 只增加了 0.56 倍。湍动耗散率 ε 表示单位时间内的湍动能耗散量，流速增加，湍动能亦迅速增加，但耗散率却没有按相应的比例增加，这就是消能率随流速增加而减小的原因。

2.阶梯高度 z

湍动能随着阶梯高度的加高而增大，而消能率随着阶梯高度的变化不大。其原因如下：当阶梯高度增大后，每个阶梯上的漩涡将变大，漩涡的速度也随之增大，这使得水流之间的作用更为强烈，因而湍动能值更高。当阶梯尺寸较大时，湍动耗散率沿边坡法线方向增加的速度更快，其平均值也更高，但由于湍动耗散率的最大值主要发生在阶梯凸角处，所以阶梯个数越多，这样的最大值出现的次数也就越多，两者相加即为总的耗散率，由计算所得阶梯尺寸对消能率影响不大来看，总的耗散率相差不大。

3.边坡坡度 i_s

边坡坡度越缓，即阶梯的长高比越大，下游出口的流速越小，则阶梯消能的消能率越高。其主要原因如下：边坡坡度较陡时，速度沿坡面法线方向增加较快，则滑移主流的平均流速较大；坡度变缓后，速度沿坡面法线方向的梯度减小，则平均流速减小。观察不同坡度时的耗散率等值线图可知，边坡坡度的变化对耗散率几乎没有什么影响,耗散率都是在阶梯的凸角上最大。在滑移主流中,沿坡面法线方向,耗散率由大变小,而且在接近自由水面时,湍动耗散率几乎保持不变。另外,由图5-6可知,每一阶梯上的湍动耗散率都基本相等,当坡度变缓后,阶梯的水平长度增加,在阶梯凸角附近的湍动耗散率较大值的区域范围较大,阶梯立面附近的耗散率也略有增加,因此缓坡的消能效果要更好一些。

4.路堤高度 Z_1

除以上影响因素外,路堤高度对消能率同样有影响。设置阶梯后,急流槽内水流能力产生消耗,因此消能率应随着路提高度的增加而增加。

当排水口出口水流以一定流速流入急流槽时,可以采用阶梯式消能来减缓因势能降低引起的流速增加,从而起到消能的作用。设置阶梯式消能的主要参数是阶梯高度,根据不同坡度时的消能计算结果可看出,阶梯高度对消能率影响并不大。由于阶梯高度太小或太大,都会给施工带来一定的难度,因此综合考虑边坡坡度、路提高度、阶梯高度和进口流速等变量,推荐阶梯高度为0.3m和0.4m。

根据计算结果分析,消能率与进口流速、阶梯高度、路堤高度及边坡坡度有关,阶梯式消能率可表示成如下形式:

$$\eta = C\eta' \tag{5-15a}$$

$$C = 0.97 i_s^{0.08} \tag{5-15b}$$

$$\eta' = aZ_1^b \tag{5-15c}$$

$$\left.\begin{aligned} a &= 0.9 - 0.063v \\ b &= 0.037v^{0.43} \end{aligned}\right\} \tag{5-15d}$$

式中:η'——不同流速及路堤高度时的消能率;

C——与边坡坡度有关的系数。

5.5 跌水池消能

当水流经过跌坎时,因受重力作用而做加速运动,至下游渠底处流速最大,水深最小。在渠底另设置一横槛,使水流流过时水位抬高,与速度较快的来流衔接,形成水跃。跌水池消能利用的就是水跃消能,特点是水流的主流在渠底。其计算模型如图5-7所示。

在跌水池计算模型中,水进口采用速度进口边界,其他边界均为压力边界。采用气液两相VOF模型对自由水面进行跟踪,采用 k-ε 标准非恒定流湍流模型进行数值计算。

由数值模拟计算结果可知：

(1)水跃形成时，造成了局部的水面突然升高，且出口处的水深明显增加。

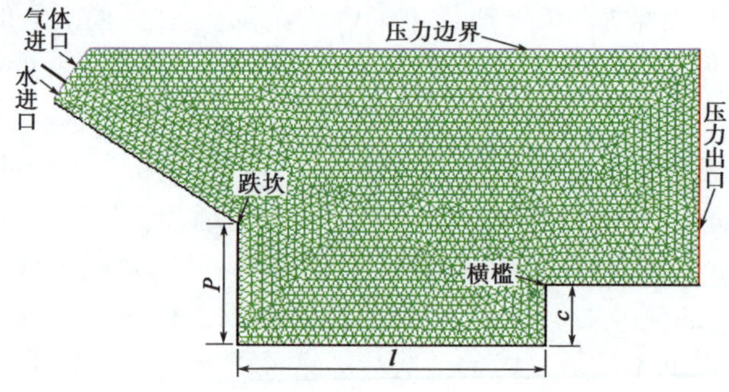

图 5-7　跌水池计算模型示意图

(2)水跃形成后，水流流速明显减小。在局部升高的水跃范围内，水的流动形成了漩涡，其中心处的水流速度几乎为零。距离漩涡中心远处，其流速略有增大。

(3)水跃形成的区域是流速较快的水流与流速较缓的水流汇聚之处，故此处水流的湍动增加明显，湍动能增大。随着距水跃区域距离的增加，湍动能也随之减小，到出口处的湍动能几乎为零。

(4)水流能量的耗散主要来自于跌坎凹角、渠底及形成水跃的水流范围，而水跃区域内的耗散率是非常大的，其值可以达到几百甚至上千，因此水跃消能的效率较高。

对于跌水池消能，重要的是保证水流经跌坎流入跌水池以后形成水跃。水跃的形成条件和跌水池长度 l 及横槛高度 c 有着较大的关系。在对跌水池数值进行模拟的过程中发现，流速较低时，如跌水池长度 l 过大，则水跃在跌水池前端形成，水流在跌水池的后续部分属于缓慢流动，对消能没有任何意义；流速较大时，如跌水池长度 l 过小，水流在横槛处受到冲击后形成无序流动，致使出口处无法形成稳定水深，水跃则无法形成。另外流速较小时，对横槛高度 c 来说，不需设置过高即可形成水跃；而流速较大且横槛高度较小时，虽然水跃也能形成，但消能效果不是很好。为此两参数的确定大多采用经验公式，普遍认为跌水池长度 l 和横槛高度 c 应满足水流经过跌水池时能形成淹没式水跃。跃水池长度 l 由水流的射流长度 l_1 和水跃长度 l_2 两部分组成。其中 l_1 与进口总水头和跌坎高度有关，l_2 与水跃前后的水深有关；横槛高度 c 与跃后水深、流量及出口处的水深有关。该计算过程较为复杂，在实际应用过程中有一定的困难。

根据计算结果，可从跌水池池长、横槛高度及跌坎高度、单宽流量等方面对消能池的消能进行分析。

1. 跌水池池长 l

进口流速较小时，水流在池长较小的情况下即可形成水跃，消能后流速减缓，跌水池出口流速降低。随着池长的增加，出口流速虽略有降低，但幅度不大，这是因为进口流速较小时，在池的前端已经形成水跃，水流从水跃形成区域至出口流动时，受池底固壁的影响，流速有所降低。因此，当流速小于 4m/s 时，不论横槛高度大小，应将跌水池长度控制在 2m 以内。流速增大时，水跃形成的区域在池底长度范围内会向后移动，随着流速的进一步增大，水流在横槛处受到冲击，使水流飞溅，水跃则难以形成。水流能量的损失主要来自于横槛的冲击，因此出口处流速较大。分析计算结果可知，当急流槽末端流速，即跌水池进口流速大于 4m/s 时，应使跌水池长度大于 2m。

2. 横槛高度 c

当跌坎高度、池长及进口流速等条件不同时，跌水池出口流速会随着横槛高度的增加而降低。原因在于横槛高度增加后，出口的水深变大，在池内形成的水跃区域增大，因而消能效果也随之变得更好。通过计算还发现，进口流速较小时，横槛高度可任意选择；但横槛高度也不宜过大，因横槛高度较大时，水流对横槛的冲击范围变大，使水流流态变得复杂，虽然也可起到消能作用，但消能的作用并不主要来自于水跃，而是冲击起到主要的消能作用。由计算结果看，冲击后的消能效果要劣于水跃。因此，横槛高度宜在 0.1～0.5m 之间。

3. 跌坎高度 P

跌水池出口流速随着跌坎高度的增加而增加，尤其是跌水池长度较小时。当跌水池长度较大时，出口流速的增加并不是很明显。原因在于水流自跌坎流下时，水流受重力作用，流速有所增加，因此水流动能增加，同样的消能条件下，出口流速也随着略有增加。

4. 单宽流量 q

考虑流量对消能率的影响时，可采用不同的进口水深和相同的进口流速。由计算结果可以看出，流量增加时，出口水深明显增加，形成水跃的范围也明显增加，但出口流速变化不大。由消能率的计算结果可以看出，随着流量的增加，消能率略有减小，但减小的幅度不大。

当流速较大时，即使设置较长的跌水池长度，其出口流速亦然会大于 2m/s，从而对沟渠形成冲刷。增加池长固然可以减小出口的流速，但过大的池长会给施工带来一定难度，且对场地也有更高的要求。因此可采取在跌水池内修建横槛的方法，使水流在流动的过程中形成两次水跃，从而达到消能效率更高的目的。其计算模型如图 5-8 所示。

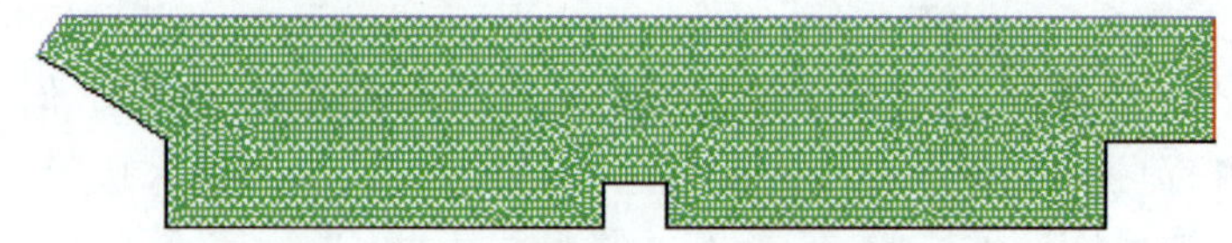

图 5-8　两次水跃计算模型示意图

当进口水流速较大时，水流在流过整个跌水池时形成了两次水跃，其中第一次水跃的范围很小，主要发生在横槛附近。第一次水跃处的消能主要来自于水跃区域及水流对横槛的冲击处。湍动能在经过一次水跃后减小，在二次水跃后几乎为零。其中，二次水跃的湍动耗散主要来自于渠底及水跃区域。经过两次水跃的消能，出口流速小于一次消能的出口流速，因此达到了更好的消能效果。

对池内设置的横槛高度应遵循以下原则。

(1)当急流槽末端流速较大(>6m/s)时，可于跌水池内设置横槛以增加消能效果。

(2)池内横槛高度应低于池终点横槛高度，即经过第一次水跃后水深不会太高，可形成第二次水跃。推荐池终点横槛高度为 0.4m，池内横槛高度为 0.2～0.3m。

(3)池内横槛长度宜取 0.3～0.5m。若横槛长度过小，则第一次水跃后的水深无法维持；若横槛过长则造成跌水池净长度过小，无法保证二次水跃的形成。

(4)横槛宜设置在跌水池内中点位置处，保证有足够的长度以形成第二次水跃。

二次水跃的消能率较一次消能率有所增加，可以通过以下方式来计算：当池内横槛高度在 0.2～0.3m 之间变化时，二次消能率较一次消能率增加了 5%～7%，计算出消能率后，可继续计算出消能后的出口流速。

5.6　急流槽消能池

急流槽消能池又称斜插式消能池，通常设置在急流槽末端，并在渠底设置抬高的横槛。水流顺急流槽流下时，遇横槛后，水位升高，形成水跃消能。其计算模型如图5-9所示。

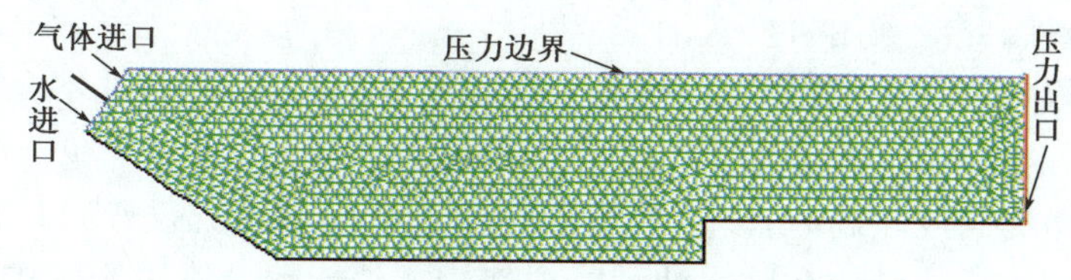

图5-9　急流槽消能池计算模型示意图

急流槽消能池和跌水池相同，都是在一定的池长和横槛高度条件下形成水跃，以达到消能的目的。对于急流槽消能池，也可看做是跌坎高度为零的跌水池。

急流槽消能池和跌水池数值模拟模型相同，水进口采用速度进口，其流动方向垂直于边界，其他为压力边界。

通过对急流槽消能池的计算表明，其消能原理和跌水池基本相同，除了水跃消能外，另一消能的主要来源是渠底对水流的消能，渠底消能的最大值出现在斜线到直线的过渡段。与跌水池不同的是，急流槽消能池水跃发生的位置和水流流速有较大关系，随着流速的增大，水流发生水跃的位置逐步后移，这就要求消能池的长度应进行相应加长；同时，水流进口的角度对出口的最大流速也有一定影响。

急流槽消能池的消能率η是池长l、进口流速v_1、横槛高度c及入水角i_s的函数，可表示成如下形式：

$$\eta=\beta_1\beta_2\eta' \tag{5-16a}$$

$$\eta'=av^{b} \tag{5-16b}$$

$$a=0.31c+0.63 \tag{5-16c}$$

$$b=0.05c^{-0.5} \tag{5-16d}$$

$$\beta_1=0.9+0.025l \tag{5-16e}$$

$$\beta_2=1.03-0.03i_s \tag{5-16f}$$

式中：β_1——与池长有关的修正系数；

β_2——与入水角有关的修正系数；

η'——与流速及横槛高度有关的消能率。

对消能设施的选择，应遵循如下原则。

(1)当排水口流速较大，即急流槽入口流速较大时，应采用阶梯式消能。

(2)当路堤高度较高时,急流槽末端的流速可能超过急流槽防止冲刷所允许的最小流速,因此应采用阶梯式消能。

(3)设置急流槽底消能时,应优先考虑斜插式消能池,如条件不允许,则可考虑跌水池消能。

(4)当路堤高度较高时,即使采用了阶梯式消能,但急流槽出口流速依然较大,故可采用阶梯式消能和跌水池消能或斜插式消能配合使用的方式。

(5)设计消能设施时,可根据计算所得的消能率或出口流速进行相应设计。

第6章 特殊土地区路基排水

6.1 岩溶地区路基防排水措施

(1)在岩溶地区进行路基施工前,应询问当地群众,遇到的溶洞是否为落水洞、过水溶洞、出水溶洞,并调查流水痕迹,计算过水流量;在施工开挖过程中,也应注意进行溶洞分布和出水情况的水文地质调查。设计的水流通道应满足通往溶洞或通过溶洞的流量要求,流量按《公路排水设计规范》(JTJ 018—97)规定的水文计算方法进行。

(2)如果路堑开挖遇到溶洞,应立即查看是否有水流痕迹,如有水流痕迹,应采用暗管或涵管等把水导往至下游溶洞、暗管或涵管,其尺寸根据溶洞的水流痕迹推断的水量设计,这样既不破坏天然水系,也避免了岩溶水对公路的破坏。

(3)对路基基底的溶洞泉或冒水泉,不论采用何种方法处理,均应保证路基最小填土高度内的土石不受浸润,当为高级、次高级路面时,应保证不因温差作用而使水汽上升,聚集在路面基层下。当路基施工遇到岩溶泉时,应采用暗管、涵管等把泉水排出路基。

(4)在岩溶积水路段,应采用填石路基通过积水湖塘。

(5)对影响路基稳定的溶洞,不论采用何种方法处理,在施工中均不应堵塞,避免影响溶洞水的流动状态。

(6)对于溶洞,要防止边沟、排水沟等排水设施的水流渗到溶洞内,避免改变天然的水流体系。

6.2 膨胀土地区路基的防排水措施

(1)膨胀土路段的路基应避免在雨季施工,并同时加强现场的排水,以保证路基和已填筑的土方工程不被水浸泡。

(2)膨胀土路基开挖后，各道工序必须衔接紧密，连续作业，分段完成。路基填筑后，其边坡防护等工序不能间断时间过长，以免长期暴露。

(3)一般不宜采用膨胀土作为路基填料，二级以下公路可用接近最佳含水率的膨胀土填筑路堤，但两侧边坡部分和路堤顶面均要填厚度在 50cm 以上的非膨胀土形成包心填方。挖方路段，当挖至距路基面以上 30cm 时停止开挖，同时挖好排水沟，待铺路面时再开挖至路面以下 30cm，用非膨胀土回填，并按要求压实。

(4)对膨胀土路基除采用石灰处置、换填等措施外，还可采用封闭法，用土工布、土工薄膜封闭，封闭形式有以下几种。

①路基底部封闭，以防止毛细水上升影响路基稳定。

②路基全封闭，以保证路基填土的含水率不变。

③路基顶面封闭，以防降水渗入路基。其他封闭方法，浆砌石封闭边坡，路面以下 1m 用非膨胀土严格压实。

(5)膨胀土压实宜采用重型压路机在最佳含水率条件下碾压，要求压实度达到轻型标准的 100%。

6.3 多年冻土地区路基的防排水措施

(1)施工前应调查沿线冻土分布、类型、冻土上下限、地面水、地下水以及有无其他加热融塘、冰丘、冰锥等不良地质路基地段情况。

(2)对于多年冻土路段的施工，应使路基施工后仍处于热学稳定状态，施工期宜安排在冻结期间；如在春融期施工，则应采取分段快速施工作业方法，以免冻层暴露时间过长，引起破坏。

(3)多年冻土地区地表水无法下渗，容易在地表形成潮湿或积水，不但影响路基稳定，还关系着施工质量和工效。因此，施工前必须做好排水工作。

(4)在开挖排水沟或取土坑时，必须防止由于冻土融化而产生的边坡坍塌及影响路基稳定的现象发生，一般不宜开挖过深，以免地下水漏出，危害公路。

(5)对高速、一级公路宜设置集中取土场，当富冰冻土、饱冰冻土及含冻土层路段确需就近解决部分土源时，必须在路基坡脚 20m 以外取土，斜坡地表路堤，取土坑应设在上坡一侧，取土坑深度均不得超过当年多年冻土上限以上土层厚度的 80%，坑底应有坡度，积水应有出口，使水能及时排出。

(6)当填方基底为含冰过多的细粒土，且地下冰层不厚时，可挖除含冰细粒土并用渗水性土回填压实。对排水困难的沼泽地段应设毛细水隔离层，厚度宜在路堤沉降后至少高出水面 0.5m，并在上面铺设反滤层。

(7)路基填料应选用保温隔水性能均较好的细颗粒土，当采用黏性土或透水性不良的土填筑路堤时，要控制土的湿度，碾压时的含水率不能超过最佳含水率的 2%；不得用冻土块或夹杂有树皮、草之类的土填筑路基；通过热融塘的路堤，水下部分必须用渗水性良好的土填筑，并应高出最高水位 0.5m。

(8)路基的防护与加固，应考虑保温。对于需保护的冻土，其上均需及时设置足够厚度的保温层，以免在施工过程中引起多年冻土的融化。

(9)草皮护坡铺砌应上下错缝，彼此互相嵌密，块与块之间的缝隙用土或碎草皮塞严密，使草皮连成一个整体，有利于坡面草皮成活和防止空气对流，加强保温层的稳定。

6.4　水稻田地区路基的防排水措施

(1)路堤填筑前，首先应堵截和疏导流入公路用地范围内的地表水流和地下渗水，疏干公路用地范围内的积水，堵截措施可采用土埂，排水疏干措施可采用排水沟、渗沟等。

(2)如果地基土含水率大，可采用挖除不良土换填好土、砂或碎石，或掺加石灰、粉煤灰等方法；如果地表有淤泥，可采用抛填砂、砾、碎石、片石等方法；如果软土层厚，要求的路基承载力高，则必须采用深层地基处理方法，如砂井、排水板、碎石桩、粉喷桩等。

(3)挖方地段的边坡顶 5m 外应筑埂并开挖截水沟，如果边坡上的水田对公路边坡有影响时，应采取水田改旱地的措施，或采取疏干孔、渗水隧洞、渗井、渗沟、灌浆帷幕、防渗墙等措施截留地下渗水。

(4)路堤边坡与自然坡面交接处，应设置截水沟。

6.5　盐渍地区路基防排水措施

(1)对于地下水位高的黏性盐渍土，以夏季施工为宜，砂性盐渍土宜在春季、夏季施工，强盐渍土地区在表层含盐量较低的春季施工。

(2)施工过程中，应及时合理地布置好排水系统，不应使路基及其附近出现积水现象；当存在排水困难的路段或取土坑有被淹没的可能性时，应在路基一侧或两侧取土坑外设置长 0.4～0.5m、顶宽 1m 的纵向防水土埂。

(3)软弱土基已清除至地下水位以下时，应换填透水性材料，如砂、砂砾、炉渣等，其高度至少超过地下水位以上 30cm，方可填土。

(4)盐渍土路基的施工，应从基底清除开始，连续施工，即从基底到路床表面应分段一次完成，不可间断。在设置隔离层路段时，应一次做到隔水层顶部。

(5)为防止毛细水上升，应采取隔离措施，如采用沥青砂、防渗薄膜、聚丙烯淋膜编织布等隔离材料。

(6)盐渍土路基的地下排水管与地面排水沟必须采取防渗措施。盐渍地区不宜采用渗沟。

(7)在地下水位较高地段，除截流、排导表面水外，还应加深排水边沟或排水沟，以降低地下水位。

(8)路基一侧或两侧有取土坑时，取土坑坑底距离地下水位不应小于 15～20cm，底部应向路堤外有 2%～3%的排水横坡和不小于 0.2%的纵坡。

6.6 黄土地区路基防排水措施

(1)对公路范围内的黄土失陷穴应进行地质调查，查清陷穴水的供给来源、水量、发展方向及对路基可能产生的危害，然后根据不同情况提出处理措施。就地质情况和处理措施向监理和业主报告。

(2)当路基底为非失陷性黄土且无地下水活动时，可按一般黏性土要求进行基底处理，同时做好路基两侧的施工排水、防水措施。

(3)当路基底为失陷性黄土时，应采取拦截、排除地表水的措施，防止地表水下渗，减少地基失陷性下沉，其地下排水构造物与地面排水沟渠必须采取防渗措施。

(4)黄土陷穴处理。

①对路堑边坡顶部及路堤外迎水坡面处的陷穴应做好排水措施，否则将影响陷穴的地表水、地下水不能被引入到有防渗层的水沟内排走。

②对通过路基的陷穴，要向上游追溯至发源地点，在发源地点将陷穴进口封堵好，并引排周围地表水，使其不再向陷穴进口渗流。

③对陷穴、暗穴的处理，可采用灌浆、灌砂、开挖回填等措施。

④经过处理后的陷穴，土层表面应用 3∶7 灰土填筑夯实或铺筑老黄土等不透水材料加以改善，如设计没有规定，其厚度不宜小于 30cm。

(5)处理措施的技术要求。

①灌砂法：干砂灌于整个洞穴并插捣密实。

②灌浆法：先将陷穴出口用土袋堵塞，然后在陷穴顶部每隔 4～5m 进行钻

孔，作为灌浆孔。待灌好的土浆收缩后，再在各孔补浆2～3次，灌浆材料可为土浆、水泥砂浆。

③开挖回填法：填料一般就地用黄土分层夯实。

④导洞和竖井法：由洞内向外逐步回填夯实，在回填前应将洞穴内的虚土和杂物彻底清除，当接近地面0.5m时，应用老黄土或新黄土加10%的石灰拌匀回填夯实。

(6)黄土路堤施工时，应做好填挖界面的结合，清除坡面杂草，挖好向内倾斜的台阶。

(7)黄土路堤的边坡应刷顺，整平拍实，并应及时予以防护，防止地表水的冲刷。

第 2 篇　道路内部防排水设计

第7章 一般路基的内部排水

7.1 渗沟、渗井构造及布设图

目前用于公路地下排水的设施主要有渗沟和渗井。

7.1.1 渗沟

1. 渗沟形式

按构造的不同，渗沟大致有三种形式，如图 7-1 所示。

I 式为填石渗沟，也称盲沟；II 式下部设排水管；III 式下部设石砌排水空洞，三种形式均由排水层(石缝或管、洞)、反滤层和封闭层组成。

2. 构造设计与材料要求

(1)渗沟的埋置深度按地下水位的高程、地下水位需下降的深度以及含水层介质的渗透系数等因素确定。

(2)管式渗沟设于地下引水较长的地段，当渗沟过长时，应加设横向排水管，将纵向渗沟内的水流，迅速地分段排除。沟底纵坡取决于设计流速，最大流速应考虑到水管的构造及其寿命，且不致冲毁管下垫枕材料，一般以不大于 1.0m/s 为宜，亦不应低于最小流速。最小纵坡为 0.5%，以免淤积。

(3)对于洞式渗沟地下水位较高的地段或缺乏水管时，可采用石砌洞口。洞口大小依设计流量而定，沟底纵坡取决于设计流速。

(4)在设计渗沟时，考虑到含水层中土粒会堵塞排水层，因而需设置反滤层。

(5)排水管可采用带槽孔的塑料管或水泥混凝土管。管径按设计流量确定，但最小内径宜为 15cm(渗沟长度小于等于 150m 时)或 20cm(渗沟长度大于 150m 时)。

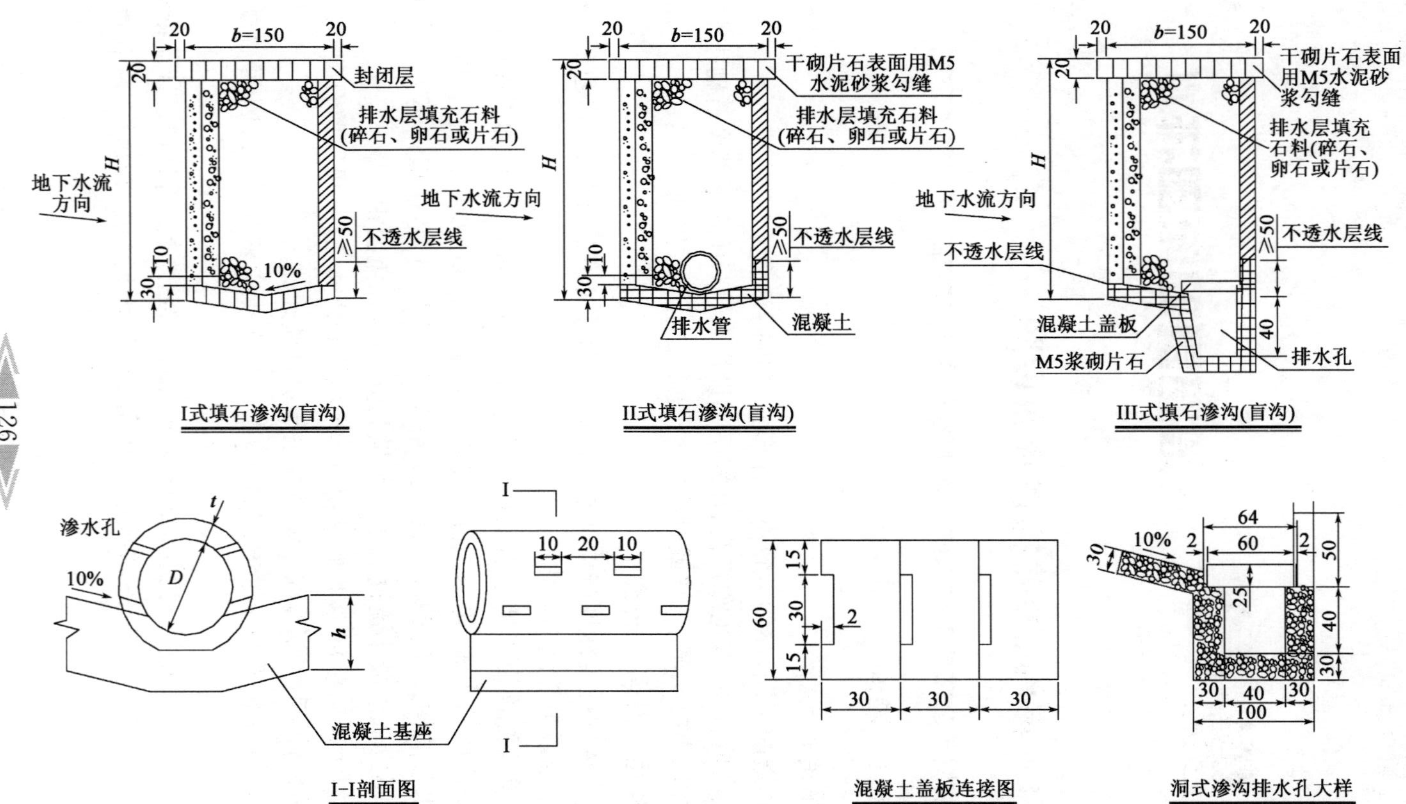

图7-1　渗沟构造图(尺寸单位：cm)

7.1.2　渗井

渗井按其渗水方向不同，可分为排水渗井与集水渗井两类。公路工程中往往采用的是排水渗井，其作用是将地面水通过竖井，引入地下后排除。

渗井的典型构造如图7-2所示。

渗井一般用作雨量稀少地区的低等级公路，以及高速公路和城市道路立交桥下通道处的排水设施。渗井主要用于地表水的排出。

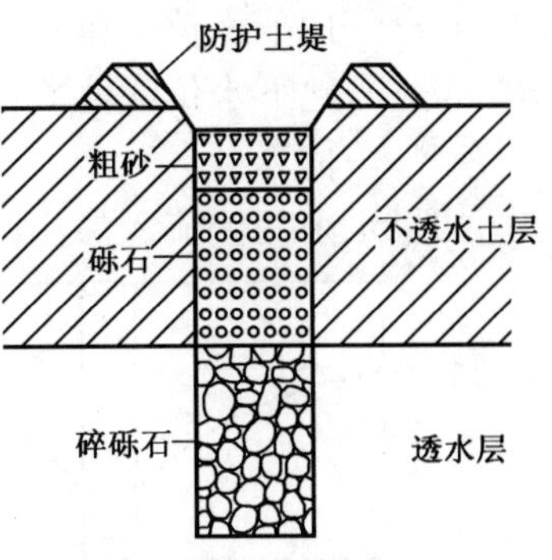

图7-2　渗井构造示意图

7.2　渗沟、渗井现有设计方法及其不足

7.2.1　规范中地下排水设施的计算方法

《公路排水设计规范》(JTJ 018—97)对地下排水设施(尤其是渗沟)的流量计算列出了以下三种情况。

(1)当渗沟底部挖至或挖入不透水层，而不透水层的横向坡度较小时(图7-3)，可采用地下水自然流动速度近于零(潜水无压)的假设，按下列公式计算单位长度渗沟由沟壁一侧流入沟内的流量：

$$q=\frac{k(H_c^2-H_g^2)}{2r_s} \tag{7-1}$$

$$h_g=\frac{I_0}{2-I_0}H_c \tag{7-2}$$

$$r_s=\frac{H_c-h_g}{I_0} \tag{7-3}$$

$$I_0=\frac{1}{3\,000\sqrt{k}} \tag{7-4}$$

式中：q——每延米渗沟由一侧沟壁渗入的流量，$m^3/(s\cdot m)$；

H_c——含水层内地下水位的高度，m；

h_g——渗沟内的水深，m；在渗沟底位于不透水层内，且渗沟内水面低于不透水层顶面时，按式(7-2)取用；

k——含水层材料的渗透系数，m/s；

r_s——地下水位受排水沟影响而降落的水平距离，m；

I_0——地下水位降落曲线的平均坡度，可按含水层材料渗透系数由式(7-4)估算。

如果水由两侧流入渗沟内，则上述渗沟流量需乘以 2。

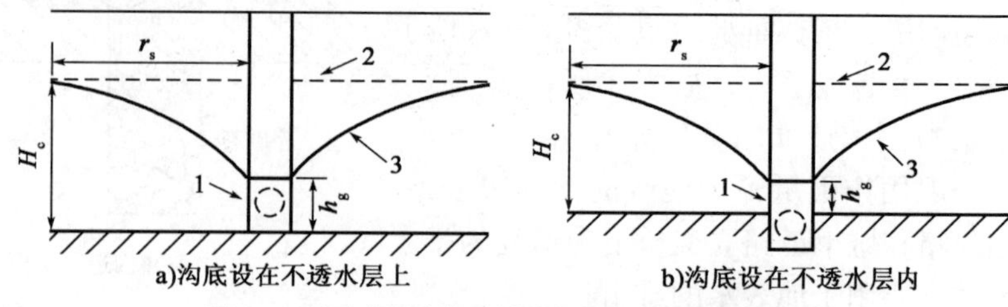

图 7-3　不透水层坡度平缓时的排水沟流量计算图式

1-地下排水沟；2-地下水位；3-地下水位降落曲线

(2)不透水层较深时(图 7-4)，位于含水层内单位长度渗沟的流量按下式计算确定：

$$q = \frac{\pi k H_g}{2\ln\left(\frac{2r_s}{r_g}\right)} \tag{7-5}$$

式中：r_g——两相邻排水沟间距的一半，m；

H_g——排水沟位置处地下水位的下降幅度，m。

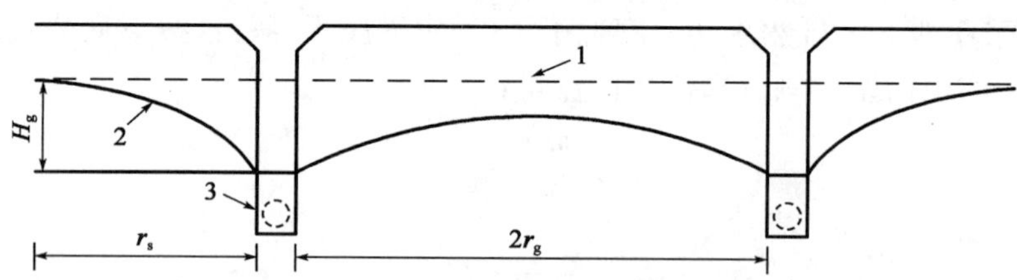

图 7-4　不透水层较深时排水沟流量计算图式

1-原地下水位；2-降低后地下水位；3-地下排水沟

(3)不透水层的横向坡度较陡(>25°)时(图 7-5)，假设地下水位的平均水力坡降与不透水层的横向坡度相同，可按下式计算单位长度排水沟由一侧流入沟内的流量：

$$q = k i_h H_g \tag{7-6}$$

式中：i_h——不透水层的横向坡度。

从以上公式可以看出，渗沟降低水位的作用主要取决于渗沟的埋置深度、渗沟内水位高度和土的渗透系数。工程设计时，渗沟内的水位取决于渗沟流量，并受到沿线自然环境或人工排水设施水位的影响。

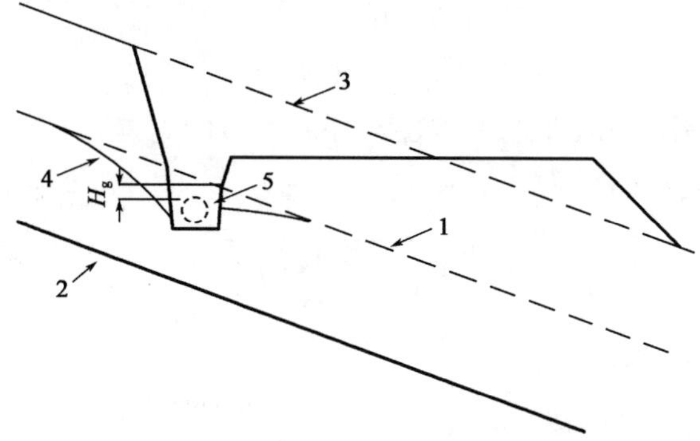

图 7-5 不透水层坡度较陡时的地下排水沟流量计算图式

1-原地下水位；2-不透水层；3-坡面；4-设排水沟后地下水位；5-地下排水沟

7.2.2 《公路设计手册·路基》中有关的计算方法

1. 渗井流量计算

圆形渗井的流量是根据流向沟渠的地面水流量，作为反向排水井来计算的，井内的水位高于附近土中的水位。其计算图式如图 7-6 所示。渗水井流量为：

$$Q=\frac{k(h_0^2-H^2)}{\ln\left(\frac{R}{r_0}\right)} \tag{7-7}$$

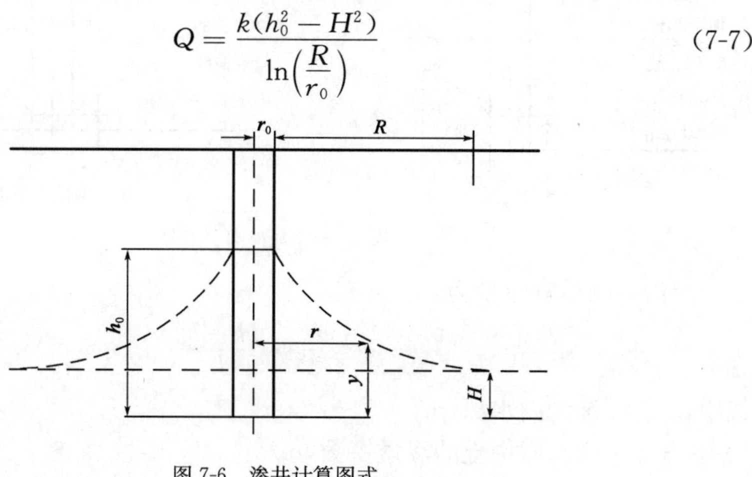

图 7-6 渗井计算图式

式中：Q——渗水井流量，m^3/s；

k——土的渗透系数，m/s；

h_0——井内水深；

H——地下水高出井底的高度，m；

r_0——渗井半径，m；

R——影响半径，m；可根据抽水试验确定，或用下列近似的经验公式计算：

$$R = 3\,000S\sqrt{K} \tag{7-8}$$

S——抽水深度，m；即地下水位与井内水位的高差，对于渗井 $S=h_0-H$。

圆形渗井的降落曲线为：

$$y = \sqrt{h_0^2 - \frac{Q}{K}\ln\frac{r}{r_0}} \tag{7-9}$$

式中：r——任一位置半径，m；

y——半径为 r 处的纵距，m。

2.渗沟流量计算

(1)完整渗沟

渗沟底部挖至隔水层或挖入隔水层内，使渗沟底不渗水的渗沟，称为完整渗沟，如图 7-7 所示。假定含水层的长度和宽度无限，水的储量也是无限的，无压，流速近似于零，且不考虑地面水渗入。

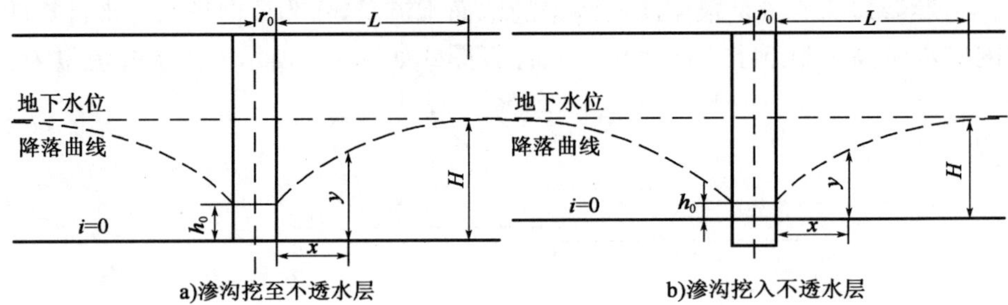

图 7-7　完整渗沟示意图

渗沟一侧单宽流量为：

$$q = \frac{k}{2}\cdot\frac{H-h_0^2}{L} \tag{7-10}$$

式中：h_0——渗沟内水深，m；

k——含水层中土的渗透系数，m/s；

H——含水层的储水厚度，m；

L——影响距离，m。

降落曲线的平均坡度可由下列几种方法确定。

①查表法：查表 7-1 可得平均坡度。

②在地下水流稳定的情况下，不论潜水还是承压水均可按下面的经验公式估算平均坡度：

$$I_0 = \frac{1}{3\,000\sqrt{k}} \tag{7-11}$$

式中：k——含水层中土的渗透系数，m/s。

土中水降落曲线平均坡度 I_0 和 α 值　　表 7-1

含水层土质	渗透系数 k 参考值 (m/s)	平均坡度 I_0	$\alpha=\frac{I_0}{2-I_0}$
粗砂	$1\times10^{-2}\sim1\times10^{-1}$	0.003～0.006	0.001 5～0.003
砂类土	$1\times10^{-4}\sim1\times10^{-2}$	0.006～0.020	0.003～0.010
亚砂土	$1\times10^{-5}\sim1\times10^{-3}$	0.020～0.050	0.010～0.026
亚黏土	$1\times10^{-6}\sim1\times10^{-5}$	0.050～0.100	0.026～0.053
黏土	$1\times10^{-7}\sim1\times10^{-6}$	0.100～0.150	0.053～0.081
重黏土	$\leqslant1\times10^{-1}$	0.150～0.020	0.081～0.111
泥炭	$1\times10^{-4}\sim1\times10^{-2}$	0.020～0.120	0.010～0.061

③根据抽水试验的影响距离 L 和水位降低值（$H-h_0$）由下式估算平均坡度：

$$I_0 = \frac{H-h_0}{L} \tag{7-12}$$

渗沟降落曲线由下式确定：

$$x = \frac{k}{2q}\cdot(y^2-h_0^2) \quad 或 \quad x = L\cdot\frac{y^2-h_0^2}{H^2-h_0^2}$$

$$y = \sqrt{h_0^2+\frac{x}{L}(H^2-h_0^2)} \tag{7-13}$$

式中：x——从渗沟边缘到降落曲线上某点断面的距离，m；

y——降落曲线上某点断面的水位，m；

其余符号意义同前。

在实际设计中，为使渗沟排水效果更好，应尽可能将沟底设在不透水层顶面以下，如图 7-7b）所示。当渗沟水面低于不透水层顶面时，h_0 有一个最小值 $h_{0\min}$。

当渗流接近沟壁时，降落曲线下垂极陡，可以近似认为 $dy\approx ds$，即渗流坡降 $I=1$。单侧流量 $q=klh_{0\min}$，将 $h_{0\min}=\frac{q}{k}$带入式（7-10），可得下式：

$$h_{0\min} = \left(\frac{I_0}{2-I_0}\right)\cdot H = \alpha H \tag{7-14}$$

式中：α——系数，列于表 7-1 中。

(2)不完整渗沟

当沟底位于含水层中,沟底有水渗入的渗沟,称为不完整渗沟。对不完整渗沟的计算假定为:地下水流为稳定潜水流;含水层宽度与长度无限;储水量无限;不考虑地面水渗入。

不完整渗沟根据含水层厚度分为无限深含水层和有限深含水层两种类型。

①无限深含水层。当渗沟位于无限深含水层时,渗沟内的水一部分来自沟侧,一部分来自沟底。渗沟汇水区域等压面可假设为圆柱形(图 7-8)。

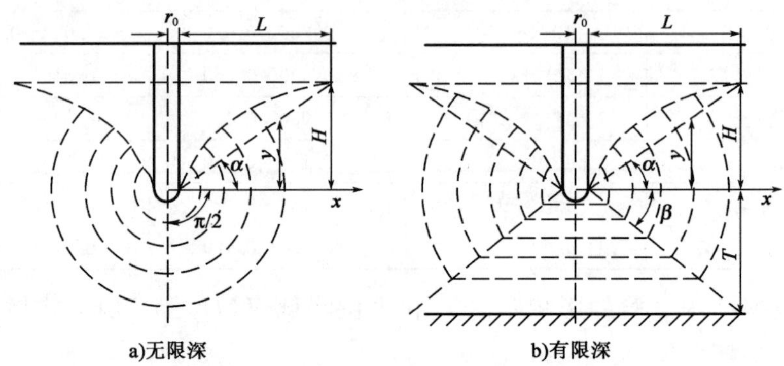

图 7-8　含水层不完整渗沟流量计算图式

单侧渗流断面的张角为:

$$\theta=\alpha+\frac{\pi}{2} \tag{7-15}$$

渗沟单侧单宽总流量为:

$$q=\frac{HK\theta\varepsilon}{\ln\left(\frac{H}{I_0 r_0}\right)} \tag{7-16}$$

或:

$$q=\frac{HK\theta\varepsilon}{\ln\left(\frac{L}{r_0}\right)} \tag{7-17}$$

式中:ε——修正系数,取 0.7～0.8。

②有限深含水层。将 $\theta=\alpha+\beta=\left(\frac{H+T}{H}\right)I_0$ 代入式(7-17),得到:

$$q=\frac{K(H+T)I_0\varepsilon}{\ln\left(\frac{H}{I_0 r_0}\right)} \tag{7-18}$$

3.渗沟水力计算

(1)渗沟底部圆形水管

渗沟底部圆形水管的通过流量 Q 与流速 v 的计算式如下：

$$Q = K\sqrt{i} \tag{7-19}$$

$$v = S\sqrt{i} \tag{7-20}$$

式中：K——圆管的泄水能力模数(流量特性)，m^3/s 或 l/s；

S——圆管的流速特性，m/s。

(2)渗沟底部石砌方形涵洞

水流断面面积：

$$A = b_0 h_0 \tag{7-21}$$

湿周面积：

$$P = b_0 + 2h_0 \tag{7-22}$$

水力半径：

$$R = \frac{A}{P} = \frac{b_0 h_0}{b_0 + 2h_0} \tag{7-23}$$

流速系数：

$$C = \frac{1}{n} R^y \tag{7-24}$$

当 $R<1.0$m 时，$y=1.5\sqrt{n}$，通过流速为：

$$v = C\sqrt{Ri_0} \tag{7-25}$$

通过流量：

$$Q = Av = AC\sqrt{Ri_0} = k\sqrt{i_0} \tag{7-26}$$

(3)渗沟的埋置深度计算

如图 7-9 所示，渗沟的埋深可采用下式进行计算：

$$h = Z + P + \varepsilon + d + h_0 - h_1 \tag{7-27}$$

式中：h——渗沟埋置深度，m；

Z——沿路基中线上的冻结深度，m；

P——沿路中线由路基冻结线至排水后毛细水升高曲线的距离，m，采用近年内地下水波动的平均数值(近似值为 0.25m)；

ε——毛细水上升高度，m，以试验值为准，初步估计时，下列数值可供参考：砂土 0.2～0.3m，砂性土 0.3～0.8m，粉性土 0.8～2.0m，黏性土 1.0～2.0m；

d——路基范围内降落曲线的最大矢距，m，由式(7-28)计算确定；

h_0——渗沟内水深，m，通常取 0.3～0.4m，一般不小于 0.2m；

h_1——路中心至边沟底的高差，m。

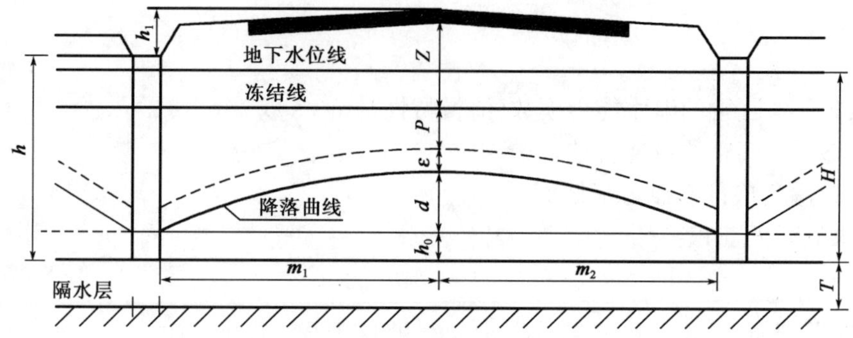

图 7-9　渗沟埋置深度计算图式

对于双面渗沟，降落曲线的最大矢距为：

$$d = I_0 m_1 \tag{7-28}$$

式中：I_0——降落曲线平均坡度值，m/s，计算式为：

$$I_0 = \frac{1}{3\,000\sqrt{k}}$$

k——渗透系数，m/s；

m_1——渗沟边缘至路基中线的距离，m。

4. 渗沟反滤层的计算

(1)空隙最大尺寸

与管壁接触的较粗颗粒层，其空隙最大尺寸计算式为：

$$e = [0.15 + 1.2(n - 0.26)]d_c \tag{7-29}$$

式中：n——较粗颗粒的孔隙率，由试验确定；

d_c——岩块换算成球形颗粒的直径，计算式为：

$$\frac{1}{d_c} = \sum \frac{g_i}{d_i^3} \tag{7-30}$$

g_i——平均粒径为 d_i 的较粗颗粒占总质量的百分数（以小数表示），而 d_i 则由下式求得：

$$\frac{1}{d_i^3} = \frac{1}{2}\left(\frac{1}{d_{max}^3} + \frac{1}{d_{min}^3}\right) \tag{7-31}$$

d_{max}、d_{min}——分别为颗粒的最大及最小粒径。

(2)湿周面积

为了避免最小颗粒渗入到较大颗粒中去，应使两层接触处的渗透速度小于或等于容许渗透速度，因此两层接触处应满足下式要求：

$$p \geqslant \frac{\xi q}{\alpha_{容}\sqrt[3]{k_{小}}} \tag{7-32}$$

式中：p——两层接触处部分的湿周面积，m^2；

$k_{小}$——较小颗粒层中的渗透系数，m/s；

q——每米长渗沟的流入量，m^3/s；

ξ——考虑流入渗沟的水流渗透不均匀系数，一般取8～10；

$\alpha_{容}$——试验系数，若$v_{容}$及k以m/d计，则$\alpha_{容}\approx 60\sim 70$，若$v_{容}$及$k$以m/s计，则$\alpha_{容}\approx 0.0307\sim 0.0370$。

(3)级配要求

反滤层材料的级配应满足下列排水和反滤要求。

①反滤层集料在通过率为15%时的粒径d_{15}应不小于迎水面沟壁被保护岩土集料在通过率为15%时的粒径D_{15}的5倍，即$(d_{15}/D_{15})\geqslant 5$。

②反滤层集料在通过率为15%时的粒径d_{15}应不大于迎水面沟壁被保护岩土集料在通过率为85%时的粒径D_{85}的5倍，即$(d_{15}/D_{85})\leqslant 5$。

③反滤层集料在通过率为50%时的粒径d_{50}应不大于迎水面沟壁被保护岩土集料在通过率为50%时的粒径D_{50}的25倍，即$(d_{50}/D_{50})\leqslant 25$。

④反滤层集料的不均匀系数C_u(通过率为60%的粒径与通过率为10%的粒径的比值)应不大于20，即$(d_{60}/D_{10})\leqslant 20$。

7.2.3　现有设计方法的不足

(1)《公路排水设计规范》(JTJ 018—97)列出了公路工程中几种典型的渗沟形式计算方法；《公路设计手册・路基》对地下水流量、降落曲线等的计算方法也只局限于均质含水层中的潜水(无压)和平坡渗流($i=0$)，即假定在修筑排水设施之前，潜水底面及顶面是水平的，平常的流速等于零。但是，公路工程实际情况要复杂得多，这种简化处理势必导致计算结果存在一定的偏差。

(2)当$r_g > 2r_s$时，对数$\ln\frac{2r_s}{r_g} < 0$，因此式(7-5)的应用范围受到限制。若平原微丘一级公路路基宽度为24m，土的渗透系数为1×10^{-6}m/s，地下水位降低高度为1.5m，则$r_s=3$m，此时即出现负值。

(3)目前的渗沟在反滤问题上一般采用由两层或三层排水材料组成的反滤

层来实现。由于渗沟的反滤层尺寸很小,故在施工中操作起来很困难,有时不能严格按照设计尺寸执行,致使渗沟的排水作用不能很好地发挥出来。若施工得当,这种反滤层在短期内的反滤效果能够满足工程要求,达到反滤排水的目的,但是其长期可靠性较差。

7.3 地下排水设计的完善和优化

7.3.1 渗沟埋置深度的确定

埋置深度的确定涉及很多因素,核心问题是保证路基处于良好的工作状态。我国目前汽车荷载的作用深度一般为1.0~2.0m,极重大吨位汽车可达3.0~3.7m。这个深度范围内的路面结构层和土层是汽车荷载的持力层,也称工作区。路基工作区范围内的土基必须具有足够的强度和稳定性才能保证路基的使用质量,从而确保路面的强度和稳定性满足行车要求。否则,路基将产生湿软弹簧形成坑槽,甚至翻浆陷车。当路基设计高程到天然地下水位的距离小于3.0m或天然水位高于路基高程时,必须对地下水进行汇集和排除,把高于荷载作用深度的地下水位和毛细水活动区降低到某一深度,以确保路基的强度和稳定性。

1.路基两侧设置渗沟时埋置深度的确定

在《公路排水设计手册》中同样给出了渗沟埋置深度的计算公式,其计算图式如图7-10所示。

$$H=\frac{(I_0+i)B}{200}+h_0+h_p+h_a \tag{7-33}$$

式中:H——透水管最小埋置深度,m;

I_0——地下水位降落曲线的平均坡度,随含水层介质的渗透系数而异;

i——道路横坡;

B——透水管中心线的间距,m;

h_0——透水管中心至地下水位的高差,m,含水层介质为砂时,取0.05;为砂质土时,取0.1m;为黏性土时,取0.15m;

h_p——路面结构层厚度,m;

h_a——路床顶面到地下水位间的允许间距,m,至少取0.6m。

式(7-33)和式(7-27)相比,不同之处在于:后者的计算起点是路肩,前者的计算起点是边沟底;后者没有单列毛细管水上升高度和冻结深度,而是代之以路床顶面到地下水位间的允许间距h_a,前者则列出了毛细管水上升高度和冻结深度。由于路基设计一般以路肩高程为计算依据，为一致起见，建议渗沟埋深也以路肩为计算起点。比较二者的计算图式，实际上并不矛盾，只是计算参数的取值略有差异，如式(7-33)中的h_p+h_a相当于式(7-27)中的$Z+P+\varepsilon$，由于各参数的具体含义不同，故规定的取值范围也不同。另外，式(7-33)中的$(I_0+i)B/200$未考虑路肩坡度的影响。

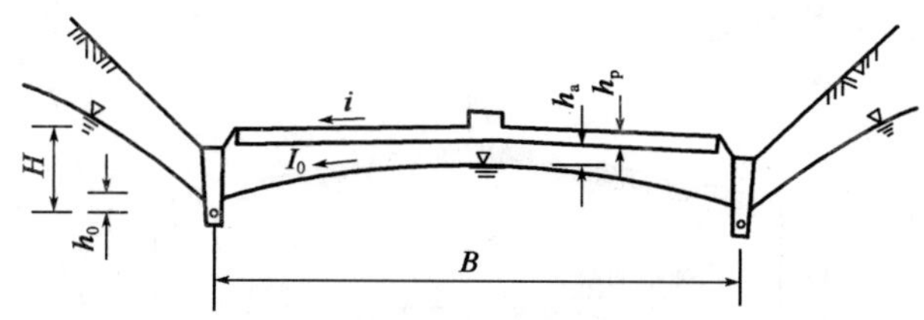

图 7-10　透水管埋置深度计算图式

以上渗沟埋深计算式中有些参数的取值带有经验性。另外，式(7-27)和式(7-33)均未考虑曲线段超高影响，并且仅针对双渗沟的情况计算而得。

渗沟埋深确定的目的在于保证路基路面的正常工作状态，亦即保持持力层的正常工作状态。根据地下水动力学原理，在路基两侧修筑渗沟对称排水，地下水位降落曲线是以路基中垂线为对称轴的双面椭圆曲线。曲线两端点均交于沟壁上，且曲线顶点与最大矢距均位于路基中垂线上。路基地下水位降落后的毛细作用区也是椭圆形，并随地下水降落曲线的升降而上下移动。通过对荷载引起的应力随土基深度变化关系分析可知，大约85%的动应力集中分布于路基持力层的中上部，约占汽车荷载作用深度的3/5；而路基上部所承受的汽车荷载最为集中，约占50%，这部分土基厚度只占持力层厚度的1/3。汽车动应力经该层分散后，应力随土基深度的增加而迅速下降。也就是说，在持力面以下1.0m范围内应力消失了50%左右；到1.8m处，汽车应力已经消散了85%；到1.8～3.0m时，持力层只承担极重汽车荷载的15%。因此，路基地下水毛细作用区至少应降到持力面以下1.8m，才能使汽车作用力较集中的土基处于地下水位之上，以确保路基主要持力层在最佳状态，满足路基强度要求。从理论上讲，最好将毛细水活动区降低到持力面以下3.0m，才能使持力层不受地下水和毛细水的影响。考虑到极重汽车荷载对持力面以下1.8m深度的路基影响较小，故可将1.8m作为路基工作区的最小干燥厚度。根据以上分析，可以建立考虑路基工作状态的双渗沟埋深计算式（以路肩为计算起点），为渗沟设计提供参考(图7-11)。

$$H=d+h_a+h_b+h_0-h_d \tag{7-34}$$

式中：H——渗沟埋置深度，m；

d——路面结构层厚度，m；

h_a——干燥状态的路基临界高度，m；

h_b——地下水降落曲线的最大矢高，相当于式(7-33)的最大矢距，m；

h_0——渗沟内的水深，m；

h_d——路基横坡高差，m。

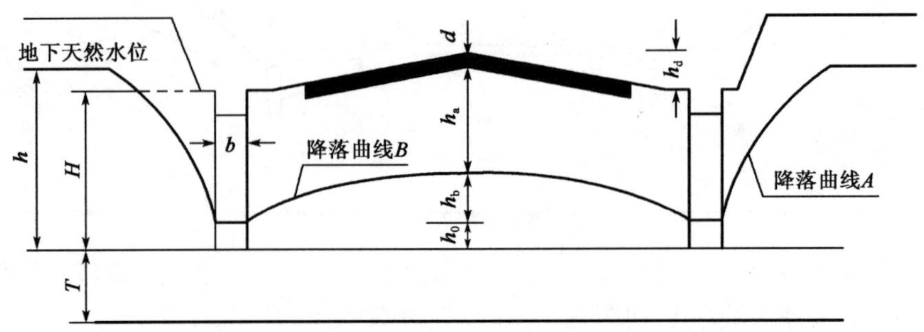

图 7-11　双渗沟埋置深度计算图式

根据荷载应力在路基中的分布状态，当只考虑承受荷载应力最集中的路基部分保持最佳含水率时，渗沟深度可用下式计算：

$$H = 1.8 + \varepsilon + h_b + h_0 - h_d \tag{7-35}$$

式中：1.8——汽车荷载应力最集中的持力层厚度，m；

ε——土的毛细水上升高度，m，参照表 7-2 选取。

各种土质的毛细水上升高度值　　表 7-2

土 质 类 别	未经压实(m)	经一般性压实(m)
砂	0.2～0.6	0.1
粉质土砂	0.3～0.6	0.2
粉质土	0.8～1.5	0.5
黏质土	1.5～2.0	0.4

对于季节性冰冻地区，需防止路基冻胀危害。当最大冻结深度小于 1.8m 时，应保证持力面以下 1.8m 的持力层处于干燥状态，渗沟深度可按式(7-35)计算；当最大冻结深度大于 1.8m 时，应按当地最大冻结深度确定渗沟深度，采用下式计算：

$$h = Z + P + \varepsilon + h_b + h_0 - h_d \tag{7-36}$$

式中，各符号意义同前。

上述计算公式均为直线路段的渗沟埋深计算式，当渗沟处于平曲线路段时，考虑超高影响，可将以上各式中的$-h_d$项改为$\pm h_j$，此时$\pm h_j$为超高值（$+h_j$为正超高，$-h_j$为负超高）。

需要补充的是，式(7-35)中的“1.8”应包含路面折算为路基土的当量厚度，当对沟壑区软基进行换填处理时，换填材料厚度也应换算为土基当量厚度。计算式如下：

$$Z_e = h \cdot \sqrt[2.5]{\frac{E_1}{E_0}} \tag{7-37}$$

式中：Z_e——换算为路基土层的当量厚度，m；

h——路面厚度，m；

E_1——路面材料的回弹模量，MPa；

E_0——路基土的回弹模量，MPa。

2.路基下设填沟道渗沟时埋置深度的确定

在路基中心处设置渗沟排除地下水，是根据地下水动力学原理中的非干扰单渠道形式，使地下水位降落后形成以路基中心线为对称轴的两条抛物线组成的降落漏斗，路基持力层处于漏斗之中，不受地下毛细水浸湿影响，从而达到疏干地下水的目的。地下水降落深度应满足路肩边至降落曲线的垂直距等于路面结构层与干燥状态下的路基临界高度之和，或者等于重荷载应力最集中的持力层厚度。这是为了保证路基临界高度内的主要持力层处于最佳干燥状态。如图7-12所示。

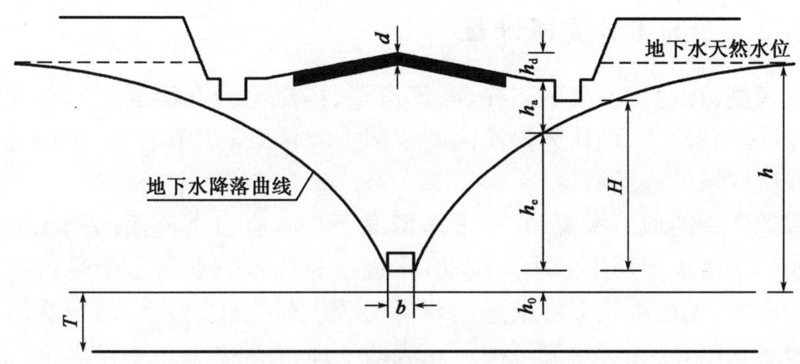

图7-12 填沟道渗沟埋置深度计算图式

事实上，填沟道渗沟不一定正好埋设于路基中心线以下。但是，通过分析地下水降落曲线可知，由于渗沟深度以路肩高程为计算依据，因此无论渗沟是否位于路基中心，只要保证路肩处的持力层达到疏干状态，全路基就可达到最佳疏干效果。排水沟深度 H 可按下式计算：

$$H = d + h_a + h_e + h_0 \tag{7-38}$$

式中：h_e——地下水降落曲线与路肩垂线交点至渗沟最低一层排水管的垂直高度，m，计算式为；

$$h_e = \sqrt{h_0^2 + \frac{x}{L}[(h+T)^2 - h_0^2]} = \sqrt{h_0^2 + xI_0(h+T+h_0)} \tag{7-39}$$

$h+T$——含水层的储水厚度，m；

x——路肩至渗沟中心的水平距离，m；

L——水力影响半径，m；

其余符号意义同前。

按荷载应力最集中的持力层保持干燥状态确定渗沟深度，用下式计算：

$$H = 1.8 + \varepsilon + h_e + h_0 \tag{7-40}$$

3.路基一侧设渗沟时埋置深度的确定

工程中，当路基一侧自然边坡坡脚出现渗水，或边坡地下水位较高，存在威胁路基的可能时，可在路基侧边沟下设截水渗沟，靠边坡一侧进水，靠路基一侧隔水，故为单侧降落曲线，截水渗沟埋深以实现防水目的为原则。当截水渗沟挖至不透水层时，埋深无需计算；当渗沟设在透水层内时，埋深的确定主要是防止边坡地下水从渗沟底绕流入侵路基持力层。渗沟深度 H 按下式确定：

$$H = d + h_a + h_e + h_0 \tag{7-41}$$

7.3.2 渗沟设计流量计算

渗流模型：在保持渗流区边界、渗流流量、渗流阻力和渗透压力与实际渗流均完全相同的条件下，可认为渗流区的全部土粒骨架不复存在，渗流就是充满整个孔隙介质区域的连续液流。

透水地层中的地下水流动，在很多情况下是具有自由液面的无压渗流。无压渗流相当于透水地层中的明渠流动，水面线称为浸润线。由于受自然水文地质条件的影响，无压渗流多数是运动要素沿程缓慢变化的非均匀渐变渗流。因渗流区地层宽阔，故无压渗流可按一元流动处理，并将渗流的过流断面简化为宽阔的矩形断面。

液体在孔隙介质中流动时，需要克服复杂的边界摩阻作用，因此流动中的能量损失对渗流运动有十分重要的影响。早在1852～1855年，达西就通过大量试验研究，得到了渗流能量损失与渗流流速之间的基本关系，后人称之为达西定律。

1. 达西定律

(1)均匀渗流的达西公式

水在孔隙介质中的流动速度 v 与水力梯度 J 成正比,二者的比例系数 k 称为渗透系数。即:

$$v = kJ \tag{7-42}$$

(2)达西公式的推广

对一般渗流场中任一点的渗流,水力坡度为:

$$J = -\frac{\mathrm{d}H}{\mathrm{d}s} \tag{7-43}$$

那么,渗流场中任一点的流速为:

$$u = -k\frac{\mathrm{d}H}{\mathrm{d}s} \tag{7-44}$$

(3)达西定律的适用范围

达西定律表明渗流水头损失与流速呈线性关系,但后来水头损失及流速范围更广的试验指出,随着渗流流速的增大,水头损失将与流速的1～2次方成比例。这说明达西定律所反映的基本线性关系,只是渗流在层流运动时所遵循的规律,因而达西定律只能适用于层流渗流。

对于不满足达西定律的非线性渗流,可用如下形式表示其流动规律(渗流非线性定律):

$$v = kJ^{\frac{1}{m}} \tag{7-45}$$

式中,当 $m=1$ 时,为层流(线性)渗流;当 $m=2$ 时,为紊流渗流:当 $1<m<2$ 时,为过渡区渗流。

2. 地下河槽中的恒定渗流

在不透水基底上广阔的孔隙区域内,地下水流动(渗流)在很多情况下都具有潜水面,即地下水底自由表面。这种无压渗流又称为地下河槽水流,如图7-13所示。自然界中由于地层广阔,地下河槽水流一般可按一维流动处理,并可将渗流过水断面简化为宽浅的矩形断面,将不规则的不透水基底简化为平面,以 i 表示其基底坡度。由渗流区构成的地下河槽分为棱柱体地下河槽和非棱柱体地下河槽。水力要素不沿流程改变的地下河槽水流称为均匀渗流,反之则称为非均匀渗流。实际的地下河槽水流,大多数情况下水力要素沿程变化缓慢,是流线近于平行的非均匀渗流。地下河槽的潜水面又称为浸润面,非均匀渐

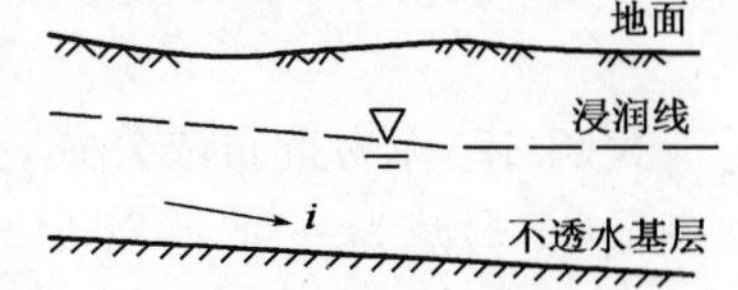

图7-13　地下河槽中的非均匀渐变渗流

变渗流的潜水面曲线则称为浸润曲线。

(1)地下河槽中的均匀渗流

对于均匀渗流,其水深、断面平均流速沿程都不变,浸润面与基底平行,故渗流的水力坡度 J 与底坡 i 相等。

断面平均流速:

$$v = k \cdot i \tag{7-46}$$

渗流流量:

$$Q = kiA = kibh \tag{7-47}$$

式中:b、h、A——分别表示地下河槽宽、均匀流水深及过水断面面积。

(2)地下河槽中的非均匀渐变渗流

①裘布依公式。

法国学者裘布依在研究地下水渐变流动时,首先应用达西直线渗流定律推导出渐变渗流断面平均流速计算公式。该公式的假定前提是:由于渗流自由面的坡度很小,故认为沿深度方向的铅直线是等势线,即测压管水头 h 为常数,沿任一铅直线,各点的渗流方向水平;在同一铅直线上,各点渗流流速相等。按照达西定律,沿自由面上任一点的流速应为:

$$v = -k\frac{\mathrm{d}h}{\mathrm{d}s} = -kJ = -k\frac{\mathrm{d}z}{\mathrm{d}s} = -k\sin\theta \tag{7-48}$$

因水面倾斜度 θ 很小,裘布依建议用 $\tan\theta = \frac{\mathrm{d}h}{\mathrm{d}x}$ 代替 $\sin\theta$,相当于假定等势线是铅直线,即流速是水平向的,且分布有静水压力。基于这种假定的平均流速和单宽流量为:

$$\left.\begin{aligned} v &= -k\frac{\mathrm{d}h}{\mathrm{d}s} \\ h &= h(x) \\ q &= -kh(x)\frac{\mathrm{d}h}{\mathrm{d}x} \end{aligned}\right\} \tag{7-49}$$

式(7-49)称为裘布依公式,是渐变渗流的基本公式。该式使原来的两个独立变量(x,z)减为一个 x,以 $h(x)$ 代替 $h(x,z)$,因此式(7-48)中不再出现独立变量 z,而是变为一元水流问题。

图 7-14 为无压渐变渗流,不透水层坡度为 i,断面 1-1、2-2 相距 $\mathrm{d}s$,水深和测压管水头的变化分别为 $\mathrm{d}h$ 和 $\mathrm{d}H$,考虑到 $H+z=h$,以及 $i=-\frac{\mathrm{d}z}{\mathrm{d}s}$,则水力坡降为:

$$J = -\frac{\mathrm{d}H}{\mathrm{d}s} = -\left(\frac{\mathrm{d}z}{\mathrm{d}s} + \frac{\mathrm{d}h}{\mathrm{d}s}\right) = i - \frac{\mathrm{d}h}{\mathrm{d}s} \tag{7-50}$$

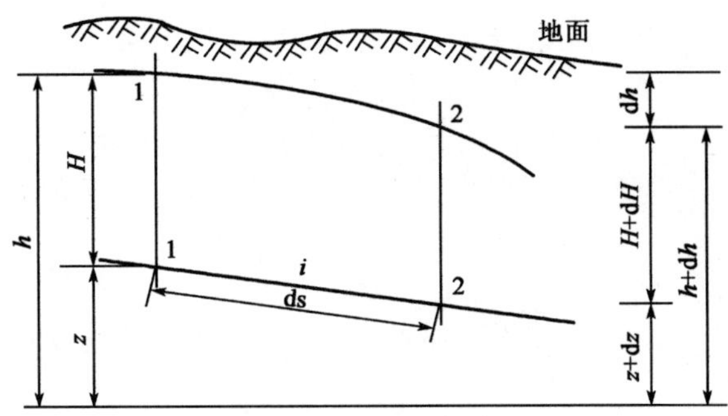

图 7-14　渐变渗流断面图

流速：

$$v = k\left(i - \frac{\mathrm{d}h}{\mathrm{d}s}\right) \tag{7-51}$$

渗流流量：

$$Q = kbh\left(i - \frac{\mathrm{d}h}{\mathrm{d}s}\right) \tag{7-52}$$

式中：b、h——分别为渐变渗流的宽度和水深，m。

②渐变渗流的浸润曲线。

同明渠非均匀渐变流水面曲线的变化相比较，渐变渗流因渗流速度很小，流速水头忽略不计，所以浸润线既是测压管水头线，又是总水头线。由于存在水头损失，总水头线沿程下降，因此浸润线沿程也只能下降，不可能水平，更不可能上升，这是浸润曲线的主要几何特征。

渗流区不透水基底的坡度分为顺坡（$i>0$），平坡（$i=0$），逆坡（$i<0$）三种。只有顺坡渗流存在均匀流，有正常水深。由于渗流无临界水深及缓流、急流的概念，因此使浸润线的类型大为简化。

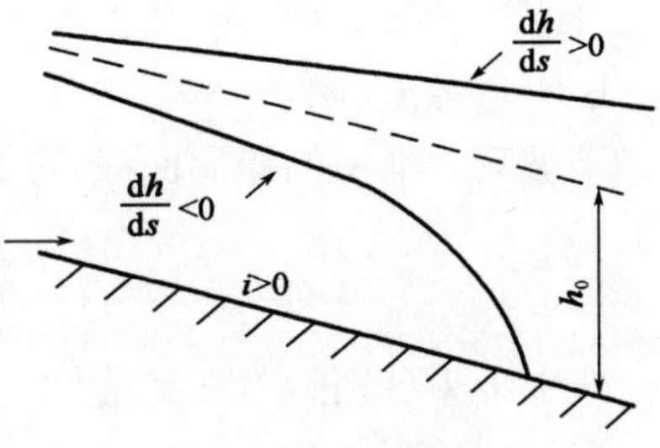

图 7-15　顺坡渗流

a. 顺坡渗流（图 7-15）。

当顺坡渗流是均匀流时，有：

$$Q = kbh_0 i \tag{7-53}$$

式中：h_0——均匀渗流的水深，m。

将式（7-53）代入式（7-52），可得：

$$\frac{\mathrm{d}h}{\mathrm{d}s} = i\left(1 - \frac{h_0}{h}\right) \tag{7-54}$$

其二阶导数为：

$$\frac{\mathrm{d}^2 h}{\mathrm{d}s^2} = \frac{ih_0}{h^2} \tag{7-55}$$

当 $h>h_0$ 时，$\frac{\mathrm{d}h}{\mathrm{d}s}>0$，水深沿程增大，水深增大则$\frac{\mathrm{d}^2 h}{\mathrm{d}s^2}$逐渐减小，所以浸润曲线为凹型壅水曲线；

当 $h<h_0$ 时，$\frac{\mathrm{d}h}{\mathrm{d}s}<0$，水深沿程减小，水深减小则$\frac{\mathrm{d}^2 h}{\mathrm{d}s^2}$逐渐增大，所以浸润曲线为凸形降水曲线。

当 $h\to h_0$ 时，$\frac{\mathrm{d}h}{\mathrm{d}s}\to 0$，水深沿程不变，曲线以正常水面线为渐近线。

当 $h\to\infty$时，$\frac{\mathrm{d}h}{\mathrm{d}s}\to i$，曲线以水平线为渐近线。

当 $h\to 0$ 时，$\frac{\mathrm{d}h}{\mathrm{d}s}\to\infty$，曲线与不透水层表面垂直。

式(7-54)还表明，水深的沿程变化与渗透系数无关，即不论何种土质，只要做层流运动，浸润曲线的形状就会完全相同。此外，当水深很小时，曲线曲率很大，不属于渐变渗流，所以这一部分的曲线与实际不符。

令式(7-54)中的 $h/h_0=\eta$，则 $\mathrm{d}h=h_0\mathrm{d}\eta$，代入可得：

$$s = \frac{h_0}{i}\left(\eta_2 - \eta_1 + \ln\frac{\eta_2 - 1}{\eta_1 - 1}\right) \tag{7-56}$$

式中，$\eta_1=\frac{h_1}{h_0}$，$\eta_2=\frac{h_2}{h_0}$；h_1、h_2 分别表示相距 s 上下两断面的渗流水深。

b. 平坡渗流(图 7-16)。

平坡只有唯一的浸润曲线，令式(7-54)中的 $i=0$，则得：

$$\frac{\mathrm{d}h}{\mathrm{d}s} = -\frac{q}{kh} \tag{7-57}$$

式中，q、k 分别为单宽流量和渗透系数。若 h 为连续的正值，则$\frac{\mathrm{d}h}{\mathrm{d}s}<0$，水深沿程永远减小，而$\frac{\mathrm{d}^2 h}{\mathrm{d}s^2}=\frac{q}{kh^2}$永远逐渐增大，所以浸润曲线为一凸形的降水曲线，左端以水平线为渐近线，右端曲线的曲率逐渐增大，并逐渐失去渐变流的性质。

对式(7-57)积分可得平坡的浸润曲线：

$$s = \frac{k}{2q}(h_1^2 - h_2^2) \tag{7-58}$$

c. 逆坡渗流(图 7-17)。

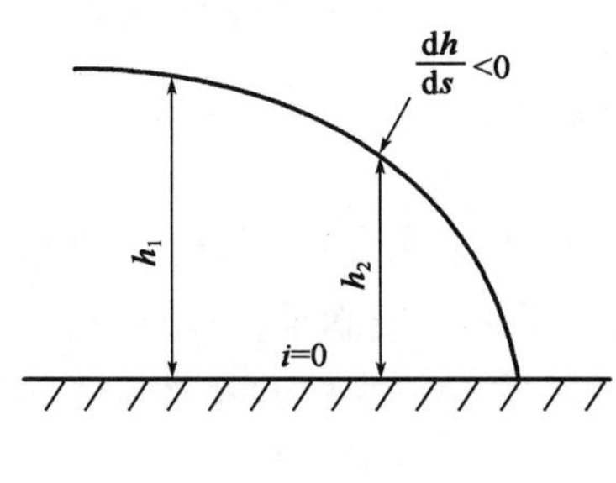

图 7-16　平坡渗流

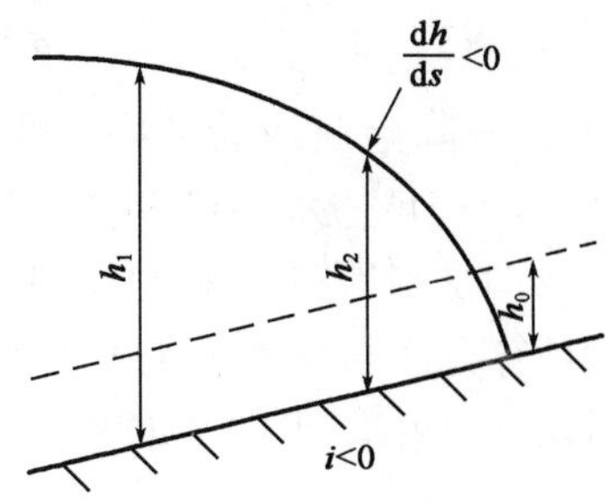

图 7-17　逆坡渗流

令逆坡坡度的绝对值为 i'，水流做逆向流动，均匀流水深为 h'_0，代入式(7-50)，可得：

$$\frac{\mathrm{d}h}{\mathrm{d}s}=-i'\left(1+\frac{h'_0}{h}\right) \tag{7-59}$$

根据同样的分析可知，浸润曲线为一凸形降水曲线，左端以水平线为渐近线，右端曲线的曲率逐渐增大，故逆坡渗流也只能产生降水曲线。

对式(7-59)进行积分可得逆坡的浸润曲线：

$$s=\frac{h'_0}{i'}\left(\eta'_1-\eta'_2+\ln\frac{1+\eta'_2}{1+\eta'}\right) \tag{7-60}$$

式中，$\eta'_1=\frac{h_1}{h'_0}$，$\eta'_2=\frac{h_2}{h'_0}$。

3. 均质渗沟流量计算

渗沟根据其挖开深度是否到达不透水层分为完整渗沟和不完整渗沟。前者指渗沟开挖至不透水层，后者指开挖深度位于含水层，即在不透水层之上。

根据渗沟个数、是否挖至不透水层及不透水层底坡 i 的走向，将目前公路地下排水工程中的渗沟应用情况归纳为 8 种典型的工况，见表 7-3。

渗沟计算工况一览表　　　　表 7-3

渗沟类型	单渗沟			双渗沟
	$i=0$	$i>0$	$i<0$	$i=0$
完整渗沟	工况 1	工况 3	工况 4	工况 2
不完整渗沟	工况 5	工况 7	工况 8	工况 6

(1)完整渗沟

①单个渗沟且透水层横向坡度较平($i=0$)。

此类情况的渗流可参见图 7-7a)，其计算方法也可采用规范中给出的计算公式(7-10)，但该式可做如下变换：

$$q=\frac{k}{2}\frac{H_2-h_0^2}{L}=\frac{k}{2}(H+h_0)\frac{H-h_0}{L}=\frac{k}{2}(H+h_0)I_0 \tag{7-61}$$

式中：I_0——降落曲线的平均坡度，可通过表 7-1 查取。

②双渗沟且透水层横向坡度较平($i=0$)。

双渗沟是指道路两侧边沟下同时设置渗沟的工况(图 7-11)，双渗沟路基外侧流量的计算方法与单渗沟相同。假设渗沟间的地下水位线满足浸润线方程式(7-58)，则在已知渗沟间距的前提下就可以确定路基中线地下水位的降落高度 a，即：

$$a=H-\sqrt{\frac{B(H^2-h_0^2)}{L}+h_0^2} \tag{7-62}$$

式中：B——渗沟间距的一半。

其余符号意义同前。

由式(7-62)可知，B、L 的相对大小影响 a 值。当 $B\geqslant L$ 时，$a<0$，说明渗沟未起到降低地下水位的作用，需要缩小渗沟间距；当 $B<L$ 时，$a>0$，此时需要检验 a 值是否满足路基正常工作状态的要求。根据渗沟埋深公式，假设路基冻结深度小于 1.8m，则 $a\geqslant 1.8+\varepsilon-d$ 才能满足路基正常工作状态；否则，需要缩小渗沟间距。如果渗沟的作用仅是拦截两侧边坡渗水，则渗沟间距可视施工方便程度而定。

式(7-62)是基于稳定渗流的假设前提得出的，即假设流量、流速、水位等要素始终保持常数，这样的假设在计算两渗沟中间区域的流量时可能引起较大误差。其一，两渗沟的中间区域有限，渗流缺乏足够的补给；其二，在渗沟保持完好的前提下，随着时间的延续，水位不断下降至渗沟内水深时，水头差为零，流入渗沟的流量为零。因此，当考虑时间因素时，两渗沟中间区域的渗流可根据一维非稳定渗流微分方程，采用傅立叶分离变量法解得地下水向渗沟非稳定渗流时，水位变化计算式为：

$$z=h_0+\frac{4(H-h_0)}{\pi}\sum_{n=0}^{\infty}(-1)^n\frac{1}{2n+1}\cos\frac{(2n+1)\pi x}{2B}e^{\frac{-(2n+1)^2\pi^2 at}{4B^2}} \tag{7-63}$$

当 t 较大时，可取级数第一项，即 $n=0$ 的项，则：

$$z=h_0+\frac{4(H-h_0)}{\pi}\cos\frac{\pi x}{2B}e^{\frac{-\pi^2 at}{4B^2}} \tag{7-64}$$

式中：a——系数，其值为：

$$a=\frac{k\bar{h}}{\mu}$$

μ——给水度；

$\bar{h}$——平均含水层厚度；

x——以隔水层顶面为 x 轴，两渗沟中心为原点的轴距。

根据式(7-63),可得:

$$\frac{\partial z}{\partial x}=-\frac{2(H-h_0)}{B}\sum_{n=0}^{\infty}(-1)^n\sin\frac{(2n+1)\pi x}{2B}e^{\frac{-(2n+1)^2\pi^2 \mathrm{at}}{4\mathrm{B}^2}} \tag{7-65}$$

于是,渗沟路基内侧单宽流量为:

$$q_{内}=kh_0\left[\frac{2(H-h_0)}{B}\sum_{n=0}^{\infty}(-1)^n e^{-\frac{(2n+1)^2\pi^2 \mathrm{at}}{4\mathrm{B}^2}}\right] \tag{7-66}$$

当 t 较大时,取级数第一项得:

$$q_{内}=2kh_0\frac{(H-h_0)}{B}e^{-\frac{\pi^2 \mathrm{at}}{4\mathrm{B}^2}} \tag{7-67}$$

于是,渗沟流量为:$q=q_{内}+q_{外}$。实际上,当 t 足够大时,$q_{内}$ 趋于零,则渗沟流量可按单渗沟一侧进水流量公式计算,因此在渗沟设计时是否考虑 $q_{内}$,取决于路基能否承受短时间高水位的影响。如路基下地基换填透水性好的材料,渗沟设计时可不考虑 $q_{内}$。

③完整单渗沟($i>0$)。

如果不透水层的渗流量全部通过渗沟排走,虽然开挖渗沟后渗流浸润线会产生下落的变化,但水深控制线不变,并且地下水渗流的流量也不会发生变化。因此,可以通过计算控制线的水深来计算渗流量。

在如图 7-18 所示的正坡完整渗沟中,1 号、2 号钻井测得不透水层深度分别为 H_1、H_2,地下水位深分别为 h_1、h_2,钻井距离为 L_{12},土的渗透系数为 k,渗沟影响距离为 L,假设控制线水深为 h_0(渗沟浸润线上游逼近值),渗沟内水深为 h_s,则:

$$s=\frac{h_0}{i}\left(\eta_2-\eta_1+\ln\frac{\eta_2-1}{\eta_1-1}\right)=\frac{h_0}{i}\left[\frac{h_2}{h_0}-\frac{h_1}{h_0}+\ln\left(\frac{h_2-h_0}{h_1-h_0}\right)\right] \tag{7-68}$$

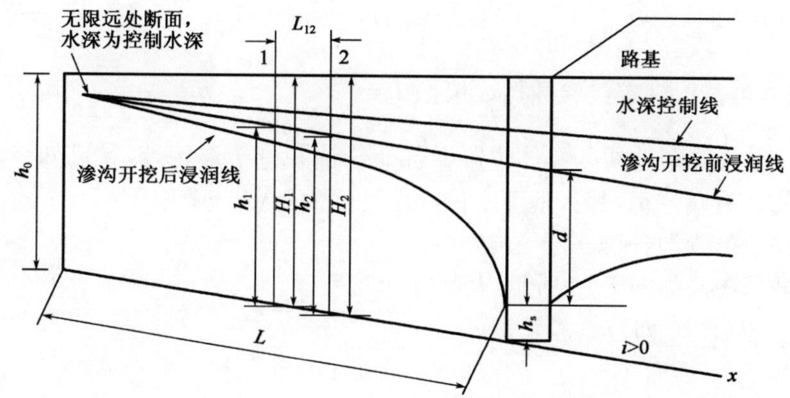

图 7-18　正坡完整渗沟计算图式

所以：

$$is-h_2+h_1=h_0\ln\left(\frac{h_2-h_0}{h_1-h_0}\right) \tag{7-69}$$

则：

$$iL_{12}-h_2+h_1=h_0\ln\left(\frac{h_2-h_0}{h_1-h_0}\right) \tag{7-70}$$

令 $M=iL_{12}-h_2+h_1, f(h_0)=h_0\ln\left(\frac{h_2-h_0}{h_1-h_0}\right)$，则：

$$f(h_0)=M \tag{7-71}$$

由于式(7-71)无法直接求得 h_0，故可采用试算法计算 h_0；选定多个 h_0，分别计算 $f(h_0)$，再用内插法确定满足该式的 h_0。通过钻探可得1号、2号点的水深，不透水层深度和顶面坡度，从而求得 h_0。应用时 h_2 一般为渗沟设计水深。

于是，渗沟单宽流量为：

$$q=ki(h_0-h_s) \tag{7-72}$$

式(7-72)适用于不透水底坡大于5°的情况；当不透水底坡小于5°时，或者当钻探结果为 $h_1=h_2$，表明地下水位与底坡平行，这时可根据工况 $i=0$ 计算地下水渗流量。

若以底坡为 x 轴，以垂直于底坡方向为 z 轴建立坐标系，原点在渗沟位置，并假设修渗沟后的地下水位降落曲线在坐标系中满足下式：

$$z^2-h_s^2\frac{1}{1+i^2}=\frac{2qx}{k} \tag{7-73}$$

当 $x=0$ 时，$z=h_s\sqrt{\frac{1}{1+i^2}}$；当 $x=L$ 时，$z=h_0\sqrt{\frac{1}{1+i^2}}$，且 $I_0=\frac{h_0-h_s}{L}\sqrt{\frac{1}{1+i^2}}$ 是已知的，可查取现有经验数据或根据 $I_0=\frac{1}{3\,000\sqrt{k}}$ 计算。由此，可确定开挖渗沟后地下水位降落曲线的具体位置。若2号钻井位于渗沟处，且已知渗沟处原地下水位高为 $h_a=h_2$，那么地下水位降落高度为 $b=h_2-h_s$。

④完整单渗沟($i<0$)。

逆坡单渗沟如图7-19所示，其情况与③类似。

底坡 $i=\frac{H_2-H_1}{L_{12}}<0$，所以 $i'=|i|=-i$。

由 $\frac{i's}{h'_0}=\eta_1-\eta_2+\ln\left(\frac{\eta_2+1}{\eta_1+1}\right)$ 可知：

$$i'L_{12} - h_1 + h_2 = h'_0 \ln\left(\frac{h_2 + h'_0}{h_1 + h'_0}\right) \tag{7-74}$$

计算流量时，先确定 h'_0，那么：

$$q = |k i' h'_0| \tag{7-75}$$

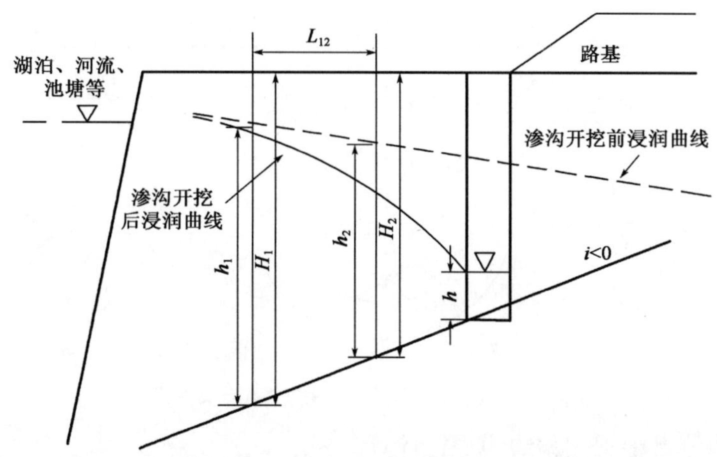

图 7-19　逆坡单渗沟计算图式

(2)不完整渗沟

①单个渗沟且透水层横向坡度较平($i=0$)。

工程中，当含水层厚度很大、不透水层很深时，需要采用不完整渗沟(图7-20)。按渗沟底部是否透水，又分为透水和不透水两种情况。

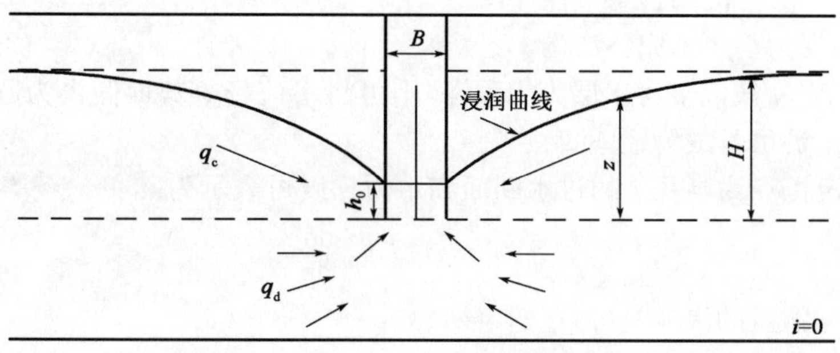

图 7-20　平坡单个不完整渗沟计算图式

巴布什金在计算潜水井时设想：取过排水井过滤器中的一个水平面将不完整井分成上下两段。上部为潜水完整井，下部为承压不完整井，这两段都有现成的解，其和为潜水不完整井的解。为此，对不完整渗沟位于含水层的情况，也可采用类似的处理方法。

a. 渗沟沟底进水。

图 7-21 为沟底进水的潜水不完整渗沟。设渗沟内水深为 h_0，取过渗沟底中心线处一个水平面 N-N 将渗沟水区域分为两部分：I 区和 II 区，并假设水平面 N-N 是不透水的，即 I 区和 II 区的水不发生交叉。

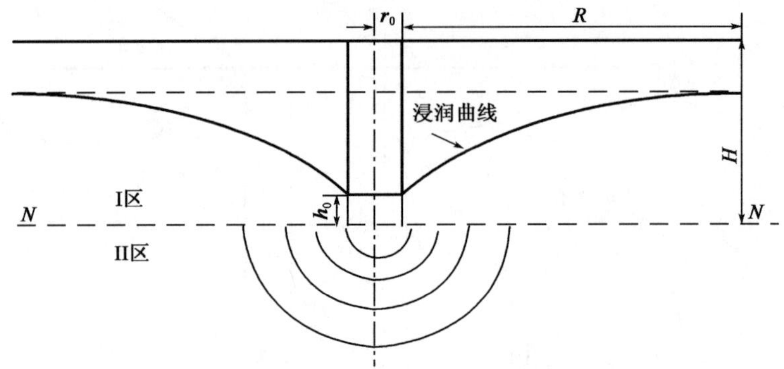

图 7-21　沟底进水的潜水不完整渗沟计算图式

I 区：渗流量根据完整渗沟进行计算。

$$q_1 = \frac{k(H^2 - h_0^2)}{2R} \tag{7-76}$$

式中：H——渗沟底面距地下水位降落前的距离，m；

h_0——渗沟内水深，m；

k——土的渗透系数，m/s；

R——渗沟汇流影响半径，m。

II 区：视为承压不完整渗沟。

如果 N-N 线以下含水层为无限深，则可将渗流场等势面假设为圆柱面，流向渗沟的水流可看成为径向直线。

如果离汇点为半径 r 的过水断面和水力梯度可表示为：

$$A = \pi r B\,;J = \frac{\mathrm{d}h}{\mathrm{d}r}$$

则流向汇点的渗流量(由达西定律)为：

$$Q = k\pi r B\,\frac{\mathrm{d}H}{\mathrm{d}r}$$

采用分离变量对上式进行求解：

$$\int_{\mathrm{h_s}}^{\mathrm{H}} \mathrm{d}H = \frac{Q}{k\pi B}\int_{\mathrm{r_0}}^{\mathrm{R}} \frac{\mathrm{d}r}{r}$$

得到：

$$Q = \frac{\pi k B (H - h_0)}{\ln\left(\frac{R}{r_0}\right)}$$

渗沟单宽流量为：

$$q_2 = \frac{Q}{B} = \frac{\pi k (H - h_0)}{\ln\left(\frac{R}{r_0}\right)} \tag{7-77}$$

因此，不完整渗沟总单宽流量为 $q = q_1 + q_2$。

$$q = \frac{k(H^2 - h_0^2)}{2R} + \frac{\pi k (H - h_0)}{\ln\left(\frac{R}{r_0}\right)} \tag{7-78}$$

b. 渗沟沟底不进水。

图 7-22 为沟底不进水的潜水不完整渗沟。该处理方法与渗沟沟底进水情况的区别在于，取过渗沟水深中心线处一个水平流面 N-N 将渗沟汇水区域分为两个：I 区和 II 区，并假设水平流面 N-N 是不透水的，即 I 区和 II 区的水不发生交叉。N-N 线以上可以看做潜水完整井，流量 q_1 采用式(7-76)计算；N-N 线以下可以看做承压不完整井，流量为 q_2。

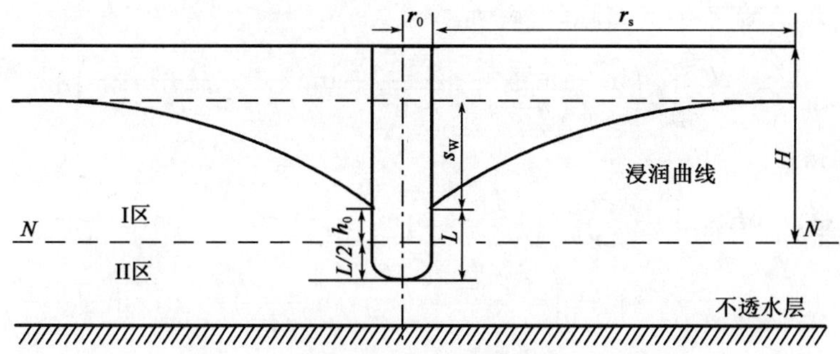

图 7-22　沟底不进水的潜水不完整渗沟计算图式

根据源汇理论，将 N-N 线以下的渗沟看做汇线，在汇线上取一微段视为平面汇点，流向该点的流量为：

$$\Delta q_i = \frac{2 q_2 \Delta \eta_i}{L} \tag{7-79}$$

式中：$\Delta\eta_i$——距 x 轴为 η 的微段长度。

对于平面汇点，汇流面为圆形，汇点流量为：

$$q_2 = -2\pi k r \frac{\mathrm{d}s}{\mathrm{d}r} \tag{7-80}$$

积分得 r 处的降深为：

$$s=\frac{q_2}{2\pi k}\ln\frac{R}{r} \tag{7-81}$$

在汇点 $\Delta\eta_i$ 作用下，平面上任一点 A 的降深为：

$$s_1=\frac{q_2\Delta\eta_i}{\pi kL}\ln\frac{R}{r_1} \tag{7-82}$$

式中：r_1——汇点 $\Delta\eta_i$ 距 A 点的距离，m，计算式为：

$$r_1=\sqrt{(z-\eta)^2+x^2}$$

为消除隔水顶板的影响，用镜像法在顶板上作一等强度的虚汇点，此时它在 A 点的降深为：

$$s_2=\frac{q_2\Delta\eta_i}{\pi kL}\ln\frac{R}{r_2} \tag{7-83}$$

式中：r_2——虚汇点距 A 点的距离，m，计算式为：

$$r_2=\sqrt{(z+\eta)^2+x^2}$$

则汇点 $\Delta\eta_i$ 在 A 点的实际降深为：

$$s=s_1+s_2=\frac{q_2\Delta\eta_i}{\pi kL}\left(\ln\frac{R}{r_1}+\ln\frac{R}{r_2}\right) \tag{7-84}$$

汇线在 A 点产生的实际降深为：

$$s=\frac{q_2}{\pi kL}\int_0^{\frac{L}{2}}\left(\ln\frac{R}{\sqrt{(\eta-z)^2+x^2}}+\ln\frac{R}{\sqrt{(\eta+z)^2+x^2}}\right)\mathrm{d}\eta \tag{7-85}$$

积分得：

$$s=\frac{q_2}{\pi k}(\ln R+1)-\frac{q_2}{2\pi kL}\left\{\left(\frac{L}{2}-z\right)\ln\left[\left(\frac{L}{2}-z\right)^2+x^2\right]+\left(\frac{L}{2}+z\right)\times\ln\left[\left(\frac{L}{2}+z\right)^2+x^2\right]-\frac{z^2-x^2}{x^2}\left(\arctan\frac{L-z}{2x}+\arctan\frac{L+z}{2x}\right)\right\} \tag{7-86}$$

将 $x=r_0$，$s=s_w$，$R=r_s+r_0$ 代入式(7-85)；同时，巴布什金证实当 $z=0.375L$时，计算流量等于实测流量，因此：

$$q_2=\frac{128\pi kLs_w r_0^2}{128Lr_0^2[\ln(r_s+r_0)+1]-8Lr_0^2\ln\left(\frac{L^2}{64}+r_0^2\right)-56Lr_0^2\ln\left(\frac{49L^2}{64}+r_0^2\right)+(9L^2-64r_0^2)\left(\arctan\frac{5L}{16r_0}+\arctan\frac{11L}{16r_0}\right)} \tag{7-87}$$

则井壁进水的潜水不完整井单侧单位长度流量为：$q=q_1+q_2$。

②双渗沟且透水层横向坡度较平($i=0$)。

图 7-23 为双渗沟位于含水层，若渗沟底部不透水，则其情况与工况 B 相同；若渗沟底部透水，则其计算方法与工况①类似。

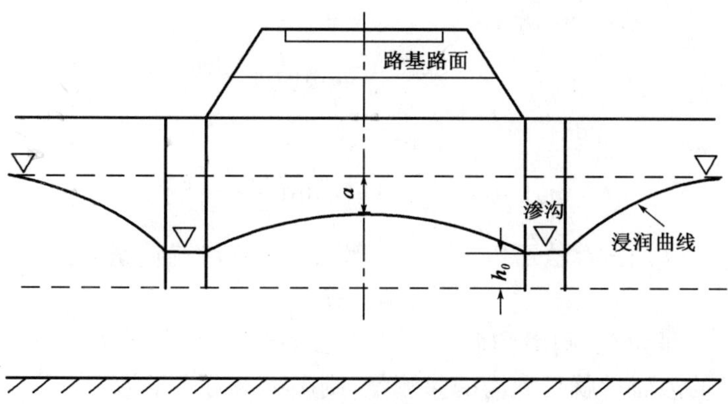

图 7-23 双渗沟位于含水层示意图

③正坡不完整渗沟。

钻井 1 号、2 号、3 号(其中 3 号位于渗沟迎水面一侧)的位置如图 7-24 所示,井深分别为 H_1、H_2、H_3;地下水位高程分别为 h_1、h_2、h_3;钻井距离为 L_{12}、L_{23};土的渗透系数为 k;渗沟宽度为 B。

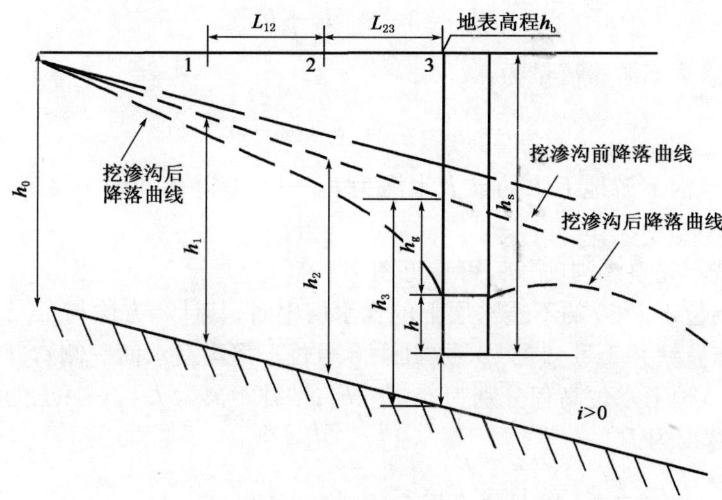

图 7-24 正坡不完整渗沟计算图式

底坡 $i=\dfrac{H_1-H_2}{L_{12}}>0$,设渗流浸润线上游渐趋值为 h_0,因:

$$s=\frac{h_0}{i}\left[\eta_2-\eta_1+\ln\left(\frac{\eta_2-1}{\eta_1-1}\right)\right]=\frac{h_0}{i}\left[\frac{h_2}{h_0}-\frac{h_1}{h_0}+\ln\left(\frac{h_2-h_0}{h_1-h_0}\right)\right]$$

所以：

$$is - h_2 + h_1 = h_0 \ln\left(\frac{h_2 - h_0}{h_1 - h_0}\right)$$

则：

$$iL_{12} - h_2 + h_1 = h_0 \ln\left(\frac{h_2 - h_0}{h_1 - h_0}\right)$$

利用上式采用试算法可以求出 h_0，那么地下水渗流量就为：

$$q_z = kih_0 \tag{7-88}$$

若渗沟挖深为 h_s，则渗沟底距不透水层的距离为 $H_0 = H_3 - h_s$。如认为地下水位降低的渗流量就是渗沟的渗流量，则渗沟上游流量为：

$$q_1 = q_z \frac{h_0 - H_0}{h_0} \tag{7-89}$$

显然有：

$$q_1 = ki(h_0 - H_0) \tag{7-90}$$

若渗沟内水深为 h，则地下水位真实降落高度为：

$$h_c = h_3 - H_0 - h \tag{7-91}$$

因此，渗沟下游渗流量为：

$$q_2 = q_z - q_1 = ki(h_0 - h_c) \tag{7-92}$$

其中，渗沟下游地下水的最大水深为 $h_0 - h_c$，其降落曲线满足底坡 $i > 0$ 的规律。

④逆坡不完整渗沟(图略，可参见图 7-19)。

当渗沟位于 $i < 0$ 的不透水层上的含水层中时，其计算方法与工况③类似。

同样布置钻井 1 号、2 号、3 号(其中 3 号位于渗沟迎水面一侧)，井深分别为 H_1、H_2、H_3；地下水位高程分别为 h_1、h_2、h_3；钻井距离为 L_{12}，L_{23}；土的渗透系数为 k；渗沟宽度为 B。

底坡 $i = \dfrac{H_1 - H_2}{L_{12}} < 0$，且令 $i' = -i$。

假设渗流浸润线正坡($i' > 0$)渐趋值为 h'_0，根据渗流浸润线方程导出：

$$iL_{12} - h'_1 + h'_2 = h'_0 \ln\left(\frac{h'_2 + h'_0}{h'_1 + h'_0}\right)$$

采用试算法可以求出 h'_0，那么地下水渗流量就为：

$$q_z = ki' \left| h'_0 \right| \tag{7-93}$$

若渗沟挖深为 h_w，则渗沟底距不透水层距离为 $H_0=H_3-h_w$。如认定地下水位降低的渗流量就是渗沟的渗流量，即：

$$q_1=q_z\frac{|h_0'|-H_0}{|h_0'|} \tag{7-94}$$

显然有：

$$q_1=ki(|h_0'|-H_0) \tag{7-95}$$

若渗沟内水深为 h，则地下水位真实降落高度为：

$$h_g=h_3-H_0-h \tag{7-96}$$

因此，渗沟下游的渗流量为：

$$q_2=q_z-q_1=ki(|h_0'|-h_g) \tag{7-97}$$

其中，渗沟下游地下水的最大水深为 $|h_0'|-h_g$，其降落曲线满足底坡 $i<0$ 的规律。

7.3.3 渗井

渗井虽然在公路排水工程中应用不多，但在某些特殊场合也是一种不可缺少的解决问题的措施。

1. 无压井（潜水井）

(1)无压完全井的水力计算

在进行计算之前，作如下假设。

①不透水基底是水平的($i=0$)。

②沿井的径向为恒定渐变渗流。

③地下含水层为均质各向同性，含水层很大，可以无限制供水，即井的抽水量恒定时，井中水深不变，浸润线不变，远处地下含水层厚度不变。

设完全潜水井位于厚度为 H 的含水层上，井半径为 r_0，取井中心为坐标原点，井轴线为 Z 轴，径向为 r 轴，如图 7-25 所示。挖井后，井中初始水位和天然地下水位相同。当抽水开始后，井中水位下降，四周地下水向井中渗流。在井中抽水量不变、井外渗流形成恒定流时，井内水位下降至 h_0，井周围则形成关于井轴对称的恒定漏斗形浸润面。除井壁附近外，流向井的渗流过水断面是一系列的同心圆柱面，所以过井轴沿井径向的任何剖面面积均为 $A=2\pi rz$。

对于渐变渗流，过水断面上各点的水力坡度为 $J=\frac{\mathrm{d}z}{\mathrm{d}r}$，由裘布依公式可得断面平均流速为：

$$v=k\frac{\mathrm{d}z}{\mathrm{d}r} \tag{7-98}$$

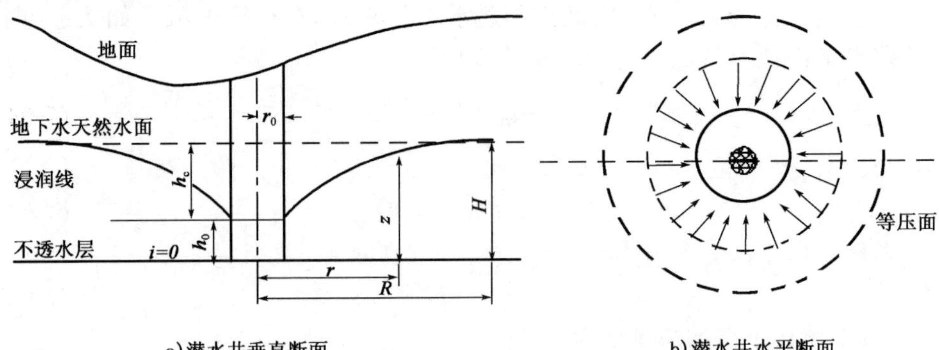

a)潜水井垂直断面　　b)潜水井水平断面

图 7-25　无压完全井(潜水井)计算图式

通过此圆柱面的渗流流量为:

$$Q = v \cdot A = k\frac{\mathrm{d}z}{\mathrm{d}r} \cdot 2\pi rz \tag{7-99}$$

分离变量:

$$2\pi z\mathrm{d}z = \frac{Q}{k} \cdot \frac{\mathrm{d}r}{r} \tag{7-100}$$

注意过所有圆柱面的渗流量都相同,对式(7-100)两端在所考虑的相应变量范围内积分:

$$2\pi\int_{h_0}^{z} z\mathrm{d}z = \frac{Q}{k}\int_{r_0}^{r}\frac{\mathrm{d}r}{r} \tag{7-101}$$

得到:

$$z^2 - h_0^2 = \frac{Q}{\pi k}\ln\frac{r}{r_0} \tag{7-102}$$

式(7-102)即为沿井径向的浸润线方程。假设在距井轴为 R 处,地下水位不再受井中抽水引起的降落影响,亦即在 $r=R$ 的圆周范围之外 $z=H$,则将 R 称为井的影响半径。由于只有影响半径 R 范围以内的地下水才汇入井中,故得到井的最大供水流量为:

$$Q = \frac{k\pi(H^2 - h_0^2)}{\ln(R/r_0)} \tag{7-103}$$

此式即为完全潜水井产水量公式,又称裘布依产水量公式。

一般认为井的降水影响到 $z=0.95H$ 处为止,取此处的径向距离 r 为影响半径 R。影响半径 R 最好用抽水试验确定,一般在初步计算时,可采用下述经验公式:

$$R = 3\,000h_c\sqrt{k} \tag{7-104}$$

式中:h_c——抽水深度,其值为:

$$h_c = H - h_0$$

虽然用不同方法所确定的 R 值会有一定差异，但因 R 在计算产水量时取对数，所以这种差异对出水量的影响并不大。

(2)无压不完全井的水力计算

不完全潜水井的产水量不仅来自井壁，还来自井底。不完全井底产水量目前只能用经验公式确定。

①公式 1。式中各参数如图 7-26 所示。

$$Q = \frac{k\pi(H'^2 - h_0^2)}{\ln(R/r_0)}\left(1 + 7\sqrt{\frac{r_0}{2H'}}\cos\frac{H'\pi}{H}\right) \tag{7-105}$$

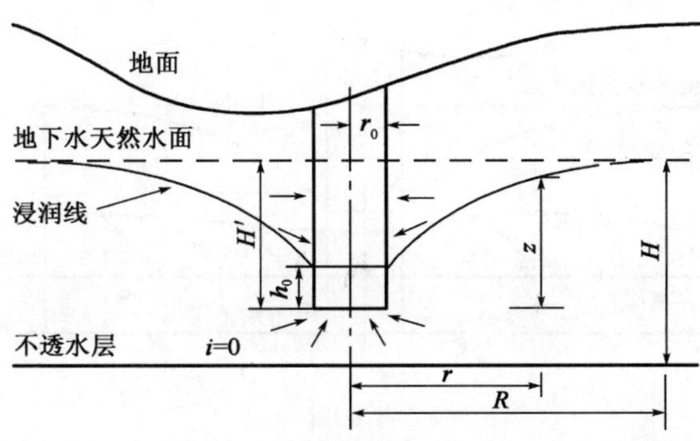

图 7-26　无压不完全井计算图式

②公式 2，弗开莫(Forchheimer)公式。式中各参数如图 7-27 所示。

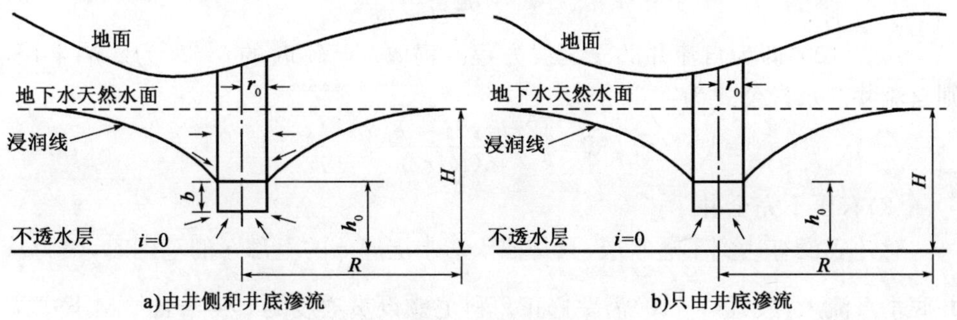

图 7-27　无压不完全井弗开莫公式计算图式

由井底和侧壁进水时出水量为：

$$Q = \frac{k\pi(H^2 - h_0^2)}{\ln(R/r_0)} \Big/ \left[\left(\frac{h_0}{b + 0.5r_0}\right)^{1/2} \times \left(\frac{h_0}{2h_0 - b}\right)^{1/4}\right] \tag{7-106}$$

只由井底进水时出水量为：

$$Q = 4kr_0(H - h_0) \tag{7-107}$$

2. 有压井(自流井)

(1)有压完全井

图 7-28 为自流井。任取距井轴为 r 的圆柱面,根据裘布依公式可得圆柱面的渗流量为:

$$Q = v \cdot A = k\frac{\mathrm{d}z}{\mathrm{d}r} \cdot 2\pi rt \tag{7-108}$$

式中:z——相应于 r 处的渗流测压管水头;

t——含水层厚度。

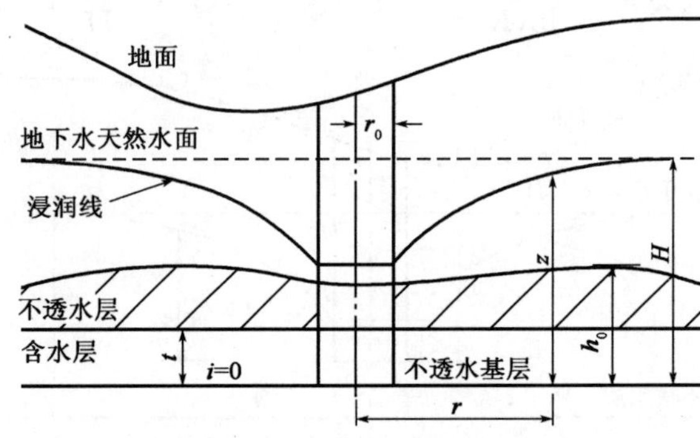

图 7-28　自流井计算图式

分离变量,从井壁到所取圆柱面积分可得:

$$z - h_0 = \frac{Q}{2\pi kt}\ln\frac{r}{r_0} \tag{7-109}$$

式(7-109)即为自流井的浸润线方程。仍取 $z=H$ 时的 $r=R$ 为影响半径,则自流井产水量公式为:

$$Q = \frac{2\pi kt(H-h_0)}{\ln(R/r_0)} \tag{7-110}$$

(2)有压不完全井

对井底没有达到不透水层,只是插入透水层厚 c 的上部 b 的范围时,因为从井底垂直流入,故式(7-110)需要修正。科尼兹设贯通度为 $c'=\frac{b}{c}$ 且给出下式:

$$Q = \frac{2\pi kcc'(H-h_0)}{\ln(R/r_0)}\left(1+7\sqrt{\frac{r_0}{2cc'}}\cos\frac{c'\pi}{2}\right) \tag{7-111}$$

式中各参数如图 7-29 所示。

3. 有压(自流)井群

如果在一个含水层中有两口或多口井同时工作,那么它们之间就要相互影响，通常把这种影响称为干扰，而这种多个井的组合称为井群。由于井群中各井之间相互影响，故井群区的渗流比较复杂，渗流区浸润面也因此呈现很复杂的形状，而各单井出水量同样也会受到井群的影响。井群工作原理示意图如图7-30所示。

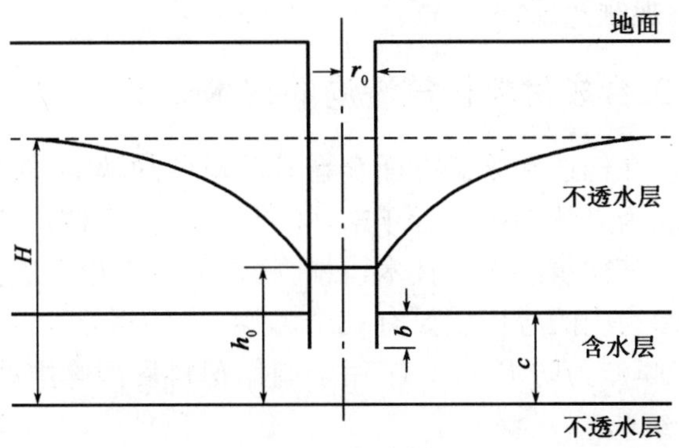

图7-29　有压不完全井计算图式

假定各井尺寸、抽水流量都相同，井与井之间的距离相对影响半径而言较小，这样就可以利用势流叠加原理对井群进行求解。

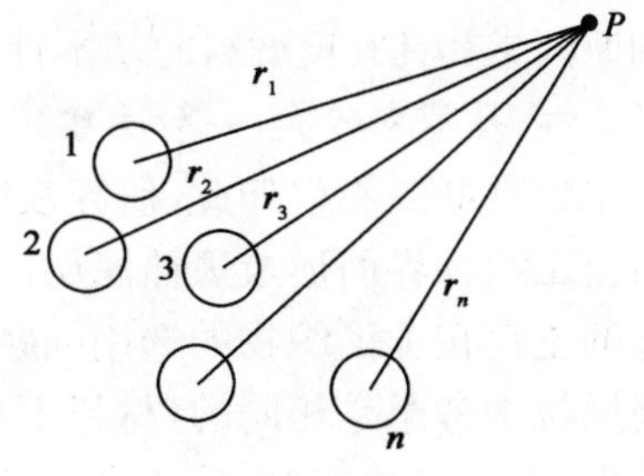

图7-30　井群工作原理示意图

对于完全承压（自流）井群，若含水层厚度为常数 t，则某点渗流水头：

$$z = H - \frac{Q}{2kt\pi}\left[\ln R - \frac{1}{n}\ln(r_1 \cdot r_2 \cdots r_n)\right] \tag{7-112}$$

井群总出水量：

$$Q = \frac{2kt\pi(H-z)}{\ln R - \frac{1}{n}\ln(r_1 \cdot r_2 \cdots r_n)} \tag{7-113}$$

某点水位降深：

$$s = H - z = \sum_{i=1}^{n} s_i \tag{7-114}$$

式中：　z——不透水基底距浸润面的距离，m；

H——地下水位降落前距浸润面的距离，m；

Q——井群总出水量，m^3/s；

k——土的渗透系数，m/s；

t——含水层厚度，m；

R——井群影响半径，m；

n——井群中单井个数；

r_1、r_2、…、r_n——井群中各单井距离观测孔处的距离，m；

s——观测孔处降深，m。

7.3.4 土工合成材料构筑渗沟的技术要求

由于传统渗沟在构造和施工方面存在难以避免的缺陷，探讨具有新材料、新技术的新型渗沟成为必然趋势。近年来，随着土工合成材料的广泛应用，公路工程中也开始探讨用其构筑渗沟的技术，目前已在不少工程中进行了有益地尝试。土工合成材料在渗沟中的应用主要有三个方面：①用透水土工织物作为反滤材料；②用防渗土工膜作为防水材料；③用于制作塑料盲沟等排水芯管。

1. 反滤土工织物

用作渗沟反滤层的土工合成材料主要是无纺土工织物，这种材料比砂砾料低廉得多，可以缩短工期 35%～80%，降低费用 30%～50%。无纺土工织物能反滤的原因是其具有反滤料的基本性能，其等效孔径一般为 0.05～0.2mm，从而具有保土性；孔隙率较大，一般达 0.8～0.9，渗透系数为 10^{-3}cm/s～10^{-1}cm/s，因而其透水性良好。不仅如此，研究表明，当它用作无黏性土的反滤层时，还能诱使土与土工织物界面形成天然滤层。但是，土工织物不是对任何土都适用，对某种具体的土存在土工织物的选用问题。无纺土工织物作为反滤层的原理与传统的反滤层技术考虑是相同的，材料本身应满足以下要求：①挡土性，即防止被保护土流失，引起渗透变形；②透水性，即保证渗透水通畅排除；③防堵性，即保证不被细土粒淤堵失效。

(1)挡土性要求

根据 Calhoun 准则，对于连续级配的粗粒土包括粗砂、中砂(粒径小于 0.074mm颗粒的含量小于 50%)提出如下标准：

$$O_{95} < d_{85} \tag{7-115}$$

式中：O_{95}——土工织物的等效孔径，mm；

d_{85}——土的特征粒径，mm。

满足该标准的土工织物和土经过一段时间后，由于土颗粒拱的存在，在接触处形成复合滤层(或称为“天然滤层”)，但对于粉性土和黏性土，则较难形成复合滤层。级配分析表明，当粒径为 0.075mm 的颗粒通过率小于 50%时，粒径在 0.12mm以下颗粒的流失不会严重影响土的不均匀系数 C_u。因此，土工织物在保护连续级配的细粒土(砂性土、粉性土、黏性土)时，建议按下式控制等效孔径：

$$O_{95} < 0.12\text{mm} \tag{7-116}$$

(2)透水性要求

土工织物的透水性要求主要是保证土工织物的渗透系数在未淤堵前大于土的渗透系数若干倍。渗透准则有两种表达方式:一种是以土工织物的特征孔径和被保护土的特征粒径建立一定的关系;另一种是以土工织物的渗透系数与土的渗透系数建立关系。前者的关系式较多,比较典型的是由太沙基的粒状材料过滤准则转换而来,该准则也是淤堵准则。表达式如下:

$$O_{95} < d_{15} \tag{7-117}$$

以渗透系数表达的形式为:

$$k_g > \lambda_p k_s \tag{7-118}$$

式中:k_g、k_s——分别为土工织物和被保护土的渗透系数,m/s;

λ_p——无因次系数,《公路土工合成材料应用技术规范》(JTJ/T 019—98)中规定取10。

(3)防堵性要求

关于淤堵的评价标准,迄今为止还没有成熟的准则,在国内工程中应用较多的是1972年由Calhoun提出的梯度比试验,后被美国陆军工程师团(1977年)修订为梯度准则:

$$GR = \frac{i_1}{i_2} \leqslant 3 \tag{7-119}$$

式中:GR——梯度比;

i_1、i_2——分别为土工织物试样上方25mm土样的水力梯度,以及织物上方25~75mm土样的水力梯度。

梯度比试验可以反映淤堵和阻塞及部分闭塞现象。在不同类型的织物中,热黏无纺和扁丝有纺最易淤堵,针刺无纺织物一般能满足滤层要求。对不同的被保护土,一般粉粒含量越大,梯度比越大,越易发生不容许的淤堵。但梯度比指标不能有效地反映土与土工织物系统的淤堵。因此,建议以淤堵试验中72h的土与土工织物系统渗透系数为技术指标,只要其大于土的渗透系数就能满足排水要求。即:

$$k_{sg} > Nk_s \tag{7-120}$$

式中:k_{sg}——系统渗透系数,m/s;

k_s——土的渗透系数,m/s;

N——安全系数,一般取1.5~2.5。

需要指出的是,如果试验过程中系统的渗流速度或渗透系数随时间变化呈上升趋势,则表明土工织物未起到挡土作用而发生细颗粒流失现象,此时无需判断淤堵。总之，土工织物在渗沟中用作反滤层时，其性能的发挥不仅与土工织物自身结构有关，还与被保护土的性质和颗粒组成及土工织物包裹的排水层颗粒组成有关。以上三方面的要求是互相联系的，在一定条件下，可能由其中一方面起决定作用。在选材及施工过程中，应根据使用要求，抓住关键控制指标。

除以上要求外，反滤织物还应具有一定的强度，包括刺破强度、握持强度和撕裂强度等，以承受邻近粒料或其他物体的破坏作用。

2. 防渗土工膜

土工膜的渗透系数一般在 $10^{-12} \sim 10^{-9}$ cm/s 之间，防渗效果很好。但如果损伤，就会导致较大的渗漏量。因此，实际工程中，需采取有效措施避免土工膜的损伤。损伤试验表明，在压实土和细砂的过程中对土工膜没有破损性的损伤。粒径为 1.18mm 的碎石在压实过程中也未对土工膜造成损伤，而粒径为 2.36mm及以上的碎石随粒径的增大对土工膜的损伤也逐渐增大。因此，土工膜周围的土粒粒径应控制在 2.36mm 以内。在土工膜周围加铺一层细砂垫层可以有效保护土工膜，减少甚至避免施工损伤。试验还表明，复合土工膜（一布一膜、两布一膜）的抗损伤能力强，渗沟的防渗宜优先选用复合土工膜。另外，防渗土工膜的选用还与土性有关，对于粉土、黏性土宜选用高抗渗类的土工膜，要求渗透系数小于 1×10^{-12} cm/s。

3. 排水芯管

近年来，随着道路排水技术的发展，渗沟排水技术也得到不断地进步。而渗沟填料是保证其排水功能发挥的前提，它一般为没有级配的碎石，为了防止路床的土颗粒堵塞碎石空隙，故在碎石未填充前，先在渗沟的内壁（包括顶面）包一层透水的土工布作为反滤材料。后来，发现在渗沟的碎石中间预埋一些透水的排水管道（芯管）可以增大渗沟断面的空隙面积，提供排水功能。作为芯管的管材有开孔 PVC 管、无砂混凝土管和合成树脂网眼管等。20 世纪 90 年代末，我国从东南亚引进了一种软式透水管，使渗沟排水技术又向前推进了一步。这种透水管是由高强度硬钢线弹簧外包无纺布（过滤层）和高强度聚酯纤维所构成的一种具有弹性、透水性能的排水管，它能保证进入渗沟内的渗水经过过滤后进入管内排放，不仅使渗沟系统的空隙面积增大，提高排水能力；而且渗入水通过渗沟壁和管壁两道土工布（无纺布）的过滤确保空隙不被堵塞，提高了排水的安全性。近些年又引进了一种塑料缠丝管（又称塑料盲沟），比软式透水管的排水功能更强。该管材由热塑性树脂缠绕成的管状体外包滤膜组成，由于其管壁像"方便面"那样具有无数孔隙，增加了透水面积，因而排水效果更好。表 7-4 为几种常用的排水芯管表面开孔率及在泥土中相同排水量所需管径的比较。

芯管排水性能比较　　表 7-4

管材	开孔 PVC 管	无砂混凝土管	合成树脂网眼管	软式透水管	塑料缠丝管
开孔率	10%	30%	50%	50～60%	≥85%
等效直径（mm）	$d=200$	$d=150$	$d=100$	$d=80$	$d=70$
	$d=250$	$d=150～200$	$d=150$	$d=100$	$d=80～100$
	$d=300$	$d=200～250$	$d=200$	$d=120～150$	$d=100～120$

与一般排水管相比，塑料盲沟的优越之处主要表现在：①不易淤堵。以编织布作为滤层（膜），较长时间后会淤堵，而塑料盲沟采用无纺土工织物作为滤层材料，可大大提高抗淤堵性能，满足实际工程要求。②不会压倒阻塞。塑料盲沟是由塑料丝结合成的三维网状体，能承受任何方向的压力，且抗压强度可达每平方米数十吨，耐压性好，不会倒伏压扁，无阻塞之虑。③表面开孔率与空隙率高达85%以上，集排水性能极好。④柔性好，适应土体变形能力强。⑤质量轻，结构和施工简单。

塑料盲沟在某些工程的尝试实践中表现出良好的集排水性能，在集水原理上，塑料盲沟能够充分发挥重力水和毛细水向排水沟汇集的能力来达到有效集水的目的；而其排水原理与普通的排水管道没有本质上的区别，仍是通过盲沟埋设的自然纵坡利用水的自身重力作用达到排水的目的。塑料盲沟的关键性能是其排水能力。根据水力学有关管流的基本理论，可以将塑料盲沟内的水流看做均匀流。因此，流量与沿程水头损失的 0.5 次方成线性关系，即：

$$Q = K\sqrt{i} \tag{7-121}$$

式中：Q——塑料盲沟的流量，m^3/s；

K——塑料盲沟的通水能力系数，m^3/s；

i——塑料盲沟的纵坡。

采用上式计算的排水能力与碎石盲沟（假设碎石直径在 5cm 左右，孔隙率为 0.5）的排水能力计算结果比较可知，无论哪种型号的塑料盲沟都比等截面的碎石盲沟排水能力大得多，前者是后者的 3～5 倍。

7.4　盲渗沟和渗井的施工工艺

7.4.1　暗沟与盲渗沟的施工工艺

1. 暗沟的施工工艺

暗沟的施工步骤为：施工准备→定线→确定泉眼位置→挖泉井→挖土沟→

砌筑井壁→砌筑沟壁→安装盖板→铺筑碎石层→填砂砾层

2. 盲渗沟的施工工艺

盲渗沟的施工工艺：施工前准备→测量放样→沟槽开挖→沟槽清理与验槽→盲渗沟材料安装回填及夯实

7.4.2 暗沟与盲渗沟的施工方法

1. 暗沟的施工方法

(1)施工准备

熟悉设计图纸和要求，清理现场污物，剥离泉眼上层浮土和周围土石，露出泉眼，调查现场泉眼分布位置、数量、高程、涌水量，检查原设计暗沟布置是否正确，出水口位置是否有保证，是否产生淤积、冲刷等危害，如现场情况与设计有较大出入，必须提出变更方案，并报监理或建设方批准后执行。

(2)定线

根据泉眼位置、高程以及出水口位置高程，现场放出暗沟开挖路线，一般以最短直线路径将水排除路基。定线时需注意以下方面：出口沟底应高于路基外排水沟常水位 0.2m 以上，盖板沟的沟底纵坡不小于 1%，圆管不小于 0.5%，盖板顶至路面覆土高度不小于 0.5m，圆管管顶以上覆土高度不小于 0.7m。开挖位置确定后，撒出开挖石灰线。

(3)开挖沟槽

根据施工条件、暗沟断面大小确定开挖方式和沟壁支护方法，开挖方向应从下游往上游进行，开挖过程中应将泉眼内的出水临时用胶管、竹筒等或临时排水沟引出，避免在水中开挖。有条件时基底应挖至不透水层内，在土质地基上使用机械开挖时，基底应预留 20cm 左右使用人工挖土清底、清壁，确保基底不被扰动。

(4)验槽

沟槽开挖至预定深度后，检查基底土质类型及承载力，如基底承载力不够时，应采取换土等基底加固措施处理。基底开挖完成后，应尽快进行基槽整修、清理等工作。

(5)排水构造物安装

①钢筋混凝土圆管管道的安装工序为：平基→管子就位→稳管→管座→抹带。

平基：基槽验收合格后，即可沿槽底铺碎石垫层或砂浆垫层，夯实拍平碎石层表面或进行砂浆垫层的抹面，浇筑混凝土基础，浇注过程中随时检查宽度、厚

度、高程，均需满足要求。

管子就位：应采用吊装方式将管子吊放在预定位置，吊装可以采用挖机、汽车吊等设备，严禁采用滚动方式就位。

稳管：待混凝土基础达到一定强度时(5MPa以上)方可直接下管，管道安装就位后进行稳管，即用碎石或石块将管子卡牢、垫稳，主要管口不错位且管的对口间隙留1cm，并立即浇筑接头处混凝土管座。

管座：浇筑管座前应将混凝土基础冲洗干净，管端亦需冲洗或凿毛，立模后浇筑混凝土，注意管座两侧应同步浇筑，管道下方与混凝土基础缝隙需捣密，不留孔隙。如设计要求管接头抹带内安装钢丝网，应在浇筑管座时将裁好的钢丝网紧贴于接头缝隙处进行表面包裹，钢丝网下端埋入管座混凝土内10cm。钢丝网规格为20号10mm×10mm的方格钢丝网。

抹带：水泥砂浆抹带接口是平口管常用的刚性接口形式，抹带前清洁接头缝周围，浇水湿润，用1∶2.5砂浆分两次成型，表面感光，进行湿养护。

管道覆土厚度不满足规定时，需采取相应管壁加固措施，例如可以在管周浇筑混凝土包管加固。

②混凝土盖板施工。

先沿槽底浇筑混凝土或砌筑浆砌片石基础，再砌筑沟帮，完成后沟帮内侧的施工，砌筑式沟底采用砂浆抹面。暗沟每10～15m设置一道伸缩缝，软硬土层过渡处设一道沉降缝，缝内可填入麻絮沥青、沥青浸制木板或土工合成材料弹性物。盖板施工前应清除沟底杂物，盖板从上游向下游逐段安装，板与板之间紧紧靠拢，尽量不留缝隙。盖板盖上后要平整稳定，不得晃动。安装盖板前，沟帮顶面应先用M7.5砂浆和小石子找平。

如沟槽是在岩石内凿出，故允许在石壁完整的沟段上直接安装盖板；岩壁破碎或有裂隙时，需先采用砂浆抹面、灌缝等进行处理。

③泉眼汇水井施工。

泉眼处根据泉眼分布范围大小确定汇水井的形状和尺寸，可采用圆形或方形汇水井。剥离泉眼四周的浮土和碎石，以保证泉水正常涌出，砌筑井基础、井壁、井口，井内壁粉面；清理落入井底的泥土、沙石等杂物后盖上盖板，盖板必须严密稳定。

(6)回填

暗沟安装完成后，应进行沟、管内污物的清理，有闭水试验要求的管段应在回填前进行闭水试验，试验测定的渗漏量应符合相关标准。试验合格后及时回填。回填时主体结构的砂浆或混凝土强度应达到设计强度的70%以上。回填料以砂砾类或碎石土较好，不得使用淤泥、腐殖土、有机物质或直径大于10cm的石块、砖块。回填过程中注意控制回填土的密实度，不得将土直接砸在抹带的接口上，沟槽两侧应同时对称填筑，以防沟管偏压受损。沟管下缘与基底、沟槽边坡下半段围城的三角地带间隙较小，容易形成回填死角，需填入稍细填料，并用钢钎、木夯等工具仔细捣实，以免沉降。

为防止泥土或砂砾从盖板之间的缝隙落入泉眼或沟道造成堵塞，可在盖板表面铺筑碎石层，上填砂砾，或用土工布直接覆盖盖板进行保护。

2. 盲渗沟的施工方法

(1)施工前

认真阅读设计图纸，掌握设计意图、目的，拟订施工方案，核查设计是否合理完善，现场条件是否发生了变化，出水口位置是否有保证，是否产生淤积、冲刷等危害；渗沟底高程应高出沟外最高水位20cm；渗沟的埋深，要求透水层的顶部应低于原有地下水位；当排出层间水时，渗沟底部应埋于最下面的不透水层上，在冰冻地区，盲渗沟埋深不得小于当地最小冻结深度；检查人员、材料、机具到位情况，熟悉验收标准，落实冬、雨季施工措施。

(2)清理现场

清理现场，平整路基，检查路基高程，复核水准点、控制点。

(3)测量放样

根据设计图上的盲渗沟位置，采用经纬仪或全站仪在现场实地定出盲渗沟中线桩位，撒石灰边线或挂线，标出开挖位置，开挖前需经过复核验收，如需变更原设计平面布置，必须经监理批准。

(4)开挖沟槽

根据渗沟宽度大小以及现场条件，选择采用人工开挖，开挖方向宜自下游向上游进行，沟槽开挖宽度及放坡可根据设计、土质、挖深、水位确定，优先采用挖直立沟或直立沟加支撑方式。开挖过程中注意检查控制基底高程、断面尺寸，做到不超挖、不扰动槽底基土。机械开挖时可在设计槽底高程以上保留20cm左右不挖，采用人工清理基底、基壁；当下一步工序不能连续进行时，槽亦留20cm左右土层不挖，待下一步工序开工时再挖，开挖过程中要做好排水引流工作，避免基槽受水浸泡。

(5)沟槽清理与验槽

沟槽按设计开挖至预定深度后，检验基槽土质类型、地质水文状况，以决定是否需加固沟槽或变更设计布置，沟槽清理后，沟内不得有突出的尖石或树根，以免刺破损伤土工布。

(6)盲渗沟材料安装回填及夯实

①反滤土工布盲渗沟。

验收合格的基础应尽快进行下道工序的施工，首先将反滤土工布铺放入沟槽。土工布铺放前应事先剪成符合要求的宽度，尺寸按上口搭接形式留足宽度。土工布铺放入槽内，必须整平表面，紧贴沟底及沟壁，但布面不应绷得太紧，需略有松弛，用石块压住固定；土工布长度或宽度不够时，土工布之间的搭接长度不得小于30cm，搭接处位于下游的土工布应放在上游的土工布下面，也可以采用缝接方法进行施工。

土工布铺好就位后，沿槽底土工布分层倒入经筛分洁净的碎石或卵石填料，填料要求无片状、针状，坚固抗冻，含泥量小于3%。平整碎石表面后，采用人工或小型打夯机夯实。每层碎石松铺厚度为20cm，夯实三遍，不得漏夯，密实度应达到60%以上。施工中，应避免对碎石产生污染，运料和沟内回填人员应进行分工，避免把沟外的泥土带进沟内，堆放碎石的场地在进行认真清理后，方可卸料。在堆料过程中，应分堆近距离回填，避免长距离摊铺。

在盲渗沟内的排水层碎石填至预定高度后，应及时将沟顶碎石封闭，以防碎石受到污染，沟顶土工布可用缝接或搭接的方式处理。

接头采用缝接时，是将左右两片土工布用手提缝纫机缝合起来，缝接形式有平接缝、丁形接缝和蝶形缝。其中以蝶形的强度最高，缝线可为一道或两道，缝合宽度不小于10cm。

盲渗沟施工完成后，如不立即进行土工布以上路基的填筑或上覆土层的回填，应采取临时遮盖措施，以避免土工布长时间暴露或暴晒而使其性能劣化。

盲渗沟位于路基范围以外时，为防止地面水进入渗沟，应在盲渗沟顶面砌筑厚度为20cm的浆砌片石或夯填厚度不小于30cm的黏土作为顶部封闭层。

出口处理：出口可根据实地情况安排在路界范围之外的自然水系或排水沟内，也可以安排在挡墙或路基边坡上。可用全断面干砌片石封堵出口，砌筑长度为50cm；也可在出口做局部的浆砌片石或预制块，局部开口尺寸不小于15cm×15cm，开口下缘与沟底平齐，出水口下方铺设混凝土挡溅垫板，或对边坡上的泄水道进行浆砌片石防冲刷加固。

②集料反滤盲渗沟的施工。

首先准备好符合质量要求的相应规格的各种填料，反滤料的填筑顺序如下。

a. 沟底填入第一层细粒料。

b. 插入隔板并正确定位。

c. 在两块隔板之间底部填入第二层中粒料。

d. 在隔板与槽侧壁填入细粒料。

e. 插入第二层隔板并正确定位。

f. 在两块第二层隔板之间填入大孔隙排水层粗粒填料。

g. 在两层隔板之间侧隙填入中粒料。

h. 在第一层两块隔板间填入第二层中粒料。

在填入过程中边填边用木夯夯实，控制各层厚度；在隔板之间的填筑过程中，为了防止隔板倾倒或变形，可使各层同时水平填筑，同时上升，同时夯实。如果盲渗沟深度较大，为防止抽拔隔板困难，可边回填材料边向上逐步抽提隔板。

(7)盲渗沟施工的特殊要求

在盲渗沟、管式渗沟和洞式渗沟的具体施工过程中，大部分施工工序和施工方法都是相同的，不同点主要表现在排水层施工方面。

①填石渗沟(盲渗沟)。

a. 排水层应采用较大颗粒的坚硬石质，尽量采用单一级配，以保证具有足够的孔隙度，满足设计流量要求，填充高度不小于 30cm。

b. 盲渗沟埋深，一般要求渗水材料的顶部不得低于原地下水位，排除层间水时，盲渗沟底部应埋于最下面的不透水层。在冰冻地区渗沟的埋深不得小于当地最小冻结深度，以确保全面使用。

c. 盲渗沟采用混凝土浇筑或浆砌片石砌筑时，应在沟壁与含水层接触面的高度处，设置一排或多排向沟中倾斜的渗水孔，沟壁外侧应填以粗粒透水材料或土工布做反滤层，也可以采用无砂混凝土做渗沟壁，以采用无砂混凝土预制块砖砌施工为宜，但无砂混凝土壁应比普通混凝土壁厚。

d. 沿沟槽每隔 10～15m，或当沟槽通过软硬岩层分界处时，应设置伸缩缝或沉降缝。

②管式渗沟。

a. 排水管可采用陶土、混凝土、石棉或聚氯乙烯带孔塑料管等材料制成，在林区公路临时性使用时也可选用竹木等当地材料。管径按设计渗流量确定，但最小内径宜为 15cm(渗沟长度不大于 150m)或 20cm(渗沟长度大于 150m)。在冬季管内水流结冰地段，为防止堵塞可采用较大直径的水管，并加设保温层。

b. 带孔的排水管，其管壁圆孔的内径为 5～10mm，纵向间距为 75mm，按 4 排或 6 排对称排列在圆管断面的下半截。带槽的排水管，其槽口的宽度为3～5mm。

c. 管底回填料厚度为 15cm，管两侧回填料每侧宽度不宜小于 30cm。管式渗沟的高度，应使填料顶面高出原地下水位，而且不低于沟底至管顶之间高度的 2～4 倍。沟底一般用干砌片石砌筑，如果深入不透水层，则用浆砌片石或混凝土砌筑。

③洞式渗沟。

在渗沟底部，以浆砌片石或混凝土预制块砌成矩形排水槽，槽顶覆盖水泥混凝土条形盖板，或采用无砂混凝土预制盖板，形成排水洞。板条间留有 20cm 的间隙，间距不超过 30mm。在盖板顶面铺以透水的土工布织物或回填碎石。

7.5　坡体疏干孔

路堑坡体内存在含水层时，为了提高边坡的稳定性，必须采取深层排水措施，即疏干孔，从而疏干坡体内的地下水。

7.5.1　疏干孔的构造与布设(图 7-31)

疏干孔的孔径一般为 130mm 左右，坡降采用 5%，孔内安装直径为 110mm 左右的 PVC 管；对有渗流的坡体，排水管外包裹反滤土工布。疏干孔的布设应视不同坡面的渗水情况而定，可布设成梅花形，其间距（2～3m）、深度（10～30m）可进行适当调整。

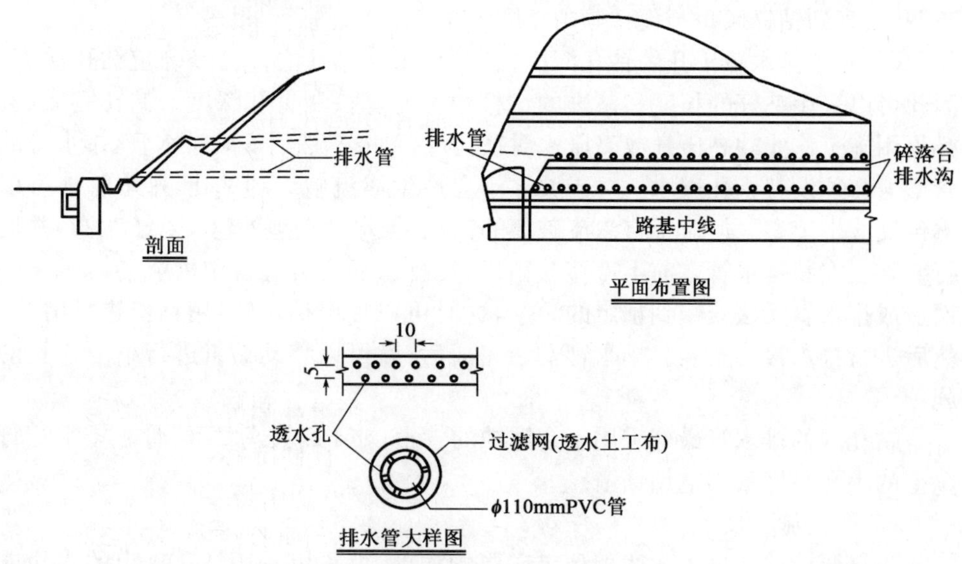

图 7-31　疏干孔的构造与布设图(尺寸单位：cm)

7.5.2　坡体疏干孔的施工工艺

坡体疏干孔的施工步骤为：确定疏干孔的位置→搭设脚手架或平整场

地→钻孔→清孔→土工布包裹 PVC 管→PVC 管入孔→砂浆封堵疏干孔入口处 PVC 管与孔壁之间的缝隙

7.5.3 坡体疏干孔的施工方法

(1)在坡面设计排水疏干孔处,搭设脚手架或平整场地。脚手架平台或平整的钻凿施工场地能方便钻机的施工操作,采用地质钻或潜孔钻钻机进行钻孔。

(2)排水口的施工一般采用潜孔钻进行,潜孔钻施工效率较高,施工成本低,而且不用水施工,排水孔的施工不会对边坡产生副作用。对于需要在排水孔施工的同时进行边坡的地质调查,以采用地质钻施工较好,地质钻可以获得岩心,对了解坡体岩层、地质结构的分布有利。地质钻施工时一般要用水进行岩粉的排出,同时进行钻头的冷却,而水有时会对边坡产生不利影响,并且施工速度慢,施工成本较高。

(3)施工过程中钻孔倾角的控制:在钻孔之前,可以先把罗盘靠在钻杆上,调整钻杆的倾角,直到与设计倾角相符,即可进行钻孔的施工;然后采用吊线的方法,测量某一段钻杆在水平和垂直方向的投影长度,即可计算钻杆的倾角,并不断调整,直到钻杆倾角与设计倾角相同为止,就可以进行钻孔。

(4)对于排水疏干孔的钻孔深度控制:如果在钻孔之前已经确定钻孔深度,因此可以采用钻杆的长度和钻进的钻杆数量计算控制钻孔深度。钻孔完成后,必须用施工作业的高压气或高压水对钻孔进行冲洗,然后安装排水管,排水管的管壁上必须设有小孔进水。对于坡体不会产生渗流破坏的钻孔,排水管外可以不包反滤土工布。但对于有渗流破坏的钻孔,排水管必须外包反滤土工布,并进行绑扎。安装排水管之前不得移动钻机,在排水管安装过程中可能会由于塌孔而造成排水管无法安装到预定的深度,这时可以抽出排水管,用钻机进行清孔,然后进行排水管的安装。排水管安装完成后,就可以移动钻机进行下一个孔的施工。

钻孔内的排水管最好采用不会锈蚀的管子,如 PE 管或 PVC 管。排水管管壁上的小孔最好采用电钻钻凿。

(5)其他施工要点。

①只要设计的排水孔达到预定岩层的深度,就可以采用钻孔排出的岩粉或取出的岩心进行判断,以确定钻进深度。

②坡面排水疏干孔最好采用干钻,以减少钻孔用水对边坡稳定产生的不利作用。

③对于坡体岩石或土体稳定性较差的情况,钻孔易产生塌孔,则可采用套管

跟进等措施进行钻孔的防塌。

④当排水疏干孔的出水对边坡产生冲刷或出水产生漫流，对边坡产生不利影响时，应用水沟或局部护坡对钻孔下部的坡面进行保护。

⑤在寒冷地区，来自排水疏干孔的水流可能不足以防冻，如果出现这种情况，应将水管引出孔外，采用废石堆覆盖的方法进行保温防冻。

⑥土工布包裹搭接长度不小于5cm，接头搭接后采用纤维包装带绑扎，一般呈螺旋状缠绕；也可以预先按管径大小将土工布裁剪好，用缝纫机把接头缝制好。安装PVC管时，只需要将土工布套在PVC管上，PVC管入孔一头用铁丝或塑料包装带将土工布绑扎封口，这种方法比较节省土工布，搭接长度可小于5cm，适用于大量设置疏干孔的地方。

⑦应用砂浆或黏土封住孔口PVC管与孔壁之间的缝隙，以固定PVC管。

第8章 特殊路基的防排水

8.1 排水砂垫层

砂垫层通常适用于松软、过湿的地基表面。地基表面采用排水、铺设填料使地基表层强度增加,防止地基局部剪切变形,保证填土荷载均匀分布在地基上。砂垫层也可以用于地基强度虽然高,但由于地基出水量大,对路基路面造成不利影响的情况,其设置可以起到隔离和排水的作用,避免地下水对路面和路基造成危害。

8.1.1 排水砂垫层的构造和布置

砂垫层实际包括砂垫层、砂砾垫层、碎石垫层、矿渣垫层,以及其他性能稳定、无侵蚀性、具有较强排水能力的粗粒集料垫层。虽然材料不同的垫层其应力分布有所差异,但从使用经验分析,其作用和特征都可近似的按砂垫层进行计算。

砂垫层的厚度以保证不致因沉降发生断裂为宜,一般为30～50cm,以50cm为宜;垫层的宽度适当大于路基填土宽度,以防止在施工过程中由于施工机械的破坏而影响垫层的有效作用。砂垫层宽度应比路基边角宽0.5～1.0m,两侧墙以片石护砌或采用其他方式防护,以免砂料流失。

8.1.2 排水砂垫层的施工工艺

排水砂垫层的施工步骤为:施工准备→疏、排地基表面积水→测量放边线→展铺荆笆(或塑料编织网、尼龙编织网、土工聚合物)→分层摊铺砂垫层→密实砂垫层→验收检查→路基填土施工。

8.1.3 排水砂垫层的施工方法

(1)砂垫层所用的材料,宜采用中砂、碎石、石屑或其他工业粒料。在缺少材料的地区，可采用细砂，但宜同时掺和一定数量的碎石或卵石，其掺量应符合设计要求，砂和砂石料不得含有草根、垃圾等有机杂物，含泥量不宜超过 3%，碎石或卵石最大粒径不宜大于 50mm。

(2)在地下水位高于路基地面施工时，应采取排水或降低地下水位的措施，使基坑保持无积水状态。

(3)当地基表面有硬壳层，能在上面行走施工、运输机械时，垫层料采用分堆摊铺法，即先堆成若干砂堆，然后用机械或人工摊铺；当地基表面无硬壳层承载，不能在上面行走施工、运输机械时，一般采用顺序摊铺法；当地基表面很软时，可以采取如下措施。

①在地基表面铺荆笆，搭接处用铅丝绑扎，搭接长度一般为 20cm，当采用两层荆笆时，应将搭接处错开。

②在地基表面铺设塑料编织网或尼龙编织网，编织网上再铺砂垫层。

③在地基表面铺设土工聚合物，在土工聚合物上再铺排水砂石垫层。

(4)砂垫层铺筑前，应先行验槽。浮土应清除，边坡必须稳定，防止塌土。基坑两侧附近如有低于地基的孔洞、沟、井、墓穴等，应在未施工砂垫层之前，加以填实。基底范围内不应留有孔洞。完工后，如无技术措施，不得在影响其稳定的区域内进行挖掘工程。

(5)砂垫层底面宜铺设在同一高程上，如深度不同时，地基土面应挖成踏步或斜坡搭接。搭接处应注意捣实，按先深后浅的顺序施工。

(6)人工级配的砂石垫层，应将砂石拌和均匀后，再进行人工铺填捣实。

(7)分段施工时，接头应做成斜坡，每层错开 0.5～1.0m，并应充分捣实。

(8)砂垫层的捣实，视不同条件，可选用振实、夯实、水撼或压实等方法，施工时应分层进行，在下层密实度经验收合格后，方可进行上层施工，施工方法和每层的厚度及最佳含水率应在规定范围内。

(9)砂垫层宽度：路基宽 0.5～1.0m。

8.2　普通砂井、袋装砂井及塑料排水板

天然地基的固结排水过程在路堤中间为竖直方向，根据固结理论，软土固结所需时间和排水距离的平方成正比。为了加速地基的固结，最有效的方法就是增加土层的排水途径，缩短排水距离。普通砂井、袋装砂井及塑料板排水板等竖向排水体就是为此而设置的，如图 8-1 所示。土层中的孔隙水主要是从水平方向流到砂井，通过砂井向下流到砂垫层，部分孔隙水从竖向排到砂垫层，从而大

大缩短了排水距离，在短时间内可以达到较高的固结度。

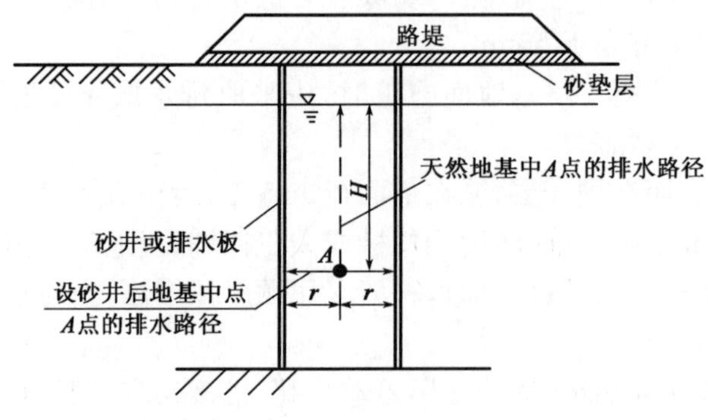

图 8-1　地基中排水路径比较

8.2.1　普通砂井、袋装砂井及塑料排水板的构造与布置

砂垫层铺设在路基底部，厚为0.3～0.5m。砂井又称砂桩，砂桩是用打桩机把钢管打入软土中形成井孔，再将砂或砂袋填入，普通砂井直径为20～30cm，袋装砂井直径为7～12cm，井距为井直径的8～10倍，平面上呈矩形或梅花形布置。桩的长度为软土厚度或由计算确定。

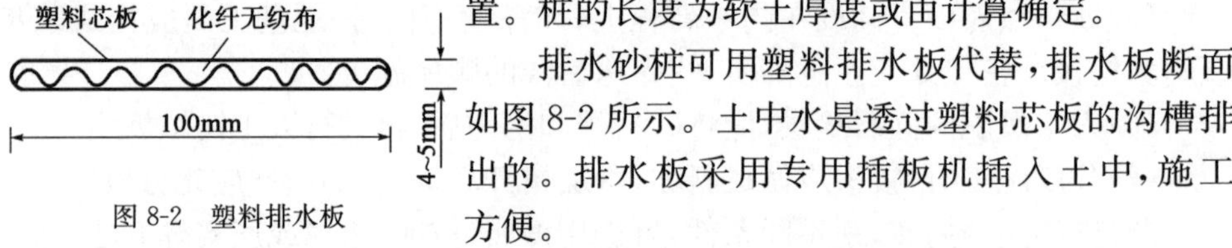

图 8-2　塑料排水板

排水砂桩可用塑料排水板代替，排水板断面如图8-2所示。土中水是透过塑料芯板的沟槽排出的。排水板采用专用插板机插入土中，施工方便。

砂垫层和路堤内部可用土工布或土工格栅加固路堤和边坡。

8.2.2　普通砂井、袋装砂井及塑料排水板的施工工艺

(1)普通砂井施工步骤为：施工准备→测量放样→桩机就位→砂井成孔→灌砂→提管→下一个砂井施工。

(2)袋装砂井施工步骤为：施工准备→测量放样→沉入套管→沉放砂袋→填砂成井。

(3)塑料排水板施工步骤为：施工准备→测量放样→插板机定位→将导管从管靴穿出→将塑料排水板与桩尖连接贴紧管靴并对准桩位→插入塑料板→拔管剪断塑料板。

8.2.3 普通砂井、袋装砂井及塑料排水板的施工方法

1.普通砂井的施工方法

(1)施工要求

①保证砂井连续、密实,并且不出现缩颈现象。

②施工时尽量减少对周围土的扰动。

③施工后砂井的长度、直径和间距应满足设计要求。在公路施工期间和运行期间都应在砂井顶的砂石垫层高程处设置排水通道。

(2)材料要求

①制作砂井的砂,宜用中砂、粗砂,其含泥量不宜大于3%。

②砂井的灌砂量应按井孔的体积和砂在中密状态时的干重度计算,其实际灌砂量不得少于计算的90%。

(3)场地要求

在砂井施工前,应进行场地的清理和整平,使场地范围内没有树枝、草木等植物根系。填平低洼地和进行场地平整,保证施工机械的运行坡度和平整度。

(4)砂井施工,可采用如下方法

①打入空心管法:在履带起重机的吊臂上安装一个供穿心锤用的导向架,以锤击桩管,或者用振动锤夹住桩管以振动力把桩管打入地基中,或施加静压把桩管压入地基中。桩管应比砂井长0.5~1.0m,以利拔管。管底部应有木桩尖、混凝土桩尖或活瓣桩尖。

打入空心管法施工步骤为:装上桩尖,将钢管定位→靠锤打击或振动器振动使桩管下沉到设计深度→桩管上拔0.5~1.0m,消除桩尖真空吸力,以便活瓣伸开,然后提起重锤和桩帽,在桩管上口搁上漏斗,先灌入少许水,然后砂水交替灌入→以4~6m/min的速度徐徐拔管,并用大锤敲击桩管加速砂子下落。

②射水法:对软土地基扰动最小,但需要大量的水及要有方便的排水条件。

射水法施工步骤为:将套管安置在砂井位置上→将射水管放进套管内射水,套管徐徐下沉,如果遇到较坚硬土层,可用锤轻轻敲击套管顶部,使管下沉→套管达到设计深度后,上下移动射水管,使套管中的水充分流出→灌砂→拔起套管。

③爆破法:对于6~7m的浅砂井,用直径76mm的螺纹钻钻孔,在钻孔内放置条形药包,爆破扩孔,孔内灌砂。用药量与砂井直径、土质情况和埋深有关,应通过试验确定。

爆破法施工步骤为:用螺纹钻钻垂直孔,孔深比砂井深0.5m,以便放置药包

→用管子钳卡住铁管，用人力连同药包压入孔内，压入深度比砂井深度大 0.2～0.3m，以防止孔底回淤→将传爆线一端连在雷管和导火索上，电爆→爆成井孔后立即灌水使孔壁不坍塌，经检查后，砂水交替灌入，直到灌满为止。

2.袋装砂井的施工方法

(1)施工要求

①定位要准确，砂井垂直度符合要求，这样就可确保排水距离和理论计算距离一致。

②砂料含泥量要小，要求小于 3%。

③砂袋必须选用透水性、耐久性好及韧性较强的麻布、再生布或聚氯乙烯编织布制作，灌入砂袋的砂应捣固密实，袋口应扎紧。

④聚丙烯编织袋在施工时应避免太阳长时间直接照射。

⑤砂袋入口处的导管口应装设滚轮，避免砂袋刮破漏砂。

⑥施工中要经常检查桩尖与导管的密封情况，避免导管内进泥太多，影响砂袋的加固深度。

⑦确定袋装砂井施工长度时，应考虑袋内砂体积减小，袋装砂井在孔内的弯曲、超深以及深入水平排水垫层内的长度等因素，避免砂井全部深入孔内，造成与砂垫层不连接。

⑧施工结束后，袋装砂袋顶端应露出地面至少 0.5m，埋入砂石垫层中。

(2)施工工序及方法

①施工前准备：包括平整施工场地，机具配备，砂料和砂袋以及成孔用的套管、桩尖等一系列准备工作的完成。

②测量放样：采用全站仪和皮尺确定砂井轴线位置，并撒石灰线放样，然后采用卷尺确定桩的位置。

③沉入套管：将带有可开闭底盖的套管或带有预制桩尖的套管，按井孔定位沉入到要求的深度。

④沉放砂袋：袋子灌砂压重沉放管内，扎好砂袋下口后，在其下端放入 20cm 左右厚的砂子作为压重，将袋子放入套管中沉入到要求的深度。如不能沉至要求深度，会有一部分拖留在地面，此时须做排泥处理，直至砂袋能沉到预定深度。

⑤填砂成井：将袋口固定在装砂用的漏斗上，通过振动将砂填满袋子，卸下砂袋，拧紧套管上盖，然后一边把压缩空气送进套管，一边提升套管至地面。如果采用预制砂袋，则按下一步施工。

⑥沉放预制砂袋：在填砂成井之前，预先在袋内装砂，扎好上口，成为预制砂袋，运往现场，弯成圆形，成圈堆放，成孔后将砂袋立即放入孔内。

⑦袋装砂井成孔方法：目前，国内采用的成孔方法有锤击沉入法、射水法、压入法、钻孔法及振动灌砂法。

3. 塑料排水板的施工方法

塑料排水板和砂井排水法均属于竖向排水法，利用插板机把塑料排水板插入土中，作为垂直排水通道，可代替常用的砂浆排水法，其滤水性好，可确保排水效果。塑料排水板具有一定的强度和延伸率，适应地基变形的能力强，板断面尺寸不大，插放时对地基的扰动小，施工方便。

塑料排水板由芯板和滤膜组成，芯板是由聚丙烯和聚氯乙烯塑料加工而成，且两滤膜面有间隔沟槽的芯板，土层中固结的渗流水通过滤膜渗入到沟槽内，并通过排水板沟槽排到排水垫层中，然后从排水垫层排出，塑料排水板由于所用材料不同，因此结构也各异。

塑料板排水法的施工机械，基本上可与袋装砂井机械共用，只是将圆形导管改为矩形导管。对于软弱的施工场地，可选用浮箱式插板机。

塑料排水板通过导管，从导管靴穿出并与桩尖连接，导管连同塑料板顶住桩尖压入土中。

施工时应满足下列要求。

(1)塑料板插入过程中，要防止淤泥进入芯板，堵塞输水管道，影响排水效果。

(2)塑料板与桩尖要连接牢固，避免提管时脱开，将塑料板带出。

(3)桩尖与塑料板配合要适当，避免错缝。防止淤泥进入而增大塑料板与导管壁的摩擦力造成塑料板带出。

(4)严格控制桩间距和深度，凡塑料板带深度超过 2m 的应作废、补打。

(5)塑料板需接长时，应采用滤膜内水平搭接的连接方法，为保证输水畅通并且有足够的搭接强度，搭接长度应不小于 20cm。塑料排水板的连接，可用订书机进行连接。

(6)施工结束后，塑料排水板顶端应露出地面至少 0.5m，埋入砂石垫层中。

8.3 振动沉管碎石桩

振动沉管碎石桩是利用散体材料，填充到地基预成孔中，并采用振动设备挤密桩周围的土体，填充到地基中的碎石具有一定的密实度并呈柱状分布，因而称为碎石桩。碎石桩法一般用于处理软弱地基，可以起到对碎石桩周围土体排水固结的作用，提高其强度；对周围土体的挤密，也能提高其强度，同时碎石桩的强度高于周围土体，还能起到支撑作用，这样就能提高碎石桩的抗剪强度和垂直承载能力，减少固结沉降和差异沉降。

8.3.1 振动沉管碎石桩的构造与布置

碎石桩长可根据软弱层厚度或计算确定。振动沉管碎石桩成孔管径一般为377mm，成桩直径为300～500mm，按梅花形布置，桩心间距为1.2～1.6m。为了有效排出碎石桩的渗水，应在地面以上铺筑30cm左右厚的碎石垫层，作为横向排水层。其宽度应宽出路基边脚0.5～1.0m，以防止在施工过程中由于施工机械的破坏而影响垫层的有效作用。

一般情况下，在碎石垫层上还应铺筑一层30cm厚的碎石土和一层30cm厚的填土，然后在填土上满铺一层单向透水土工布，接着进行路堤土的分层填筑施工。

8.3.2 振动沉管碎石桩的施工工艺

振动沉管碎石桩的施工步骤为：预制混凝土桩头→平整场地→碎石桩定位、放样→沉管→进料→振动拔管→下一根桩施工→清理现场→铺碎石垫层→铺碎石土垫层→填土→铺单向透水土工布→修正临时边沟→填筑路堤。

8.3.3 振动沉管碎石桩的施工方法

(1)预制混凝土桩头：先按设计要求在预制场将混凝土桩头预制好并运至施工现场。

(2)平整场地：如果是沿河路堤，需要先砌筑浸水挡墙，并疏干路基范围内的表面水，然后平整场地，低凹部分采用碎石土填筑压实，保证场地坡度不能过大。

(3)定位放样：采用全站仪确定碎石桩轴线位置，并撒石灰线放样，采用卷尺确定桩的位置。

(4)沉管：安装打桩机械设备，并准备填筑碎石。施工时，将混凝土桩头安装在打桩机沉管上，并使桩头对准桩心，然后通过振动，使管下沉，直至打到设计深度。

(5)进料：沉管达到设计深度后，将碎石装到进料斗里，并倒进沉管，边进料边振动边拔管直至成桩，桩顶应比与地面高30cm，然后准备下一根桩的施工。

(6)待全部或一段碎石桩施工完毕并检验合格后，清理现场，然后填筑碎石垫层，进行碎石土填土，铺单向排水土工布，填筑路堤。

在路基填筑过程中，应保证碎石垫层的横向排水有出路，如果在路基填筑之前砌筑路堤挡墙，应在碎石垫层高程范围内设置横向泄水孔；没有挡墙处，不能

因为修边沟而堵塞碎石垫层。如果边沟比碎石垫层低,可先修永久性边沟;如果边沟比碎石垫层高,可先修临时性排水沟,等路堤填筑完,地基已基本完成固结后再修整,加固临时性排水沟,使之变为永久性排水沟。

8.4　隔离防水设施

8.4.1　隔离防水设施的构造与布置

为了减少地基进入路基、路面和桥涵台背的水量,可以采取隔离的方法,如用砂垫层、防水土工布等进行隔离。

砂垫层的厚度一般为30～50cm,宽度适当大于路基宽度,以防止在施工过程中由于施工机械的破坏而影响对垫层的有效作用。

隔离防水土工布的展铺方法有以下三种。

(1)直接铺放在路基上。

(2)布置在有垂直面的路槽内。

(3)摊铺于路槽内且用粒料嵌固。

8.4.2　土工布隔离层的施工工艺

土工布隔离层的施工步骤为:土工布准备→场地清理→土工布摊铺→土工布连接→路基摊铺。

8.4.3　土工布隔离层的施工方法

(1)土工布材料应储存在不被日光直接照射和不被雨水淋湿的地方。

(2)根据工程结构情况,合理选择土工布的长度、幅宽,施工前应做好裁剪和连接工作。

(3)铺设土工布前,必须先清除路基表面和路槽中可能损坏织物的突出物。在清理干净的场地上,将土工布展开铺平,尽可能无褶皱的布置在路基上或路槽内,并用混凝土块、石料压实固定。在有垂直壁的路槽内铺设时,端部往上折的土工布应与路槽垂直。也可把路槽两侧的土工布在填筑一层土料后,折回用第二层土料覆盖。

(4)可采用如下方法进行土工布的连接。

①搭接法:将一片土工布的末端自由压在另一片土工布的始端。

②缝接法:一般有平缝法、丁缝法、蝶缝法三种。

第9章 路面内部排水

9.1 路面内部排水系统的组成

路面结构内部排水系统主要分为边缘排水系统和透水层排水系统两大类，不同路面内部排水系统的适用性描述如下。

(1)边缘排水系统:适用于改善排水状况不良的旧水泥混凝土路面,一般不适用于新建公路。

(2)透水基层排水系统:适用于新建或改建沥青混凝土路面和水泥混凝土路面,在两种透水基层排水系统中,由于全宽式透水基层排水系统容易发生堵塞,因而通常采用设纵向集水沟和管的透水基层排水系统。

(3)透水垫层排水系统:适用于地下水位较高、有泉水或有临时滞水的新建路面,由于遇到此种情况时通常采用盲沟、渗沟和渗井等传统措施进行处理,因而这种内部排水系统并不常用。

9.1.1 边缘排水系统

1.边缘排水系统的布设

边缘排水系统的结构形式分为浅集水沟式和深集水沟式两种,如图 9-1 所示。

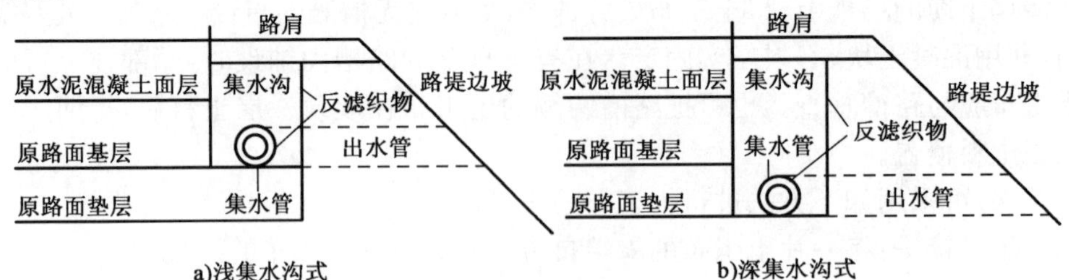

图 9-1 道路边缘排水系统示意图

边缘排水系统在结构上具有以下特点。

(1)图9-1为路堤处的边缘排水系统结构示意图。但是，在路堑和填挖结合路基的挖方一侧，以及零填零挖路基处，边缘排水系统通常不应该再设置出水管(因为若在这三个路段设置出水管，将使出水管口暴露在边沟中，降雨时边沟中的水位可能高于出水管口，从而导致边沟中的水由出水管倒流至集水沟中)，应使这三个路段处集水管中的水汇流至路堤边坡、排水沟或桥涵与路基交界处的出水管排出。

(2)当无明显的冰冻深度和地下水时，可采用浅集水沟式边缘排水系统，即集水沟底部与原路面基层底部平齐，如图9-1a)所示。当有明显的冰冻深度，或者希望降低地下水位时(通常在路堑地段)，应采用深集水沟式边缘排水系统，即集水沟底部深入到原路面垫层或土基中，位于冰冻深度或地下水位以下，如图9-1b)所示。

(3)集水沟内侧边缘应与原路面路肩内侧边缘平齐。

道路边缘排水系统在平面内的布设示意图如图9-2所示。

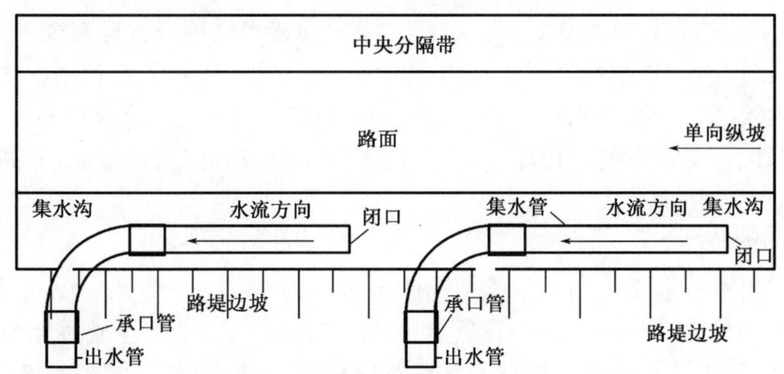

图9-2　道路边缘排水平面示意图

边缘排水系统的设置有以下特点。

(1)集水沟和集水管的纵向坡度宜与路线纵坡相同，但不得缓于0.3%；出水管的横向坡度应不小于集水管的纵向坡度，并不宜小于5%。集水管和出水管之间应采用圆弧形弯管连接。

(2)出水管口应用镀锌铁丝网或格栅罩住。出水口下方应铺设混凝土防溅板或对泄水道坡面进行浆砌片石防护，以防止冲刷路基边坡和破坏植物生长。出水水流应尽可能引排至涵洞或排水沟中。

2.道路边缘排水系统的组成材料

边缘排水系统的组成材料包括：集水沟中的透水性填料、集水管、出水管和反滤织物。

(1)集水沟中的透水性填料

集水沟中的透水性填料可由大空隙水泥处治碎石或未经处治的开级配碎石混合料组成，但从强度和路用性能的角度看，采用大空隙水泥处治碎石更合适一些。大空隙水泥处治碎石是一种间断型开级配材料，其空隙率达到15%～20%。在确定这种大空隙水泥处治碎石的配合比时，要求其应当满足强度、渗透性和抗冻性三个方面的要求。为防止基层、垫层、土基和路肩内的细粒土侵入而堵塞透水性填料的空隙或集水管管孔，应将透水性填料的四周用反滤织物包裹。

(2)集水管

纵向集水管通常采用聚氯乙烯(PVC)或聚乙烯(PE)塑料管。集水管设三排槽口或孔口，沿管周边间隔120°均匀分布，每排每延米设槽口或孔口72个，沿管长度方向等间隔布置。为满足排水要求，每延米集水管的开口总面积应至少为42cm^2。因此，设槽口时，每个槽口的宽度可为0.13cm，长度为1.5cm；设孔口时，每个孔的直径可为0.5cm。当集水沟中的透水性填料含有粒径为5mm以下的细料时，为防止细料进入槽孔内造成集水管堵塞，应将集水管用反滤织物包裹。集水管的管径按集水沟渗流量和水力学计算公式确定，通常在60～160mm范围内选用。集水管的埋设深度，应保证不被车辆或施工机械压坏，并满足抗冻和降低地下水位的要求。

(3)出水管

横向出水管通常采用不带槽或孔的聚氯乙烯(PVC)或聚乙烯(PE)塑料管，管径与纵向集水管相同。出水管只能设置在路堤边坡、排水沟或桥涵与路基交界处，其间距应按水力学计算结果和公路纵横断面情况确定，一般在50～100m范围内选用。

(4)反滤织物

反滤织物通常选用由聚酯类、尼龙或聚丙烯材料制成的无纺织物，能透水，但细粒土不能随水一起透过。

3.边缘排水系统的使用性能

采用边缘排水系统，一是可以排除积滞在旧水泥混凝土面层、基层、路肩界面处的自由水；二是可以在不扰动旧水泥混凝土路面结构的情况下改善其排水状况，从而达到改善旧水泥混凝土路面的使用性能和增加其使用寿命的目的。因此，边缘排水系统是一种比较常用的内部排水系统结构形式。

9.1.2 透水基层排水系统

透水基层排水系统可分为两种：一种是设集水沟和管的透水基层排水系统，另一种是全宽式透水基层排水系统。

1. 设集水沟和管的透水基层排水系统(图 9-3)

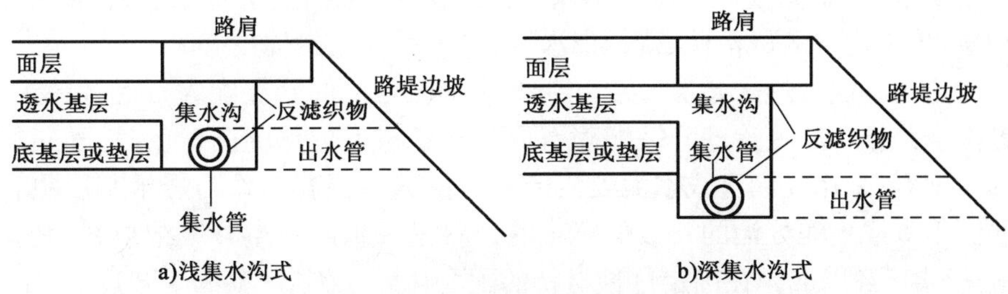

图 9-3 设集水沟和管的透水基层排水系统示意图

(1)设集水沟和管的透水基层排水系统的结构

设集水沟和管的透水基层排水系统的布设形式和边缘排水系统非常相似，区别点主要在于前者的路面结构采用了透水基层，具体表现如下。

①对于沥青混凝土路面，透水基层可采用大空隙沥青处治碎石或水泥处治碎石作为透水性材料；对于水泥混凝土路面，透水基层应采用大空隙水泥处治碎石作为透水性材料。

②当采用沥青处治碎石透水基层时，透水基层下部应铺设乳化沥青稀浆封层和半刚性底基层；当采用水泥处治碎石透水基层时，透水基层下部应铺设乳化沥青稀浆封层和垫层。

③集水沟内侧边缘应与路肩内侧边缘平齐。

④对于沥青混凝土路面，透水基层可采用大空隙沥青处治碎石或水泥处治碎石作为透水性材料；对于水泥混凝土路面，透水基层应采用大空隙水泥处治碎石作为透水性材料。

⑤当采用沥青处治碎石透水基层时，透水基层下部应铺设乳化沥青稀浆封层和半刚性底基层；当采用水泥处治碎石透水基层时，透水基层下部应铺设乳化沥青稀浆封层和垫层。

设集水沟和管的透水基层排水系统的布设形式和边缘排水系统非常相似，区别点主要在于前者的路面结构采用了透水基层，其特点如下。

①集水沟和集水管的纵向坡度宜与路线纵坡相同，但不得缓于 0.3%；出水管的横向坡度应大于等于集水管的纵向坡度，并不宜小于 5%。集水管和出水

管之间应采用圆弧形弯管连接。

②出水管口应用镀锌铁丝网或格栅罩住。出水口下方应铺设混凝土防溅板或对泄水道坡面进行浆砌片石防护,以防止冲刷路基边坡和破坏植物生长。出水水流应尽可能引排至涵洞或排水沟中。

(2)设集水沟和管的透水基层排水系统的组成材料

设集水沟和管的透水基层排水系统的组成材料包括:透水基层、乳化沥青稀浆封层、集水沟中的透水性填料、集水管、出水管、反滤织物。

①透水基层。透水基层通常由沥青或水泥处治的开级配碎石混合料组成,或者由未经结合料处治的开级配碎石混合料组成。但从强度、抗冻性和路用性能的角度看,采用经沥青或水泥处治的开级配碎石混合料作为透水基层更合理一些。沥青或水泥处治的开级配碎石混合料是一种间断型开级配材料,其空隙率应达到15%以上。在确定这种材料的配合比时,必须使其满足强度、稳定性、抗冻性和渗透性等方面的要求。为防止透水基层中的水向下渗入到底基层或垫层中,造成底基层或垫层的水稳性破坏,应当在透水基层下部铺设乳化沥青稀浆封层。

②乳化沥青稀浆封层。乳化沥青稀浆封层应铺设在透水基层下部,其厚度宜为3~6cm。

③集水沟中的透水性填料。集水沟中的透水性填料采用与透水基层相同的透水性材料。为防止底基层或垫层、土基和路肩内的细粒土侵入而堵塞透水性填料的空隙或集水管的槽孔,应在透水性填料的四周用反滤织物包裹。

④集水管、出水管和反滤织物。在设集水沟和管的透水基层排水系统中,集水管、出水管和反滤织物的材料类型、尺寸和布设要求与边缘排水系统相同。

(3)设集水沟和管的透水基层排水系统的使用性能

设集水沟和管的透水基层排水系统能够迅速排除由路面接缝、裂缝和面层空隙渗入路面结构内部的滞水,且不易堵塞,是一种比较常用的透水基层排水系统结构形式。

2.全宽式透水基层排水系统(图9-4)

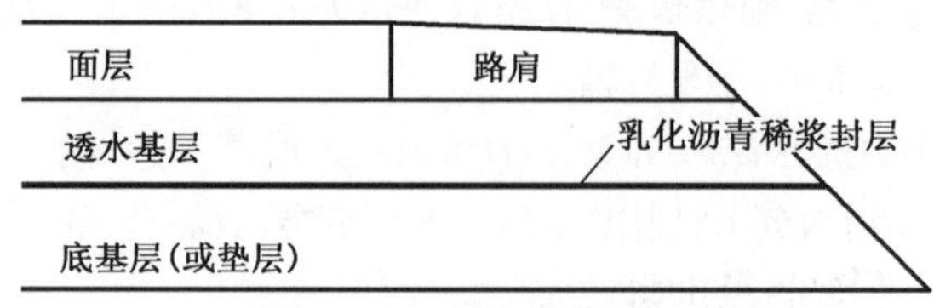

图9-4　全宽式透水基层排水系统

(1)全宽式透水基层排水系统的结构

全宽式透水基层排水系统具有以下特点。

①全宽式透水基层排水系统的结构较为简单,施工也比较方便。

②对于沥青混凝土路面,透水基层可采用大空隙沥青处治碎石或水泥处治碎石作为透水性材料;对于水泥混凝土路面,透水基层应采用大空隙水泥处治碎石作为透水性材料。

③当采用沥青处治碎石透水基层时,透水基层下部应铺设乳化沥青稀浆封层和半刚性底基层;当采用水泥处治碎石透水基层时,透水基层下部应铺设乳化沥青稀浆封层和垫层。

④全宽式透水基层排水系统在路堤边坡的出水口处容易堵塞,养护时应及时清理出水口。

⑤如果在路堑和半填半挖路基的挖方一侧,以及零填零挖路基处,设置全宽式透水基层排水系统,将使全宽式透水基层的出水口暴露在边沟中,降雨时边沟中的水有可能回流至透水基层中,反而对路基路面造成更大的损害。因此,全宽式透水基层排水系统只适用于路堤路段。

设置全宽式透水基层排水系统时,透水基层和乳化沥青稀浆封层沿路基全宽设置,透水基层出水口下方坡面应进行砂浆抹面或植物防护,以防止冲刷路基边坡。

(2)全宽式透水基层排水系统的组成材料

全宽式透水基层排水系统的组成材料包括:透水基层和乳化沥青稀浆封层,这两种材料的类型、尺寸和布设要求与设集水沟和管的透水基层排水系统相同。

(3)全宽式透水基层排水系统的使用性能

由于全宽式透水基层排水系统只适用于路堤路段,而且在路堤边坡的出水口处容易堵塞,因此通常不采用全宽式透水基层排水系统。

9.1.3　透水垫层排水系统

1.透水垫层排水系统的结构

透水垫层排水系统的结构与透水基层排水系统相似,在路堤边坡一侧,设置全宽式透水垫层;在路堑边坡一侧,设置集水沟和集水管,并使集水管中的水汇流至路堤路段、排水沟或桥涵与路基的交界处后由出水管排出。

透水垫层排水系统中集水沟、集水管和出水管的设置状况与透水基层排水系统相似。透水垫层排水系统出水口下的边坡坡面也应采取与透水基层排水系统相同的防护措施。

2. 透水垫层排水系统的组成材料

透水垫层排水系统的组成材料包括：透水垫层、集水沟中的透水性填料、集水管、出水管、反滤织物。

(1)透水垫层

透水垫层采用连续型开级配集料(砂或砾石)，其级配应符合以下四个标准。在以下四个标准中，D_{10F}、D_{15F}、D_{50F}、D_{60F}分别表示透水垫层集料在通过率为10%、15%、50%和60%时的粒径，C_{UF}表示透水垫层集料的均匀系数(D_{60F}/D_{10F})；而D_{10S}、D_{15S}、D_{50S}、D_{60S}和D_{85S}分别表示路基土在通过率为10%、15%、50%、60%和85%时的粒径，C_{US}表示路基土的均匀系数(D_{60S}/D_{10S})。

①渗透标准：为使透水垫层具有良好的渗水性能，应满足$D_{15F} \geqslant 5D_{15S}$。

②过滤标准：为防止路基土中的细颗粒渗入透水垫层中而发生堵塞，应满足以下要求。

a. 当$C_{US} > 1.5$时，$D_{15F} \leqslant 5D_{85S}$；当$C_{US} \leqslant 1.5$时，$D_{15F} \leqslant 6D_{85S}$。

b. 当$C_{US} < 4$时，$D_{15F} \leqslant 20D_{15S}$；当$C_{US} > 4$时，$D_{15F} \leqslant 40D_{15S}$。

c. $D_{50F} \leqslant 25D_{50S}$。

③离析标准：为防止离析，透水垫层集料应采用连续型级配，集料最大粒径应小于75mm，而且应使集料的均匀系数$C_{UF} < 20$。

④细屑标准：为防止透水垫层集料中的细料渗入集水管的孔洞中而使集水管或出水管发生堵塞，应使透水垫层集料中粒径小于0.075mm的细屑含量不超过5%。

(2)集水沟中的透水性填料

集水沟中的透水性填料采用与透水垫层相同的透水性材料，但是透水性填料的四周不需要用反滤织物包裹。

(3)集水管、出水管和反滤织物

在透水垫层排水系统中，集水管、出水管和反滤织物的材料类型、尺寸和布设要求与边缘排水系统相同，集水管的四周应采用反滤织物进行包裹。

3. 透水垫层排水系统的使用性能

透水垫层排水系统主要用于拦截地下水、滞水或泉水进入路面结构，或者排除因负温差作用而积聚在路基上层的自由水。采用盲沟、渗沟和渗井等传统的地下排水设施也可以达到相同的排水目的。但是透水垫层排水系统有其自身的局限性，如容易堵塞等，因而透水垫层排水系统并不常使用。

9.2　路面内部排水的水流计算及结构尺寸

与路面结构内部排水系统设计有关的主要技术指标和性能主要有：①路面渗水量 Q_1；②排水基层的结构尺寸及排水能力 Q_0；③排水基层材料的力学强度；④集水沟及管、横向出水管的排水能力；⑤水在内部排水系统中的渗流时间。

排水基层设在面层之下，作为路面结构层的一部分，参与路面结构的承载作用，因此其材料组成设计是关键技术，既要保证良好的多孔隙排水性能，又必须具有与同类路面基层相同且足够的力学强度。应综合考虑各方面的因素进行排水基层的材料组成设计，一般采用水泥或沥青处治的开级配碎石集料作为排水基层的材料。排水基层的力学强度是和路面结构设计有关的参数，本文不作探讨。

9.2.1　路面渗水量

路表面水的渗入量与多种因素有关，包括：①接缝和裂缝的宽度以及缝隙被填塞的程度，其影响到接缝或裂缝的携水能力；②出现接缝和裂缝的数量以及各条接缝和裂缝的汇水面积；③降水的历时和强度；④基层的透水性。

为了确定路面渗水量，以进行路面内部排水系统的设计，必须总结出路面渗水量的计算方法，并分析以上因素对路面渗水量的影响程度。我国和国外的科研人员分别提出了一些路面渗水量的计算方法，本文总结如下。

1. 西达格林(Cedergren)法

美国人西达格林(Cedergren)等研究人员采取在路肩处设置出水口，测量渗入路面结构内的自由水向外排流的量的方法，并以占降水量的百分率表示路面渗水量。建议设计渗水率可用重现期 1 年、历时 1h 的降水强度乘以某一系数，该系数对沥青混凝土路面为 0.33～0.50，对水泥混凝土路面为 0.50～0.67。

沥青路面：

$$Q_1 = (0.33 \sim 0.50)q \tag{9-1}$$

水泥路面：

$$Q_1 = (0.50 \sim 0.67)q \tag{9-2}$$

式中：Q_1——路面渗水量，mm/min；

q——重现期 1 年、降水历时 1h 的降水强度，mm/min。

美国联邦公路局设计指南(1973)采纳了 Cedergren 等人的试验方法和建议值。美国 Hagen 等人的试验测定结果小于以上规定，平均为降水强度的 25%～

40%。从以上试验可以看出降水时路面的渗入量是不容忽视的。

2. 雷奇威(Ridgeway)法

美国人雷奇威(Ridgeway)直接在康涅狄格州旧路面上的接缝和裂缝处测量路表面水的渗入量，他根据试验结果指出降水历时比降水强度的影响更加重要，发现渗水量直接与路面开裂情况有关，提出将裂缝渗水率 I_c（每厘米缝每小时的渗水量）用于路面设计渗水量的计算，单位面积的渗水量 Q_1，可用下式表示：

$$Q_1 = I_c\left(\frac{N_c}{W_p} + \frac{W_c}{W_p C_s}\right) + k_p \tag{9-3}$$

式中：I_c——裂缝渗水率；

N_c——纵向裂缝数；

W_p——路面渗水宽度；

W_c——横向裂缝或接缝长度；

C_s——横向裂缝或接缝间距；

k_p——未开裂路面表面的渗水率，数值上等于路面的渗透系数。

Ridgeway 的测试结果为：对于沥青混凝土路面，水分通过裂缝的渗入率变化在每厘米缝 1.86～920cm^3/h 之间，平均为每厘米缝 100cm^3/h；对于水泥混凝土路面，水分通过接缝和裂缝的渗入率变化在每厘米缝 0～74cm^3/h 之间，平均为每厘米缝 34cm^3/h。依据这一结果 Ridgeway 建议采用裂缝渗水率 $I_c =$ 100cm^3/(h·cm) 用于设计，这一建议值已被美国州公路与运输官员协会(AASHTO)的路面结构设计指南(1986)采纳作为表面水的渗入率。

3. 国内规范法

1998 年 3 月 1 口实施的《公路排水设计规范》(JTJ 018—97)提出路面渗水量由下列公式计算确定。

水泥混凝土路面：

$$Q_1 = mI_c\left(n_s + n_h\frac{B}{L}\right) \tag{9-4}$$

沥青路面：

$$Q_1 = mI_a B \tag{9-5}$$

式中：Q_1——纵向每延米路面结构表面水的渗入量，m^3/(d·m)；

I_c——每延米水泥混凝土路面接缝或裂缝的表面水设计渗入率，m^3/(d·m)，按轻微级接缝损坏或轻微裂缝的情况考虑，可取 0.36m^3/(d·m)；

I_a——每平方米沥青路面的表面水设计渗入率，m^3/(d·m^2)，按沥青混凝土路面中等龟裂或网裂的情况考虑，可取 0.15m^3/(d·m^2)；

B——单向坡度路面的宽度，m，可根据路面等级和道路横断面形式而定；

L——水泥混凝土路面的横缝间距(板长)，m；

n_s——B 长度范围内接缝和裂缝的条数(包括路面路肩之间的接缝)；

n_h——L 长度范围内横向接缝和裂缝的条数；

m——安全系数，通常取 2(考虑到表面水渗入量将随路面的破损而增加，而且在公路运营阶段，内部排水系统中透水性材料的渗透性能将由于细料堵塞而减弱，因此需设置安全系数 m)。

I_c 与 I_a 可通过实测确定。1996 年同济大学在上海市的旧沥青路面和旧水泥混凝土路面上进行了表面水渗入率的测定：对于沥青混凝土路面，水分通过裂缝的渗入率变化在每厘米缝 0～1 250cm^3/h 之间，平均为每厘米缝 371cm^3/h；对于水泥混凝土路面，水分通过接缝和裂缝的渗入率变化在每厘米缝 0～1 800cm^3/h之间，平均为每厘米缝 397cm^3/h。与 Ridgeway 的测试结果相比，其变化范围和平均值都大于前者，这与所测试路面的损坏状况有关。Ridgeway 所推荐的表面水渗入率相当于上海测试路面轻微级裂缝、轻到中等龟裂和轻微级填缝料损坏的程度，而路面出现轻微级损坏，已到了设置路面排水系统的低限。因此考虑表面水渗入率的设计值应比 Ridgeway 所推荐的表面水渗入率稍大，故该规范对 I_c 的建议值为存在接缝和裂缝的水泥混凝土路面的渗入率为 150cm^3/(h·cm)[0.36m^3/(d·m)]；对 I_a 的建议值为面层透水和存在轻微龟裂的沥青路面的渗入率为 0.625cm^3/(h·cm^2)[0.15m^3/(d·m^2)]。

9.2.2 透水基层泄水量计算与尺寸设计

1.透水基层泄水量的计算方法

(1)稳态流量

为简化透水基层中的渗流模型，可将透水基层中的渗流按恒定渗流、无压均匀渗流和线性渗流考虑。因而，认为透水基层中的渗流符合达西定律，其水力坡度可用透水基层的合成底坡代替。现根据渗流达西定律确定纵向每延米透水基层的泄水量 Q_0[m^3/(d·m)]计算公式如下：

$$Q_0 = k_0 J_0 A_0 \tag{9-6}$$

式中：k_0——透水基层材料的渗透系数，m/d；

J_0——透水基层渗流路径的水力坡度，计算式为：

$$J_0 = i_{合} = \sqrt{i_h^2 + i_z^2}$$

$i_{合}$——透水基层的合成底坡，即公路的合成坡度；

i_z——公路纵坡；

i_h——公路横坡，通常取路拱横坡为 2%；

A_0——纵向每延米透水基层的过水断面面积，m^2；可采用下式计算：

$$A_0 = h_0 \frac{i_h}{i_{合}} \tag{9-7}$$

h_0——透水基层的厚度。

(2)非稳态流量

非稳态流量是指降水结束后排水系统的排水流量，可用水在排水层内的渗流时间 t 来衡量。渗流时间 t 可用下式计算：

$$t = \frac{L_0}{3\,600 v_0} \tag{9-8}$$

式中：L_0——渗流路径长度，m，可采用下式计算：

$$L_0 = B\sqrt{1 + \frac{i_z^2}{i_h^2}} \tag{9-9}$$

B——单坡路面宽度，m；

v_0——渗流速度，m/s，可采用下式计算：

$$v_0 = \frac{1}{n_e} k_0 \sqrt{i_z^2 + i_h^2} \tag{9-10}$$

n_e——透水材料的有效孔隙率，引入此参数对渗流速度进行修正的原因为此流速是指水流在透水材料空隙内的流速，而非过水断面的平均流速。

关于渗流时间 t 的取值，Ridgeway 提出对排水层设计要满足 1h 之内将水完全排除或排除 95%积水的要求；我国规范提出，在冰冻地区排水时间不应超过 1h，其他地区不应超过 2(重交通)～4h(轻交通)。

通过计算公式可看出，透水层的排水能力和孔隙率及渗透系数有关。

(3)孔隙率和有效孔隙率

孔隙是指混合料总体积扣除矿质颗粒实体所占体积后的剩余部分。混合料的孔隙由三部分组成，即连通孔隙(也称开孔隙)、半连通孔隙(也称半开孔隙)和闭孔隙(也称封闭孔隙)，三者之和为全孔隙。连通孔隙是相互连通的孔隙；封闭孔隙是和其他孔隙不连通的孤立的那部分孔隙；半连通孔隙，也称半开孔隙，它一端与其他孔隙连通，另一端封闭。从排水的角度看，孔隙可分为有效孔隙和无效孔隙。开孔隙由于互相连通、不被集合水所占据，可通过孔隙排出水分，因此是有效孔隙；而封闭孔隙则无法起到排水的作用，是无效孔隙。全孔隙率是全孔隙体积占混合料总体积的百分率。习惯上，用全孔隙率来表征多孔性混合料的特性，简称为孔隙率 n_0，有效孔隙率 n_e 则是有效孔隙占混合料总体积的百分率。

孔隙率 n_0 的测定方法常采用量体积法，即用游标卡尺量取试件直径和厚度，每个试件测量 10 次以上，取平均值，计算得出试件体积，按下式计算孔隙率 n_0：

$$n_0 = \left(1 - \frac{m_0}{V\rho_w\rho_t}\right) \times 100\% \tag{9-11}$$

式中： m_0——试件在空气中的质量，g；

V——试件用游标卡尺测出的体积平均值，cm^3；

ρ_w——水的密度，g/cm^3，25℃时，$\rho_w = 0.997 g/cm^3$；

ρ_t——混合料的理论密度，g/cm^3，按设计配合比计算公式如下：

$$\rho_t = \frac{100}{\frac{m_1}{\rho_1} + \frac{m_2}{\rho_2} + \frac{m_3}{\rho_3}} \tag{9-12}$$

m_1、m_2、m_3——分别为集料、水泥和水占混合料总质量的百分比；

ρ_1、ρ_2、ρ_3——分别为集料、水泥和水的有效密度。

有效孔隙率 n_0 的测定方法常采用水中称重法，将试样风干 3 天以上，或放入烘箱在 50℃的温度下烘 18h 以上至恒重，然后称取干重 m_0；再分两层浸水，每 2h 加水至试件高度的 1/3 处，未发现有气泡冒出后，称取水中重 m_1，按下式计算有效孔隙率 n_e：

$$n_e = \left(1 - \frac{m_0 - m'}{V\rho_w}\right) \times 100\% \tag{9-13}$$

式中：m'——试件在水中的质量，g；

其余符号意义同前。

根据有关文献的试验研究表明，有效空隙率 n_e 随着孔隙率 n_0 的增大而增大，有效隙率与孔隙率的比 n_e/n_0 也随之增大。表 9-1 即为相关文献的一组测定结果。

水泥稳定碎石有效空隙率的范围和平均值 表 9-1

孔隙率 n_0(%)	18	20	22	24	26	30
有效孔隙率(%)	10.3～14.7	14.7～17.1	18.7～19.9	20.0～23.0	23.0～15.1	27.1～29.7
n_e/n_0(%)	57.3～81.1	73.3～85.5	84.8～90.6	83.2～95.9	88.6～96.5	90.3～99.0
n_e/n_0 平均值(%)	69.58	79.40	87.70	89.56	92.35	94.63

研究也同时表明：水泥稳定碎石或沥青稳定碎石混合料越松散，孔隙越大，其中的开口孔隙也越大，并且所占比例也越高。在多孔隙水泥稳定碎石试验的基础上，通过回归分析提出了根据孔隙率估算有效孔隙率的经验公式：

$$n_e = -0.034n_0^2 + 2.93n_0 - 29.15 \tag{9-14}$$

(4)渗透系数

渗透系数的数值受多种因素影响，如水的物理性质(温度、黏滞性)，材料的性质(颗粒大小、排列、充填情况等)；对路面内部排水层而言，渗透系数主要取决于排水层混合料的性质。影响渗透系数的因素主要包括以下几点。

①集料级配。

影响透水材料渗透系数的主要因素是混合料的孔隙率和孔隙的连通情况(有效孔隙率)。而孔隙率和孔隙的连通情况则主要取决于集料的级配组成和颗粒形状、水泥含量以及混合料的压实程度，其中混合料组成是控制混合料孔隙率大小的首要考虑因素。

透水性水泥稳定碎石的渗透系数与集料级配组成有很大关系。集料级配组成主要指标是：最大粒径 D_{max}、细集料含量等。表 9-2 列出了部分国外常用的水泥处治透水性集料的级配及相应的渗透系数，表中 CA 代表美国加利福尼亚州水泥处治集料的级配。从该表可统计出，4 种集料级配组成的渗透系数相差 1.06～6 倍，可见集料级配对水泥稳定碎石的透水性影响较大。

部分国外水泥处治透水性集料的级配组成　　表 9-2

级配类型	通过下列方筛孔尺寸(mm)的百分率(%)										渗透系数(cm/s)
	37.5	25	19	12.5	9.5	4.75	2.36	1.18	0.30	0.075	
1	100	88～100	52～85	—	15～38	0～16	0～6	—	—	—	1.39
2	100	95～100	—	25～60	—	0～10	0～5	—	—	0～2	7.06
3	—	100	90～100	—	20～55	0～10	0～5	—	—	—	7.48
CA	—	100	90～100	35～65	20～45	0～10	0～5	—	—	0～2	5.30

有学者用 4 种最大粒径集料静压成型 4 个水泥稳定碎石试件(编号 A～D)，材料组成为：集料—水泥比(A/C)为 9∶1，水灰比(W/C)为 0.42，进行孔隙率和渗透系数测试，结果列于表 9-3。

由表中结果可看出孔隙率基本相同的试件，使用粗集料的最大粒径越大，渗透系数也越大。其原因是孔隙率相同的试件，粗集料的最大粒径越大，连通孔隙率也越大。

此外，西达格林(Cedergren)对由不同级配和粒径组成的集料进行渗透试验

的结果表明，单粒级或开级配集料的透水性远大于密级配集料，且随着集料粒径的减小，渗透系数下降。巴勃(Barber)对于用作基垫层的粒料在分别删除其级配中的细集料粒组(2.36mm以下)后，测定其透水性，测定结果见表9-4。由表9-4中的各种粒料渗透系数测定值可以看出，随着细集料含量的降低，粒料的透水性提高。

不同最大粒径集料孔隙率及渗透系数测试结果 表9-3

编号	D_{max} (mm)	筛孔尺寸(mm)的通过量(%)					n_0 (%)	n_e (%)	k (cm/s)
		37.5～31.5	31.5～26.5	26.5～13.2	13.2～4.75	4.75～0			
A	13.2	—	—	—	95	5	22.3	18.5	0.539
B	26.5	—	—	30	65	5	22.6	21.3	1.218
C	31.5	—	10	20	65	5	24.2	22.7	1.631
D	37.5	10	10	20	55	5	24.9	23.8	2.247

不同细集料含量对粒料透水性的影响 表9-4

编号	通过下列方筛孔尺寸(mm)的百分率(%)											密度 (g/cm³)	渗透系数 (m/d)
	19	12.5	9.5	4.75	2.36	2.00	0.83	0.425	0.25	0.11	0.075		
1	100	85	77.5	58.5	42.5	39	26.5	18.5	13.0	6.0	0	1.938	3.05
2	100	84	76	56	39	35	22	13.3	7.5	0	0	1.874	33.53
3	100	83	74	52.5	34	30	15.5	6.3	0	0	0	1.842	97.54
4	100	81.5	72.5	49	29.5	25	9.8	0	0	0	0	1.778	304.8
5	100	79.5	69.5	43.5	22	17	0	0	0	0	0	1.666	792.5
6	100	75	63	32	5.8	0	0	0	0	0	0	1.618	914.4

②粗集料性质与范围。

粗集料应选用洁净、坚硬、未风化的碎石，压碎值应严格控制在30%以内。用作排水混合料的组成结构多数为骨架孔隙结构，这与传统的密实骨架结构的设计方法不同。排水混合料要求具有一定的孔隙率以便能充分排水或透水；当然，也必须具有一定的力学强度。密实骨架结构无需考虑排水要求，而是侧重于对力学强度的要求。表9-5给出了不同混合料的设计出发点。

不同混合料的设计出发点 表9-5

传统密级配水泥稳定碎石混合料级配设计	多孔隙水泥稳定碎石混合料级配设计
1. 孔隙率最小，混合料最密实； 2. 集料间具有最大摩擦力	1. 较大的渗透系数，良好的排水能力； 2. 集料间摩擦力较大，具有一定的力学强度

传统的密级配水泥稳定碎石混合料组成结构，按照集料级配的不同分为两种：即根据连续级配原理组成的密实悬浮结构和根据间断级配或开级配原理组成的骨架密实结构。连续的集料级配一般是按照富勒姆级配曲线得到的。连续级配由于粗集料含量较少，故粗集料之间的接触也比较少，几乎是悬浮在水泥浆中，其强度主要来自粗细集料之间的内摩擦力以及水泥胶浆与集料的黏结力。密实骨架结构由于级配组成中粗集料含量的相对较多，故粗集料之间形成了较好的石—石接触，而细集料填充了粗集料之间的孔隙，其强度主要来自于粗集料之间的嵌挤作用以及水泥胶浆与集料的黏结力。

理想的大孔隙水泥稳定碎石混合料结构是粗集料受压后在排列中互相嵌挤但又不互相干涉，相互之间能够形成较大的摩擦力，而少量的细集料又不足以完全填充满孔隙，形成排列紧密的多级空间骨架结构。

国外不少研究人员对不同组成和不同状态的透水材料进行了大量的渗透试验，并在此基础上建立了一些可估计渗透系数的经验公式。Moulton 制作了可估算未处治集料的渗透系数诺模图，此图依据下述关系式：

$$k=\frac{1.895\times 10^{5}\times D_{10}^{1.478}n_{0}^{6.854}}{P_{0.075}^{0.597}} \tag{9-15}$$

式中：D_{10}——通过率为10%时的粒径，cm；

n_0——透水材料的孔隙率；

$P_{0.075}$——透水材料通过0.075mm筛孔的百分率。

Essayed 针对未处治材料进行了室内渗透试验，依据试验结果回归得出的经验公式为：

$$k=-0.215+0.92n_{0}+2.68P_{0.075}^{-1}-0.005P_{0.075} \tag{9-16}$$

东南大学采用重正化群方法对透水结构层材料的孔隙率进行了深入研究，得出透水结构层材料所形成连通孔隙的临界孔隙率为17.33%，并提出了透水表层集料分型级配计算公式和孔隙率计算公式。

Essayed 在未处治道路基层材料渗透性能评价的文章中提到，当细料含量保持相对稳定时，改变集料的最大粒径不会对未处治渗透性基层材料的渗透性能产生显著影响。因此，渗透基层的最大粒径应基于结构分析和水力计算确定的排水层厚度而定，通常认为大粒径集料更能提供强度，并且成本更低。国内试验结果表明，粗集料粒径对碾压抗离析性能有很大影响。粒径为5～20mm的粗集料的抗离析性能明显优于粒径为5～40mm的粗集料，采用小粒径粗集料有利于提高碾压质量的均匀性，公路路面碾压混凝土不宜大于20mm。《公路排水设计规范》(JTJ 018—97)规定，集料公称最大粒径可采用25mm或37.5mm。

用作排水沟回填料时，可选用较大的最大粒径（37.5mm）；用作排水基层时，其最大粒径不宜超过 25mm。开级配集料的级配通常使通过 0.075mm 筛孔的集料质量百分率不大于 20%。

国外在研究未处治材料排水层的渗透性能时指出，当细料含量保持相对稳定时，改变集料的最大粒径将不会对未处治材料排水基层的渗透性产生显著影响。按此考虑，集料颗粒的最大粒径选择应基于排水层的厚度及该层的结构强度要求。

③水泥含量与水灰比。

国内外的研究表明，增加水泥含量，可以提高透水性水泥稳定碎石的稳定性和强度，但随着集料—水泥比（A/C）减小（水泥含量增加）、水灰比（W/C）增加、孔隙率减小，混合料的渗透系数也将减小。但在孔隙率变化很小的前提下，集料的透水性下降并不多。因此，应对透水性水泥稳定碎石混合料的水泥含量、水灰比进行控制，根据以往的研究成果和实践经验，水泥含量应控制在 120～170kg/m^3 之间，即（A/C=12∶1～8.5∶1）；水灰比控制在 0.37～0.45 之间。

上述内容是本文根据国内外的研究成果，总结各种因素对透水材料渗透系数的影响，在进行路面内部排水结构设计过程中，应对初步选定材料的渗透系数进行试验测定。室内测定渗透系数的仪器按照水头的控制方法可以分为常水头渗透仪和变水头渗透仪。一般来说，常水头法适用于渗透系数较大的材料，而变水头法适用于渗透系数较小的材料。

2. 透水基层的尺寸设计

（1）透水基层的宽度

①对于设集水沟和管的透水基层排水系统，透水基层与面层同宽。

②对于全宽式透水基层排水系统，透水基层沿路基同宽布设。

（2）透水基层的厚度

透水基层的泄水量 Q_0 应不小于表面水设计渗入量 Q_1，即：

$$Q_0 \geqslant Q_1$$

而：

$$Q_0 = k_0 J_0 A_0 = k_0 \cdot i_{合} \cdot h_0 \cdot \frac{i_h}{i_{合}} = k_0 h_0 i_h$$

即：

$$h_0 \geqslant \frac{Q_1}{k_0 i_h} \tag{9-17}$$

①假设采用沥青混凝土面层和沥青处治级配碎石透水基层，单向坡度路面

宽度 $B=10.75\text{m}$，透水基层渗透系数 $k_0=2\,083.104\text{m/d}$。

则：

$$Q_1=mI_aB=2\times0.15\times10.75=3.225[\text{m}^3/(\text{d}\cdot\text{m})]$$

$$h_0\geqslant\frac{Q_1}{k_0i_h}=\frac{3.225}{2\,083.104\times0.02}=0.077(\text{m})=7.7(\text{cm})$$

②若采用水泥混凝土面层和水泥处治级配碎石透水基层，单向坡度路面宽度 $B=10.75\text{m}$，混凝土板长 $L=5\text{m}$，板宽 3.6m，路面纵向 L 长度范围内横向接缝和裂缝的条数 $n_h=4/3$，路面 B 宽度范围内纵向接缝和裂缝的条数 $n_z=n_b+2=5$，透水基层渗透系数 $k_0=944.352\text{m/d}$。

则：

$$Q_1=mI_c\left(n_s+n_h\frac{B}{L}\right)=2\times0.36\times\left(5+\frac{4}{3}\times\frac{10.75}{5}\right)$$

$$=5.664[\text{m}^3/(\text{d}\cdot\text{m})]$$

$$h_0\geqslant\frac{Q_1}{k_0i_h}=\frac{5.664}{944.352\times0.02}=0.3(\text{m})=30(\text{cm})$$

由以上算例可知，根据式(9-17)能确定满足透水要求的透水基层最小厚度 h，但考虑到透水基层表面一定深度的空隙在施工过程中可能被堵塞，故采用厚度比计算厚度 h 酌情增大 2～3cm，确定为 h_1；再根据路面结构设计方法确定满足强度要求的透水基层最小厚度 h_2(材料设计参数由透水基层组成材料确定)。最终，透水基层的厚度应不小于 h_1 和 h_2 中的较大者，按经济有效的原则予以确定。考虑到沥青处治碎石透水基层下部一般应铺设半刚性底基层，因此建议沥青处治碎石透水基厚度范围为 8～15cm；水泥处治碎石透水基层厚度范围为 20～35cm。

9.2.3 集水沟泄水量计算与尺寸设计

1.集水沟泄水量的计算方法

集水沟中的竖向渗流可认为是恒定渗流，因此可根据流量的计算公式确定公路纵向每延米集水沟的泄水量 $Q_2[\text{m}^3/(\text{d}\cdot\text{m})]$。

$$Q_2=A_2\cdot v_2\tag{9-18}$$

式中：A_2——纵向每延米集水沟的过水断面面积，m^2，$A_2=S$；

S——集水沟沟底的横向宽度，m；

v_2——集水沟过水断面的平均竖向渗流流速，m/d。

2.集水沟的尺寸

(1)集水沟的深度

集水沟深度应由内部排水系统的类型、冰冻深度和地下水位予以确定，在本文前部分已有论述。

(2)集水沟底部的横向宽度 S

为满足排水要求，集水沟泄水量 Q_2 应不小于表面水设计渗入量 Q_1，即：

$$Q_2 \geqslant Q_1$$

而：

$$Q_2 = A_2 \cdot v_2 = S \cdot v_2$$

因此：

$$S \geqslant \frac{Q_1}{v_2} \tag{9-19}$$

计算出渗流流速 v_2 后，可根据式(9-19)计算出满足排水要求的集水沟最小底宽 S，为防止施工过程中集水沟回填料被污物堵塞，并便于放置纵向集水管，建议在设集水沟和管的透水基层排水系统中，集水沟底面宽度 S 不应小于 30cm；在边缘排水系统中，应保证纵向集水管两侧各有至少 5cm 宽的透水填料。

9.2.4　集水管和出水管泄水量计算与尺寸设计

1. 集水管和出水管的泄水量计算方法

在工程中，管道流的断面平均流速 v_3 通常采用谢才—曼宁公式进行计算。因此，集水管和出水管过水断面的泄水量 Q_3(m^3/s)可按谢才—曼宁公式计算。

$$Q_3 = A_3 \cdot v_3 \tag{9-20}$$

$$v_3 = \frac{1}{n} \cdot R^{\frac{2}{3}} \cdot J^{\frac{1}{2}} \tag{9-21}$$

式中：v_3——管内水流的平均流速，m/s；

A_3——管的过水断面面积，m^2，对于圆管，$A_3 = \pi r^2$(r 为圆管半径)；

n——管壁的曼宁系数，对于聚氯乙烯(PVC)和聚乙烯(PE)塑料管，$n=0.010$；

R——管中过水断面的水力半径，m，对于圆管，$R=r/2$；

J——管中水流的水平坡降，集水管和出水管的水流可看做是无压均匀流，因此 J 可用管的底坡 i 代替。

2. 集水管和出水管的尺寸设计

为满足排水要求，应使集水管和出水管的泄水量不小于表面水设计渗入量。由于式(9-4)和式(9-5)确定的是纵向每延米的表面水设计渗入量 Q_1，而实际上随着出水管间距的增大(单根集水管长度 l 的增大)，单根集水管所应排除的表面水渗入量将增大，集水管和出水管的管径也应随之增大。因此，集水管和出水管管径大小与出水管间距布置应同步考虑，必须满足以下要求：

$$Q_3 \geqslant \frac{l \cdot Q_1}{86\,400} \tag{9-22a}$$

$$Q_3 \geqslant Q_3' \tag{9-22b}$$

式中：Q_3——集水管的泄水量，m^3/s；

l——出水管间距，即单根集水管的长度，m；

Q_1——纵向每延米路面的表面水设计渗入量，$m^3/(d \cdot m)$；

Q_3'——出水管的泄水量，m^3/s。

为便于施工，集水管和出水管通常采用相同的管半径 r，所以两种管有着相同的过水断面面积 A 和水力半径 R；此外，集水管和出水管通常由同一种材料制成，因而有着相同的粗糙系数 n。由于集水管中水流的水力坡度 J 可用集水管底坡 i 代替，则由以上公式可得：

$$Q_3 = \frac{1}{n} R^{\frac{2}{3}} \cdot J^{\frac{1}{2}} \cdot A_3 \geqslant \frac{l \cdot Q_1}{86\,400}$$

则：

$$r \geqslant \left(\frac{2^{\frac{2}{3}} \cdot l \cdot Q_1 \cdot n}{86\,400 \cdot \pi \cdot \sqrt{i}} \right)^{\frac{3}{8}} \tag{9-23}$$

在式(9-23)中，集水管底坡 i 与路线纵坡度相同，但不得缓于 0.3%。这样，该式中就有两个未知数：即集水管半径 r 和出水管间距（单根集水管长度）l。通常可根据公路纵断面和横断面的具体情况，在路堤、排水沟或桥涵与路基交界处设置出水管后，确定 l 值，进而反算 r 值。建议集水管和出水管半径 r 的取值范围为 3～8cm，出水管间距 l 的取值范围为 50～100m。

另外，为满足式(9-22b)的要求，只需满足出水管的底坡 i' 不小于集水管的底坡 i 即可。通常为使水尽快从路面结构中排出，还要求出水管的横向底坡 i' 不小于 5%。

9.2.5 水在内部排水系统中的渗流时间

1. 水在边缘排水系统中的渗流时间

水在边缘排水系统中的渗流时间，即水在边缘排水系统集水沟中的渗流时间 t(h)，具体可采用以下公式进行计算：

$$t = 24 \cdot \frac{h_0}{v} \tag{9-24}$$

式中：h_0——集水沟深度，m；

v——集水沟中的竖向渗流速度，即水流在集水沟回填填料空隙内的竖向流速，m/d，计算公式为：

$$v = \frac{1}{n_e} \cdot v' \tag{9-25}$$

n_e——集水沟中透水材料的有效空隙率（连通空隙率）；

v'——集水沟过水断面的平均竖向渗流流速，m/d。

2. 水在全宽式透水基层排水系统中的渗流时间

水在全宽式透水基层中的渗流时间 t(h)可采用以下公式进行计算：

$$t = 24 \cdot \frac{L_0}{u} \tag{9-26}$$

式中：L_0——水在全宽式透水基层中的渗流路径长度，m，计算公式为：

$$L_0 = B \cdot \frac{i_{合}}{i_h} \tag{9-27}$$

u——透水基层中的渗流速度，m/d，计算公式为：

$$u = \frac{1}{n_e} \cdot k \cdot J \tag{9-28}$$

3. 水在设集水沟和管的透水基层排水系统中的渗流时间

水在设集水沟和管的透水基层排水系统中的渗流时间，即指水在透水基层和集水沟中渗流时间的总和。水在透水基层中的渗流时间 t_1(h)可用以下公式计算：

$$t_1 = 24 \cdot \frac{L_1}{u} \tag{9-29a}$$

$$L_1 = (B + S) \cdot \frac{i_{合}}{i_h} \tag{9-29b}$$

另外，水在集水沟中的渗流时间 t_2(h)可采用式(9-24)进行计算。因此，水在设集水沟和管的透水基层排水系统中的渗流总时间为 $t=t_1+t_2$。

第10章 中央分隔带排水

对于中央分隔带排水，根据分隔带宽度、绿化要求、交通安全设施的形式、分隔带表面处理方式等因素选择不同的排水方案。

1. 宽度小于3m、表面采用铺面封闭

中央分隔带小于3m时，一般采用带有铺面的横断面形式。在不设超高路段上，中央分隔带铺面采用与两侧路面相同坡度的双向横坡，降落在分隔带上的表面水流向两侧路面进入路面表面排水设施。在超高路段上，上侧半幅路面的表面水流向中央分隔带。在高速及一级公路上，不允许上侧半幅路面的表面水横向漫流过下侧半幅路面。因而，须在分隔带上侧边缘处设置汇聚和排泄上侧半幅路面表面水的排水设施，如蝶形或三角形混凝土边沟，带格栅的U形或带缝隙的圆形混凝土边沟。

2. 宽度大于3m、表面微凹且无铺面封闭

此种方式可采用分隔带内表面排水方案。分隔带表面可做成向内微凹的横断面形式，降落在分隔带上的表面水横向流入分隔带的低凹处，汇集在分隔带的中央部位，并利用纵向坡度排向进水口或桥涵水道中。

按照汇水量和流速的大小，分隔带过水断面可以采用不同的横断面形式和尺寸。分隔带的横向坡度不得陡于1∶6；分隔带的纵向排水坡度，在过水断面无铺面时不得缓于0.25%，有铺面时不得缓于0.12%。当水流速度超过地面土的最大允许流速时，应在过水断面宽度范围内做成三角形或蝶形断面的水沟，并对地面土进行防冲刷处理。防冲刷层可采用石灰、水泥稳定土或浆砌片石铺砌，层厚为10～15cm。

3. 宽度大于3m、表面凸起且无铺面封闭

表面无铺面且未采用表面排水措施的中央分隔带，降落在分隔带上的表面水，一部分形成表面径流沿两侧流向行车道，由道路表面排水设施排走；另一部分表面水则向下渗入分隔带土体内，可通过在分隔带内设置地下排水设施汇集

渗入水，并通过隔一定间距设置的横向排水管将渗沟内的水排出路界。

在此部分内容中，本文主要讨论中央分隔带的内部排水问题。

10.1　中央分隔带的排水问题

大量路面损坏状况调查和路面使用经验表明，由于中央分隔带排水不畅，造成水分向两侧路基路面迁移，是导致或加速路面损坏的重要因素之一。中央分隔带内的水主要有两个来源：大气降水和灌溉水。如果中央分隔带排水不畅，可能会对公路产生以下两个方面的危害。

(1)暴雨时，排水设施不能快速排水，导致中央分隔带内的水溢出进入路面，增大路面排水设施的负荷，危害行车安全。

(2)被围封在中央分隔带内的水分如果不能快速排出，则会向两侧迁移，浸湿各结构层和路基土，使其强度降低，变形增加，从而导致路面结构承载力降低，使用寿命缩短。更为严重的是，由于路面是层状结构，层间结合处易于出现空隙，进入空隙内的自由水在行车荷载的作用下，会形成高空隙水压力和高速水流(据试验测定，压力差可达69kPa；小客车驶过时流速可达0.15m/s，货车驶过时流速可达0.9m/s)，冲刷层面材料并从缝隙处向外喷出带细料的泥浆，促使沥青面层出现剥落和松散，水泥混凝土面层出现错台和板底脱空等病害，从而使整个路面的使用性能快速下降。

10.2　中央分隔带入渗与产流分析

10.2.1　中央分隔带水的来源

中央分隔带中水的来源有两类：大气降水和中央分隔带绿化灌溉水。中央分隔带除了在绿化养护期间进行灌溉外，其余只有在干旱少雨季节才进行灌溉，且灌溉量有限，因此灌溉水对路基路面的影响可以忽略。

设灌溉车的喷水量为Q_0，行驶速度为V，分隔带宽度为B，则灌溉强度：

$$I=\frac{Q_0}{V\cdot B} \tag{10-1}$$

灌溉水要能保证中央分隔带植被土层的含水率大于其永久枯萎点，常见土壤的永久枯萎点见表10-1。

常见土壤的水分常数　　表 10-1

土壤类型	田间持水量	永久枯萎点	有效水分
砂土	0.09	0.02	0.07
砂壤土	0.27	0.11	0.16
壤土	0.34	0.13	0.21
粉砂壤土	0.38	0.14	0.24
黏壤土	0.30	0.16	0.14
黏土	0.39	0.22	0.17
泥炭	0.55	0.25	0.30

10.2.2 中央分隔带水的变迁

降落在中央分隔带内的水有五种变迁方式：入渗、地表径流、植物截留、洼地填蓄和蒸发，如图 10-1 所示。

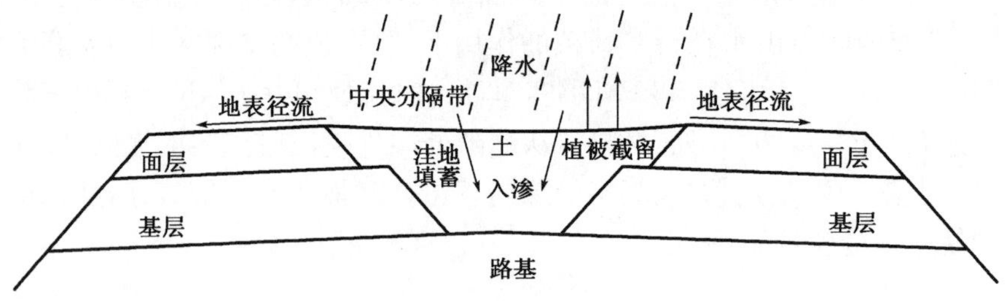

图 10-1　中央分隔带降水变迁示意图

由于一次降雨中的蒸发量不大，故可以不予考虑。对于植被截留，虽然已经建立了不少估计截留量的经验公式，但是这些公式有很强的地区性，并且大量的观测资料表明，一次降雨的截留量一般不超过 10mm，暴雨时可能更小。因此，为简化分析，中央分隔带排水设计只考虑洼地填蓄、入渗和地表径流，而这种简化分析对排水设计是偏安全的。

10.2.3 中央分隔带降水入渗规律分析

研究入渗有两种基本方法：物理学方法和水文学方法。物理学方法是从力的平衡和质量守恒方面建立数学物理方程，然后在简化的条件下求解。该方法逻辑严密，但求解复杂，一般适用于数值计算和模拟。水文学方法则从入渗的概念出发，建立能够反映入渗过程的公式，如用概化的方法建立流域入渗模型，然后用实际资料确定其中的参数。该方法具有物理意义明显，易于求解的特点，下面用来分析入渗规律的湿润锋理论就属于这种方法的范畴。

雨水下渗过程中，土层内湿土与干土之间有明显的移动界面，这一界面称为湿润锋。根据湿润锋理论可以推导出与中央分隔带排水设计相关的入渗规律，包括入渗深度与入渗时间的关系、入渗量、产流时刻以及产流量等。

W. H. 格林和 G. A. 恩卜特于 1911 年最早提出用湿润锋理论来研究非饱和土的入渗规律，即著名的 Green-Ampt 模型。其后，阿列克谢耶夫推广了这一做法。根据阿列克谢耶夫的假设：进入土壤的水，可使土壤从地面至入渗锋面之间沿深度均匀地湿润；渗流深度是在土壤毛细管饱和后才增大的。由达西定律可得中央分隔带任一深度处断面入渗量为：

$$i(t) = Ak\frac{H}{Z} \tag{10-2}$$

式中：A——距中央分隔带表面 Z 处的渗流面积；

k——饱和渗透系数；

H——总水头；

Z——锋面距土壤表面距离。

入渗中央分隔带土体的水分可视为在以下三种力的作用下运动：①饱和土壤的静水压力 Z；②入渗锋面处的吸力 h_k；③土壤表面的水压力 h_w。

国外学者已经建立了多种入渗锋面处吸力的计算方法，Mein、Larson(1973)和 Newman(1976)提出的方法较为合理。

Mein 和 Larson(1973)提出的公式为：

$$h_k = \int_0^1 S\,\mathrm{d}K_r \tag{10-3}$$

式中：S——基质吸力；

K_r——渗透比。

由于 $K_r \to 0$ 时，S 值很大，故式(10-3)积分下限在实际计算中常取一接近 0 的值。

由非饱和土力学相关公式可以导出：

$$h_k = \int_0^1 S_s\left(\frac{\theta}{\theta_s}\right)^{-b}\mathrm{d}\left(\frac{\theta}{\theta_s}\right)^{2b+3} = \frac{S_s(2b+3)}{b+3} \tag{10-4}$$

式中：θ——湿润锋前土体的体积含水率；

θ_s——土体的饱和体积含水率；

S_s——土体的饱和基质吸力。

Cosby 等人(1984)通过方差回归分析研究了土壤质地、结构、地形、土地利用、作物根系等因素与参数 b 的关系，得到如下回归方程：

$$b = 2.91 + 0.159C_p \qquad R = 0.983 \tag{10-5}$$

式中：C_p——黏粒含量(%)。

根据以上假设，有：

$$\frac{H}{Z} = \frac{Z + h_k + h_w}{Z} = 1 + \frac{h}{Z} \tag{10-6}$$

入渗 t 时刻后，湿润锋距中央分隔带表面距离为 Z，根据土壤水量平衡有：

$$(\theta_s - \theta_0)A\mathrm{d}z = i(t)\mathrm{d}t \tag{10-7}$$

将式(10-2)、式(10-6)和式(10-7)两边积分：

$$t = \frac{\theta_s - \theta_0}{k}\left[Z - h\ln\left(\frac{Z}{h} + 1\right)\right] \tag{10-8}$$

式(10-8)即为入渗深度与入渗时间的关系式。将式(10-6)代入式(10-2)得到入渗开始后任一时刻的理论入渗量为：

$$i(t) = Ak\left(1 + \frac{h}{Z}\right) \tag{10-9}$$

入渗发生后 t 时间内累计入渗量为：

$$I(t) = \frac{1}{2}Z(\theta_s - \theta_0)(A_1 + A_2) \tag{10-10}$$

式中：A_1——起始入渗面面积；

A_2——t 时刻入渗锋面面积。

10.2.4 无排水设计中央分隔带入渗量与产流量分析

降雨的入渗过程可分为两阶段：第一阶段称为供水控制阶段；第二阶段称为土的入渗能力控制阶段。两阶段交点称为积水点。前一阶段为无压入渗或自由入渗；后一阶段为积水或有压入渗。如果供水量始终小于入渗能力，则不会产生积水或者径流。

1. 产流时刻 t_p

产流时刻 t_p 是土壤入渗能力和降雨强度的函数，而入渗能力和降雨强度则与降雨时间有关。因此，为简化分析，假设降落在中央分隔带内的降水大于其入渗能力时即开始产流。根据这个假设求得的降雨强度偏大，所以对于排水设计是偏安全的。

产流历时 t_p 的确定步骤如下。

(1)假定产流历时为 t_p。

(2)按《公路排水设计规范》(JTJ 018—97)方法求得降雨历时为 t_p 的降雨强度 I。

(3)由式(10-8)求得 t_p 时刻锋面入渗深度 Z,并求得相应深度的入渗面积 A_2。

(4)由式(10-9)求得 $i(t_p)$。

(5)分隔带顶面入渗面积为 A_1,比较 IA_1 与 $i(t_p)$的大小。

(6)不断调整 t_p,直至 $IA_1=i(t_p)$,此时的 t_p 即为产流时刻。

2. 中央分隔带入渗量

根据上述分析,中央分隔带实际入渗量可以表示为:

$$i(t)=\begin{cases}A_1 I & t\leqslant t_p\\ Ak\left(1+\dfrac{h}{Z}\right) & t>t_p\end{cases}\tag{10-11}$$

累计入渗量可以表示为:

$$I(t)=\begin{cases}A_1 It & t\leqslant t_p\\ \dfrac{1}{2}Z(\theta_s-\theta_0)(A_1+A_2) & t\leqslant t_p\end{cases}\tag{10-12}$$

3. 中央分隔带产流量

中央分隔带产流量可以表示为:

$$I(t)=\begin{cases}0 & t\leqslant t_p\\ A_1 It-\dfrac{1}{2}Z(\theta_s-\theta_0)(A_1+A_2) & t\leqslant t_p\end{cases}\tag{10-13}$$

10.3　入渗水对路基路面湿度状况和结构性能影响分析

10.3.1　入渗水对路基路面湿度状况的影响

1. 无防渗层条件下入渗水的迁移

根据物理学原理建立的描述多孔介质渗流规律的 Richards 方程是非线性的微分方程,目前还没有解析解,因此在大多数情况下,需要采用数值解法或有限元方法进行解算。同济大学采用美国 USGS 二维非饱和土稳态和非稳态渗流计算软件(VS2DI),用有限元法分别分析了 3m 和 10.5m 宽的中央分隔带降水入渗迁移规律。

分析时,中央分隔带回填土采用壤土,并且考虑了回填土垂直向渗透系数的变化。入渗的边界条件简化为两种:产流前,固定降水强度,表面水都被横坡和纵向排水设施排除，分隔带表面不积水，即分隔带的入渗是无压自由入渗；产流后，降水没有被有效地排除，在中央分隔带形成了积水，积水深度为 2cm。两种中央分隔带的入渗参数数值计算结果列于表 10-2。

3m 和 10.5m 宽的中央分隔带的入渗参数 表 10-2

时间(h)	入渗深度(m)		湿润宽度(m)		入渗率(cm/s)		累计入渗量(cm^3)	
	10.5	3	10.5	3	10.5	3	10.5	3
2	0.292	0.196	0.312	0.172	1.51	1.97	5 787	1 937
4	0.474	0.392	0.376	0.252	1.27	1.26	8 604	2 830
12	0.786	0.678	0.502	0.362	1.14	1.15	18 480	5 676
24	1.164	1.078	0.592	0.448	1.01	1.13	31 640	9 757
36	1.482	1.474	0.64	0.498	1.07	1.12	44 630	13 810
72	2.596	2.636	0.788 1.514① 2.578②	0.648 1.388① 2.460②	1.05	1.12	83 880	25 920

注：①壤土($\theta_0=0.12$)，假设填土高度为 0.8m，降雨历时 72h，强度为 $q=3.52$cm/h。
②壤土($\theta_0=0.30$)，假设填土高度为 0.8m，降雨历时 72h，强度为 $q=3.52$cm/h。

分析表中数据可知：3m 和 10.5m 宽的中央分隔带的入渗规律(入渗深度、入渗率)相近，符合湿润锋理论；累计渗入量与宽度基本成正比，10.5m 宽的中央分隔带的累计渗入量约是 3m 宽的累计渗入量的 3.2 倍。

湿润宽度(图 10-2)与降水历时、中央分隔带宽度、垂直向渗透系数和填土特性(如初始含水率)有关。降水历时越长，湿润宽度越大；10.5m 宽的中央分隔带的湿润宽度较 3m 宽的稍大(约宽了 0.14m)；如果考虑工程实际中垂直向渗透系数由于压实度增大而减小，则湿润宽度将显著加大；初始含水率越大，湿润宽度越大；对于湿润壤土($\theta_0=0.30$)，假设填土高度为 0.8m，在持续 72h、强度为 $q=3.52$cm/h 的降雨作用下，湿润宽度可达 2.58m。

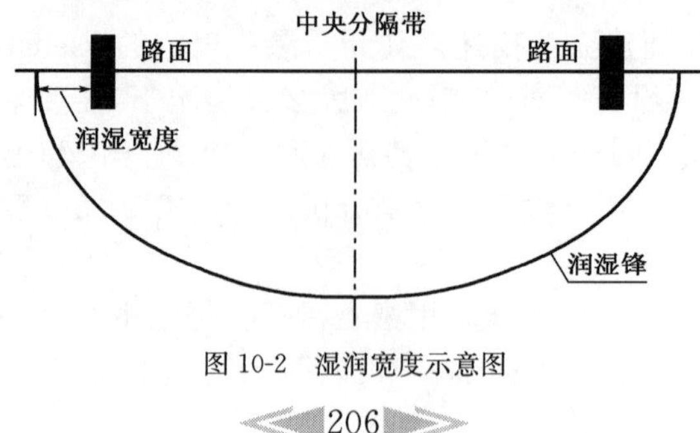

图 10-2 湿润宽度示意图

上述湿润宽度计算的假设条件为均质壤土(渗透系数为1.32cm/h),路面结构层(沥青面层、半刚性基层、处治土)和压实土基在无裂缝和层间紧密黏结时,渗透系数均小于该值,即上述2.58m的湿润宽度是偏大的。若路面结构层有裂缝或层间非完全黏结,渗水量将大大增加,有可能超过孔隙的渗水。因此,为了阻止降水向两侧路基路面迁移,保证路面的结构承载力和使用性能,中央分隔带应设置排水系统,以便快速排除入渗降水。

2.有防渗层条件下入渗水的迁移

当填土与结构层之间有防渗层时,由于材料或施工等原因,防渗层出现孔洞,分隔带内的水将从孔洞向两侧结构层迁移。假设防渗层和结构层间有一均匀的间隙层,厚度为t,水流通过孔洞后,在间隙内流动,称为接触面流。在发生接触面流的同时,还伴随着向结构层的渗流。为了简化分析,假设结构层中的流线垂直于界面,并且在垂直于孔洞中轴线的任一平面内,与交点等距的点其水头相等。

根据渗流理论导出孔洞的渗漏量:

$$Q=\pi r_1^2 k\left(1+\frac{H_w}{H_s}\right)+2\pi\theta\lambda r_1[BK_1(\lambda r_1)-AI_1(\lambda r_1)] \tag{10-14}$$

式中:$K_1(\lambda r_1)$、$I_1(\lambda r_1)$——分别为一阶Ⅰ类和Ⅱ类变形Bessel函数;

r_1——孔洞半径;

A、B——常数,可由边界条件确定;

θ——结构层和防渗层间的导水率;

H_w——孔洞至中间带顶面的距离;

H_s——结构层渗流厚度。

10.3.2　入渗水对路基回弹模量的影响分析

路基土回弹模量是湿度(含水率或饱和度)、干密度、土的类型、加荷频率和加荷循环次数等的函数。其中,影响路基土回弹模量的最关键因素是含水率。

通过室内试验,测定不同含水率和压实度条件下的路基土回弹模量,试验结果表明随着路基土湿度的增大,其回弹模量值(或其对数值)明显减小。从最佳含水率状态到饱和状态,路基土的回弹模量值可以相差2～6倍。

10.3.3　入渗水对路面各结构层强度的影响

美国州公路与运输关员协会(AASHTO)在1993年的路面设计指南附录中指出:沥青混凝土面层,在水饱和状态下,其模量值下降可超过30%;粒料基层和下基层浸水后，其模量下降值超过50%；处治基层（水泥处置基层、沥青处置基层、石灰处置基层），沥青处治基层其模量下降值可超过30%；水泥和石灰处置基层的模量下降不明显，但更容易受到冲刷。

因此，如果中央分隔带内的水迁移进入各结构层，将不同程度地影响各结构层的强度，从而导致路面承载力的下降，加速路面损坏，降低其使用寿命。

10.3.4 入渗水对路基路面结构性能的影响分析

中央分隔带内的入渗水向两侧路基路面迁移后，不仅影响了各结构层的强度，而且还可能改变层间结合条件。因此，入渗水对路基路面结构性能影响分析应包括两方面内容：标准荷载作用下，结构层强度变化对其应力、应变影响分析，以及层间结合条件变化对各结构层应力、应变影响分析。

1. 结构层强度变化对其应力、应变影响分析

为简化分析，仅考虑路基回弹模量因路基土含水率增大而减小时，路面各结构层的应力、应变。某高速公路在路堑处的结构层参数见表10-3。路基顶面以下30cm内的路基土压实度取100%，30cm以下则取95%。两种压实度条件下，不同含水率的路基土回弹模量见表10-4。

面层参数取值　　表10-3

路面结构层	各层厚度(cm)	回弹模量(MPa)	泊松比
沥青面层	12	1 200	0.3
二灰碎石基层	40	1 400	0.3
石灰土底基层	30	600	0.3

路基参数取值　　表10-4

压实度(%)	含水率(%)	路基回弹模量(MPa)	泊松比
95	4.0	223	0.35
	7.6	107	
	10.6(饱和)	33	
100	4.0	312	
	7.6	136	
	8.4(饱和)	83	

由弹性层状体系程序BISAR求得标准轴载作用下，路基土含水率分别为4.0%、7.6%以及饱和的各结构层层底应力变化规律如下。

(1)沥青混凝土面层层底受压。随着路基土含水率的增加，面层层底压应力

也随之增大，最大增幅为22%。

(2)基层层底拉应力随着路基土含水率的增加而增大，最大增幅为48%。

(3)随着路基土含水率的增加，底基层层底拉应力也随之增大，最大增幅为2.2倍。

2.层间结合条件变化对各结构层应力、应变的影响分析

主要考虑三种层间结合条件：完全连续、半滑动和完全滑动，其中半滑动是指当BISAR程序中表征滑动状态的因子α(0～1)取0.5时，结构层所处的状态。由BISAR程序算得所有结构层层间结合条件分别为完全连续、半滑动和完全滑动时，标准轴载作用下路表各结构层层底应力变化规律如下。

(1)当层间结合条件由完全连续变为滑动时，面层底部由受压转变为受拉状态。

(2)层间结合条件对基层影响最大，当层间结合条件由完全连续变为半滑动时，层底拉应力增量为10%～15%；转换为完全滑动时，层底拉应力增大两倍左右。

(3)当层间结合条件较小，并且由连续变为完全滑动时，层底拉应力增量为50%左右。

10.4 中央分隔带排水设计方法

10.4.1 中央分隔带典型排水系统的布设

无入渗中央分隔带排水系统典型布设方案如图10-3所示，它由以下四部分组成。

(1)隔水铺面：防止降水入渗。

(2)纵向集水沟：汇集降落到铺面上的水，并排入水井内。

(3)集水井：汇集中央分隔带内的降水。

(4)横向排水管：排出集水井内的水。

有入渗中央分隔带排水系统典型布设方案如图10-4所示，它由以下五部分组成。

(1)横向渗沟：当中央分隔带较宽(大于8m)时，为快速排出入渗水，设置横向渗沟，汇集入渗水，并将其排入横向渗沟。

(2)纵向渗沟：汇集入渗水，并将其排入集水井。

(3)集水井：汇集中央分隔带内的降水。

(4)横向排水管:排出集水井内的水。

(5)防渗层:防止中央分隔带内的入渗水向两侧迁移。

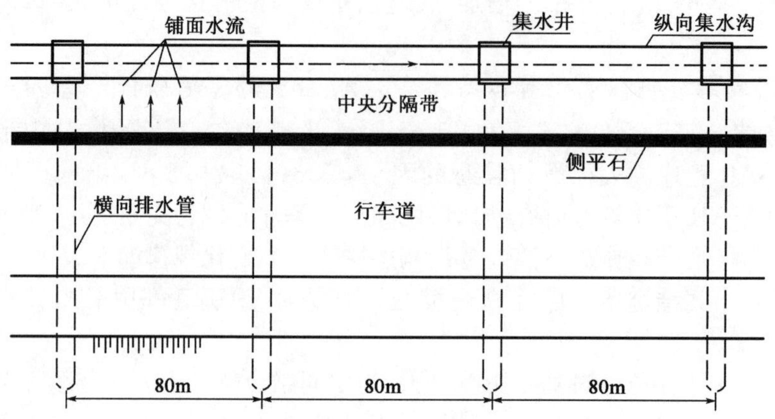

图 10-3 无入渗中央分隔带排水系统

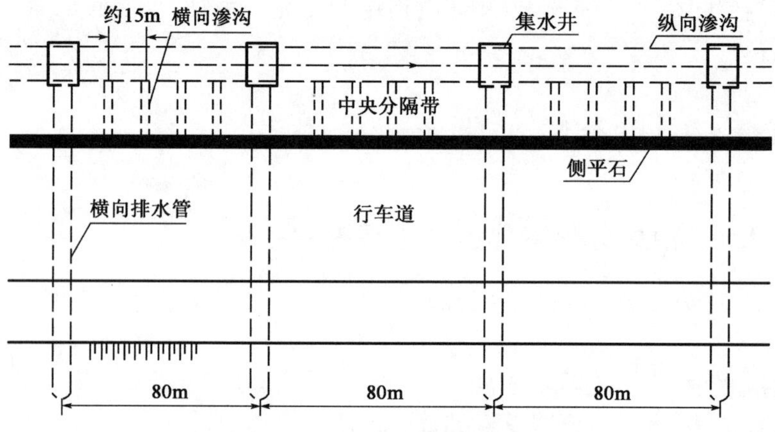

图 10-4 有入渗中央分隔带排水系统

10.4.2 中央分隔带排水设计的临界条件

无封闭中央分隔带通常应考虑分隔带内的排水设计,但当出现下述两种情况之一时,可不进行分隔带内的排水设计。

(1)由式(10-8)求得的产流入渗深度如果大于中央分隔带内的回填土厚度,并且当地下水位较低,土基透水性能良好时,则中央分隔带可以不设排水渗沟,让水分直接渗入土基排走,仅需对填土与结构层界面进行防渗处理。

(2)对于蒸发量较大的干旱少雨地区,如果回填土和路基土的透水性能都比较好,且分隔带宽度小于3m,即使入渗深度达不到上述要求,也可不设防排水设施。

10.4.3　排水渗沟埋置深度

排水渗沟设置的目的在于快速汇集、排出中央分隔带内的降水,以期能减少入渗水向两侧路基路面的迁移量和地表产流量。因此,如果仅从入渗排水的角度分析,排水渗沟的设置深度应满足以下要求:

$$Z \leqslant Z_1 \tag{10-15}$$

式中:Z——渗沟埋置深度;

Z_1——产流时入渗深度。

如果考虑绿化的要求,则渗沟设置深度应满足以下要求:

$$Z \leqslant Z_2 \tag{10-16}$$

式中:Z_2——植被生长所需的土壤厚度。

因此,为有较地发挥排水渗沟的功能,其埋置深度应综合考虑以上两个条件,同时结合管线埋设等因素后加以确定。

10.4.4　渗沟水力计算

1. 中央分隔带地下渗流量计算

设置排水渗沟的中央分隔带入渗率的计算,按排水渗沟埋置深度是否超过产流时的入渗深度分两种情况考虑。当排水渗沟埋置深度 H 小于产流时的入渗深度 Z_1 时,渗沟排水能力应大于入渗量,降水期间入渗率为 IA_1。这种情况要求中央分隔带填土具有很高的透水性能,在实际工程中很少出现。

当排水渗沟埋置深度 H 大于产流时的入渗深度 Z_1 时,累计入渗量采用下式计算:

$$I(t)=\begin{cases} IA_1 t & t \leqslant t_{\mathrm{p}} \\ \dfrac{1}{2}Z(\theta_{\mathrm{s}}-\theta_0)(A_1+A_2) & t_{\mathrm{p}}<t \leqslant t_0 \\ \dfrac{1}{2}Z(\theta_{\mathrm{s}}-\theta_0)(A_1+A_0)+q(t-t_0) & t>t_0 \end{cases} \tag{10-17}$$

式中:t_0——湿润锋到达渗沟底面的时间;

q——渗沟排水能力;

Z——渗沟埋置深度;

A_0——Z 处中央分隔带截面面积。

2. 渗沟排水能力计算

排水渗沟一般都需要设置土工织物作为反滤层，在渗沟内则回填透水粒料。由于反滤层设计考虑了透水性原则，所以渗沟的排水能力由回填材料的渗透性系数决定。渗沟排水能力为：

$$q = kD \tag{10-18}$$

式中：D——进水周长，m。

3. 渗沟内透水管所需断面

在渗沟或反滤织物内往往通过设置透水管来排除中央分隔带内的渗入水。透水管所需要的过水断面面积由下式计算：

$$A = \frac{qlF}{v} \tag{10-19}$$

式中：A——透水管所需的过水断面面积，m^2；

q——透水管每延米长度的设计流量，m^3/s；

l——透水管长度（出水口间距），m；

v——管内平均流速，m/s，取 0.3～1.0m/s；

F——安全系数，由现场确定渗透系数时，F 取 1.5；由室内试验确定渗透系数时，F 取 2.0；按土质类型估计渗透系数时，F 取 3.0。

10.4.5 中央分隔带产流量计算

当排水渗沟埋置深度 H 大于产流时的入渗深度 Z_1 时，部分雨量将需由路表排水系统排出路界，这部分雨量（中央分隔带的产流量）的计算式为：

$$q(t) = \begin{cases} 0 & t \leqslant t_p \\ IA_1 t - \frac{1}{2} Z(\theta_s - \theta_0)(A_1 + A_2) & t_p < t \leqslant t_0 \\ IA_1 t - \frac{1}{2} Z(\theta_s - \theta_0)(A_1 + A_2) - q(t - t_0) & t > t_0 \end{cases} \tag{10-20}$$

10.4.6 渗沟排水时间计算

渗沟排水时间（T）是指降水结束后，渗沟重力排水所需的时间。中央分隔带内的渗沟和地下水位如图 10-5 所示，则 T 的计算方法如下：

$$T = \frac{1}{2}\alpha H^2 + \beta H \tag{10-21a}$$

$$\left.\begin{aligned}\alpha &= \frac{\mu(A_1 - A_0)}{k(2h+b)H} \\ \beta &= \frac{\mu A_0}{k(2h+b)}\end{aligned}\right\} \tag{10-21b}$$

式中：μ——给水度。

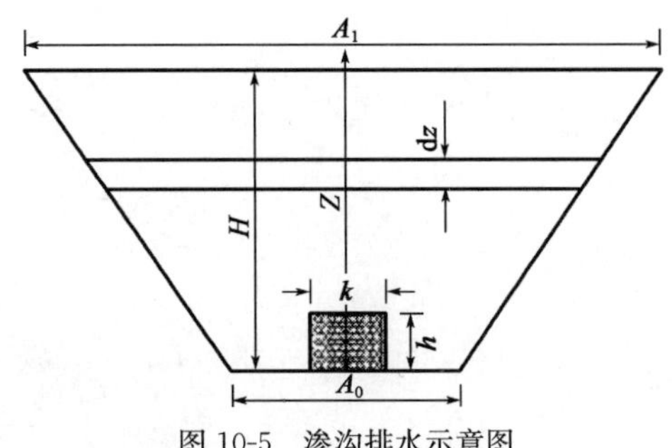

图 10-5　渗沟排水示意图

10.4.7　渗沟进水截面周长

为了尽量减少入渗水向两侧路基路面的迁移量，应尽快疏干中央分隔带内的自由水，即中央分隔带排水时间应满足以下要求：

$$T \leqslant T_0 \tag{10-22}$$

式中：T_0——限制渗入水迁移量的时间上限，与中央分隔带结构、两侧路基路面结构和材料特性以及回填土性质等有关。

根据以上公式可得排水渗沟进水周长为：

$$2h + k \geqslant \frac{\mu H(A_1 + A_2)}{2kT_0} \tag{10-23}$$

式中符号意义同前。

第 3 篇　城市道路排水

第11章 城市道路综合排水系统

随着城市范围内汽车保有量的增加，城市道路等级、宽度等指标越来越高，尤其是城市快速路或城市外环线等道路，仅车道数一个指标即可达到双向八车道。因此，城市道路的综合排水系统包括路基(主要是绿化带)排水、路面结构排水及道路表面排水(图 11-1)。

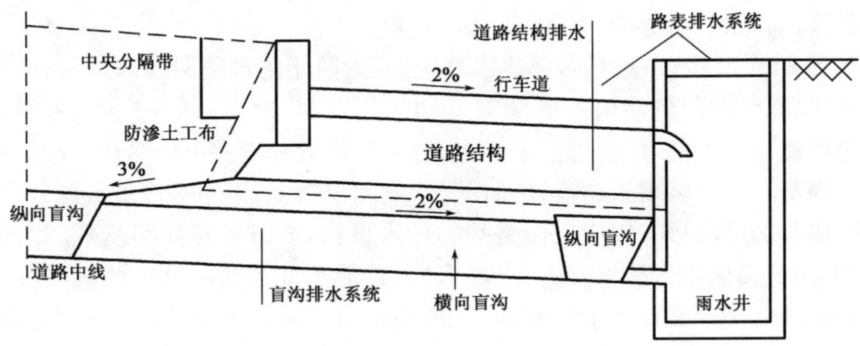

图 11-1　城市道路综合排水示意图

11.1　路基内部排水系统

11.1.1　绿化带排水

路基的设计高程受地下水位影响，为减少路基填方量，同时亦为了节省投资，高等级道路的路基一般按中湿状态控制道路的设计高程。路基排水的目的是将路基范围内的土基湿度降低到一定的范围内，使路基常年处于干燥或中湿状态，确保路基及其上的结构层具有足够的强度和稳定性。影响路基的水流按来源不同可分为地面水及地下水两大类。地面水包括大气降水与河、湖等库存水以及通过路面或绿化带的下渗雨水；地下水包括上层滞水（毛细水）、潜水、层间水等。对于城市道路，一般很少会受河、湖等库存水的侵蚀，所以路基排水设计工况主要是考虑绿化带下渗雨水的排除，即通过采用工程措施，将影响路基稳定性的绿化带下渗水排放到路表排水系统或路基用地范围之外。对大中型城市的外环线考察结果表明，为了道路的美化，其中间绿化带或两侧绿化带的宽度都较一般公路大，两侧绿化带的降水及其下渗水均随土方造型流向道路外侧，并由处于道路边缘处的集水明沟收集后随地形就近排放。中央绿化带的下渗水需要通过道路的路基才能排出，如果位于快车道下的排水沟（管）不通畅，将会给路基的安全带来很大危害。因此路基排水的重点是中央绿化带下渗雨水的排除。

《公路排水设计手册》对宽度大于 3m、表面凸起且无铺面封闭的中央分隔带排水作了如下规定：降落在分隔带上的表面水一部分形成表面径流沿两侧流向车行道，由路表面排水设施排走；另一部分表面水则向下渗入分隔带土体内，可通过在分隔带内设置地下排水设施（渗沟和管）汇集渗入水，并通过隔一定间距设置的横向排水管将渗沟内的水引排出路界。

如图 11-1 所示，在路基内部排水系统中，为防止雨水侧向渗入路基，应设置防渗土工布。这样，下渗雨水的横向运动受到限制，雨水只能向下渗入纵向盲沟。沿道路行车方向，应设置三条纵向盲沟，其位置分别在中央绿化带和道路两侧绿化带下。由于城市道路设计高程受影响因素较多，当路基地下水位较高时，中央分隔带的横向排水管应兼作路基的排水设施，即具备排除路基范围的地下水功能，因此横向排水管应改为渗沟（盲沟）才能达此目的。这一改进实际上对排水系统的安全性又提出了更高的要求，因为横向渗沟如果排水不畅而滞留水量将直接危及其上面路基的稳定性。不论是纵向渗沟，还是横向渗沟，沟底均应设置一定的纵坡，且横向渗沟的横坡要求应更大一些。

11.1.2 盲沟布设方案

盲沟及芯管的材料等问题已在内部排水部分进行讨论，因此本部分主要论述盲沟的布置方式、盲沟的间距、盲沟的高程及坡度、盲沟的断面形状及尺寸等。

1. 盲沟的布置形式

盲沟具有施工时排水、工后控制地下水位和绿化带排水的多重功能，在满足以上功能的前提下应力求简单、方便施工。盲沟的布置与路基排水的方向有很大关系。城市道路为了保持行车的舒适性，应避免在行车道设置窨井盖引起行车不适；为了方便养护维修需要，雨水排水管道一般不埋设在车行道下，而是放在道路两侧绿化带的路肩处。通过设置雨水口侧向收集路面雨水至两侧绿化带土路肩处的雨水管道，因此盲沟的排水方向是由路中央至路肩处的雨水管道。为了收集中央绿化分隔带和两侧土路肩绿化带的下渗水，沿道路纵向在中央绿化带中心线和快车道边缘处设置三条平行的纵向盲沟，沿道路纵向每隔一定的距离设置一条横向盲沟，将中央绿化带纵向盲沟的水引至两侧盲沟并通过设置连接管(PVC管)与雨水管道连通，横向盲沟不仅具有输水功能，而且还具有收集路基地下水的集水功能。盲沟布设的横断面图可参见图 11-1，平面图见图11-2。

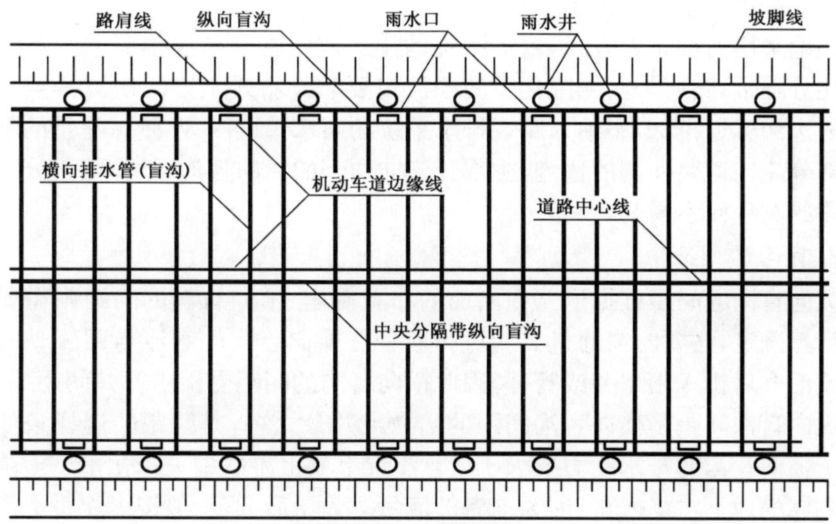

图 11-2　盲沟布设平面图

图 11-2 为具有边坡的城市道路，在城市外环线中比较常见。对于市区道路，边坡通常被人行道所代替，因而在道路两侧也可不布设内部排水结构，而只需在中间带布设盲沟系统。

横向盲沟与纵向盲沟垂直相交布置是水力路径最短的路线而被广泛采用，同时亦有利于施工放样。当道路的纵坡较大时也可以将纵坡路段的横向盲沟顺着纵坡方向与纵向盲沟成一定的斜交角度布置，有利于水力条件的改善(图 11-3)。

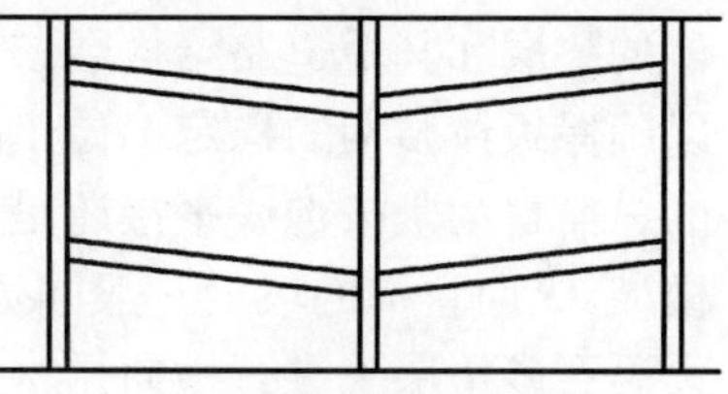

图 11-3　横纵盲沟布设示意图

关于道路两侧纵向盲沟的位置，可以放在道路两侧侧平石下和土路肩下。前者盲沟的出水管连至雨水口井，盲沟排水通过雨水口井再排至窨井从而进入排水管道;后者盲沟的出水管直接连至雨水管道窨井。两侧纵向盲沟放在侧平石下有利于收集路床地下水,尤其是对收集其上面的平石与侧石及沥青路面接缝处的雨水非常有利,同时还可加强路面结构内部排水;另外由于雨水口井与窨井之间有一定的高度,盲沟出水口管与雨水口井连接,还有利于防止在汛期河道水位高涨时,雨水管道排水不畅而使回流水倒灌至横向盲沟内,影响路床的稳定性。但这种布置方式由于盲沟直接设在行车道范围的路床下,如果运行时因空隙堵塞而引起排水不畅将直接影响路床的强度,因此对盲沟本身的排水安全性提出了更高要求。

不论采用何种布置方式,盲沟系统的排水范围主要是快车道下的路床及中央绿化分隔带,路肩外两侧绿化带的径流主要靠外斜式土方的横坡排至道路红线处的边沟就近排除,不纳入路表排水系统的雨水管道内;两侧绿化带的下渗雨水大部分流向道路外侧的边沟,少部分流向两侧的纵向盲沟,具体流量分配随不同地段的高程而不同。

2.盲沟的间距

纵向盲沟的间距根据道路横断面的布置确定,横向盲沟的间距则需要通过水力计算确定,必要时需通过试验进行验证。横向盲沟的水流与两侧纵向盲沟的水流汇合后排入雨水井或窨井,因此横向盲沟的间距受雨水窨井间距的控制,一般纵向盲沟间距是横向盲沟间距的倍数或几分之一,其间距的选择条件是保证每个横向盲沟的排水能力要大于设计工况下其上游的中央绿化带下渗雨水量和其侧向的地下水渗入量,因为前者的流量远大于后者,一般按绿化带下渗雨水量作为计算流量,将考虑盲沟侧向地下水渗入量后的总流量作为校核流量。盲沟的水力坡度一般随道路的坡度而定,横向盲沟的坡度同道路的横坡为2%,纵向盲沟的坡度一般大于3%,在不利情况下也有可能是平坡。

3.盲沟的高程、坡度

盲沟承担路基排水功能时,主要是隔断地下水及其毛细水上升,保持路基和路面结构干燥,因此盲沟高程一般设置在道路垫层之下,盲沟的上面即是结成板体的垫层和其他道路结构层(基层、面层),通过盲沟隔断地下水和毛细水后,可以确保板体结构的稳定。位于路床的横向盲沟高程确定后,中央绿化带和两侧的纵向盲沟是按沟底平接还是沟顶平接也即随之确定。横向盲沟的坡度同路面横坡,纵向盲沟的坡度一般同道路纵坡。在高路堤路段一般不设盲沟,而是通过设砾石砂垫层来进行横向排水。

4.盲沟的断面形式

盲沟的断面一般采用矩形或倒梯形,其断面尺寸除需满足水力学要求外,还要满足构造要求。早期的排水盲沟填料均为碎石,没有排水芯管,盲沟的断面尺寸可以根据渗入盲沟的流量和假定流速求得。在盲沟中埋设排水芯管后,扩大了盲沟的透水面积,其断面尺寸可以适当减小。盲沟的断面一般采用矩形和梯形,横向盲沟一般为矩形断面,底宽 30cm,高为 40cm;纵向盲沟一般采用倒梯形断面,尺寸为上底宽 80cm,下底宽 40cm,高 50cm。

11.2 路面结构内部排水

降落在路面上的雨水,除大部分通过路表面的横向和纵向坡度流向路肩和路基外,总有相当一部分雨水会沿路面接缝和裂缝的缝隙、路面混合料的孔隙、路面和路肩的接缝以及无铺面的路肩渗入路面结构内。在地下水位高时,地下水会通过毛细渗流进入路面结构下部;在季节性冰冻地区,积聚在路床上部的自由水也会进入路面结构下部。进入结构的自由水向外渗流的速度很慢,需要数周或数月才能慢慢排除,整个路面结构或者部分结构层类似于被安置在封闭的槽式"浴盆"内。大量路面损坏状况调查和路面使用经验表明,积滞在路面结构内的自由水,是造成或加速路面损坏的主要原因。

设置路面内部排水系统可改善路面的使用性能,延长其使用寿命,但也相应增加了路面的造价。为此,应从需要和经济的角度考虑在什么条件下设置路面内部排水设施。

美国联邦公路局在 1973 年的路面结构排水系统设计指南中建议,除下述情况外,所有重要的路面结构都要考虑设置内部排水系统。

(1)地下水位深,年降雨量在 200~250mm 以下,无大量融雪或冰雪进入路面结构。

(2)路基土渗透系数大,无冰冻作用。

(3)轻交通,标准轴载(80kN)作用次数小于 150~200 次/d。

国际道路会议常设委员会(PIARC)在 1987 年提出的建议如下。

(1)交通等级为中等(设计车道标准轴载为 100kN 的货车每天在 400~2 000辆之间),而年降雨天数在 150d 以上时;或者交通等级繁重(设计车道标准轴载为 100kN 的货车每天在 2 000 辆以上),而降雨天数为 50~150d 时,采用排水基层或路面边缘排水系统。

(2)交通等级繁重而降雨天数少于 50d 时,或者交通等级为中等而降雨天数为 50~150d 时,采用路面边缘排水系统。

我国在 1998 年公布的《公路排水设计规范》(JTJ 018—97)建议在下述条件

下考虑设置路面内部排水系统。

(1)降水量在600mm以上的湿润和多雨地区,路基由透水性差的细粒土(渗透系数≤10^{-5}cm/s)组成的高速公路、一级公路或重要的二级公路。

(2)路基两侧有滞水,可能渗入路面结构内。

(3)冰冻严重的地区,路基为由粉性土组成的潮湿、过湿路段。

(4)现有路面改建或改善工程,需排除积滞在路面结构内的水分。

11.2.1 排水层排水

排水层的排系统是在路面结构层内设置一层透水性材料作为基层或垫层。渗入路面结构内的水分,先通过竖向渗流进入排水层,然后由横向渗流进入路侧纵向排水沟的PVC带孔集水管,再由间隔一定距离布设的横向出水管排引至附近的雨水井或雨水窨井,通过路基排水系统排出。排水层的透水性材料可选用不含或含少量细料的开级配碎石(或砾石)集料、沥青和水泥处治开级配碎石集料三类混合料,排水垫层的透水性材料选用不含或少含细料的开级配碎石(或砾石)集料。

排水基层的厚度按所需排放的水量和透水性材料的渗透性而定,通常变动在8～15cm范围内(一般为10cm左右),其最小厚度不得少于6cm。排水垫层(开级配粒料)的厚度一般为20cm。

11.2.2 道路边缘排水

设置边缘排水系统路段的道路结构层同正常路段一样,只是沿路面结构的外侧边缘还设置了纵向边缘排水设施。由于道路结构层中没有专门的排水层,故承担横向排水通道的是道路结构层的层间空隙。而层间空隙的形成主要与沥青摊铺过程中以下两点因素有关。在沥青面层的层间接触面上形成了密度较小的薄弱带,成为了最好的蓄水层和横向排水通道。

(1)每个沥青层的厚度较薄,摊铺层温度较高,而下卧层的温度很低,较大的温度差异使摊铺的混合料在接触面上热量迅速散失,摊铺层下部温度迅速降低,沥青的黏度因此迅速升高,使摊铺层底部难以压实。

(2)每个摊铺层的厚度较薄,碾压时沥青层很难在厚度方向上形成均匀的揉搓和碾压,往往造成上部相对密实,而下部相对疏松。

《公路排水设计手册》指出:公路边缘排水系统出水口(管)的间距,可按设计流量、管径和纵坡大小由水力计算确定,但还应考虑养护是否便利。常用的间距一般为40～60m,最大间距为75～100m。

11.3 道路表面排水

城市道路的表面排水，是指降落于路表的雨水，在设置横坡、纵坡的道路上流向道路边缘，经排水口流入雨水井，进入城市的地下管网系统。其排水方式根据道路所处位置一般分为两种形式：一是市区道路，水流汇聚于道路侧石和横坡构成的浅三角形边沟，然后经排水口流入雨水井，此种形式的排水流量包括道路表面的水流和人行道及经排水管流到人行道上街区建筑顶面的水流；二是对远离市区的外环线等道路，可在道路两侧边缘设置梯形或矩形边沟，水流先流至边沟，再进入雨水井，其排水方式和公路排水非常类似，但需注意的是，其边沟的深度较公路用边沟要深，因为有时需在边沟侧壁上布设一些市政管线。

11.3.1 浅三角形边沟

在城市道路中，受交通条件的限制，常于道路右侧设置侧石结构。如此则形成了由道路铺面、路肩和侧石构成的浅三角形沟渠。水流在道路横坡、纵坡作用下向道路边缘汇聚，则形成有一定宽度的浅三角形过水断面形式(图 11-4)。

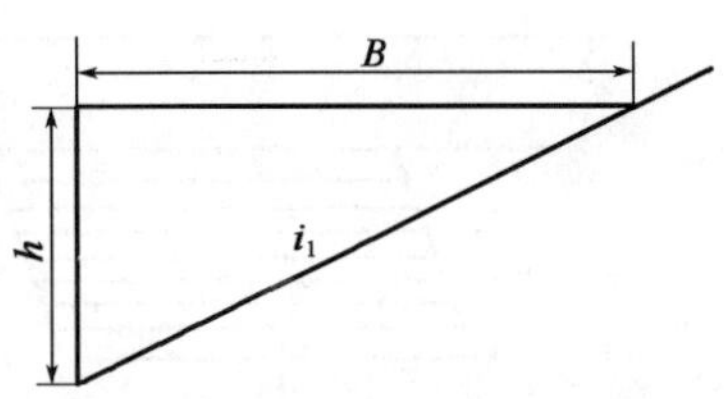

图 11-4 单一横坡的浅三角形边沟

为增加浅三角形边沟的排水能力或减小过水断面的宽度，可选择在单一横坡的边沟设置一定宽度的低洼区，如图 11-5 和图 11-6 所示，故称此类边沟为复合横坡的浅三角形边沟。该类边沟可在低洼区连续设置或在排水口的局部区域内设置。复合横坡的边沟在城市道路施工中是完全允许的。但对于安装侧石的道路结构，图 11-6 所示的复合横坡的浅三角形边沟很少采用。

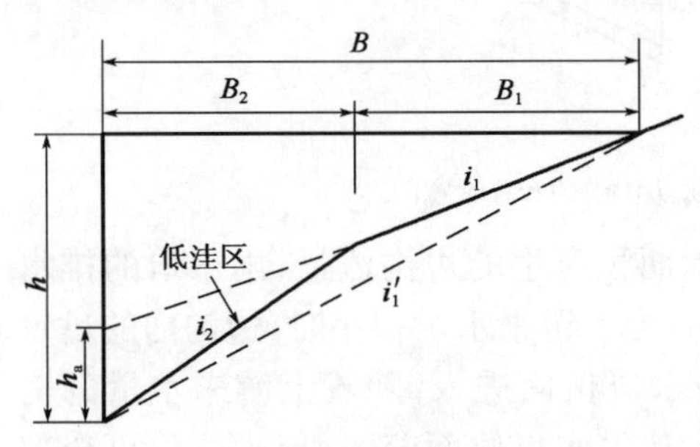

图 11-5 复合横坡的浅三角形边沟(一)

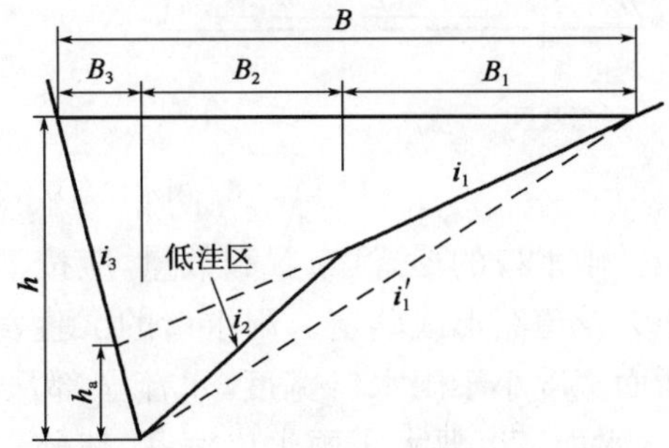

图 11-6 复合横坡的浅三角形边沟(二)

11.3.2 排水口

1.排水口的种类及布设形式

排水口用于收集雨水并将其排放至适当地点，排水口通常置于边沟断面、铺装的中间带、道路边缘和中间带沟渠内。道路表面的排水口通常分为以下四种类型。

(1)雨水口式排水口

雨水口式排水口是由边沟及沟渠内的开口上放置一个篦条式雨水口构成的，在城市道路的路表排水系统中应用较多，其布置在边沟断面内，水流流动时流过雨水口。图 11-7、图 11-8 分别为雨水口在边沟为单一横坡和复合横坡时的布置示意图。复合横坡的边沟内，雨水口的布置形式分为两种：一是雨水口宽度 B_g 和低洼区宽度 B_2 相等；二是雨水口宽度 B_g 小于低洼区宽度 B_2。

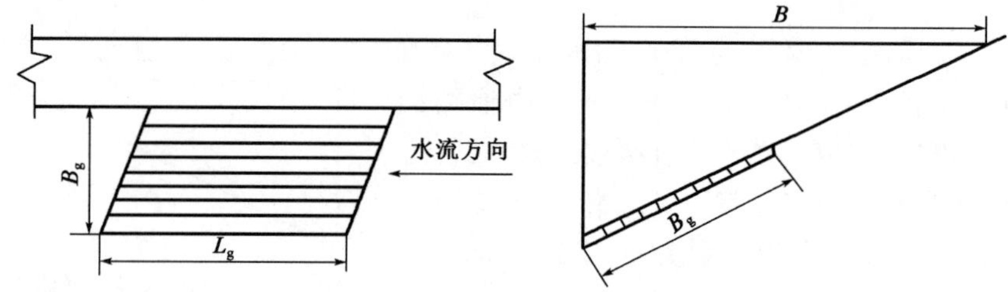

图 11-7 雨水口在单一横坡边沟内的布置示意图

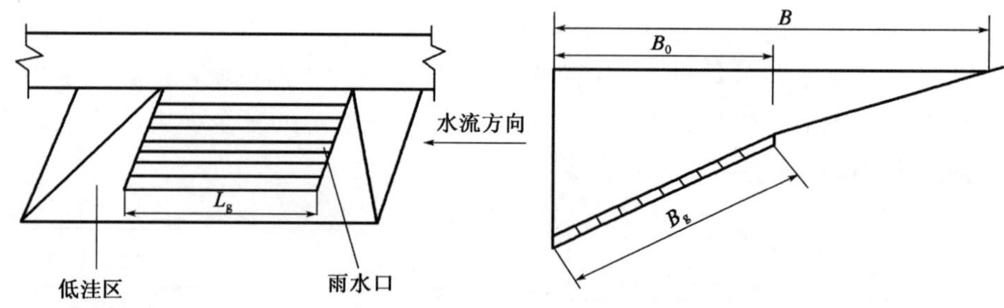

图 11-8 雨水口在复合横坡边沟内的布置示意图

雨水口的形式、布置和数量，应按汇水面积产生的边沟流量、雨水口的排水能力及道路形式确定。雨水口的试验表明：当上游来水量很小时，边沟内的过水断面宽度小于雨水口宽度，水流全部从雨水口正面进入；随着上游来水量的增大，水面宽度要大于雨水口宽度，部分水流从雨水口侧面流入，但水流仍可全部进入雨水口；上游来水量继续增加时，部分水流从雨水口旁边越过，进入下游。

(2)开口式排水口

开口式排水口是在侧石上做垂直开口,并在其上覆盖顶板。开口式排水如图 11-9 所示,排水口低洼区布置如图 11-10 所示。开口式排水口的排水能力和侧石处的水深及排水口的开口宽度有很大关系。因开口式排水口布置在侧石上,边沟内水流需从侧面流入,所以水流流速对其排水能力也有很大影响。纵坡较大时,开口式排水口的排水能力比较低。

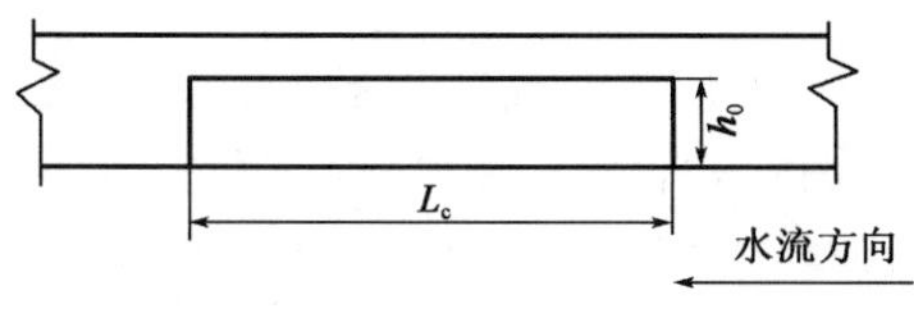

图 11-9 开口式排水口示意图

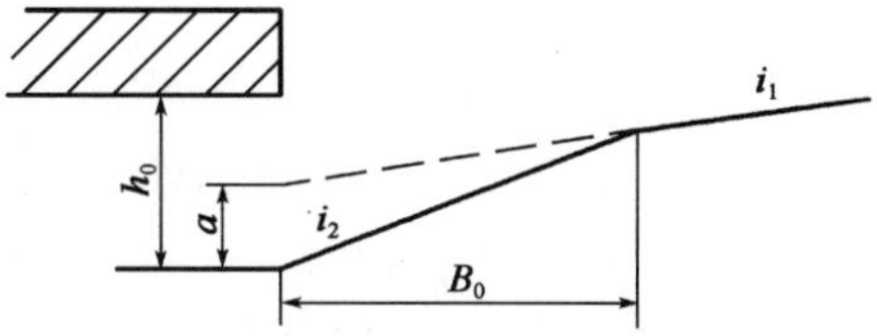

图 11-10 排水口低洼区布置示意图

(3)狭槽式排水口

狭槽式排水口包括一个沿纵向切开的管子,和开口进行垂直连接以保证狭槽的开口宽度。

(4)组合式排水口

组合式排水口包括并排放置的开口式排水口和雨水口式排水口,同时具备了开口式进水口和雨水口进水口的优势,从而组合成了具有较高效率的进水口。国外有文献称之为“清道夫”。组合式排水口有两种形式:一是开口式的长度 L_c 和雨水口长度 L_g 相等,布置在相同的宽度内(图 11-11);二是开口式的长度 L_c 大于雨水口长度 L_g,雨水口布置在开口式排水口的后端(图 11-12)。

图 11-11 等长组合式排水口

图 11-12 不等长组合式排水口

2.排水口的特点及适用条件

雨水口式排水口是一种典型的对边沟纵坡有较大适用范围的排水口。当纵坡增大时,其排水能力会降低,但比开口式排水口的排水量降低程度要小。雨水口式排水口的最大优点是排水口放置于水流经过的路径上;其缺点是排水口有可能会被漂浮的垃圾或碎片堵塞。处于安全考虑，当有可能出现失控车辆时，不应优先选用雨水口式排水口；另外，有自行车交通时，应考虑自行车的安全问题，尤其是篦条宽度较大时，自行车轮子可能陷于其中。

开口式排水口在平坡及低洼区位置较为有效，在水流中携带较多数量的杂物时也使用较多。当边沟纵坡变陡时，排水口的排水能力明显下降，因此开口式排水口被推荐用于低洼区或纵坡小于3%的路段；另外，此类排水口对自行车交通是安全的。

组合式排水口兼具开口式排水口和篦条式排水口的优点，其排水能力较大。当开口式排水口长于篦条式排水口时，开口式排水口可在排水口前端拦截水流中的垃圾。在低洼区，开口式排水口可在两端均加长。

当需要拦截一定区域内的薄层水流时，可使用狭槽式排水口，其主要优点是能拦截较大区域内的水流。另外，狭槽式排水口对由于沉积和杂物引起的堵塞非常敏感，因此该类排水口不推荐用于环境中有明显沉积或杂物的路段。当不存在杂物堵塞问题时，纵坡路段的狭槽式排水口和开口式排水口具有同样的排水能力，本文推荐在城市道路的步行街等区域使用狭槽式排水口。

第12章 城市路表排水的水力计算

城市路表排水水力计算的目的是，通过对一定降雨条件下给定区域设计流量的计算，设计路表排水设施的尺寸，以及确定边沟的尺寸、排水口的尺寸与间距。设计流量的计算方法和公路排水基本相同，但对降雨重现期的规定略有区别，城市道路排水设计所涉及降雨重现期的要求列于表12-1、表12-2中。

城市道路排水设计降雨重现期 表12-1

<table>
<tr><th>城市级别</th><th>快速路</th><th>主干路</th><th>次干路</th><th>支路</th><th>广场、停车场</th><th>立体交叉</th></tr>
<tr><td>大城市</td><td rowspan="2">2～5</td><td>1～3</td><td>0.5～2</td><td>0.5～1</td><td>1～3</td><td>2～5</td></tr>
<tr><td>中、小城市</td><td>0.5～2</td><td>0.5～1</td><td>0.33～0.51</td><td colspan="2">1～3</td></tr>
</table>

道路排水设施的设计降雨重现期 表12-2

<table>
<tr><th rowspan="4">汇水面积(km²)</th><th colspan="9">降雨强度(频率1年，历时20min)(mm/min)</th></tr>
<tr><th colspan="3">≤0.6</th><th colspan="3">0.6～0.9</th><th colspan="3">0.9～1.2</th></tr>
<tr><th colspan="2">居民区</th><th rowspan="2">厂区广场干道</th><th colspan="2">居民区</th><th rowspan="2">厂区广场干道</th><th colspan="2">居民区</th><th rowspan="2">厂区广场干道</th></tr>
<tr><th>平坦地形</th><th>沿溪谷线</th><th>平坦地形</th><th>沿溪谷线</th><th>平坦地形</th><th>沿溪谷线</th></tr>
<tr><td>≤0.2</td><td>0.33</td><td>0.33</td><td>0.1</td><td>0.33</td><td>0.33</td><td>0.50</td><td>0.33</td><td>0.50</td><td>1.0</td></tr>
<tr><td>0.2～0.5</td><td>0.33</td><td>0.33</td><td>0.5</td><td>0.33</td><td>0.50</td><td>1.0</td><td>0.50</td><td>1.0</td><td>2.0</td></tr>
<tr><td>0.5～1</td><td>0.33</td><td>0.50</td><td>1.0</td><td>0.50</td><td>1.0</td><td>2.0</td><td>1.0</td><td>2.0</td><td>2～3</td></tr>
</table>

注：①平坦地形指地面坡度小于0.3%，坡度大于0.3%时，降雨重现期可提高一级选用。

②在丘陵、盆地地区和主要干道以及短期积水能引发较严重损失额的地区（重要工厂区、主要仓库区等），宜根据实际情况适当提高降雨重现期。

③在一个排水系统内，可采用一个设计降雨重现期，也可采用不同的设计降雨重现期。

12.1 边沟的水力计算

12.1.1 边沟流量计算

边沟内水流量 Q 可按下面公式计算：

$$Q = vA \tag{12-1}$$

式中：A——过水断面面积，m^2；

v——边沟内的平均流速，m/s。

边沟内平均流速按谢才公式计算：

$$v = C\sqrt{Ri} \tag{12-2}$$

式中：R——水力半径，m；计算式为：

$$R=\frac{A}{\rho}$$

ρ——过水断面湿周，m；

i——水力坡度，m/m；

C——流速系数，$m^{0.5}/s$。可按曼宁公式计算确定：

$$C = \frac{1}{n}R^{\frac{1}{6}} \tag{12-3}$$

对于单一横坡的浅三角形边沟，在已知水深 h、铺面横坡 i_1 的情况下，水面宽度 B、面积 A 和湿周 ρ 的计算公式如下：

$$B = \frac{h}{i_1} \tag{12-4}$$

$$A = \frac{Bh}{2} = \frac{h^2}{2i_1} \tag{12-5}$$

$$\rho = h + B(1 + i_1^2)^{\frac{1}{2}} \tag{12-6}$$

由于 i_1 很小，$i_1^2 \ll 1, h \ll B$，因此式(12-6)可以简化为：

$$\rho \approx B \tag{12-7}$$

由此可以得出水力半径 R 的计算结果为：

$$R = \frac{A}{\rho} = \frac{Bh}{2B} = \frac{h}{2} \tag{12-8}$$

根据上述水力参数，取道路纵坡 i_l 为水力坡度 i，则浅三角形边沟的流量计算公式为：

$$Q = AC\sqrt{Ri} = 2\left(\frac{h}{2}\right)^{2.67}\frac{i_l^{\frac{1}{2}}}{ni_1} = 0.315\,\frac{1}{i_1 n}h^{2.67}\sqrt{i_l} \tag{12-9}$$

对于浅三角形边沟，公路表面水的宽度有可能会超过水面深度的 40 倍以上，上述曼宁公式的水力半径则不能准确描述边沟的形式。因此需采用修正过的曼宁公式进行流量计算，即在曼宁流速系数上乘以 1.2，便可以得到规范中推荐的浅三角形边沟流量计算公式：

$$Q = 0.377\,\frac{1}{i_1 n}h^{2.67}\sqrt{i_l} \tag{12-10}$$

将式(12-10)变换形式，则可得到以过水断面为变量的边沟流量计算公式：

$$Q = 0.377\,\frac{1}{n}i_1^{1.67}\sqrt{i_l}B^{2.67} \tag{12-11}$$

从边沟水流量计算公式可以看出：对边沟流量的影响，水面宽度要大于横坡和纵坡，因为流量和水面宽度之间有更大的指数关系。边沟形式相同时，$B=3\text{m}$ 的水流量比 $B=1\text{m}$ 的水流量大 18.8 倍，比 $B=2\text{m}$ 的水流量大 3 倍；横坡不同时，对边沟的流量也有较大影响。当 $i_1=0.04$ 时，其流量是 $i_1=0.01$ 时的 10 倍，是 $i_1=0.02$ 时的 3.2 倍；当纵坡 i_l 从 0.04 变成 0.02 时，水流量减少到 i_l 为 0.04 时的 71%。

对于复合横坡，在已知边沟断面坡度 i_1、i_2、水深 h 和低洼区宽度 B_2 时，应先验算水面宽度 B 是否超过过水断面宽度允许值 B^*，即：

$$B = B_2 + (h - B_2 i_2)/i_1 \leqslant B^* \tag{12-12}$$

若 $B>B^*$，则令 $B=B^*$，过水断面水深 h 需重新确定：

$$h = B_1 i_1 + B_2 i_2 \tag{12-13}$$

若已知边沟断面坡度 i_1、i_2，宽度 B_1、B_2 时，可用式(12-13)验算水深 h 是否超过拦水带或缘石高度 h^*，若 $h>h^*$，则令 $h=h^*$，再用式(12-12)重新计算过水断面宽度 B。

复合横坡形式边沟水流量的计算，同样可以采用对曼宁公式进行修正的方法。

过水断面面积 A 表示为计算横坡 $i_1'=\dfrac{h}{b}$ 的过水断面 A^* 与修正系数 φ 的乘积，即：

$$A = \varphi A^* \tag{12-14}$$

$$\varphi = 1 - \frac{B_1}{B} + \frac{B_1 i_1}{h} \tag{12-15}$$

令 $\alpha=\dfrac{i_2}{i_1}$、$\beta=\dfrac{B_2}{B_1}$，则：

$$\varphi = 1 - (1+\beta)^{-1} + (1+\alpha\beta)^{-1} \tag{12-16}$$

水力半径 R 也可表示为计算横坡 i_1' 的水力半径 R^* 与修正系数 φ 的乘积，即：

$$R = \varphi R^* \tag{12-17}$$

则流速系数 C 可表示为：

$$C = \frac{1}{n}(\varphi R^*)^{\frac{1}{6}} = \varphi^{\frac{1}{6}} C^* \tag{12-18}$$

边沟水流量的计算公式可由以上修正得到：

$$Q = \varphi A^* \varphi^{\frac{1}{6}} C^* \sqrt{\varphi R^* i} = \varphi^{\frac{5}{3}} Q^* \tag{12-19}$$

式中：Q^*——铺面横坡为计算横坡 i_1' 时的水流量，由式(12-10)或式(12-11)计算得出。

式(12-19)中的 $\varphi^{\frac{5}{3}}$ 为边沟排水能力的修正项，可记作 ξ，即 $Q=\xi Q^*$。在不同的 α、β 条件下，过水断面面积修正项 φ 和排水能力修正项 ξ 见表 12-3 和表 12-4。

复合横坡三角形边沟过水断面面积修正项 $\varphi=f_1(\alpha、\beta)$ 表 12-3

β \ α	3.0	2.5	2.0	1.5	1.0	0.8	0.6	0.4
1.0	1.0	1.0	1.0	1.0	1.0	1.0	1.0	1.0
1.5	0.932	0.925	0.917	0.908	0.900	0.898	0.901	0.911
2.0	0.893	0.880	0.867	0.850	0.833	0.827	0.830	0.842
2.5	0.868	0.852	0.834	0.811	0.786	0.777	0.775	0.786
3.0	0.850	0.832	0.810	0.782	0.750	0.738	0.732	0.741

复合横坡三角形边沟过水断面面积修正项 $\xi=f_2(\alpha、\beta)$ 表 12-4

β \ α	3.0	2.5	2.0	1.5	1.0	0.8	0.6	0.4
1.0	1.0	1.0	1.0	1.0	1.0	1.0	1.0	1.0
1.5	0.889	0.878	0.866	0.851	0.839	0.836	0.841	0.856
2.0	0.828	0.808	0.788	0.763	0.737	0.729	0.733	0.751
2.5	0.790	0.766	0.739	0.705	0.669	0.657	0.654	0.669
3.0	0.763	0.736	0.704	0.664	0.619	0.603	0.595	0.607

对于复合横坡结构，其排水能力 Q 仍可表示为：

$$Q = \xi \cdot Q^* \tag{12-20}$$

其中的计算横坡 i_1' 更改为：

$$i_1'^{-1} = i_3^{-1} + (B_1 + B_2)/h \tag{12-21}$$

边沟排水能力修正系数 ξ 的计算公式更改为：

$$\xi=\{1-(1-\gamma)[(1+\beta)^{-1}-(1+\alpha\beta)^{-1}]\}^{\frac{5}{3}} \tag{12-22}$$

式中：$\gamma=B_3/B$。

对比不同边沟水流量的计算公式可以看出：在相同的过水断面条件下，复合横坡有较大的流量。保持其他条件不变，对比图 11-4 和图 11-5，当复合横坡的铺面横坡为 $i_1=0.02$、低洼处横坡为 $i_2=0.03$、$B=2B_1$，计算所得流量较 $i_1=0.02$单一横坡断面的边沟流量大 70%。因此为了减小路表区域的过水断面宽度，应尽可能采用复合横坡的边沟形式。

对于带有低洼区的边沟，其流量计算可采用另一种方法，即通过确定低洼区部分流量占边沟总量的比率 η 的方法，如图 12-1 所示。

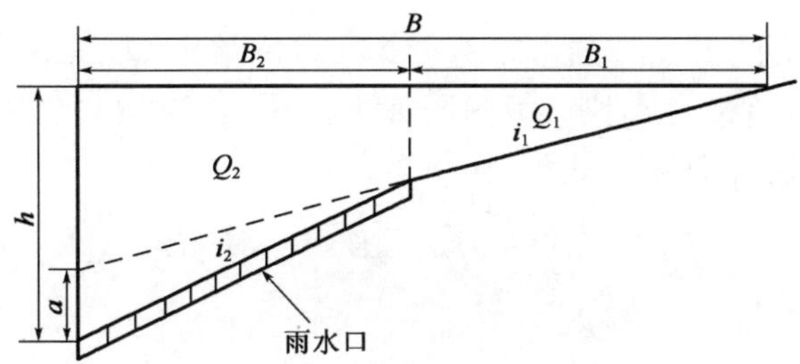

图 12-1　低洼区雨水口布置示意图

$$Q=Q_1+Q_2 \tag{12-23}$$

$$Q_1=\frac{0.377i_l^{0.5}}{ni_1}[(B-B_2)i_1]^{\frac{8}{3}} \tag{12-24}$$

$$Q_2=\frac{0.377i_l^{0.5}}{ni_2}\{(Bi_1+a)^{\frac{8}{3}}-[(B-B_2)i_1]^{\frac{8}{3}}\} \tag{12-25}$$

式中：a——边沟低洼区深度，计算公式：

$$a=B_2(i_2-i_1)$$

由此可得带有低洼区的复合横坡边沟内（图 12-1），正面流占总流量的比率 η 计算公式如下：

$$\eta=\frac{Q_2}{Q}=\left(\frac{Q_2+Q_1}{Q_2}\right)^{-1}=\left\{1+\frac{\frac{i_2}{i_1}}{\left[1+\frac{\frac{i_2}{i_1}}{\left(\frac{B}{B_2}\right)-1}\right]^{2.67}-1}\right\}^{-1}$$

$$=\left[1+\frac{\alpha}{(1+\alpha\beta)^{2.67}-1}\right]^{-1} \tag{12-26}$$

式中符号参见图 12-1，其中 α、β 等符号代表的意义同前。由式(12-26)可知，在确定了边沟的参数后，可首先计算 Q_1，然后计算比率 η，最后可计算边沟的全部流量 Q。

12.1.2 边沟内水流流动时间

边沟内的水流流动时间，是水流汇流至边沟经排水口排除的全部时间中的一部分。随着水的不断汇入，流量会随着流程的变化而改变，而流速也会随着流量的改变而改变。为求解汇流过程中的边沟流动时间，需要用一种方法来确定边沟区域内的平均流速，而流速和流量都会因位置的变化而变化。图 12-2 可表示此过程。

如图 12-2 所示，开始处的水流宽度为 B_1，流量为 Q_1；末端宽度为 B_2，流量为 Q_2。水流单宽流量为 q，则计算过程如下。

三角形边沟流量计算公式为：

$$Q=\frac{0.377}{n}\sqrt{i_l}i_1^{1.67}B^{2.67}=K_1B^{2.67} \tag{12-27}$$

即：

$$K_1=\frac{0.377}{n}\sqrt{i_l}i_1^{1.67} \tag{12-28}$$

则：

$$v=\frac{Q}{A}=\frac{2Q}{B^2i_1^2}=\frac{0.377}{n}\sqrt{i_l}i_1^{0.67}B^{0.67}=K_2B^{0.67} \tag{12-29}$$

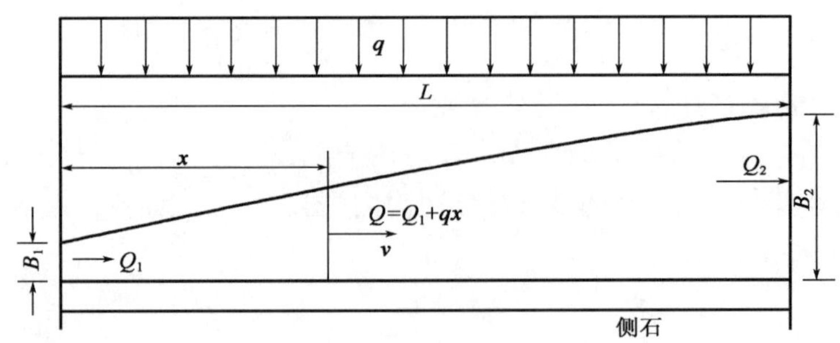

图 12-2　边沟水流流动示意图

即：

$$K_2=\frac{0.377}{n}\sqrt{i_l}i_1^{0.67} \tag{12-30}$$

以上各式中：i_l——道路纵坡；

B——过水断面宽度；

Q——边沟流量；

i_1——道路横坡；

n——曼宁系数。

从式(12-27)可知：

$$B^{0.67}=\left(\frac{Q}{K_1}\right)^{0.25} \tag{12-31}$$

$$v=\frac{\mathrm{d}x}{\mathrm{d}t}=K_2B^{0.67}=\frac{K_2}{K_1^{0.25}}Q^{0.25} \tag{12-32}$$

或：

$$\frac{\mathrm{d}x}{Q^{0.25}}=\frac{K_2}{K_1^{0.25}}\mathrm{d}t \tag{12-33}$$

由图12-2可知：$Q=Q_1+qx$ 且 $\mathrm{d}Q=q\mathrm{d}x$，将其和式(12-33)联立，同时对该式进行积分，可得：

$$t=\frac{4}{3}(Q_2^{0.75}-Q_1^{0.75})\frac{K_1^{0.25}}{K_2^{0.25}q} \tag{12-34}$$

由上式可求解出流量从 Q_1 变化至 Q_2 所需的时间，为简化计算，还可求解平均流速及相应的过水断面宽度，过程如下。

平均流速：

$$v_{\mathrm{a}}=\frac{L}{t}=\frac{3}{4}\frac{K_2q}{K_1^{0.25}}\left(\frac{L}{Q_2^{0.75}-Q_1^{0.75}}\right) \tag{12-35}$$

因 $L=\frac{(Q_2-Q_1)}{q}$，且结合式(12-27)可知：

$$v_{\mathrm{a}}=\frac{3}{4}K_2\frac{B_2^{2.67}-B_1^{2.67}}{B_2^2-B_1^2} \tag{12-36}$$

为确定边沟流速等于平均流速时的过水断面宽度，可采用如下公式计算：

$$v_{\mathrm{a}}=K_2B_{\mathrm{a}}^{0.67}=\frac{3}{4}K_2\frac{B_2^{2.67}-B_1^{2.67}}{B_2^2-B_1^2} \tag{12-37}$$

则：

$$\frac{B_{\mathrm{a}}}{B_2}=0.65\left[\frac{1-\left(\frac{B_1}{B_2}\right)^{2.67}}{1-\left(\frac{B_1}{B_2}\right)^2}\right]^{1.5} \tag{12-38}$$

为方便解决问题，本文将公式中的比值进行了计算，列于表12-5中。

比值计算结果 表 12-5

$\frac{B_1}{B_2}$	0	0.1	0.2	0.3	0.4	0.5	0.6	0.7	0.8	0.9	1.0
$\frac{B_a}{B_2}$	0.65	0.66	0.68	0.70	0.74	0.77	0.82	0.86	0.91	0.95	1.0

通过对边沟水流流动时间的计算，可控制水流在边沟内的停滞时间，并作为设置排水口的依据之一。

12.2 排水口的水力计算

12.2.1 开口式排水口的水力计算

城市道路路表排水系统中所采用的开口式排水口，大多为平直式，即直接在侧石上开设一定长度的排水口。其水力计算分析如下。

1. 连续坡段

由第一篇分析可知，平直式开口式排水口的截留率计算可采用下列公式：

$$E = 1-\left(1-\frac{\widetilde{L}_c}{L_t}\right)^{1.8} \tag{12-39a}$$

$$L_t = 0.817Q^{0.42}i_l^{0.3}\left(\frac{1}{ni_1}\right)^{0.6} \tag{12-39b}$$

$$\widetilde{L}_c = \xi_1\xi_2 L_c \tag{12-39c}$$

式中：ξ_1——排水口长度的流量、纵坡修正系数；

ξ_2——排水口长度的横坡修正系数；

$\widetilde{L}_c$——排水口有效宽度；

L_c——排水口的实际长度。

对于在排水口处设置局部低洼区或边沟断面有连续低洼区的排水口，在计算排出全部流量所需的排水口长度时，横坡的值 i_1 需要用另一个值 i_e（等价横坡）来代替，i_e 可以应用下面的公式进行计算：

$$i_e = i_1 + i_w\eta \tag{12-40}$$

式中：i_w——在横坡 i_1 基础上检测到的边沟的横坡，m/m；计算式为：

$$i_w = i_2 - i_1 \quad 或 \quad i_w = \frac{a}{B_2}$$

η——边沟低洼断面内的流量占边沟总流量的比率，可用式(12-26)计算。

增加横坡或等价横坡的坡度，则会使截取全部水流量所需开口式排水口的长度明显减小。增加等价横坡的方法有两种：一是保持连续不断的边沟低洼区；二是在边沟内排水口处设置局部低洼区。

2. 竖曲线底部

在竖曲线底部布设低洼区，且水深满足堰流条件时，其流量计算公式为：

$$Q = 1.66\xi_3 L_c h^{1.5} \tag{12-41}$$

式中：ξ_3——排水口宽度的流速修正系数；

h——侧石处水深。

对于设置低洼区域的开口式排水口，堰的位置在边沟的边缘处，堰的有效宽度取决于边沟内低洼处的宽度和排水口的长度。美国交通运输部门经过研究，得出了设置低洼区开口式排水口的堰流计算公式为：

$$Q = C(L + 1.8B_2)h_c^{1.5} \tag{12-42}$$

式中：C——系数，对研究结果回归后取 1.26；

h_c——以单一横坡为标准计算所得拦水带处的水深，m。计算式为：

$$h_c = i_1 B$$

当拦水带处水深 h_c 接近或者等于排水口高度 h_0 加上低洼处的深度 a 时，即水流入流满足堰流条件，可以采用式(12-42)进行堰的流量计算。因此，采用该公式进行设置低洼区域的排水口流量计算时的局限性为：

$$h_c < h_0 + a \tag{12-43}$$

图 12-3、图 12-4 分别为开口式排水口在凹形竖曲线底部排水量和水深的诺谟图。可供设计时查取。

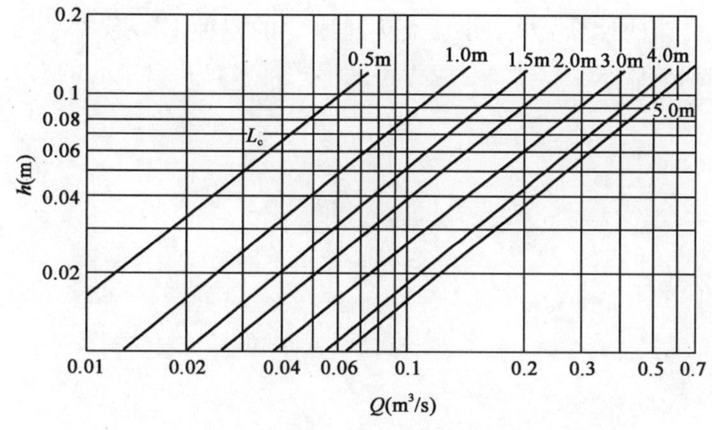

图 12-3　开口式排水口水流量 Q 与水深 h 关系诺谟图(一)

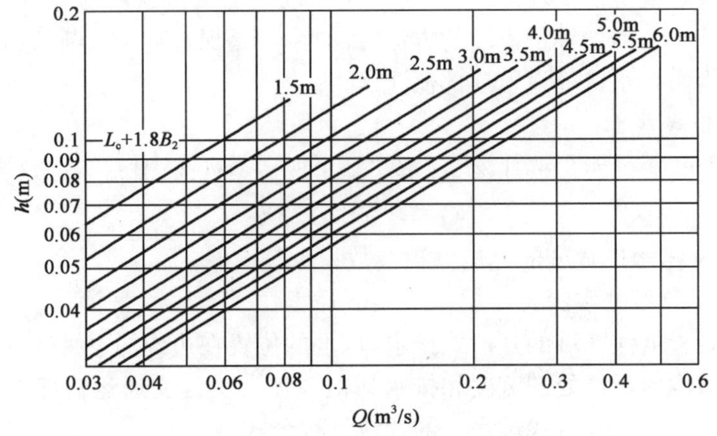

图 12-4　开口式排水口水流量 Q 与水深 h 关系诺谟图(二)

当拦水带处水深不小于 1.4 倍的开口式排水口高度时，排水口可起到孔口的作用。排水口的排水量可以通过下面的两个公式进行计算，不论是否设置低洼区，此公式均适用。当设置低洼区时，排水口高度 h_0 包括低洼区高度 a。

$$Q = Ch_0L_c(2gh'_c)^{0.5} \tag{12-44a}$$

或：

$$Q = CA_c(2gh'_c)^{0.5} \tag{12-44b}$$

式中：C——孔口流量系数，取 0.667；

A_c——开口式排水口孔口的净面积，m^2；

h'_c——孔口中心的有效水头压力，m；可根据孔口的不同形式分别求取。

针对孔口流的计算公式，图 12-5 为排水口的三种不同形式，并给出了排水口高度 h_0 的取值。式(12-45)对应为不同形式排水口孔口中心的有效水头压力 h'_c 计算公式。

对图 12-5a)：

$$h'_c = h_c - \left(\frac{h_0}{2}\right) \tag{12-45a}$$

对图 12-5b)：

$$h'_c = h_c - \left(\frac{h_0}{2}\right)\sin\theta \tag{12-45b}$$

对图 12-5c)：

$$h'_c = h_c \tag{12-45c}$$

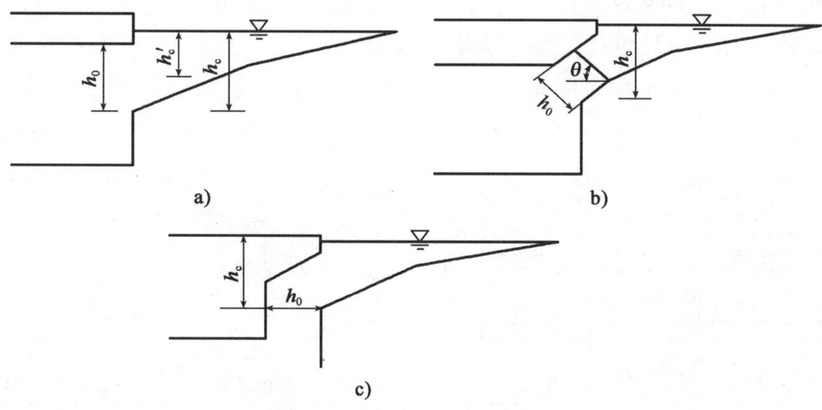

图 12-5　排水口不同开口形式示意图

12.2.2　雨水口式排水口

传统的雨水口经常采用横向篦条和纵向篦条，随着对排水要求的提高，又衍生出了其他的排水口形式，诸如：斜向篦条雨水口、蜂窝状雨水口等（图 12-6）。对于横向和纵向篦条雨水口，也可通过改变篦条间的宽度来形成新的雨水口。根据对雨水口式排水口的研究表明：当边沟水流量较小时，在连续坡段和竖曲线底部，不管什么形式的排水口，只要其净面积相同，则雨水口均具有相同的排水能力。

雨水口式排水口是城区道路表面排水最常用的一种形式，对其在连续坡段和竖曲线底部的排水能力，可采用经验公式、理论分析和数值模拟相结合的方法来进行分析。

1. 连续坡段

（1）经验公式法

在连续坡段上，雨水口布置在边沟断面内，水流流经雨水口。一般情况下，边沟内的过水断面宽度要大于雨水口宽度，因此对雨水口的计算认为可将边沟内的水分为两部分：正面流和侧面流（图 12-6）。正面流为边沟内从雨水口正面流入的水流部分，其流量为 Q_2；侧面流是指超出雨水口宽度范围的水流，其流量为 Q_1。

对于正面流，原来的研究成果普遍认为雨水口截取了全部的正面流，这与雨水口的实际情况有一定差距，当水流速度较小时，雨水口可截取全部的正面流。随着水流速的增加，水流在流经雨水口时，产生飞溅现象。这影响了雨水口的截留量。美国联邦公路局水利研究中心对不同形式雨水口的研究表明：水流在雨水口上产生飞溅的临界速度 v_0 和雨水口长度 L_g 及雨水口形式有关，并且得出了不同形式雨水口长度 L_g 和临界速度 v_0 的关系（图 12-7）。从图中可以看出，具有较大间距的纵向篦条雨水口在水流速较高时有较大的效率，而蜂窝状雨水口的效率最低。

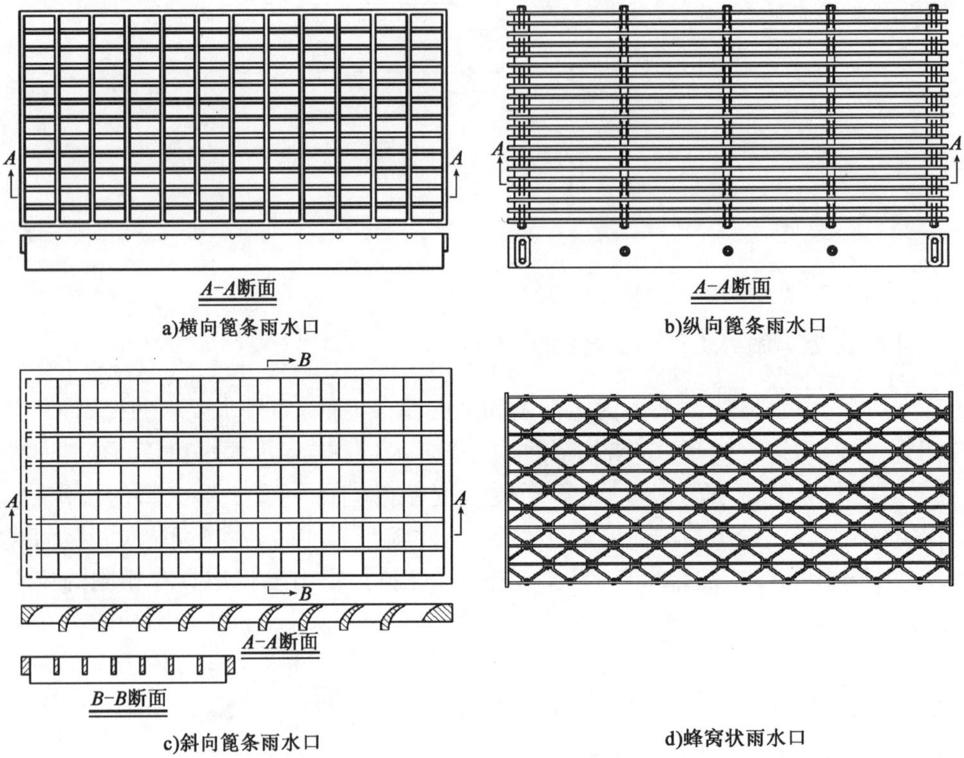

A-A断面

a)横向篦条雨水口

A-A断面

b)纵向篦条雨水口

A-A断面

B-B断面

c)斜向篦条雨水口

d)蜂窝状雨水口

图 12-6　不同形式雨水口示意图

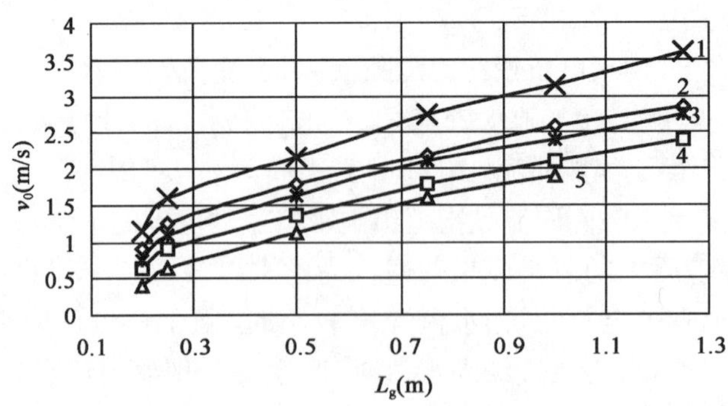

图 12-7　水流在雨水口上产生飞溅的流速 v_0 和长度 L_g 的关系图

由以上论述可知，当计算雨水口在连续坡段上的截留率时，应首先计算正面流 Q_2 占边沟总流量 Q 的比率 η。

具有单一横坡的边沟正面流占总流量的比率 η 可用下式表示：

$$\eta=\frac{Q_2}{Q}=1-\left(1-\frac{B_g}{B}\right)^{2.67} \tag{12-46}$$

式中：B_g——雨水口宽度；

B——边沟过水断面的总宽度。

对于带有低洼区的复合横坡边沟，正面流占总流量的比率 η 按式(12-26)计算。

正面流被雨水口截取的流量占整个正面流 Q_2 的比率 R_f 表示如下：

$$R_f=\begin{cases}1 & v\leqslant v_0\\ 1-K_1(v-v_0) & v>v_0\end{cases} \tag{12-47}$$

式中：v——边沟水流流入雨水口的流速，m/s；

v_0——水流在雨水口上产生飞溅时的临界速度，m/s；

K_1——对研究结果回归所得系数，取 0.295。

对于侧面流，从侧面进入雨水口的流量与侧面流 Q_1 占边沟总流量 Q 的比率 η_0 及纵坡大小有关，并且通过对试验结果的分析，得出了侧面流进入雨水口的流量为：

$$Q_1'=0.91\eta_0^{0.42}i_l^{0.45}Q_1 \tag{12-48}$$

则进入雨水口的全部流量为：

$$Q'=Q_2+0.91\eta_0^{0.42}i_l^{0.45}Q_1 \tag{12-49}$$

侧面流流入量取决于铺面横坡、雨水口长度、水流流速等。侧面流被截取的流量和侧面流的总流量 Q_1 的比率 R_S，可用下式表示：

$$R_S=\left(1+\frac{K_2v^{1.8}}{i_1L_g^{2.3}}\right)^{-1} \tag{12-50}$$

式中：K_2——由研究结果回归所得系数，取 0.082 8；

L_g——雨水口长度，m。

由此可得雨水口的截流率 E 计算公式为：

$$E=R_f\eta+R_S(1-\eta) \tag{12-51}$$

式(12-51)中右边第一项是截取的正面流和边沟内总流量的比率，第二项是截取的侧面流和边沟内总流量的比率。当流速很高或者雨水口长度很短时，雨水口对侧面流的截取量很小或几乎没有侧面流流入雨水口，此时第二项是没有意义的。在求解复合横坡边沟断面正面流和边沟内总流量的比率时，应定义正面流的宽度和雨水口的宽度 B_g 相等，这一点很重要。由于在求解复合横坡正面流与总流量比率时利用了低洼区的宽度 B_2，如果雨水口的宽度 B_g 小于边沟低洼处的宽度 B_2，则边沟内正面流的截流率必须修正以便准确计算出雨水口的截流率。因此，当雨水口宽度 B_g 小于边沟低洼处宽度 B_2 时，正面流的截流率可以在原有截流率的基础上乘以一个修正系数。修正系数定义如下：在边沟流域内宽度等于雨水口的宽度 B_g 范围内的过水断面面积 A_g 除以低洼断面处的总过水断面面积 A_2。调整后的公式如下：

$$\eta' = \eta\left(\frac{A_g}{A_2}\right) \tag{12-52}$$

则雨水口的截流率 E 计算公式变为：

$$E = R_f\eta' + R_S(1-\eta') \tag{12-53}$$

经验公式的优缺点如下。

①式(12-49)、式(12-53)将雨水口按正面流和侧面流来处理，较规范中推荐的雨水口计算方法更为准确地描述了雨水口的入流状态。

②式(12-53)综合考虑了雨水口长度、水流流速等参数，而式(12-49)虽然考虑了纵坡的影响，但并没有考虑雨水口长度的因素，因此对雨水口的分析应用式(12-53)更为合理。

③图 12-7 中所得结果只考虑了流速对正面流截流率 R_f 的影响，而未考虑边沟水深对 R_f 的影响，且对横向篦条雨水口的宽度设置过大。

④对系数 K_1 的取值依据的是回归结果，因此应在综合考虑流速和水深后进行修正。

⑤在边沟水流速较低时，即使过水断面的宽度 B 略微超过雨水口宽度 B_g，雨水口同样能截取全部的边沟流量。通过式(12-53)计算其截流率并不等于100%，因此该式对低流速水流并不适用。

(2)理论分析法

本部分内容重点对横向和纵向篦条雨水口的排水能力进行分析，其示意图如图 12-8、图 12-9 所示。随着边沟内水流从雨水口排出，其沿程水深及过水断面的宽度处于逐渐减小的过程。当边沟内水流流至排水口时，过水断面宽度大多要大于雨水口宽度，随着水的排出，侧面流的水不断汇入，直至水流宽度小于雨水口宽度，甚至全部由雨水口排出。水流在边沟内流动时，具有一定水深和流速，其进入雨水口的方式和雨水口结构有较大关系。

①纵向篦条雨水口。

纵向篦条雨水口由于其篦条方向平行于水流方向，因此可以将水流流入雨水口的过程看做是水流出现水跌的过程。如图 12-10 所示，明渠缓流向急流过渡时水面急剧下降的局部水力现象，称为水跌。

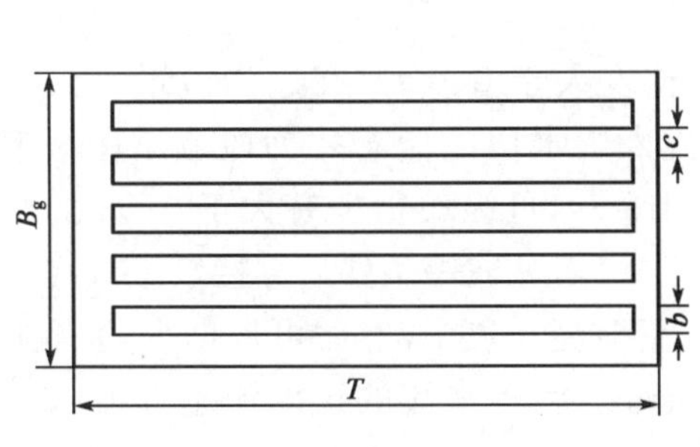

图 12-8　纵向篦条雨水口示意图

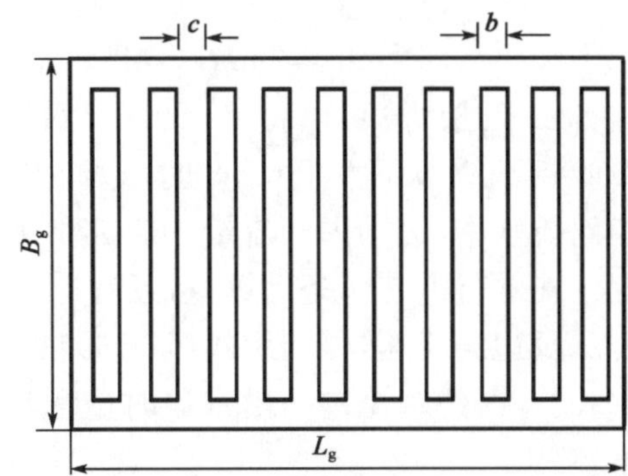

图 12-9　横向篦条雨水口示意图

当具有一定水深 h 的水流还未流至雨水口边缘时，其水深已经开始降低，流速加快。其跌坎处的水深约等于 $0.7h_k$，其中 h_k 为临界水深。水深等于 h_k 的断面约在跌坎断面上游 $(3\sim4)h_k$ 处。张林洪等人在论文《雨水口篦子排水量试验探讨》中也提出：雨水口上游为均匀流，在距雨水口前端边缘 20～30cm 处水面开始跌落，呈降水曲线，水面也相应收缩。在跌坎处，水流有一定的流速和水头高度，因此水流会沿纵向流出一定的距离 L，当水流射流长度 L 大于雨水口长度 L_g 时，水流淹没整个雨水口，雨水口处于孔口流状态；当 L 小于 L_g 时，雨水口处于堰流状态，可按堰流计算公式计算其排水量，因此判断 L 的大小对雨水口入流状态很关键。水流射流长度 L 的求取可应用宽顶堰流公式计算：

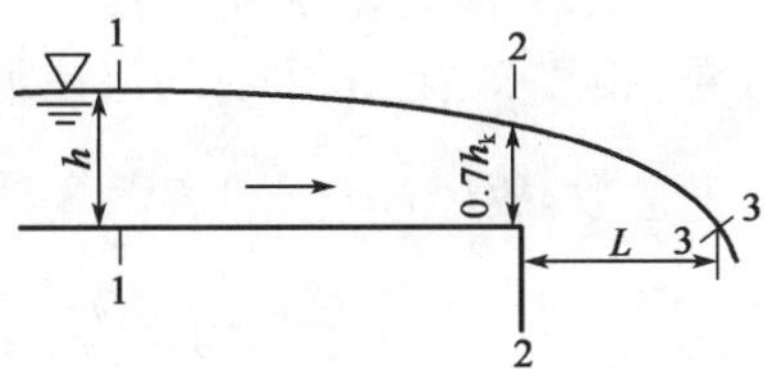

图 12-10　纵向篦条雨水口进水图

$$L = 2mH_0 \tag{12-54}$$

式中：m——堰流系数，0.32～0.385，按排水规范中堰流计算取 $m=0.375$；

H_0——水流总水头高度，m。

根据能量守恒原理，跌坎处水流的水头总高度和正常水流的水头高度相等，即取决于正常流动时的水深和流速。由前部分计算可知，h 和 v_1 与道路横坡 i_1、纵坡 i_l 及低洼区横坡 i_2 均成正比关系，因此对这些参数应取较大值，以保证水流射流长度得到最大值。射流长度和雨水口长度进行比较，具体取值为：取铺面允许的最大横坡 $i_1=0.06$，纵坡 $i_l=0.08$，低洼区横坡 $i_2=0.15$，边沟最大计算流量 $Q=0.4\mathrm{m^3/s}$，由计算结果可知：$h=0.153\mathrm{m}$，$v_1=3.642\mathrm{m/s}$。

则水头高度为：

$$H_0 = h + \frac{v_1^2}{2g} = 0.153 + \frac{3.642^2}{2 \times 9.81} = 0.829(\text{m})$$

$$L = 2mH_0 = 2 \times 0.375 \times 0.829 = 0.62(\text{m})$$

由上述计算可以看出，只有雨水口净长度大于0.62m，在边沟流量不大于0.4m^3/s、纵坡不大于0.08时，边沟水流流入雨水口的流态才为堰流。在城市道路排水中，边沟内水流量一般都小于0.4m^3/s，且纵坡很少有大于0.08的情况。在进行纵向篦条计算时，可首先根据流量、横纵坡等条件计算拦水带或缘石水深及边沟流速，再利用式(12-54)估算水流射流长度L，然后可根据L选择雨水口长度，使水流进入雨水口时呈堰流状态，即边沟水流的正面流全部流入雨水口。

在图12-10中，设正常水深断面及水流入水断面分别为1-1断面、3-3断面，以坡底水平面为基准面。其中1-1断面为渐变流；而3-3断面由于流线弯曲属急变流。3-3断面上水流的流速可采用能量公式，但因其过水断面上测压管水头不为常数，故用$\overline{\left(h+\frac{p}{\gamma}\right)}$表示3-3断面上测压管水头的平均值。由此可得：

$$h + \frac{\alpha_1 v_1^2}{2g} = \overline{\left(h + \frac{p}{\gamma}\right)} + (\alpha_3 + \xi)\frac{v_3^2}{2g} \tag{12-55}$$

式中：v_3——3-3断面的平均流速，m/s；

α_1、α_3——分别为相应断面的动能修正系数；

ξ——局部损失系数。

设$h+\frac{\alpha_1 v_1^2}{2g}=H_0$，其中$\frac{\alpha_1 v_1^2}{2g}$为行进流速水头，$H_0$为堰顶总水头。令$\overline{\left(h+\frac{p}{\gamma}\right)}=\zeta H_0$，$\zeta$为某一修正系数，则式(12-55)可改写为：

$$H_0 - \zeta H_0 = (\alpha_3 + \xi)\frac{v_3^2}{2g} \tag{12-56}$$

$$v_3 = \frac{1}{\sqrt{\alpha_3 + \xi}}\sqrt{2g(H_0 - \zeta H_0)} \tag{12-57}$$

对于雨水口过流，其堰顶过水断面为矩形，设其断面宽度为B'，3-3断面的水舌厚度用kH_0表示，k为反映堰顶水流垂直收缩的系数，则3-3断面的过水面积应为kH_0B'，通过流量为：

$$Q = kH_0B'v = kH_0B'\frac{1}{\sqrt{\alpha_3 + \xi}}\sqrt{2g(H_0 - \zeta H_0)} = \varphi k\sqrt{1-\zeta}B'\sqrt{2g}H_0^{1.5} \tag{12-58}$$

式中：φ——流速系数，计算式为：

$$\varphi=\frac{1}{\sqrt{\alpha_3+\xi}}$$

令 $\varphi k\sqrt{1-\zeta}=m$，$m$ 称为堰的流量系数，则：

$$Q = mB'b\sqrt{2g}H_0^{1.5} \tag{12-59}$$

式(12-59)中的堰顶宽度 B' 应为雨水口的进口有效宽度，即雨水口宽度减去全部篦条的宽度。计算时取堰流量系数 $m=0.375$。

将雨水口入流看做是堰流时，其堰前引水的宽度要大于堰的宽度，水流流进堰口后，流线将与侧壁分离，使过水断面发生侧向收缩，过水宽度小于堰口宽度，同时也增加了过堰水流的局部水头损失，降低了堰的排水能力。有侧收缩堰的流量公式计算如下：

$$Q = \varepsilon mB'\sqrt{2g}H_0^{1.5} \tag{12-60}$$

收缩系数 ε 由试验资料确定的经验公式计算：

$$\varepsilon = 1-0.2[\xi_k+(n-1)\xi_0]\frac{H_0}{B'} \tag{12-61}$$

式中：n——溢流孔数；

ξ_0——闸墩形状系数；

ξ_k——边墩形状系数。

当雨水口设置在连续坡段上时，因过水断面宽度大多大于雨水口宽度，因此可将过水断面的水流分为正面流和侧面流，水流从两个方向进入雨水口，即一个宽度方向和一个长度方向。当雨水口宽度和水流量等参数为定值时，宽度方向的排水量，即正面流的流量为一定值。按堰流公式计算雨水口流量时，设其宽度 $B_g=0.6\text{m}$，篦条宽度 $c=0.01\text{m}$，间距 $b=0.03\text{m}$，作为堰的有效宽度 $B'=0.42\text{m}$，堰流量系数 $m=0.375$，侧收缩系数 $\varepsilon=0.9$，则雨水口的宽度方向流量计算公式为：

$$Q = 0.628H_0^{1.5} \tag{12-62}$$

侧面流时，因沿程水深不断减小，所以长度方向的排水量是一变量。设边沟流量经宽度方向排水后的剩余流量为 Q_1，水深为 h_1，堰流系数及侧收缩系数等参数取值同上，则长度方向的单位长度排水量计算公式为：

$$q_l = 0.337\sqrt{2g}h_1^{1.5} \tag{12-63}$$

同计算开口式排水口的排水能力一样，确定水深 h 为变量，另外忽略沿程损失，则水流速保持不变，则有：

$$dL=-\frac{1.4}{i_1}\frac{2h\sqrt{H_1-h}-\frac{h^2}{2\sqrt{H_1-h}}}{h\sqrt{h}}dh \tag{12-64}$$

$$L=-\frac{1.4}{i_1}\int_{h_1}^{h_2}\frac{2h\sqrt{H_1-h}-\frac{h^2}{2\sqrt{H_1-h}}}{h\sqrt{h}}dh \tag{12-65}$$

对布置在复合横披边沟内的雨水口，其测向入流的雨水口长度计算，同样也可以采用和复合边沟内开口式排水口排水能力的计算公式形式，可得：

$$L=-\frac{1}{2\varepsilon m}\int_{h_1}^{h_2}\frac{2B_2\sqrt{H-h}-\frac{B_2(2h-B_2i_2)}{2\sqrt{H-h}}+2i_1(h-B_2i_2)\sqrt{H-h}-(h-B_2i_2)^2i_1}{H\sqrt{H}}dh \tag{12-66}$$

采用堰流公式对纵向篦条雨水口流量进行计算，所得结果和经验公式计算差别不大。

②横向篦条雨水口。

水流流经横向篦条雨水口时，水流方向垂直于雨水口篦条方向。水流在雨水口上的流动方式如图 12-11 所示，由图可以看出，边沟内水流流过横向篦条雨水口时，其入口状态主要是孔口流。此结论也可由理论计算得出，即水流射流长度 L 要大于雨水口篦条间隔 b。同纵向篦条雨水口时的计算相反，取相关计算量均为较小值，以得出射流长度 L 的最小值。具体为：取纵坡排水要求的最小值为 0.3%、横坡为 0.02、流量为 $0.05\text{m}^3/\text{s}$，则可得拦水带水深为 54.93mm，水流平均流速为 0.398m/s。由此可计算进口水流总水头和射流长度：$H_0=0.071\text{m}$，$L=0.053\text{m}$。

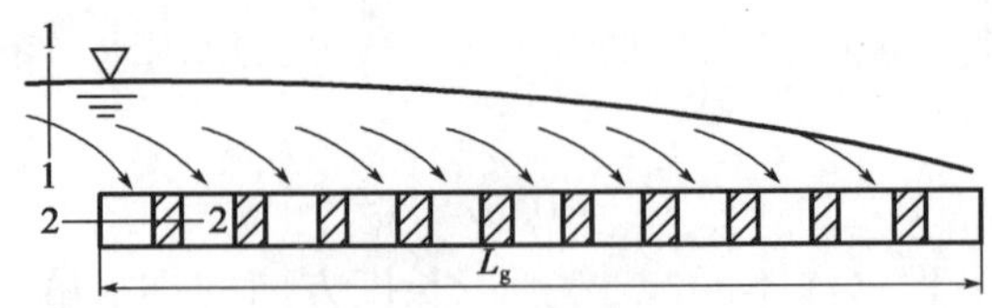

图 12-11　横向篦条雨水口水流入流示意图

一般横向篦条的雨水口，其篦条间的间隔 b 均小于 0.05m，因此横向篦条雨水口在连续坡段上的水流入流方式为孔口流。

为推导孔口流流量计算公式，取通过孔口平面为基准面，取水流入口前的断面和进口后的收缩断面分别为 1-1 断面和 2-2 断面，列出伯努利方程：

$$H+\frac{\alpha_1 v_1^2}{2g}=0+\frac{p}{\gamma}+\frac{\alpha_2 v_2^2}{2g}+h_w \tag{12-67}$$

忽略水流在流动过程中的能力损失，则水头损失 h_w 只是水流经孔口的局部水头损失，即：

$$h_w=\xi_0\frac{v_2^2}{2g} \tag{12-68}$$

边沟内水流为自由表面，则 $p=0$。另外，v_1 为水流流速在孔口入流方向上的流速，因此 $v_1=0$，则断面作用水头只有拦水带或缘石处的水深 h，则伯努利方程可变为：

$$h=\alpha_2\frac{v_2^2}{2g}+\xi_0\frac{v_2^2}{2g}=(\alpha_2+\xi_0)\frac{v_2^2}{2g} \tag{12-69}$$

则：

$$v_2=\frac{1}{\sqrt{\alpha_2+\xi_0}}\sqrt{2gh}=\varphi\sqrt{2gh} \tag{12-70}$$

式中：ξ_0——水流经过孔口时的局部阻力系数；

φ——流速系数，为实际液体流速对理想液体流速的比值，由试验测得 $\varphi=0.97\sim0.98$。

设孔口的断面面积为 A，收缩断面的面积为 A_c，收缩系数 $\varepsilon=\frac{A_c}{A}$，则孔口出流的流量为：

$$Q=A_c v_2=\varepsilon A\varphi\sqrt{2gh}=\mu A\sqrt{2gh} \tag{12-71}$$

式中，μ 为孔口流量系数，$\mu=\varepsilon\varphi$。对雨水口可看做是小孔自由出流，μ 可取 0.60～0.62，进行雨水口计算时，可取 $\mu=0.60$。

设定横向篦条雨水口计算参数，宽度 $B_g=0.6$m、有效宽度为 0.54m，篦条宽度 $c=0.015$m、篦条间隔 $b=0.02$m。设边沟水流水深为 h，孔口流量系数 $\mu=0.6$，则水流流过雨水口的第一个孔口时，孔口排出的水流量为：

$$Q=\mu A\sqrt{2gh}=0.6\times0.010\,8\sqrt{2\times9.81}h^{0.5}=0.028\,7h^{0.5} \tag{12-72}$$

设来水流量为 Q_0，水深为 h。水流流过第一个孔口后，其水深为 h'，则根据流量计算公式可知：

$$\frac{h'}{h}=\left(\frac{Q_0-Q}{Q_0}\right)^{\frac{3}{8}} \tag{12-73a}$$

则：

$$h'=h\left(\frac{Q_0-Q}{Q_0}\right)^{\frac{3}{8}} \tag{12-73b}$$

对于雨水口的第二个孔口来说，其入流水头高度为 h'，流量计算公式变为：

$$Q' = 0.0387h'^{0.5} = 0.0387h^{0.5}\left(\frac{Q_0 - Q}{Q_0}\right)^{\frac{3}{16}} = Q\left(\frac{Q_0 - Q}{Q_0}\right)^{\frac{3}{16}} \quad (12\text{-}73c)$$

由此可得到每一孔口入流前的水深，继而可计算出每一孔口的流量。当横向篦条雨水口有 n 个孔口时，分别计算出每一孔口的流量，将其相加，可得雨水口的总排水量，从而进一步求出雨水口的截流率。如计算一定截流率时需知道雨水口长度，则可首先计算排水口入水前后的水深，由水深计算所需孔口的个数 n，进一步计算雨水口的长度。

从计算结果可以看出，应用孔口流计算公式计算所得横向篦条雨水口截流率要明显大于经验法所得。应用孔口流公式计算横向篦条雨水口截流率时，还有以下不足之处。

a. 横向篦条雨水口入流时，其入流方向上的水流速为零，但其垂直方向上的水流有一定流速，此流速对流量有影响，流速越大，孔口流入流流量越小。

b. 理论计算过程中忽略了沿程阻力，未记入沿程中的能量损失。

c. 计算中只提出了一种尺寸的雨水口，当雨水口孔口间隔 b 加大或减小时，流量的变化应予以计算。

(3)数值模拟法

①纵向篦条雨水口。

图 12-12 即为纵向篦条雨水口二维计算模型。

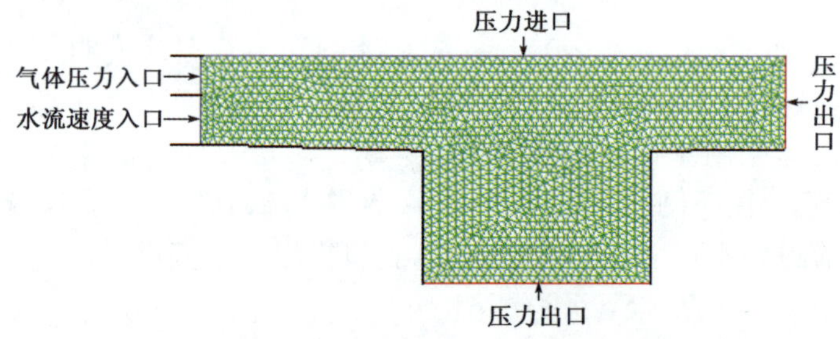

图 12-12　纵向篦条雨水口计算模型示意图

当纵向篦条雨水口长度足够时，水流以堰流的方式进入雨水口，雨水口宽度范围内的水流全部进入雨水口排出。水流是否能全部排出与水流流速和进口处的水深有很大关系。当流速或水深较大时雨水口宽度范围内的水流不能全部排出，经常会出现以下两种情况。

a. 水流不能全部进入雨水口，有一部分沿下游边沟流出，如图 12-13 所示。

b. 水流全部进入雨水口，但经壁面反弹后产生流出雨水口的速度分量，如

图12-14所示。

上述计算中，图12-13所示情况对雨水口排水量的影响较大；图12-14所示情况反弹出雨水口的流量虽不大，但阻碍了侧面流流入雨水口，同样也影响了雨水口的截流率。因此，为保证正面流能全部流入雨水口，应针对不同的进口水深和流速来确定雨水口的最低长度。

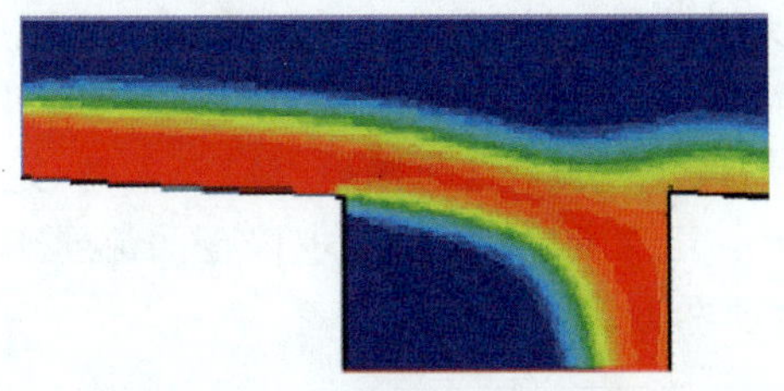

图12-13　水流进入雨水口示意图(一)

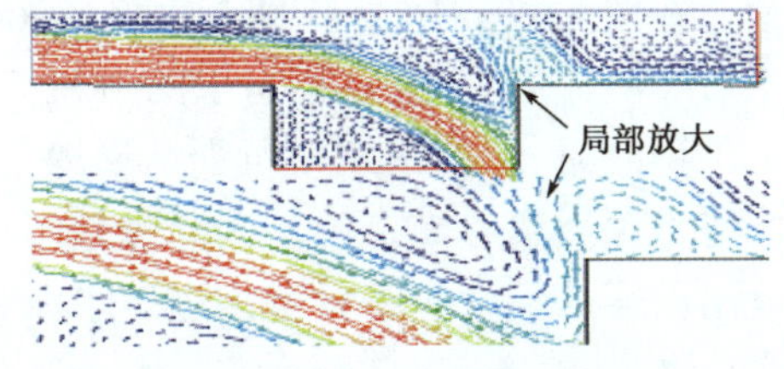

图12-14　水流进入雨水口示意图(二)

表12-6为边沟流量$Q=0.4m^3/s$时，在不同纵坡i_l下产生的水深h和流速v以及所需雨水口的最小长度L_g。

雨水口长度计算结果表　　表12-6

i_l	0.01	0.02	0.03	0.04	0.06	0.08
h(mm)	174.8	153.5	142.3	134.8	124.9	118.4
v(m/s)	1.571	2.037	2.372	2.642	3.076	3.426
L_g(m)	0.7	0.8	0.9	0.9	1.1	1.2

由计算结果可知，虽然边沟流量相同，但当拦水带水深及流速不同时，正面流全部排出时所需的雨水口长度也不同。因此选择雨水口长度应同时考虑雨水口进口水深和流速两个因素。对不同长度的雨水口，计算不同的进口水深及流速时雨水口的排水量，可得不同水深时，为保证正面流全部流入雨水口所允许的进口流速，列于表12-7。

雨水口飞溅流速v_0计算结果表(单位：m/s)　　表12-7

L_g(m)	h(mm)				
	160	135	100	75	50
0.5	1.30	1.45	1.60	1.95	2.30
0.6	1.45	1.70	1.90	2.20	2.55
0.7	1.60	1.95	2.15	2.50	2.85
0.8	1.75	2.20	2.45	2.75	3.15

图 12-15 为依据表 12-7 中数据绘制。图中横坐标为雨水口长度，单位为 m；纵坐标为飞溅流速 v_0，单位为 m/s；数据标志为进口水深，单位为 mm。

雨水口长度不同时，可根据其进口水深确定飞溅流速；也可根据进口水深及流速选择雨水口长度，以保证正面流全部进入雨水口。在经验公式的计算中，给出了图式用以查取不同长度雨水口的飞溅流速，但其结果只考虑了流速一项因素。在图 12-15 中，虚线即为由经验图式所得结果。比较可知，经验图式所得雨水口飞溅流速 v_0 大致相当于图 12-15 在水深为 50mm 时所得结果，显然当进口水深不同时，经验图式中所列结果缺乏适用性。因此，当选择雨水口长度时，还应将水深因素考虑在内。因此经验图式并不完全准确，保证雨水口正面流全部流出所需的长度应综合考虑进口水深和流速两方面因素。

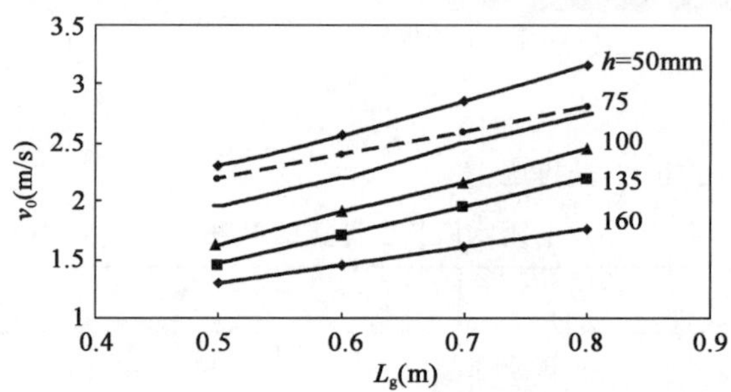

图 12-15　雨水口长度、水深及飞溅流速关系图

当边沟水流流速超过飞溅流速时，水流不能全部流入雨水口。在前面内容中提出以式(12-47)计算正面流的截取率，其形式如下：

$$R_f = \begin{cases} 1 & v \leqslant v_0 \\ 1 - K_1(v - v_0) & v > v_0 \end{cases} \tag{12-74}$$

式中：v、v_0——分别为边沟流速和飞溅流速；

K_1——回归系数，式(12-47)中认为 $K_1=0.295$。

依据表 12-7 中的结果，设定不同的水深及流速，且使其流速超过表中所列的飞溅流速 v_0 进行数值模拟，建立$\frac{Q'}{Q}$和 $v-v_0$ 的比值关系，即 K_1 的值。可看出，K_1 不是定值，其变化范围为 0.126～0.138，进行计算时，可取 $K_1=0.134$。因此，正面流截流率计算公式可改变为：

$$R_f = \begin{cases} 1 & v \leqslant v_0 \\ 1 - 0.134(v - v_0) & v > v_0 \end{cases} \tag{12-75}$$

②横向篦条雨水口。

以下采用数值模拟的方式对水流进入横向篦条雨水口的真实流态进行模拟，首先设置单个孔口，模型结构如图 12-16 所示。

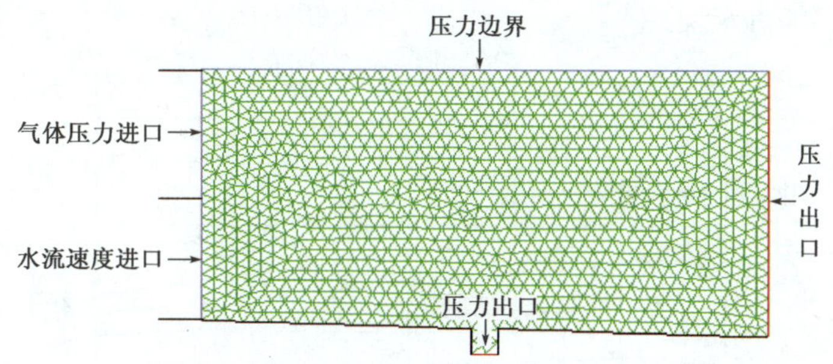

图 12-16 横向篦条雨水口计算模型示意图

采用上述模型，设置不同的进口速度，观察孔口的流量变化情况，不同流速下的流动情况如图 12-17、图 12-18 所示。

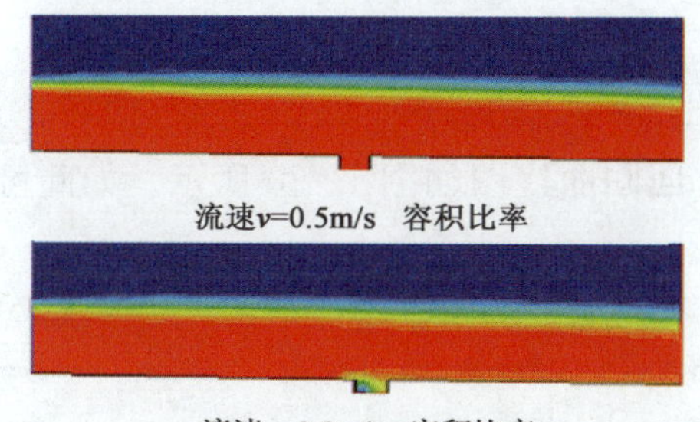

图 12-17 不同进口流速下孔口流态示意图

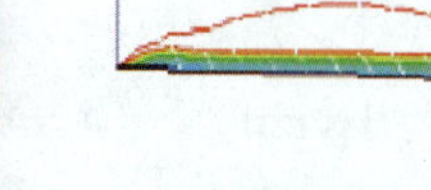

图 12-18 单个孔口流速等值线图

可以看出，水流经过孔口后，水深呈下降趋势。当水流进口流速加大时，水流在进入雨水口时不能全部充满整个孔口，因而其流量也受到很大影响，而孔口流计算公式大多是在垂直于入流方向的流速为零的情况下得出的，然后以孔口的净面积来计算流量。因此利用孔口流计算公式计算横向篦条雨水口流量时，由于其水平方向有一定的流速，故必须计算此流速对孔口流流量的影响。设定不同的水深及进口流速，按图 12-16 所示计算模型计算，绘制成图 12-19 所示的关系图，可看出孔口流流量随进口流速的变化规律，图中数据标志为孔口大小 b，单位为 cm。

根据计算结果，可提出当有一定水平流速的水流流过孔口时，流量计算的修正公式，公式形式如下：

$$Q = \mu \psi_1 A \sqrt{2gh} \tag{12-76a}$$

式中：ψ_1——流量流速修正系数；

μ——孔口流流量系数，取 0.67；

A——孔口面积，m^2；

h——进口水深，m。

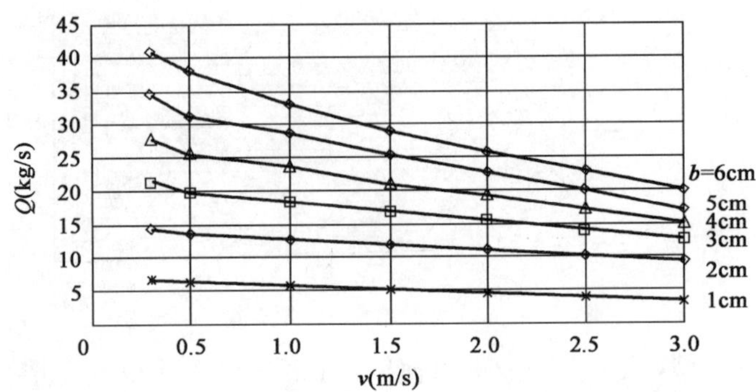

图 12-19　孔口大小、流量及流速关系图

对计算数据进行分析，可知修正系数 ψ_1 可写成如下形式：

$$\psi_1 = 1 - a_1 v^{0.5} \qquad (12\text{-}76b)$$

系数 a_1 为与孔口大小有关的系数，其回归曲线图如图 12-20 所示。如此可得系数 a_1 的表达式为：

$$a_1 = 0.026b + 0.2 \qquad (12\text{-}76c)$$

式中：b——雨水口孔口大小，cm。

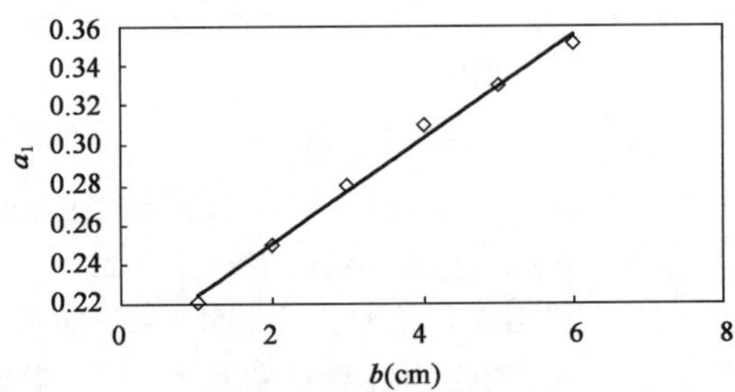

图 12-20　系数 a_1 回归曲线图

为分析水流在流过孔口后的速度变化，根据计算结果得到了水流流过多个孔口后的流速等值线图及容积比率图，分别如图 12-21、图 12-22 所示。

观察流速等值线图可知，在孔口附近的流速变化较为复杂，在孔口的中心处流速达到最大。但在整个流域范围内，其流速变化不大，因此在利用理论分析提出的孔口流公式进行雨水口流量计算时，对第一个孔口可按式(12-75)进行流速修正，在计算第 2～n 个孔口的流量时，对流速的修正可采用同一公式。

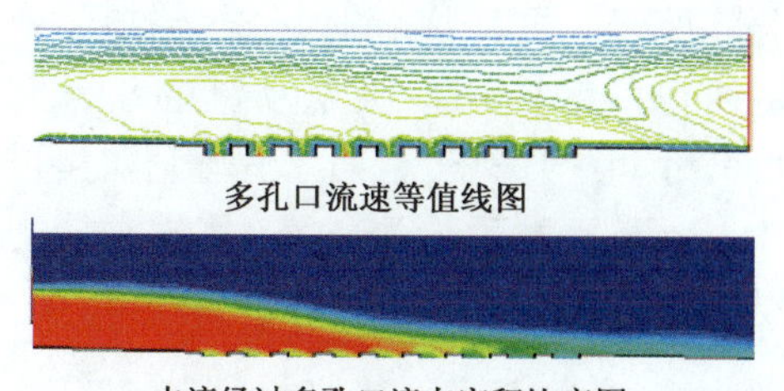

图 12-21　多孔口流态示意图(一)

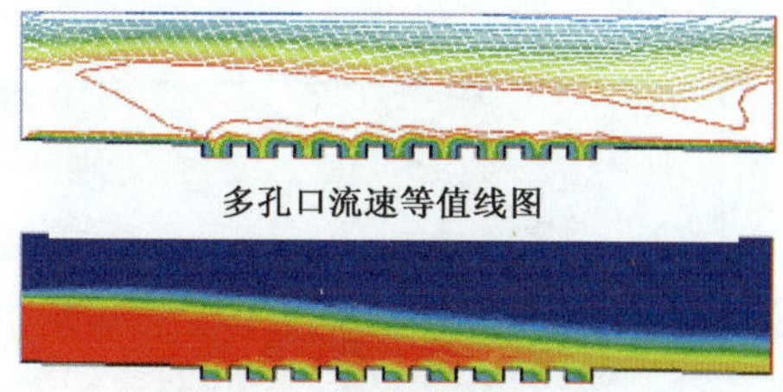

图 12-22　多孔口流态示意图(二)

由上述计算结果可以得出如下结论。

a. 水流经孔口排出后，水深沿程逐渐降低，整个雨水口范围内水流流速变化不大。对于孔口，其中心处的流速最大。

b. 随着孔口不断排出水，沿程水深逐渐降低，每一孔口的流出量逐渐减小。

c. 当有一定流速的水流流过横向篦条雨水口时，在整个雨水口流域范围内的流速变化不大，可根据回归式(12-76a)计算每一孔口的流量。

通过以上分析，在连续坡段上横向篦条雨水口的计算可采取如下步骤。

a. 确定横向篦条的尺寸：篦条间隔、宽度等。对篦条间隔的选择应综合考虑流量、纵坡、是否有杂物流入雨水口等因素，推荐当纵坡较大，水流流速较快时，篦条间隔取较小值；当纵坡较缓、流速较慢或水流携带杂物时，篦条间隔取较大值。

b. 对横向篦条雨水口，可将其流量分为正面流和侧面流两部分。对于正面流，根据流量、纵坡等条件计算雨水口进口流速及水深，同时应用式(12-76a)计算第一个孔口的流量，然后根据降低后的水深计算以后各个孔口的流量。侧面流可根据前述内容提出的经验公式计算，最终即可得出雨水口的截流率。

2. 凹下竖曲线底部

(1)经验公式法

凹形竖曲线底部排水口的截流量和水深有很大关系，水深较小时，排水口起堰的作用；而水深较大时，排水口起到孔口的作用。孔口流开始的水深和雨水口的尺寸有关。水深处于没有明显的堰流或者孔口流时，流态处于一种转变阶段。

排水口通过杂物、碎片的能力在竖曲线底部尤为重要。这是因为在竖曲线底部，所有的雨水必须通过排水口。若这些区域的排水口被全部或者部分堵塞，都会有形成积水的危险。由于雨水口有被堵塞的可能，因此在竖曲线底部的排水设计中并不推荐单独使用雨水口，而推荐使用开口式排水口或者组合式排水口。

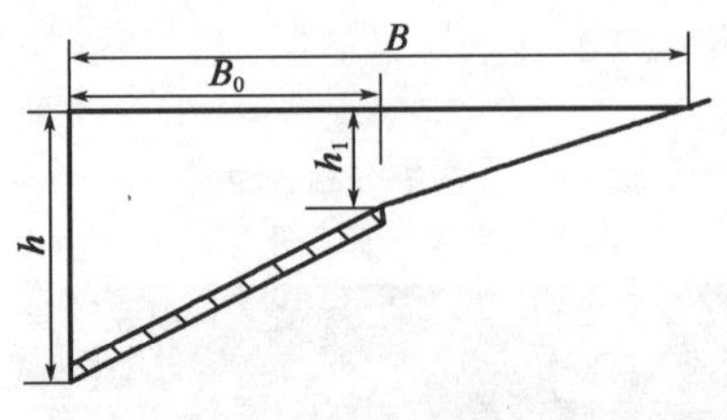

图 12-23　雨水口水深示意图

雨水口处于竖曲线底部时，是起到堰的作用还是起到孔口的作用取决于水流的水深和雨水口的尺寸（图 12-23）。当水深较小时，进入雨水口的水流呈宽顶堰流状态，其排水能力的计算公式为：

$$Q_0 = mB_w(2g)^{0.5}h^{1.5} \tag{12-77}$$

式中：B_w——堰顶的宽度，m；对于雨水口为雨水口周长（靠缘石或拦水带一侧的边长不计入内），其值为：

$$B_w = 2B_g + L_c$$

h——雨水口前的水深，m；取雨水口宽度两端水深的平均值 h_g，计算式为：

$$h_g = \frac{h + h_1}{2} \tag{12-78}$$

m——堰流系数，取 0.32～0.385。

取堰流系数 m=0.375，并将重力加速度 g=9.81m/s 带入式（12-77），则可得和《公路排水设计规范》（JTJ 018—97）相同的雨水口堰流排水量的计算公式：

$$Q_0 = 1.66Ph_g^{1.5} \tag{12-79}$$

当水深超过一定值时，水流流态不再是堰流，判断是否为堰流的临界水深和雨水口形式也有很大关系，雨水口尺寸较大时，其临界水深也较大；反之亦然。图 12-24 为雨水口堰流时，不同堰顶宽度 B_w 值，即雨水口有效周长，在不同流量下所对应的水深诺谟图，可供设计时查取。每一种雨水口所对应的最大水深即为其堰流的临界水深。

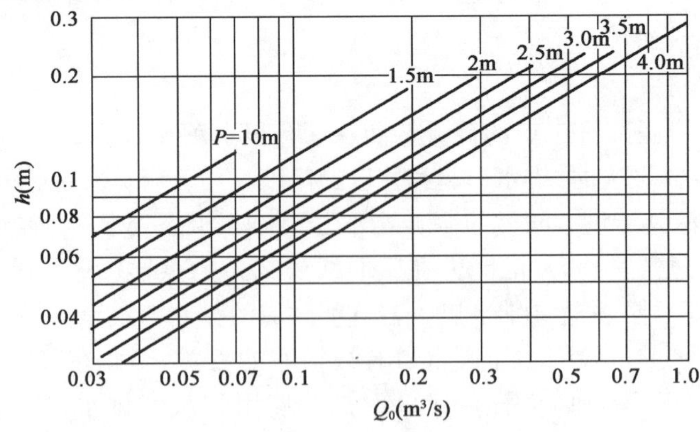

图 12-24　雨水口在凹形竖曲线底部水流量 Q_0 和水深 h 关系诺谟图

当雨水口上水深足够大(平均水深大于 0.43m)时，进入雨水口的水流呈孔口流状态，其排水能力与孔口净面积、水深及孔口形状有关，计算公式为：

$$Q_0 = CA_g(2gh_g)^{0.5} \tag{12-80}$$

式中：C——孔口系数，与雨水口篦条形状有关，矩形时取 0.6，圆弧形时取 0.7；

A_g——雨水口净面积，m^2。

应用孔口流公式计算雨水口的排水能力时需要用到雨水口的开口净面积。对于平直篦条的雨水口，开口净面积等于雨水口的总面积减去纵向篦条和侧向篦条所占用的面积；当雨水口篦条呈曲线形时，其净面积可用总面积减去篦条在水平面上的投影面积，但在计算雨水口的排水能力时应将面积增大 10%，即当雨水口篦条的投影面积为 68%而剩余的净面积为 32%时，雨水口的实际排水净面积应为 42%。

综合以上结果，可以进行雨水口在凹形竖曲线底部排水量的计算，首先应确定排水口需要排出的水流量 Q，然后根据道路允许的过水断面宽度 B 和边沟断面形式(边沟低洼区宽度 B_2＝雨水口宽度 B_g)确定平均水深 h_g，根据堰流计算公式确定雨水口的有效周长，按 50%的堵塞系数重新确定雨水口的尺寸，再根据堰流计算公式得出平均水深，和前面的水深进行比较所选雨水口是否合适。

经验公式存在一定的局限性，主要体现在：水流存在着不同的流速，计算时没有考虑速度对排水量的影响；对雨水口，判断孔口流的水深标准为 0.43m，此数值已明显超过拦水带或侧石的高度，且当横向篦条雨水口的间隔较小时，水流一直处于孔口流状态，因此对此标准应进行修改；雨水口处于孔口流时，以其净面积来计算流量，所得结果往往大于实际排水量，故应予以修正。

(2)理论分析

当纵向篦条雨水口处于凹形竖曲线底部时，雨水口同时接受三个方向的来水，其中以前后坡度上的水流较大，对雨水口入流形式影响也较大。

如图 12-25 所示，当前后两方来水水跌的长度相加不大于雨水口的长度时，雨水口入流为堰流方式。水流进入雨水口较为顺畅，此时两股来水水流的水深呈下降趋势。当两者相加长度大于雨水口长度时，两股水流在入流前会形成冲撞，且水流水深呈上升趋势，淹没整个雨水口，水流进入的流态从堰流向孔口流转变。水深的上升程度会随着雨水口排水能力的变化而变化，最终水流水深、来水流量、雨水口流量间会形成平衡。水深的上升会导致路面内过水断面的增加，且水深过大时还会超过拦水带或缘石的高度，水则会漫过拦水带或缘石。如前所述，水跌的长度 L 和水深及水流的初速度有关，继而和道路横披、纵坡、总的边沟流量等参数都有关，因此可根据不同的参数值选择雨水口的长度，然后计算确定雨水口的排水量。

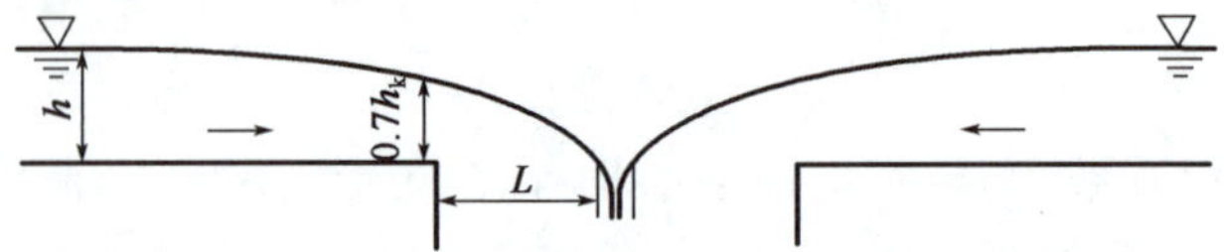

图 12-25 雨水口处于凹形竖曲线底部水流入口示意图

对横向篦条雨水口布置于凹形竖曲线底部时，水流仍然以孔口流方式入流，一般按净面积来计算流量，当有篦条存在时，应予以修正。

(3)数值模拟法

①纵向篦条雨水口。

当雨水口处于凹形竖曲线底部时，雨水口要同时接收来自三个方向的流量，假设坡段上两个方向的来流具有相同的流速和水深，其流态如图 12-26 所示。

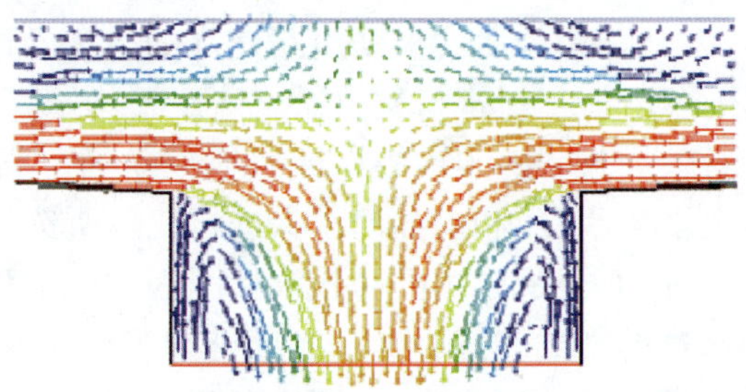

图 12-26 雨水口处于凹形竖曲线底部流态示意图

根据图 12-26 计算时，取两侧进口水流流速为 1.5m/s，水深均为 100mm，可以看出进入雨水口的中部位置流速减小，且掺杂有空气，这都影响了进入雨水口的流量。经计算可知，雨水口长度为 0.5m，固定水深为 100mm 不变，当进口流速为 1.0m/s 时，全部水流量经雨水口排出；当流速为 1.5m/s 时，雨水口截流率减小 10%；流速增加至 2.0m/s，截流率减小 23%。雨水口截流率随流速的增加而减小后，水流不能在单位时间内全部进入雨水口，在雨水口处会形式水的涌起，导致过水断面和水深的增加，则凹形竖曲线底部积水面积会加大。因此对布置在凹形竖曲线底部的雨水口，应根据流速和水深选择其长度，以保证正面流快速全部地流入雨水口。经计算表明，竖曲线底部所需雨水口长度和表 12-7 中所得结果有着良好的线性关系。在表 12-7 所列雨水口长度的基础上乘以一个 1.3 的系数，即可得到凹形竖曲线底部所需的雨水口长度。例如：当拦水带或缘石处水深为 160mm、流速为 1.3m/s 时，根据计算结果可知，最小雨水口长度应为 0.5m，则布置于竖曲线底部的雨水口长度应为 0.5×1.3≈0.7m；或者选择长度

为0.7m的雨水口、水深为160mm时，流速不应超过1.3m/s。

利用二维模型对雨水口进行模拟，凡涉及流量时均为单宽流量，而实际上雨水口的宽度不是定值，在计算时应取雨水口的有效宽度。对有效宽度，进行以下两点说明。

a.有效宽度首先应用雨水口总的宽度减去所有的篦条宽度。

b.有篦条存在时，水流进入雨水口会发生侧向收缩，降低了排水能力，因此应在步骤a计算所得的有效宽度基础上乘以侧收缩系数ε(0.85～0.95)。当篦条间隔较大时，ε取较大值；当篦条间隔较小时，ε取较小值。

②横向篦条雨水口。

当横向篦条雨水口放置于凹形竖曲线底部时，其水流流态与在连续坡段上有较大的不同，取雨水口长度为0.5m，篦条间隔0.03m，篦条宽度0.02m，则其孔口净面积为54%。计算时，选取不同的进口流量及进口纵坡，则雨水口的进口水深和流速也各不相同，由此可得出雨水口在不同条件下的流态。首先选取流量$Q=0.1m^3/s$，其流态如图12-27所示。每个孔口的流量如表12-8及图12-28所示。

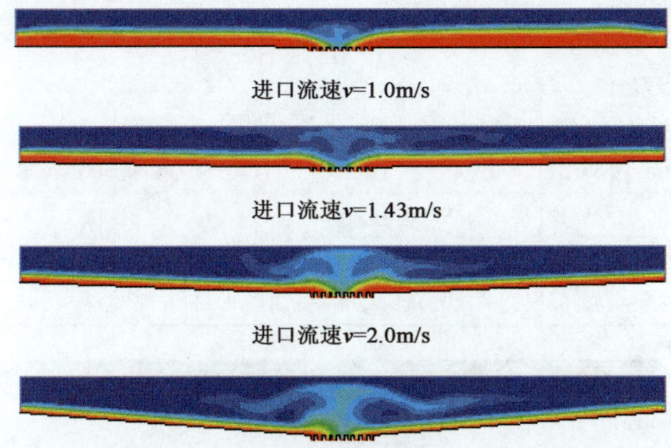

图12-27　不同进口流速流态示意图($Q=0.1m^3/s$)

每个孔口流量计算表($Q=0.1m^3/s$)　　表12-8

进口水深(m)	v(m/s)	单个孔口流量(kg/s)									总流量(kg/s)
		1	2	3	4	5	6	7	8	9	
0.1	1.0	22.69	28.26	26.82	17.07	9.63	17.58	26.97	28.00	22.67	全部排出
0.07	1.43	21.38	28.08	26.79	18.74	10.37	18.89	26.31	27.96	21.73	全部排出
0.05	2.0	17.21	22.51	25.24	26.09	18.04	26.16	25.38	22.11	17.10	全部排出
0.04	2.5	18.26	25.69	22.91	24.03	17.47	24.28	22.97	25.75	18.46	全部排出

由计算结果可知，虽然进口流速不同，但水全部由雨水口排出，且在流速较大时，也会产生涌水，但涌水高度较小。

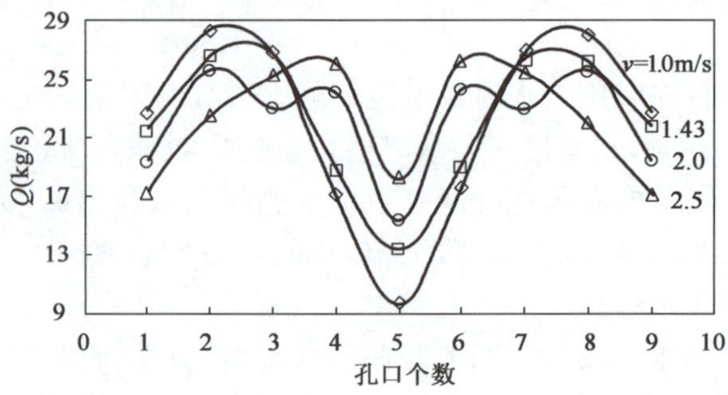

图 12-28　不同进口流速时每个孔口流量图(Q=0.1m^3/s)

增大雨水口的进口流量，取 Q=0.2m^3/s，在同样的纵坡条件下计算，其流态如图 12-29 所示。每个孔口的流量如表 12-9 及图 12-30 所示。

每个孔口流量计算表(Q=0.2m^3/s)　　表 12-9

进口水深(m)	v(m/s)	单个孔口流量(kg/s)									总流量(kg/s)
		1	2	3	4	5	6	7	8	9	
0.15	1.33	33.61	44.12	48.46	47.24	40.11	46.88	48.55	44.22	33.55	386.74
0.10	2.0	36.48	43.68	47.03	46.15	38.40	45.49	47.14	44.10	36.51	384.98
0.08	2.5	36.25	42.6	46.17	45.15	37.15	44.83	45.90	42.59	36.00	376.64
0.06	3.3	37.03	42.68	45.44	43.38	36.30	43.11	45.17	42.82	36.94	372.86

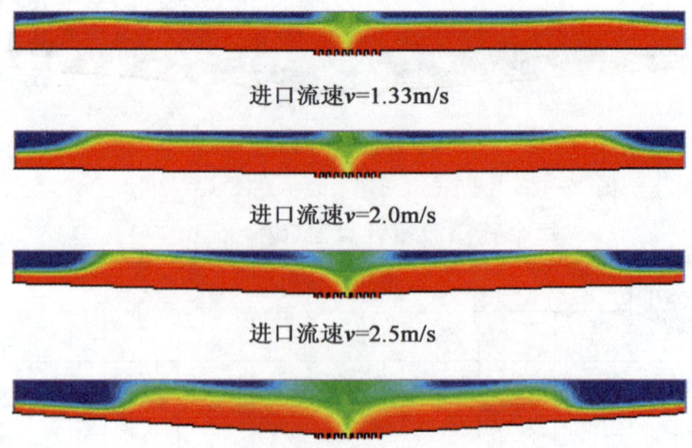

图 12-29　不同进口流速流态示意图(Q=0.2m^3/s)

由计算结果可知，随着流量的增加，雨水口上的水深也会增加，从而出现涌水现象。结合图表可以看出，横向篦条雨水口在凹形竖曲线底部的排水有如下规律。

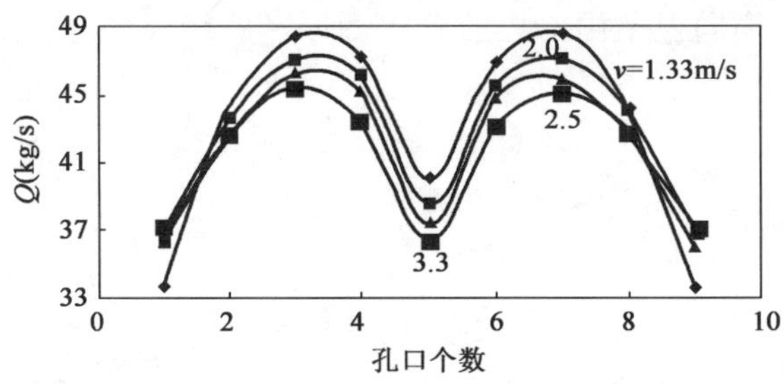

图 12-30　不同进口流速时每个孔口流量图(Q=0.2m^3/s)

a. 水流流速较小时，全部水流由雨水口排出。水深呈递减趋势，以两股水流交汇处为分界线，则每一侧的孔口流量呈现先增加后递减的趋势。

b. 两股水流流速在流域内呈递减的趋势，至水流交汇区域，水流速度为零。进口流速越大，出现水流速度为零的区域越大。

c. 随着流量和流速的增加，水流出现涌起现象，水深增加。流速越大，出现涌起的范围越大；水深越深，则每一孔口流量也增大。

由以上分析可知，如排水口排水能力不足，随着进口流量和流速的增加，会形成水流的涌起，造成水深的增加，水深增加到一定程度会超过拦水带或缘石高度。水深的增加还会造成路面内过水断面的增加，给行车带来危害。因此横向篦条放置于凹形竖曲线底部时，为使水流能快速排出，应根据水流量选择雨水口的长度和宽度。对于横向篦条雨水口，其水流入流方式为孔口流。在孔口流计算公式中，当取孔口系数 $\mu=0.67$ 时，则可得到和《公路排水设计规范》(JTJ 018—97)中推荐的孔口流计算公式完全相同的计算公式：

$$Q=2.96Ah^{0.5} \tag{12-81}$$

式中：Q——孔口流量，m^3/s。

选择不同的水深，设定一定的孔口净面积，进行数值模拟计算，所得流量记作 Q'，并和由式(12-81)计算所得 Q 比较，部分数据列于表 12-10。图 12-31 为依据表中数据所绘制，其中横坐标为水深，纵坐标为 Q' 与 Q 的比值。

不同水深时雨水口流量计算表(按孔口净面积计算)　　表 12-10

水深(m)	0.05	0.1	0.15	0.2	0.3
Q(kg/s)	179.2	253.4	310.3	358.3	438.9
Q'(kg/s)	187.0	264.5	324.0	374.2	458.5

比较两种计算方法所得流量结果可知，在应用孔口流计算公式计算凹形竖曲线底部的横向箆条雨水口流量时，应取 $\mu=0.70$，与经验公式中取 $\mu=0.67$ 相差不大。因此，对横向箆条雨水口放置于凹形竖曲线底部时，孔口流计算公式无需修正。

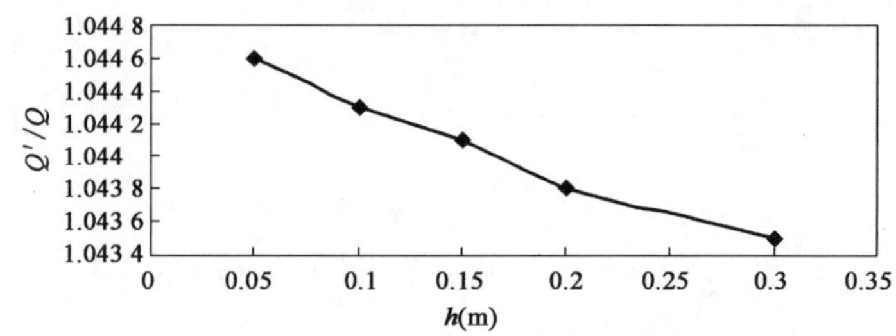

图 12-31　不同计算方法流量比较图

以上是以孔口净面积计算所得结果，实际应用的雨水口是有箆条存在的。箆条的存在对孔口流进入流量是有影响的，因此在相同孔口净面积的基础上需设置不同的孔口大小 b，进行数值模拟，如表 12-11 即为水深 0.3m，不同孔口大小时的孔口流量。

不同孔口大小时流量计算结果(单位:kg/s)　　表 12-11

净面积孔口计算流量(m^3/s)	b(m)					
	0.01	0.02	0.03	0.04	0.05	0.06
458.5	391.8	408.3	423.2	433.9	442.9	453.2

由计算结果可以看出，相同的孔口净面积，孔口流量随孔口尺寸的增大而增大，因此进行孔口流计算时，应根据孔口大小对孔口流计算式(12-81)进行修正，即在该式的基础上乘以流量的孔口尺寸修正系数 ψ_2，则可表示为：

$$Q = 2.96\psi_2 A h^{0.5} \tag{12-82}$$

式中，修正系数 ψ_2 的取值经综合分析，可根据表 12-12 取值。

修正系数 ψ_2 取值表　　表 12-12

孔口大小 b (m)					
0.01	0.02	0.03	0.04	0.05	0.06
0.857	0.888	0.921	0.944	0.963	0.987

流量的孔口尺寸修正系数 ψ_2 的回归曲线如图 12-32 所示，由图可得 ψ_2 的表达式如下：

$$\psi_2 = 2.6b + 0.83 \tag{12-83}$$

式中：b——雨水口孔口大小，m。

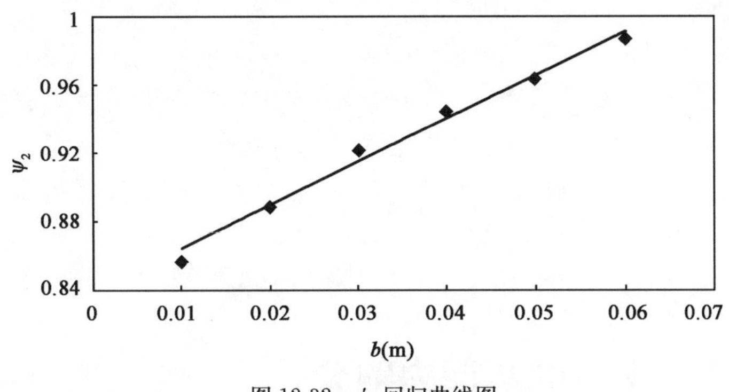

图 12-32 ψ_2 回归曲线图

12.2.3 组合式排水口

如图 12-33 所示，即为组合式排水口的两种布设形式。

1. 连续坡段上

组合式排水口包括平行放置的一个雨水口和一个开口式排水口，按两者长度的不同可分两种计算方法。

(1)当开口式的长度 L_c 和雨水口长度 L_g 相等时[图 12-33a)]，组合式排水口的截流率和单一雨水口的截流率相比几乎相等，计算时可忽略开口式排水口的排水量。但开口式排水口的存在可以避免杂物对雨水口的堵塞。

(2)当开口式的长度 L_c 大于雨水口长度 L_g 时[图 12-33b)]，组合式排水口的截流率由两部分相加所得：一是长度等于 L_c' 的开口式排水口的截流率，其中 $L_c'=L_c-L_g$；二是雨水口的截流率。雨水口布置在组合式排水口的后部，因此水流流至雨水口时边沟内的过水断面会有所减小，计算雨水口的截流率时应以流至其前缘的过水断面为标准。

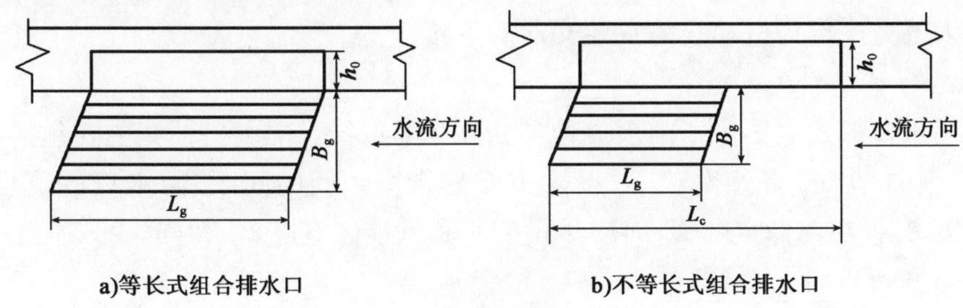

图 12-33 组合式排水口

2. 竖曲线底部

组合式排水口被认为是凹形竖曲线底部低洼区域最适合的开口形式，可以防止路面积水的形成。

雨水口的堰流计算公式可以作为组合式排水口堰流时的计算公式。假设雨水口完全被堵塞，则可以应用开口式排水口的计算公式。

随着拦水带处水深的增加，水流流态变为孔口流，排水口的排水量可以应用以下公式进行计算：

$$Q = 0.67A_g(2gh'_g)^{0.5} + 0.67A_c(2gh'_c)^{0.5} \tag{12-84}$$

12.3 排水口排水能力的分析

12.3.1 计算参数的选取

由排水口在连续坡段和凹形竖曲线底部的排水能力计算公式可以看出，影响排水口排水能力的因素有：道路纵坡和横坡、边沟断面的形式、边沟内水流量、过水断面宽度、曼宁系数、排水口形式和尺寸、是否设置低洼区等。对于纵坡、横坡等参数已在前述内容中予以说明，而其他参数的说明如下。

1. 边沟形式

边沟形式主要包括单一横坡和复合横坡。选择单一横坡时，边沟横坡和道路铺面横坡 i_1 相同；选择复合横坡时，应对低洼区横坡 i_2 和宽度 B_2 进行选择。

对低洼区横坡 i_2，按照规范不宜超过 0.16，又综合考虑横坡大小，选择 0.05、0.10、0.15 横坡值作为低洼区坡度的计算量。

边沟宽度范围为 0.3～1.0m，低洼区宽度 B_2 的选择主要考虑行车安全和自行车的安全，选择 B_2=0.3m 作为自行车为主要交通的道路，选择 B_2=0.5m 或更大的宽度作为机动车为主要交通的道路。

2. 雨水口形式

雨水口形式主要包括雨水口种类和尺寸的选择。雨水口种类主要包括横向篦条、纵向篦条或者蜂窝状等；尺寸主要是指篦条间的间距、雨水口的宽度 B_g 和长度 L_g。在选择宽度 B_g 时应尽量使其和低洼区宽度 B_2 相同。

3. 开口式排水口形式

开口式排水口的形式主要是指对其宽度 L_c 的选择。按照《公路排水设计手册》，选择两种宽度作为开口式排水口的计算宽度 L_c，分别为 1.5m、3.0m。

4. 组合式排水口的形式

在组合式排水口中，雨水口和开口式排水口的选择可以参考上述内容，另一选项是指选择同宽的形式还是不同宽的形式。

5. 低洼区深度 a

低洼区深度 a 的选择和边沟内低洼区横坡 i_2 及宽度 B_2 是一一对应的关系，选定了低洼区横坡 i_2 和宽度 B_2，即表明确定了低洼区深度 a。

$$a = B_2(i_2 - i_1) \tag{12-85}$$

6. 曼宁系数 n

曼宁系数 n 的取值与路面材料和路面的粗糙度有关，表 12-13 为曼宁系数 n 取值的推荐值。根据推荐值，本文选择曼宁系数 n=0.015 进行计算。

曼宁系数 n 推荐值 表 12-13

路面类型		曼宁系数 n
水泥混凝土边沟压光面		0.012
沥青铺面	平滑	0.013
	粗糙	0.016
水泥混凝土边沟沥青铺面	平滑	0.013
	粗糙	0.015
水泥混凝土铺面	压实赶光	0.014
	扫面处理	0.016
小坡度边沟且有泥沙淤积		≥0.02

12.3.2 道路纵坡 i_l 的影响

由边沟流量及流速计算公式可知，当边沟流量一定时，随着道路纵坡 i_l 的增加，流速增加、过水断面减小、拦水带水深减小，这些条件的变化影响了排水口的截流率。对于雨水口，过水断面的减小增加了正面流的比例，从而使正面流的截取率提高；但流速的提高使侧面流的截取率变小，且流速过高时，正面流产生飞溅，影响其截取率，因此雨水口截流率与纵坡的变化规律和自身尺寸有较大关系。对于开口式排水口，拦水带水深的减小，使排水量减小，因此其截流率应随纵坡的增大而减小；对于组合式排水口，应考虑两种排水口的综合作用。

根据计算结果，可得出如下结论。

(1)开口式排水口的截流率随纵坡的增加而迅速减小。当纵坡 i_l 从 0.01 增加到 0.08 时，两种流量下的开口式排水口截流率都下降了 30%以上。因此纵坡较大时，平直的开口式排水口截流率很小，在纵坡较大路段，不宜使用开口式排水口。

(2)即使纵坡变化范围较大，雨水口也可以作为一种较为满意的排水口。当雨水口面积相同时，细长形雨水口截流率随纵坡增加而减小，而宽短型雨水口截流率随纵坡增加而增加，这是正面流和侧面流综合作用的结果。总的来说，为增加雨水口截流率，应使其宽度尽可能地增加。

(3)具有不同长度的组合式排水口，其截流率 E 较单一的雨水口有所增加。组合式排水口的截流率 E 在纵坡 i_l 增加时变化不大，其截流率 E 变化范围不超过5%。

12.3.3 道路横坡 i_1

相同流量条件下，横坡的增加可减小过水断面的宽度、增加拦水带处的水深。由表12-14的计算结果可看出，横坡增加时，边沟流速略有增加，这主要是因为横坡的增大加快了铺面内的汇水过程。

边沟过水断面宽度 B 和平均流速 v_a 计算结果表 表12-14

横坡大小	0.02	0.03	0.04	0.05
断面宽度 B(m)	2.64	2.09	1.78	1.59
平均流速 v_a(m/s)	1.333	1.449	1.530	1.591

注：计算条件 $Q=0.1\text{m}^3/\text{s}$、$B_2=0.6\text{m}$、$i_2=0.05$、$i_l=0.03$。

过水断面的减小和水深的增加都可使正面流增加，对于雨水口的排水是有利的，流速的略微增加对侧面流的影响不大，因此雨水口的截流率应是随横坡的增加而增加；对于开口式排水口，水深的增加加大了排水口的排水量，因此开口式排水口的截流率应是随横坡增加而增加。综合考虑，组合式排水口的截流率也应是随横坡增加而增加。

12.3.4 边沟断面流量 Q

边沟流量的增加会使过水断面和水深都增加，水深的增加对所有形式排水口的排水都是有利的，同时过水断面的增加对排水口的截流率是有副作用的。对于雨水口，过水断面的增加使正面流所占比例减小；流量增大对于开口式排水口来说，则需宽度更大的排水口来排出水流量。

图12-34中将排水口分为两种情况：一是将雨水口设置在单一横坡内(线1、2、3、7、8)；二是设置在复合横坡内，即设置低洼区(线4、5、6、9、10)。为考查不

同形式雨水口在纵坡较大时，即边沟流速较大时排水口的排水能力，将纵坡值 i_l 设置成 0.06，雨水口的长度 $L_g=1.0\text{m}$，宽度 $B_g=0.5\text{m}$。

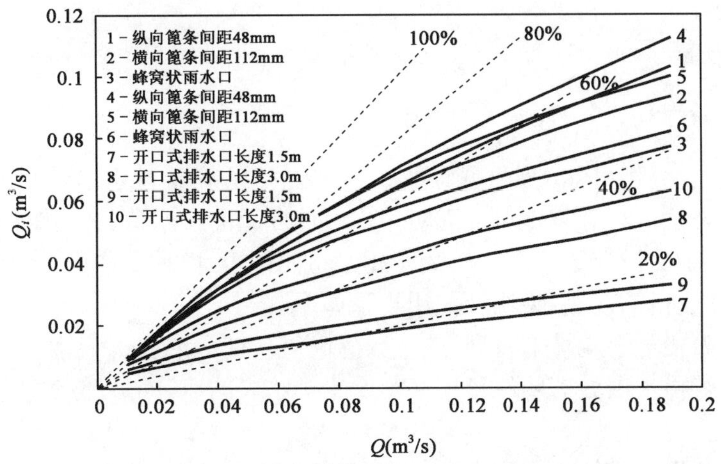

图 12-34　边沟流量 Q 对排水口排水量 Q_i 影响图

(1)所有形式排水口的排水量都随着边沟流量的增加而增加，但截流率都随之减小。

(2)在道路纵坡 i_l 较大时，边沟流速加大，雨水口有可能会产生水流飞溅的现象，此时纵向篦条的雨水口效率最高，其次是横向篦条，蜂窝状雨水口效率最低。

(3)在边沟内设置低洼区后，所有形式排水口的排水能力都会增加。

12.3.5　低洼区的设置

采用复合边沟的形式等于设置了低洼区，其参数主要是边沟坡度 i_2、宽度 B_2 和低洼区深度 a，设置低洼区对排水是有利的。

从计算结果中可以得出如下结论。

(1)低洼区的设置可以减小边沟过水断面的宽度，尤其在纵坡较大时，过水断面宽度迅速减小；随着低洼区的加深，边沟流速略有增长，这主要是由铺面汇水加快引起的；拦水带处水深随着低洼区深度呈正比变化。

(2)随着低洼区的加深，排水口截流率明显增加，尤其在纵坡较大的区域，截流率增加的幅度较大。

(3)对于雨水口的选择，在低洼区深度较大的区域，应布置宽度较大的雨水口。细长形雨水口应布置在纵坡较小，低洼区深度不宜设计成较大值的区域。

(4)开口式排水口随着低洼区的设置截流率增长较快;在纵坡较大地段设置低洼区排水口,截流率增长幅度将更大。但纵坡较大时开口式排水口的排水能力明显不足。

综合考虑,如施工条件允许,应设置低洼区。

12.3.6 排水口间距设计方法

根据以上分析可知,在凹下竖曲线底部主要是确定排水口的尺寸,依据流量,按相关公式进行计算即可。而对于连续坡度上的排水口,其间距的设计较为烦琐,为此,本文设计了表12-15,用于排水口间距设计,使工作大为简化。

关于此表格的使用、说明及使用步骤如下。

(1)在表格最上端填入日期,选定的降雨重现期等内容。

(2)在表格空白处写明线形中必须设置排水口的点,如最低点、十字路口、低洼区域等。

(3)设计每次均从一个高点开始,低点结束。

(4)从高点向下选取90～150m作为流域面积长度,确定此范围内的轮廓,初步拟定排水范围。

(5)在栏1中按顺序填入排水口的序号,在栏2中填入与排水口相对应的位置,在栏19(备注栏)中填入是否有拦水带或侧石以及边沟的形式。

(6)确定流域面积,填入栏3。

(7)确定流域径流系数,填入栏4。

(8)计算降雨历时,为最远点流至第一排水口的时间,填入栏5。

(9)利用上述数据确定降雨强度、持续时间、频率等参数,将降雨强度值填入栏6。

(10)根据以上数据计算设计流量,填入栏7。

(11)根据道路线形确定纵坡,填入栏8。

(12)将横坡值填入栏9。

(13)根据栏7中的设计流量及栏8与栏9中的形式确定边沟流量,填入栏11;计算过水断面宽度,填入栏14。

(14)将计算的过水断面宽度和第二行中的允许过水断面宽度相比较,如不符合要求,修改边沟形式或其他参数。特别说明:栏10中的剩余流量是指上一排水口未能排除的水流,和栏18中的流量值一样,但对第一个排水口,栏10为0。对于其他排水口,边沟流量为上一排水口剩余流量和自身流域范围内的流量之和,即栏6和栏18两栏流量之和。

排水口间距计算表

表 12-15

日期＿＿＿＿＿　第　页 共　页

排水口		边沟流量 降雨重现期＿＿＿＿					边沟流量 过水断面允许宽度＿＿＿＿								排水口流量＿＿＿			备注
序号	位置	流域面积	径流系数	降雨历时	降雨强度	设计流量	纵坡	横坡	剩余流量	边沟总流量	水深	排水口尺寸	过水断面宽度	W/B	排水口类型	排水口流量	剩余流量	
1	2	3	4	5	6	7	8	9	10	11	12	13	14	15	16	17	18	19

注：①栏 10 中的剩余流量是指上一排水口未能排除的水流，即和栏 18 中的流量值一样，但对第一个排水口，栏 10 为 0。

②栏 15 中的 W/B 中的 W 是指雨水口的宽度，B 为过水断面宽度。对于其他形式排水口，此栏为空。

③此表第三行中的数字为使用说明方便，使用时可删除。

(15)根据边沟形式及流量计算过水断面宽度及在拦水带处的水深,填入栏 12。

(16)初步拟定排水口尺寸,填入栏 13,选择排水口类型,填入栏 16。

(17)计算排水口流量和剩余流量,分别填入栏 18 和栏 19。

(18)移至下一排水口,重复以上工作,其流量为区域汇水量加上一排水口的剩余流量。

(19)调整间距,第一使过水断面宽度和拦水带水深符合要求,第二使每一排水口的剩余流量不会太大,即排水口的截流率保持在较高的数值。

(20)进行最低点设计,其流量等于选取区域流量加两个坡段流过量之和。首先初拟排水口形式,查取水深,判断流态,根据所得数据计算排水口的排水能力。将排水口的排水能力与流量进行比较,检验是否满足要求,如不满足,加大排水口尺寸,直至满足为止。如低洼区所得排水口尺寸过大,应重新考虑连续坡段排水口尺寸及间距,重复以上过程。

利用上述设计步骤可以进行路表排水的设计,在设计的同时,还应注意以下几点内容。

(1)对于道路纵坡有改变的区域,随着坡度的改变,进水口的间距也应有所变化。如果道路纵坡变缓,进水口之间的距离应更小一些,这是为了防止路表水面宽度超过允许值。相反,随着道路纵坡的上升,进水口之间的间隔应变大,这是因为道路纵坡的增加,使边沟的排水能力也相应增加。

(2)为防止凹形竖曲线底部的排水口被堵塞或过水断面宽度超过规定值,应在凹形竖曲线底部设置侧面排水口(图 12-35)。侧面排水口和底部排水口之间的间距应根据竖曲线长度、水深 h 和两曲线坡度 i_{l1}、i_{l2}来选择。当曲线长度增加,两曲线坡度 i_{l1}、i_{l2}减小时,排水口间距应选择较大值;反之亦然。另外,间距值应和水深 h 成正比。

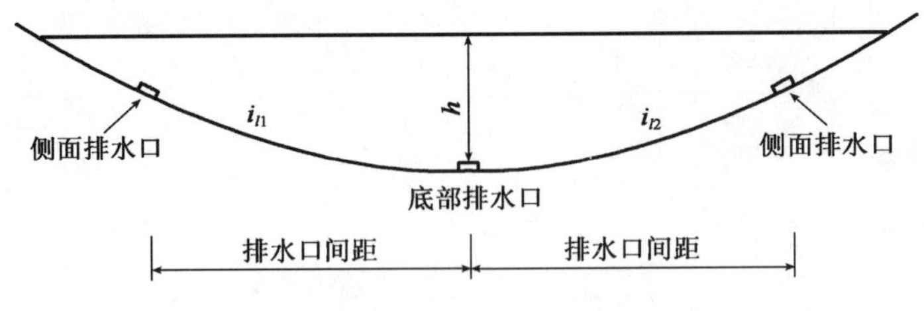

图 12-35　侧面排水口示意图

(3)进行雨水口类型选择时,除了主要参考雨水口的排水能力外,还应考虑雨水口对碎片的控制特点、行人和自行车的安全及装载条件。

第13章 排水泵站

13.1 概述

在暴雨条件下,设置泵站对道路水流的排放是非常必要的。但是,由于泵站造价较高和其他的潜在问题,只有在其他排水设施无法满足排水要求时,才会推荐使用泵站。当整个排水泵站系统较为庞大时,其运行和维护成本也是非常可观的。当无法设计泵站时,可选择深渠、虹吸管或调蓄水池作为替代方案。

13.2 设计时须考虑的因素

泵站的设计需要设计者在考虑项目要求的基础上,设计出造价低、效率高的泵站。泵站设计时需要考虑诸多因素,具体如下:选择湿式基坑还是干式基坑;水泵的类型、数量及排水能力;水流最大流量及蓄水量;采用压力干管或重力式流动;地上管线和地下管线;监控系统;备用设备;养护必备条件。

在确定建立泵站之前,必须考虑以上因素,借鉴以往的工程经验,利用工程学进行分析,以达到低造价、高效率的目的。

13.2.1 泵站安装的位置

通过对设计影响因素及经济性的考虑,通常将道路排水系统的最低点作为泵站安装的位置。泵站及水流进口应处于合适位置,以便道路水流的进入。在选址前宜进行土壤的钻孔试验以确定土壤的承载力,从而进一步判断可能出现的潜在问题。

在泵站选址过程中,还需满足建筑及美学上的要求,泵站的地上部分应融入周围环境或社区。泵站选址及泵站设计应遵循以下原则。

(1)现代的泵站设计要求成本最低化且在建筑形式上令人愉悦。

(2)标示清楚的功能分界线可提升泵站的外观质量。

(3)外部采用石砌或有纹理的混凝土材料有较好的效果。

(4)隔板可用于遮挡室外设备,且可作为泵站建筑物的分界线。

(5)加一些小的点缀可有效提高泵站的美观。

(6)必要时,可将泵站全部安置于地下。

(7)临近泵站处应有足够的面积以安放养护设备。

13.2.2 水力特性

出于对行车安全和雨水所带来的危害考虑,泵站主要应用于快速路和主干路,期望能抵抗50年一遇的洪水。设计时,也可选择设计重现期为100年,以防止出现过大的降雨量。对排水区域,应努力使区域内的任何水流都能流入泵站,泵站的水力学设计取决于排水区域内流向泵站的水量大小。

泵站设计时还需考虑在出水井处设置储水池,对于大多数道路所用的泵站,高流量往往发生在较短时间内,通过附加储水池,并经过技巧性设计,可大大降低水泵的高峰抽气速率。对于储水池的储量及水泵的排水能力,可通过经济分析的方法使其达到最佳配合。由于泵站位置的特性,通常将储水池置于地面之下。

如果为减小水泵等设备的尺寸需要降低流量,或不能从泵站的上游获得水流时,通常考虑将储水池设计于泵站的下游,这样做的结果是需要加大泵送的流量,因此应安装更大的水泵,且养护成本也会随之增加。

如采用储水池来降低高峰水泵流量,就必须选择合适的方法来进行系统设计。在此方法中,需考虑三个互相独立的因素以确定水泵流量:流入水流水位曲线、水位—出水量关系式和水位—水排放量关系式。

13.2.3 收集系统

泵站通常建设于缓坡之上,以便使其深度和相关建筑成本最小化。为避免收集系统中的沉积问题,建议管路的最小坡度应使管路中充满水流时的流速能达到1m/s或以上。最高进水口的深度由最小的水头落差来决定。进水流量应均匀分布到每一台水泵,必要时可使用折流板来保证水流的均匀。

收集系统应截止于水泵前池或储水箱,也可直接流入泵站。对于后一种情况,收集及储水系统的能力非常重要,必须经过仔细计算以便为水泵提供足够的循环周期。为避免储水系统产生淤积问题,应保证水流方向有2%的坡度。

在排水系统中,有多条水流流向泵站,因此对一些泵站来说,集水管的储水

量非常重要。在临近泵站处，对集水管进行有效放大可增大其储水量。

为避免较大物体进入排水系统损害水泵，可采用带有筛孔的结构对其进行拦截。拦截装置可安装于储水系统的表面或内部。当采用碎片拦截措施时，应加强储水系统的养护。

13.2.4 泵站类型

泵站有两种类型：干式基坑类型和湿式基坑类型。

1. 湿式基坑类型(图 13-1)

湿式基坑泵站，水泵淹没在进水口以下或置于水池中，而电动机和控制系统位于高处。在设计中，水流经过立管垂直进入水泵。通常情况下，电机通过位于立管中心的长驱动轴和水泵连接。湿式基坑泵站的另一种形式是使用潜水泵，因潜水泵不需要长驱动轴，所以其养护费用更低，所需动力更小。又由于潜水泵

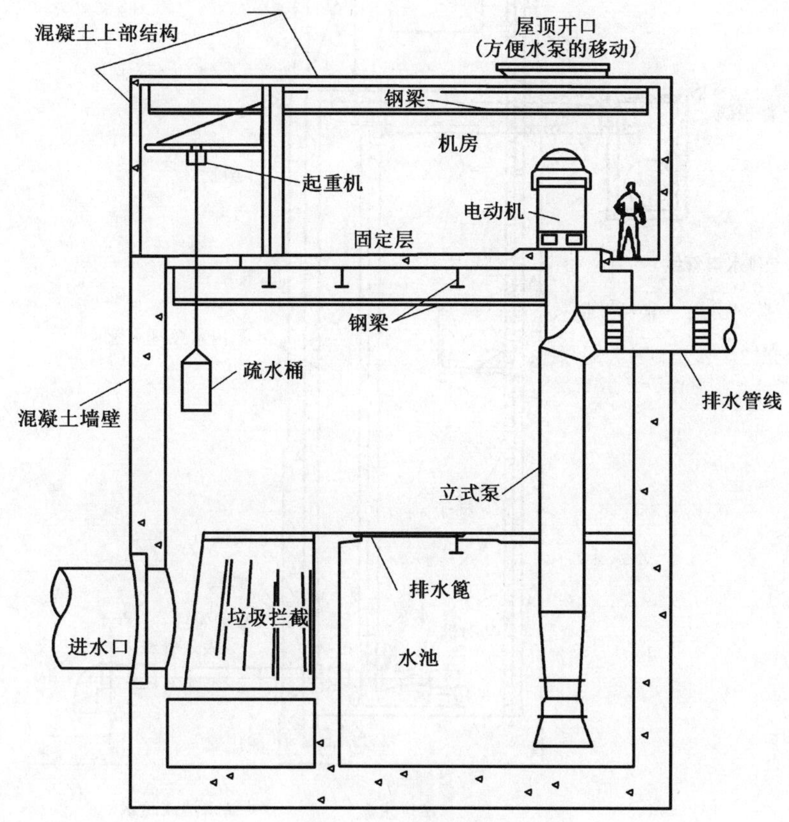

图 13-1 湿式基坑泵站

移动较为容易,故其维修也更为方便。大尺寸潜水泵的出现可使其应用于各类泵站中,钢轨系统的使用可使起重设备不需进入水池即可完成对泵体的移动。

2. 干式基坑类型(图 13-2)

干式基坑泵站由两个独立的部分组成:湿井或储水池、干井。雨水储存于湿井中,湿井和干井通过水平的吸水管道连接。水泵安置于干井的地板上,动力可通过紧凑型电机输入,电机置于干井内;也可将电机置于高处,通过长驱动轴输入动力。干式基坑类型泵站的优势在于有一块可供人员日常工作的干燥面积,也可用于紧急情况时水泵及管道的维护作业面。

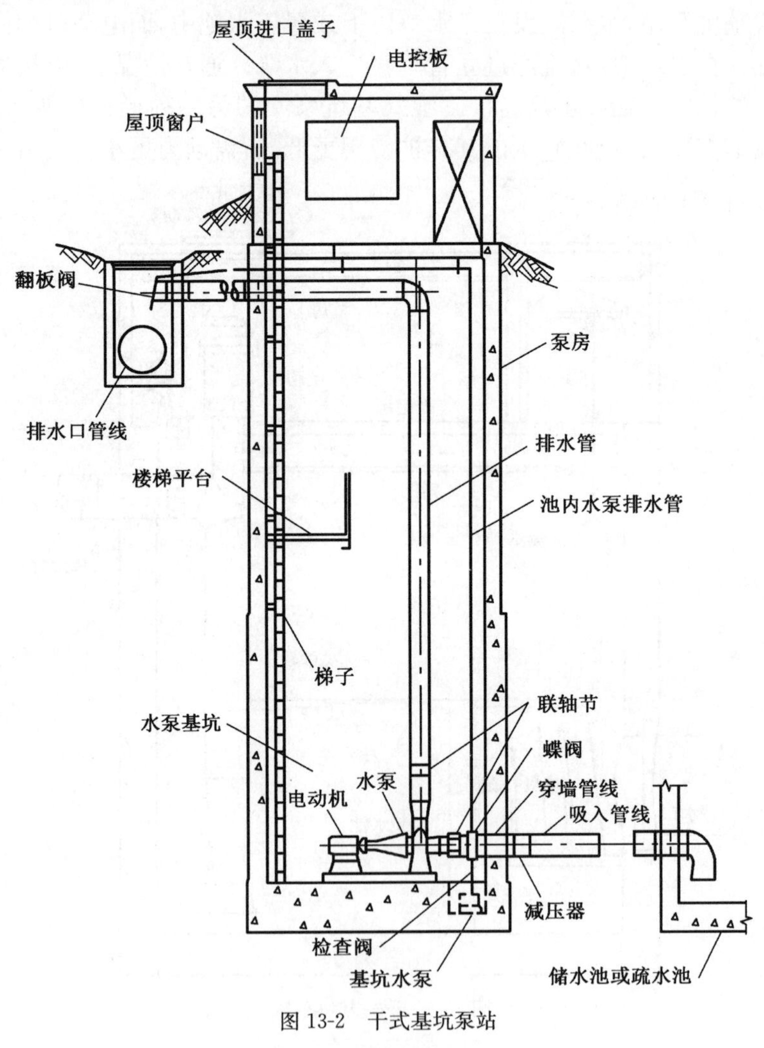

图 13-2　干式基坑泵站

13.2.5 水泵类型

最常应用的水泵有轴流泵、幅流泵和混流式水泵三种。每一种水泵均有其各自的优点。

轴流泵:轴流泵通过垂直的立管提升水流,水的流向平行于轴线和驱动轴。轴流泵通常应用于低扬程、高流量的场合。轴流泵较易受到碎片的影响,这是因为受到相对较大、较硬的碎片冲击时,水泵叶片容易破坏。另外,纤维类杂物也容易形成对叶片的缠绕。

幅流泵:幅流泵利用离心力将水流转移至立管。幅流泵适用于任何扬程和流量的场合,尤其是针对于流量较大的情况。幅流泵对碎片有很好的适应能力,单一叶片且不阻塞的叶片形式提供了最大的叶片间距,使其在最大限度上适应了碎片的通过。叶片增加,其间距下降,故碎片通过能力也会随之下降。

混流式水泵:混流式水泵和轴流泵很相似,但其提升力组合了垂直力和离心力。另外的一个不同之处是在水泵进口处有一碗状结构物,使其流量和扬程有中度适用性,因此混流式水泵的碎片适应能力较轴流泵稍好一些。

任何水泵均可通过电动机或发动机驱动,既可置于高处,又可置于井内。也可采用潜水泵。潜水泵在简化设计、建设和养护方面具有一定优势,成本也相对较低。

水泵的选择应首先建立相应的标准,然后从不同特点的水泵中选择最能适应标准的水泵。在选择过程中,成本、可靠性、运行和养护需要均为应考虑的因素。由于泵站的运行期可能较短,因此在泵站建设过程中,一次性投入的成本比运行成本更为重要。

13.2.6 水位传感器

水位传感器控制水泵的开启,是控制系统中最为关键的部件。它有很多种类型可供选择,包括浮动开关、电子探针、超声波器件、水银开关和空气开关。安装此类传感器可自动控制水泵的开关。

13.2.7 水泵转速和储水池容量

在泵站设计中,水泵转速、储水池容量和水泵启停装置之间有着复杂的关系。通常情况下,可设置多台水泵以达到所需流量;必要时,可通过试验确定水泵转速和水池储量,以使二者达到平衡。

13.2.8 动力

对于泵站,有几种动力可供选择,诸如:电动机、汽油机、柴油机和天然气发动机。设计者需要在通过对能源消耗和稳定性考虑的基础上进行选择,以使其最大限度地满足泵站所需。在选择过程中,还应考虑成本问题,而电动机是最经济和稳定的选择。

通常情况下,需要设置一套备用设备,若故障率较低,可不设备用设备。备用设备的安装需考虑经济和安全问题。设置备用设备时,可通过电控装置使两套设备实现自动转换。

13.2.9 排放系统

排放系统的设计应尽量简单,水泵垂直提升水流,并将其排放至单独的排水管线中,通过排水管线进入水流自由排放系统,此过程应尽可能快些。排水管线置于泵站上部或下部。当设计排水管线的深度较深时,应考虑冻结深度,冻结的管线会增加水泵的背压。

必要时,可加长排水管线使水流到更高的高度,这可以通过设置集合管将排水管线组合成排水干管的方法实现。此类设计中,必须设置单向阀以防止水的回流,从而避免水泵的反复启动和运行时间过长。单向阀宜安装于水平管线上。在每台水泵的排水管线上必须设置闸阀,以便在维修时水泵能连续运行。将排水管线汇集成排水干管的过程中,还需进行经济分析以确定其长度和类型。在排水系统中,必须使阀门数量最小化,以降低建设和维护的成本,亦可减少水头损失。

13.2.10 阀门

翻板阀:使用翻板阀的目的是防止水回流至排水管线,使其能进入排水口。它不具备水密性,因此排水管线的高度应高于正常水位线。如使用翻板阀,可不使用单向阀。

单向阀:具有很好的水密性,目的是防止水回流至排水干管,亦能保持足够的水流以便水泵重启;也可有效组织水泵和电机的反向旋转。单向阀必须安装于排水干管上以防止回流水造成水泵不停歇地运行,同时也可避免水锤现象。

闸阀:起简单的关闭和开启作用,安装于干管以便水泵和其他阀门的移动。闸阀的使用应避免节流现象,即在使用过程中,要么全关,要么全开。

真空阀:在水泵启动时,真空阀可用于排放干管中的空气;水泵停止时,可避免排水管线的真空损伤,这一点对于大管径管线至关重要。如排水管线直接连接大气,则管道系统不需安装放气真空阀。

第 4 篇　桥面及支挡构造物排水

第14章 桥面排水系统

桥面上的积水常常阻断交通，使行车出现飘滑现象，积滞在桥面上含氯化物的雨水会促使桥面板混凝土内的钢筋锈蚀，降低桥梁的使用寿命；水冻结后会使行车道变滑或阻塞排水设施。另外，雨水可能携带腐蚀性的污染物，如果接触到桥梁构件会使其发生侵蚀或形成污垢；桥面的水从桥上冲下，可损坏路堤边坡，甚至使路面发生沉降。

为保障桥面行车安全通畅，防止桥面结构受降水侵蚀而影响稳定性，除在桥面铺装层内设置防水层外，还应设置完善的桥面排水系统。所设置的排水系统要求排水及时，安全可靠，施工养护方便。适当的设计和正确的施工措施可以保障桥面排水系统正常工作并使桥面免于积水。

支挡构造物及桥台背后的积水，在施工时会影响填料的摊铺与压实；施工完成后会影响填料的排水固结，软化墙台基础，使施工质量达不到要求，导致出现差异沉降、冻胀破坏及桥头跳车的现象。

14.1 桥面排水

14.1.1 桥面排水设施的要求

桥面排水设施必须控制行车道内水的漫流宽度和水深，以防止车辆打滑，排水设施发生阻塞时能方便进行维护。桥面排水设施应满足如下要求。

1.尽量减小桥面径流的水面宽度

水汇集成径流后侵入行车道会降低桥梁的交通功能，并引发安全问题。因此，应确定适当的进水口尺寸和间距，排除降雨产生的桥面径流，将过水断面控制在设计运行的范围内。

2.防止车轮打滑

降雨会在桥面形成积水或流动的水膜及径流，当水膜或径流足够深、车轮涉水而行时，车轮可能会脱离桥面，因此排水系统必须控制最大水深以确保行车安全。

3.桥梁结构的要求

排水系统必须符合桥梁结构的要求，排水构造不能影响结构设计，钢筋混凝土桥面的进水口必须符合钢筋设计。进水口的安装不能影响桥梁结构钢筋的位置；另外，排水系统应满足防水要求，防止盐分和其他碱性物质腐蚀结构构件。

4.美观要求

裸露的水管影响桥梁的美观，故排水管应附着或埋设在构件中，或将排水管隐藏在桥梁墩柱后面，以避免影响美观。埋设在构件内部的水管，在维护上是一个棘手的问题，在北方地区，由于水管内可能冻结，因此不宜采取这样的设计。

5.最低限度的维护费

进水口越少，越容易维护。进水口阻塞是普遍存在的问题，桥梁设计首先要考虑桥面排水系统是否必须，如果需要排水系统的设计就必须便于维护。

6.自行车的安全

排水设计中必须考虑进水口给自行车带来的安全问题。进水口的格栅条平行于中线对自行车是不安全的，可通过增加横向格栅条或采用复合网状格栅的方法加以解决。解决自行车安全问题的方法不能降低进水口的泄水效果。如果自行车不允许上桥，那么水口的格栅条平行于桥梁中线对排水最为有利。

跨越公路、铁路、通航河道的桥梁以及城市高架桥，落在桥面上的降水可通过桥面横坡和纵坡排至进水口，由进水口截留的水可通过以下三种方式排放到桥下。

(1)当桥下没有交通时，桥面进水口连接横向泄水管或连接竖向泄水管，将水直接冲淋到桥下。我国桥梁设计规范中没有对桥面排水直接排放的垂直高度作出规定，桥面上的雨水可能携带腐蚀性的致污物，当冲淋或被风吹到桥梁构件上时，易腐蚀构件或形成污垢。通过设置在墩台处的竖向排水管流入地面排水设施或河流中，可避免桥下的行人、车辆或船只受到桥面水的冲淋；跨越一般河流、水沟的桥梁以及桥下无行人、车辆的高架桥，则允许桥面表面水直接由泄水管排出。但应注意避免排放的水侵蚀邻近的上部结构，或冲刷墩台构件。

(2)当桥下有自行车或行人时,可在桥墩处设置桥面进水口,接横向排水管或竖向泄水管,再接纵向排水管和落水管沿桥墩排至桥下排水管或排水口。为达到同样的排水效果,进水口的设计可以采用大尺寸大间距,或小尺寸小间距。在一些发达国家,对桥面水的直接排放有严格的规定,大多数情况是采取纵向排水管将水汇集到沿桥墩设置的落水管,然后将水排至桥下的排水口。桥面进水口一般设置在桥墩附近,间距较大,因此进水口宽度一般在 40cm 左右。由于较大的进水口给桥梁结构本身的设计带来很大影响,故我国通常采取较小的进水口,宽度一般为 10～20cm,间距 5m 左右。这样的设计必须设置很长的纵向排水管,排水管的弯头和接头很多,而排水管的坡度很小,管内水的流动将无法达到自净流速,水中的杂质很容易沉淀形成阻塞,导致排水不畅。

(3)当桥下有行车或行人时,在防撞栏外现浇尺寸为 30cm×50cm 的排水槽,由桥面进水口横向泄水管将水排至排水槽,再接横向排水管和落水管沿桥墩排至桥下排水沟或排水口。

采用排水槽的优点是排水槽不易堵塞,即使发生堵塞现象,也可以及时发现并方便维护,但对桥梁美观不利。

当桥梁纵坡大于 2%、桥长小于 50m 时,雨水可流至桥头从桥头引道排出。当桥面上不能设置泄水管道时,应在桥头引道的两侧设置水槽,避免汇水冲刷引道路基。

14.1.2　桥面排水设施

桥面排水系统包括桥面本身,桥面过水断面、进水口、排水管、落水管和桥头集水设施,当各部分组成桥面排水系统时必须符合前述要求。

桥面和过水断面最先接受降落的雨水和杂质,如果适当地设计了纵坡、超高横坡,水和杂质将会被有效地排到进水口或桥头集水设施;对于没有设计纵坡的桥面或竖曲线底部,在缺乏合理设计时容易引起排水困难的问题,在桥面最高处纵坡为零时也存在类似的问题。

水和杂质从桥面和过水断面流入进水口,通过排水管和落水管排放到排水口,不同的格栅和进水口设计可防止堵塞。尽量减少集水管与落水管的 T 形接头和弯头连接,有助于防止堵塞。集水管需要足够的坡度,保证其不堵塞。向下排水不宜使用敞开的泄水槽,因为不便维护。只有在必要的情况下才设置进水口,超高路段的桥面只在较低的一侧设置进水口。桥头必须设置集水设施,截流上坡流向桥面的水和桥面范围内的水。

14.1.3 桥面排水设施的构造与布置

1. 桥面横坡

桥面表面水首先靠桥面横坡和纵坡组成的合成坡度排放至行车道两侧，然后汇集于有缘石或护栏和桥面组成的过水断面，因而桥面必须有足够的横向坡度，通常采用与路面相同的横向坡度。在雨量较大的地区，为了减少过水断面的漫流宽度，防止雨水侵入行车道，可增加泄水孔，或者适当增加桥面横坡。

2. 泄水口与泄水管

泄水口宜设置在桥面行车道边缘处，泄水口的间距可依据设计流量的大小计算而定，但最大间距不宜超过20m，在桥面伸缩缝的上游应设置至少一个泄水口，当间距超过20m时，一般应增设泄水口；在凹下竖曲线的最低点应设置至少一个泄水口，并在其前后3～5m处应各设一个泄水口，而在桥面最高处可加大泄水口的间距。在设超高平曲线的弯桥上，当桥面变成单面坡后，只在弯道内侧设置泄水口。此时，应减小泄水口的间距，减小的泄水口间距约为直线桥的泄水口间距的一半。

一般情况下，当桥梁纵坡大于2%，桥长超过50m时，泄水口间距为12～15m；当桥梁纵坡小于2%，泄水口间距为6～8m；当桥梁处于地形复杂，线形标准取极限标准且降雨充沛的山区公路上时，泄水口的间距应为5m左右。

布置泄水口时，一般是从桥梁的最低处开始往高处布置，低处密，高处疏。

由于设置泄水口，特别是设置竖向泄水口时，部分桥面板钢筋被切断，泄水口周围应设置补强钢筋，使之具有足够的强度承受车辆荷载作用。

泄水管的横截面积一般按3倍的设计径流量考虑，通常采用铸铁管或PVC管后镀锌管，断面形式可采用圆形或矩形。圆形泄水管的直径宜为10～20cm，矩形泄水管的宽度宜为15～30cm，长度为30～40cm。泄水孔的进水口应采用格栅盖板，其底面应比桥面混凝土铺装层低1～2cm。在设双向坡的桥面上，泄水管可沿行车道两侧左右对称排列，也可交错排列；在设单向坡的桥面上，泄水管沿行车道内侧排列。

对于一些低等级道路上跨径不大、布设人行道的小桥，有时为简化构造和节省材料，直接在行车道两侧的安全带或缘石上预留泄水孔道，用铁管、竹管等将水排出桥外。这种排水系统因孔道坡度平缓，易于堵塞，故需要加强防护，确保排水畅通。

3. 排水管与排水槽

排水管与排水槽的作用是迅速将泄水管中的水引出，排水管或排水槽通常设置在悬臂板的外侧或护栏内，当有景观要求时，对裸露的排水管或排水槽可采取遮盖或装饰处理措施予以解决。排水管可采取铸铁管、塑料管或钢管，其内径大于或等于泄水管的内径。排水槽宜采用铝质或钢质材料，也可以采用水泥混凝土预制件，其横断面为矩形或U形，宽度或深度均宜为20cm左右。纵向排水管或排水槽的坡度不得小于0.5%。桥面伸缩缝处的纵向排水管或排水槽应设置可供伸缩的柔性套筒。寒冷地区的竖向排水管，其末端宜距地面50cm以上。

14.1.4　桥面横向泄水孔的施工工艺

1.一次预埋安装的施工工艺

一次预埋安装的施工步骤为：购买、预制铸铁管→泄水孔定位放样→绑扎焊接防撞护墙钢筋笼→焊接固定铸铁管→支外模→安放进水口模子→支内模→浇筑混凝土→振捣→拆模→修整进水口→养护→浇筑桥面铺装层→人工抹平进水口漏斗区。

2.二次埋设安装的施工工艺

二次埋设安装的施工步骤为：安装泄水管→泄水孔定位放样→绑扎焊接钢筋笼→砂浆垫在泄水管底并预留流水坡→安放泄水管成型模→支钢模板→浇筑混凝土→振捣混凝土→拆模→抽出泄水管成型模→清理预留孔→安装泄水管。

14.1.5　桥面横向泄水孔的施工方法

1.一次预埋安装的施工方法

桥梁上部构造施工完后，先做防撞护墙，再做水泥混凝土桥面铺装层，横向泄水孔是在浇筑防撞护墙时采用一次预埋成型的方法施工。

施工防撞护墙时，测量定出横向泄水孔的位置和顶面高程。绑扎焊接防撞墙的钢筋笼时，在横向泄水孔位置处预留适当长度的钢筋，并将铸铁管顶面焊接在预留钢筋上，以便固定泄水管，防止浇筑混凝土振捣时泄水管移位。泄水管流水坡按3%～5%设置，通过调节焊接钢筋长度控制坡比，外伸10cm。

横向泄水管安装完后，即可支钢模板，浇筑防撞墙混凝土。

预制订做模板时，在一部分外墙钢模板预留泄水管位置处切割成同泄水孔直径大小一样的洞，一部分内钢模在对应泄水孔的位置，按设计的进水口形状用钢板或木板做成内模，也可用塑料泡沫做成一次性的内模，固定在泄水孔的位置。

泄水孔施工时，先支防撞墙外模，让外模有洞的地方对准泄水孔位置并卡住，再将进水口模子安放在铸铁管进水口，安放时泄水口模子正对泄水管管口。模板安装完成后，接着浇筑混凝土，用插入式振捣棒振捣混凝土。振捣时，需注意不要移动泄水管和进水口模子，拆模时将进水口模子取出；如有不整齐或塌落的地方，人工用砂浆找补、抹平即可。

水泥混凝土铺装层施工时，将进水口处的铺装层做成漏斗形，漏斗大小应该与进水口形状尺寸一致，并且连接圆顺。铺筑沥青混凝土面层时，在横向泄水孔位置处，应该做同样大小的漏斗与进水口端墙连接，这样可以有效地汇集并迅速排除桥面水。

2.二次埋设安装的施工方法

桥面横向泄水孔的模子与防撞护墙同时施工。在施工泄水孔时，先用 PVC 管或塑料泡沫或纸卷或木棒加工成泄水管的形状，用外形尺寸比永久性泄水管外形大的模子，作为泄水孔预留孔道浇筑成型的模子。泄水管的安装步骤如下：泄水孔定位→钢筋绑扎→泄水孔模子安装→防撞墙内外膜安装（同时安装泄水孔的进水口内模）→防撞墙混凝土浇筑→取出泄水孔成型模子→泄水孔的清理→永久性泄水管的安装。

泄水孔施工：先测量定位出泄水孔模子的位置和模子底的高程，在绑扎焊接钢筋笼时，把泄水管的楔子预留在泄水孔的位置处，泄水管模子底应向外有3%～5%的流水坡度，并能保证永久性泄水管的进水口比沥青混凝土面层的底面低 1～2cm；如果采用木棒等硬材加工成的内模，应用油纸包裹或机油涂刷，然后支设防撞墙的内外钢模板。模板穿索固定好后，浇筑防撞墙混凝土，并用插入式振捣棒将混凝土振捣密实。拆模后，将木棒抽出或清理内模材料，形成预留泄水管安装孔。待整座桥的防撞护墙施工完成后，将永久性泄水管安装到预留泄水管安装孔中。安装时必须保证永久性泄水管与预留泄水孔孔壁之间的孔隙灌满砂浆，且密实无孔隙，这样才能保证管周围不积水，铸铁管不易锈蚀，同时还可以防止水从孔壁裂缝渗入梁板，对桥梁产生不利影响。

采用二次安装泄水孔的施工方法，很难把永久性泄水管与预留安装孔之间的缝隙填塞密实，此处容易形成裂隙，造成积水，对桥梁产生不利影响。但二次安装泄水孔的施工方法，不需要在防撞墙的外模板上开孔，对模板的重复使用有利。

如果桥下为河流或没有行人、行车的要求，为了增加泄水管的泄水量，提高美观效果，防止横向泄水管排水在空中飞溅到桥梁结构上，影响桥梁结构，横向泄水管出口可接一垂直管或加工时就加工成 90°的圆弯管，垂直段的长度为 20cm。

14.1.6 竖向泄水孔的施工工艺和施工方法

1.竖向泄水孔的施工工艺

竖向泄水孔一般布置在桥面边缘，紧靠防撞护墙或安装在防撞护墙中，以免影响行车，同时也能保证在边缘积水的最深处，能最大限度地泄水。

竖向泄水孔，需要穿过桥面板和铺装层，安装方法可分为一次安装和二次安装。

一次安装的施工工艺为：竖向泄水孔定位→支设桥面板底模→桥面钢筋绑扎→竖向泄水管安装→桥面板混凝土浇筑→清理竖向泄水孔。

二次安装的施工工艺为：竖向泄水孔定位→支设桥面板底模→桥面钢筋绑扎→竖向泄水管模子安装→桥面板混凝土浇筑→清理竖向泄水孔预留孔→安装永久性泄水管。

2.竖向泄水孔的施工方法

竖向泄水孔安装是在桥面板浇筑时，把竖向泄水管一起浇筑在桥面板中，一般适用于现浇桥面。

加工桥面板的模板时，在部分底模板上开孔，孔的内部直径或尺寸与永久泄水管的外径相同。

桥面板施工时，测量定出竖向泄水孔的位置和顶面高程，应注意泄水孔的位置不能影响行车，尽量靠近桥面边缘。安装桥面板的底模板，由泄水管预留孔的孔位对准泄水管的位置。模板安装定位好以后，绑扎焊接桥面板的钢筋笼时，在竖向泄水孔位置处预留适当长度的钢筋，并将竖向泄水管固定在预留钢筋上，防止浇筑桥面板的混凝土振捣时泄水管移位。泄水管应垂直安装，其进水口的顶面与桥面水泥混凝土铺装层的顶面齐平，或低 1～2cm；泄水管向下伸出桥面板15～20cm，泄水管与模板之间的缝隙应封闭严密，以防漏浆。泄水管与底模板之间的缝隙应采用水泥袋、废纸或木楔堵塞，钢筋笼绑扎和泄水管安装完毕后，就可浇筑桥面板混凝土。浇筑混凝土时，若进水口比桥面水泥混凝土铺装层的顶面低，应在进水口周围形成向泄水管倾斜的低洼面，方便汇水集中到泄水管，待桥面施工完毕后，取出堵塞进水口的水泥袋、废纸或木楔并清理泄水管，即施工完毕。

3.二次埋设安装的施工方法

竖向泄水管安装是在桥面板浇筑施工完成之后进行。

桥面板施工时，测量定位竖向泄水孔的位置和顶面高程，应注意泄水孔的位置不能影响行车，尽量靠近桥面边缘。将桥面板的底模板安装好以后，绑扎焊接桥面板的钢筋笼时，在竖向泄水孔位置处安装泄水管的模子，泄水管模子应垂直安装并在表面涂刷机油或包一层塑料薄膜，加以固定，防止浇筑桥面板的混凝土振捣时泄水管模子移位。钢筋笼绑扎和泄水管模子安装完毕后，就可浇筑桥面板混凝土。浇筑混凝土时，若进水口比桥面水泥混凝土铺装层的顶面低，应在进水口周围形成向泄水管倾斜的低洼面，方便汇水集中到泄水管，待桥面施工完毕后，取出泄水管模子并进行清理。清理干净后，用水冲刷并在湿润时安装永久性泄水管；把永久泄水管放到位后，用废纸填塞面板下部预留孔与泄水管之间的缝隙，然后用高强度砂浆填塞密实预留孔与泄水管之间的缝隙，即施工完毕。

14.1.7 沥青桥面结构内部排水

1.桥面结构内部渗水现象

当桥面为混凝土桥面时，沥青混凝土面层之下是水泥混凝土铺装层，沥青面层为渗水层，水泥混凝土铺装层为不透水层。当雨水由沥青面层下渗到水泥混凝土铺装层时，则不能继续下渗，从而在水泥混凝土铺装层上形成积水，积水形式有如下几种情况。

(1)纵坡较小的直线桥梁，雨水沿水泥混凝土铺装层上的横向坡度向两侧渗流，渗流到边缘遇到桥上的防撞护墙后就不能继续流动，在水泥混凝土铺装层上形成积水，且在桥面边缘尤为严重。

(2)纵坡较大的直线桥梁，渗流水就沿水泥混凝土铺装层顶面的横向坡度和纵向坡度的合成坡度流动，渗流水流到边缘遇到防撞护栏后就不能向侧面流动，继续沿纵坡向桥面下游流动，渗流到桥面下游的伸缩缝前，由于伸缩缝的阻挡，便在下游伸缩缝前产生积水，甚至出现出水现象。

(3)弯道超过桥梁处，渗流水沿水泥混凝土铺装层的超高横向坡度流动，渗流水流动边缘遇到桥上的防撞护栏就不能向侧面流动，从而在超高段内侧边缘产生积水。

(4)纵桥梁，渗流水会在超高段内侧边缘产生积水和下游伸缩缝前产生积水。

由于桥面沥青面层的材料与路面沥青面层的材料相同，渗透性能也相同，故没有必要设置内部排水基层或垫层。因此，沥青混凝土桥面排水需要在边缘设置排水设施，具体措施如下。

①在水泥混凝土铺装层顶设置防水层，或用防水混凝土做铺装防水层。

②在桥面边缘积水位置设置渗沟。

③降低桥面边缘泄水孔的进水口。

④在桥面边缘设置渗沟，同时在水泥混凝土铺装层顶设置防水层和降低桥面边缘泄水孔的进水口。

2. 桥面结构内部渗水排出措施

因沥青混凝土面层有一定的透水性，故桥面进水口通常只能排出桥面表面的水，雨水渗透到面层内部后，滞留在沥青混凝土面层与桥面板的交界面上无法排走，桥面排水系统应考虑面层渗水的排放措施；为了防止渗水长时间聚集在面层内侵蚀结构，应设置面层内部渗水的排出措施。

桥面边缘渗沟的设置，渗沟底应比水泥混凝土铺装层的顶面低或与其水平。在混凝土铺装层浇筑时预留沟槽，或先在渗沟内侧用木条作为内模，用防撞墙作为外模浇筑，或利用浇筑防撞墙和水泥混凝土铺筑时，立模留下的沟槽作为渗沟的沟槽。渗沟可用开级配的砂子填筑；也可利用无砂混凝土填筑，或利用沥青进行处置的开级配砂子填筑。因无砂混凝土填筑和沥青处治的渗沟上部能承受较大的行车荷载，并且砂子不容易被水冲走，比较容易施工，所以渗沟以用无砂混凝土渗沟为宜。

当不便多设渗沟时，可以只把渗沟布置在弯道桥梁的弯道内侧，纵坡桥梁的下游伸缩缝前。也可以利用桥面水泥混凝土铺装层顶面的增糙措施，在水泥混凝土未凝固前，用刻槽的方法增糙，沿纵向用螺纹钢压制成纵向小槽，沿横向用圆钢压制而成，横向沟槽走向最好为桥面纵坡和横坡组成的合成坡度的走向方向。接着在上面铺设沥青混凝土铺装层，就可以形成内部横向渗沟，起到截、排桥面内部水的作用。

利用桥面泄水孔排出桥面内部渗水时，桥面泄水孔的进水口应比水泥混凝土铺装层的顶面低，一般低 2～3cm，并最好把泄水孔的进水口前做成扇形漏斗状，方便汇集渗水。泄水孔的布设，在水平桥梁进行等间距布设；在有纵坡的桥梁，应从下游伸缩缝处至少布置一个，然后向上游间隔 3～5m 布置一个泄水孔；在有竖曲线的桥梁，在桥面竖曲线的最低点至少布置一个泄水孔，然后从最低点向两侧间隔 3～5m 布置一个泄水口；在有弯道超高的桥梁，泄水孔布置在桥面最低的一侧。泄水孔可布置在防撞墙中，或边缘铺装层中，但不能破坏桥梁结构。

3. 桥面渗沟的施工

泄水管、栅形井盖、格栅均为铸铁件，安装前需涂刷两遍沥青，以防止锈蚀。严格控制铸铁管的高程。面层渗水汇集到碎石盲沟中，由泄水管的泄水小孔排走，因此泄水管最下一排泄水小孔的底边不能高于盲沟沟底。填充碎石盲沟和铺设沥青混凝土上面层时，应防止碎石及沥青混凝土堵塞泄水孔入口。

桥面渗沟一般设置在桥面边缘靠近防撞墙或防撞护栏处，或弯道内侧处，称为边缘渗沟。在弯道桥梁的超高段外侧可以不设边缘渗沟，利用桥面水泥混凝土铺装层增糙的沟槽作为小型内部渗沟。

桥面边缘渗沟可以与桥面的下面层或中、下面层齐平，也可以设置在桥面水泥铺装层的顶部，或部分设在水泥混凝土铺装层，部分设在沥青混凝土铺装层。

渗沟的施工最好安排在水泥混凝土铺装和防水层施工完成之后，渗沟槽的施工也应在采取防水措施和沥青混凝土铺装之前进行，或安排在粗粒式沥青混凝土面层摊铺碾压完成后，然后再清理沟槽。

利用水泥混凝土桥面铺装层顶上增糙的沟槽作为内部渗沟时，需在水泥混凝土未凝固之前进行增糙，沿纵向用螺纹钢压制成纵向沟槽，沿横向用圆钢压制成横向沟槽。横向沟槽走向最好为桥面纵坡和横坡组成的合成坡度的倾斜方向，接着在上面铺设沥青混凝土铺装层，就可以形成内部横向渗沟。

泄水孔排水管应向外侧倾斜，倾斜的坡度不得小于 0.5%，并伸出桥梁外侧边缘不小于 10cm，避免泄水孔的水流流到桥梁结构上，造成对桥梁结构的腐蚀，破坏。当桥下有行车或过人通道时，泄水孔的出口应采用排水管槽把出水接到合适的位置排放，避免泄水孔排水影响下穿通道的车辆和行人。

14.2 桥面过水断面

14.2.1 过水断面宽度要求

现行的《公路排水设计规范》(JTJ 018—97)规定，设置拦水带汇集路面表面水时，拦水带过水断面的水面，在高速公路及一级公路上不得漫过右侧车道外边缘；在二级及二级以下公路上不得漫过右侧车道中心线。如果采用与路面相同的要求，在排水设计中会遇到如下问题。

(1)为节省投资，大桥和特大桥侧向宽度的减小，使得桥面宽度减去行车道宽度后，余下可作为过水断面的宽度减小，过水断面很可能会侵入车道。如果一定要满足过水断面内的水面不得漫过右侧车道外边缘的要求，进水口的设计必须采用较大尺寸和较小间距。较大的进水口不仅对行车造成影响，而且还会给桥梁结构设计带来影响。若按二级以上公路的标准，要求水面不得漫过右侧车

道的中心线，对于设计车速在 60km/h 以上的桥梁来说，雨天的行车安全就无法得到保证。

(2)当桥面设置人行道时，也会使得可作为过水断面的桥面宽度减小。

(3)即使桥面宽度与路基同宽，但由于桥面一般采用统一的横坡，而路面两侧的路肩横坡增大为 3%～5%，过水断面宽度相同时，桥面过水断面截面积仍远小于路面过水断面截面积。

因此，在同样的降雨条件下，桥面径流很可能侵入行车道，但在桥面排水设计时仍然需控制过水断面的宽度，确保侵入行车道的桥面径流的水深不至于影响行车安全。

14.2.2 桥面径流宽度对行车安全的影响

在桥面排水系统设计中，进水口的尺寸和数量应保证足够的排水能力，使得汇集到桥面两侧的径流不会对行车造成危害。当路面积水时，车辆快速涉水而过，胎面与路面间积水来不及排除，便会在车轮与路面之间形成水膜，将轮胎慢慢托起，在一定条件下甚至使车轮完全离开地面，导致汽车失去操纵性，这种现象称之为“飘滑现象”。在设计车速条件下，车轮飘滑与车轮的花纹深度、路面纹理深度、轮胎气压和积水深度有关。不同国家和地区对于车轮的花纹深度、路面纹理深度、轮胎气压一般均有规定或统计值，桥面表面排水设计就是要控制侵入行车道径流的深度小于引起车轮飘滑的临界值。

可利用下式计算车轮开始打滑时的车速：

$$v = SD^{0.04} P_t^{0.03} (TD + 1) A_T \tag{14-1}$$

式中：A_T——与水深相关的经验值，取其下面两式的较大值：

$$A_{T1} = \frac{10.409}{d^{0.06}} + 3.507$$

$$A_{T2} = \left(\frac{28.952}{d^{0.06}} - 7.817\right) TXD^{0.14}$$

v——车速，mile/h；

TD——车胎的花纹深度，1/32in；

P_t——轮胎气压，psi；

SD——车轮空转率，达到 10%时，认为车轮开始打滑，即当车轮滚动 1.1 倍周长而只能前进 1 倍周长的距离；

TXD——路面纹理深度；

d——水深，in。

变换式(14-1)可得：

$$A_{\mathrm{T}} = \frac{v}{SD^{0.04} P_{\mathrm{t}}^{0.03} (TD+1)^{0.06}}$$

车轮的花纹深度，轮胎气压，路面纹理深度等参数有一般标准，在桥面排水设计时，规定 v、P_{t}、TD、TXD 等参数后，计算侵入行车道的水深上限值 d，根据横坡坡度计算水面容许宽度 W 及桥面径流的最大水深 H，再利用下列公式计算进水口的间距和尺寸是否满足排水要求。

$$Q = 0.037 \frac{1}{i_{\mathrm{h}} n} h^{\frac{8}{3}} i^{\frac{1}{2}} \tag{14-2}$$

式中：Q——桥面径流量；

h——过水断面的水深；

i——桥面纵坡；

i_{h}——桥面横坡；

n——桥面粗糙系数。

14.2.3 平桥进水口泄水能力的验算

我国现行的《公路排水设计规范》(JTJ 018—97)没有提及平桥排水系统的设计方法，但目前国内尚有较多的桥梁纵坡在 0.2%左右。当纵坡小于 0.3%时，桥面径流的流速较缓，进水口的设计应以桥面为平桥来进行水力计算。在连续坡桥桥梁竖曲线的顶部或底部纵坡接近水平的路段，也应将其作为平桥进行计算。

假定桥面汇水时间为 5min，按 5min 的汇水时间根据 IDF 曲线(降雨强度—强度历时—降雨周期曲线)选择降雨强度 i，行车道水深不许引起车轮飘滑，根据桥面横坡坡度，计算过水断面宽度的最大允许值，在此基础上确定设计过水断面宽度。由式(14-3)来计算排水口间距。

$$L = \frac{1\,312}{(nciW_{\mathrm{p}})0.67} i_{\mathrm{h}}^{0.06} n^{0.67} \tag{14-3}$$

式中：L——进水口间距；

i——降雨强度；

c——径流系数；

W_{p}——半幅桥面宽度；

n——桥面粗糙系数。

当桥梁长度大于进水口间距，必须设计进水口，进水口的周长由下式计算：

$$L=\frac{(ciW)^{0.33}T^{0.61}}{102.5i_{\mathrm{h}}^{0.06}n^{0.67}} \tag{14-4}$$

式中：T——设计过水断面宽度。

根据式(14-3)与式(14-4)计算得出的进水口间距尺寸较大，一般进水口间距在30m左右，而进水口尺寸一般为40cm×50cm。我国桥面排水设计中，为了尽量避免进水口对桥梁结构的削弱，一般采用较小的进水口尺寸。并采用较小的进水口间距，增加进水口数量以达到同样的排水效果。进水口间距一般为5～20m，并多采用宽度为10cm的矩形或外径为12cm的圆形进水口。对于平桥的排水，在水深相同的条件下，进水口的排水能力主要与进水口的有效周长有关。同等长度的桥面上所有进水口的有效周长相同时，可以达到同样程度的排水效果。

14.3 桥面防水层

随着交通事业的迅速发展和公路等级的提高，高速公路立交桥和高架桥日益增多，钢筋混凝土梁的负弯矩及钢筋混凝土桥面板在经受车辆重复荷载的振动、冲击、拉伸、剪切等力的影响，以及由于温度、气候变化引起膨胀或收缩后，往往会产生细微裂缝而引起桥面渗水或漏水，致使钢筋锈蚀，影响桥梁的耐久性，尤其是现浇混凝土结合部。虽然在设计和施工中采取了多种防裂措施，但总存在薄弱环节，产生裂缝，若不采取防水处理，势必降低桥梁的使用年限。为了延长桥梁的使用寿命，减少维修费用，可在水泥混凝土桥面板上喷一层防水涂料，形成防水膜，即可达到桥面防水的目。

14.3.1 防水涂料

1. 防水涂料的性能

防水层不仅要能起到防排水的作用，还应起到黏结层的作用，理想防水层的要求可以简单的概括为：施工后不透水，并在设计年限内不透水，造价合理。桥面防水是一个整体，该防水系统由防水层与排水设施以及其上的路面结构所组成，防水层的性能取决于防水系统中各组成部分的相互作用，如因防水层与其上层部分黏结力不足而造成两者剥离，那么即使防水层的性能完好，防水系统也将失去作用。因此，桥面防水层必须满足下列要求。

(1)防水层必须是不透水的,包括在施工中和使用年限内不透水。

(2)面层铺筑前、铺筑中、通车后,防水层应不破损。

(3)防水层应用面层和桥面具有足够的黏结力。

(4)防水膜应能抵抗桥面裂缝,包括在施工前、后所产生与发展的裂缝。

(5)防水膜应具有良好的温度稳定性。沥青混合料的拌和温度多控制在170～180℃,其摊铺温度一般在170℃左右,要求防水材料在此高温下不熔化,并保持膜体完整,同时不因高温改变其材料的原有性能。在夏季高温季节施工时,要求防水材料在此高温下仍具有相当的黏结力和抗剪能力。在夏季高温季节施工,要求防水膜在50℃左右仍具有相当的稳定性,施工车辆及沥青混凝土摊铺机在上面行驶不因粘轮破坏膜体。

(6)防水材料应有很好的低温抗裂性能,在－15℃不开裂。

(7)防水材料必须具有良好的抗老化性能,不因高温、碾压、低温、霜冻等影响而降低黏结能力、抗剪能力和防水能力。防水材料标准见表14-1。

防水材料标准 表14-1

指标名称		指标
外观		棕褐色乳液,搅拌棒上不黏附明显颗粒
固体含量		≥43%
延伸性		≥4.5mm
低温柔韧性	合格品	－10℃±2℃绕直径10mm轴棒半周,薄膜无网纹、裂纹、剥落现象
	一等品	－20℃±2℃绕直径10mm轴棒半周,薄膜无网纹、裂纹、剥落现象
	优等品	－25℃±2℃绕直径10mm轴棒半周,薄膜无网纹、裂纹、剥落现象
耐热性	合格品	在140℃±2℃试件垂直放置,恒温2h无流淌、脱落、下滑现象
	一等品	在160℃±2℃试件垂直放置,恒温2h无流淌、脱落、下滑现象
	优等品	在180℃±2℃试件垂直放置,恒温2h无流淌、脱落、下滑现象
抗裂性		在－20℃±2℃涂膜厚0.3～0.4mm,基层裂缝宽度≥0.2mm时,涂膜不开裂
黏结性		在－20℃±2℃下,用十字交叉法测黏结强度≥0.2MPa
耐酸性		在1%硫酸溶液中浸泡15天无剥落、起泡、分层、起皱现象
耐碱性		在－20℃±2℃下,在饱和氢氧化钙水溶液中浸泡15天无剥落、起泡、分层、起皱现象
干燥性		表干1.5h,实干9h
不透水性	动水压	－20℃±2℃水温,动水压≥0.3MPa,30min内薄膜不透水
	静水压	直径30mm的玻璃管,注入270mm高的水,7天无渗水现象

2.防水层施工工艺及注意事项

桥面防水涂料是近年才开始开发和适用的产品，各类产品的材料性质有一定的差异，但其施工要求和工艺基本相同。

(1)施工工具准备：施工前应备好拌料桶、喷涂机或专用鬃刷。

(2)基层、桥面板、梁混凝土强度达到设计强度等级，表面不得有松散浮浆、掉皮、空鼓和严重开裂现象。表面平整应符合桥梁规范要求，垂直排水管上口的高程应低于基层高程，排水口必须与防水层安装牢固，不得有任何松动现象。

(3)防水基层应干净、干燥、无积水，表面平整，无尖锐角，无明显水渍，含水率不大于15%。

(4)基层处理，桥面不得有尘土、浮灰、杂质、油渍等，防水施工前可用空压机、净水、去油剂等将表面处理干净，如有混凝土、砂浆等结硬杂物，应将其打磨掉。

(5)桥面施工前基层按设计要求进行拉毛处理。

(6)伸缩缝、施工缝应按设计要求进行防水处理。

(7)防水层施工，施工缝用涂料浸缝。干燥后将冷底子油搅拌均匀，然后喷涂活用橡胶刮板一层，以保证涂料渗入混凝土表面细孔，使其有较强的黏结力。待冷底子油干后将防水涂料喷涂或用橡胶刮板刮涂4～6遍，涂膜厚度为1.0～1.2mm，每次刮涂前应等涂刮的涂料完全干后再进行，以防空鼓。每两遍间隔时间为6～18h，涂刷必须均匀，不堆料也不漏刷。

(8)防水层施工步骤。

①涂刷前应将桶装涂料搅拌均匀。

②大面积涂刷前先用小刷对漏口处刷两遍涂料，对阴角部位加强涂刷防水涂料三遍，然后大面积涂刷或满刷第一遍涂料。

③涂料实干后即可涂第二遍涂料。

(9)施工后涂层未干前不能淋水。

(10)涂料用量为1.5kg/m^2，涂层厚度为0.5～0.7mm。

(11)施工温度在0～35℃为宜；雨天、冰冻期不宜施工；若夏天基层表面温度超过35℃以上，可用冷水冲洗，待干燥后施工。

(12)施工过程中，禁止在未干的防水层上行走；防水层做完后，在未做铺装层前严防尖锐物、行车灯人为破坏。

(13)运输：产品应无毒不易燃，可按一般运输方式运输。

(14)储存：产品储存期为6个月，应储存在温度为0℃以上的仓库，夏季应避免阳光暴晒。

路面施工期间，因大量的施工机械及运输车辆必须在暴露的防水膜上行走，这就要求防水膜在常温下经碾压后无破损、无剥落。所以应对防水膜进行暴露轮碾试验，来判断是否满足设施要求。

从施工的角度来看，要求防水涂料实干后经车轮碾压不因粘轮而破坏，所以要求涂料与混凝土间的黏结力大于涂料与轮胎间的黏结力。若不能满足要求，则应在防水膜的表面再设置隔离层满足其使用要求。涂料的黏结强度与混凝土桥面的粗糙度有关。混凝土表面不同的摩擦系数，则有不同的黏结强度。

水泥混凝土填平层的好坏对桥面防水层的影响很大，填平层的平整度、强度及浮渣处理情况，都将直接影响到防水层的黏结效果。因填平层混凝土浇筑时混合料含水率较大，致使混凝土表面形成软弱层，在清理表面尘土时，则无法清除干净。

14.3.2 防水卷材

1. 产品特性和适用范围

APP 改性沥青系列桥梁专用防水卷材是以优质沥青为主要原料，以聚酯毡或复合玻纤毡为胎体，以聚乙烯膜或板岩为覆面的一种新型柔性桥面防水卷材。防水卷材单层铺设即可达到防水效果。操作简单、安全、无污染，施工不受影响，任何季节都可施工。适用于高速公路桥梁、城市立交桥、地铁、水库、桥梁台背立墙及涵洞等防水工程。

2. 产品规格

防水卷材的一般规格见表 14-2。

防水卷材一般规格　　表 14-2

标　号		25 号		35 号		45 号	
覆面材料		聚乙烯膜	板岩	聚乙烯膜	板岩	聚乙烯膜	板岩
标称质量(kg/10m^2)		25		35		45	
面积(m^2/卷)		10±0.1		10±0.1		7.5±0.1	
最低卷重(kg)		20	22	30	32	31	33
厚度(cm)	平均值	≥2.0		≥3.0		≥4.0	
	最小厚度	1.7		2.7		3.7	

3. 施工工艺和施工方法

(1)施工工具准备:施工前应备好汽油喷灯、拌料桶、滚刷、鬃刷、压子、剪刀、卷尺等。

(2)基层:桥面要求平整、干燥、清洁,无疏松、起皮现象,表面平整度用2m直尺检查,最大间隙不得超过10mm。所有管件、地漏或排水口等必须与防水基层安装牢固,不得有任何松动现象。

(3)防水基层必须干净、干燥,含水率必须在9%以下才能施工。如施工中没有测含水率的手段,可以在基层表面放一卷材,3～4h后看其下面有无水印,如未见水印即可施工。

(4)基层处理:铺贴卷材之前,基层涂刷一层底涂料,并使其干燥,涂刷方法为:在使用前将涂料搅拌均匀,用刷子按每3～4kg/m² 的用量涂刷,要注意保护新刷的涂层不被破坏。

(5)搭接:卷材两侧搭接宽度不小于70mm,搭接部位宜以溢出热熔的改性沥青为宜,并应立即刮封接口。

(6)铺贴时,展开并按要求铺好第一卷卷材,按准确尺寸裁剪后,每卷卷材应从墙头卷到中间,用火焰熔化隔离薄膜后,立即向前滚铺,使卷材完全黏结在基层上,然后重复做另一半的卷材,随后的卷材在端头搭接处交错排列。

(7)五级或五级以上的大风天气不得施工,严禁在雨天、雪天施工。施工中途下雨、下雪应做好已铺卷材周边的防护工作。

4. 材料技术标准

防水卷材的技术标准见表14-3。

防水卷材技术指标 表14-3

序号	标　号	25号		35号		45号		
	等级指标名称	合格品	一等品	合格品	一等品	合格品	一等品	优等品
1	可溶物含量(g/m²)	≥1 300		≥2 100		≥2 900		
2	不透水性	0.3MPa,30min无渗漏						
3	耐热度(℃)	140	160	140	160	140	160	160
4	拉力(N)纵横向均大于	400	600	400	600	400	600	800
5	裂缝延伸率(%)纵横向均大于	20	30	20	30	20	30	30
6	柔度(°)无裂纹	−20	−25	−20	−25	−20	−25	−25
		r=15mm,3s弯180°				r=25mm,3s弯180°		

14.3.3 混凝土防水剂

水泥混凝土桥面铺装层是桥面面层的主要结构形式之一，在采用掺加防水剂的防水混凝土作为桥面防水层时，除了应满足相应的施工规范和前述混凝土桥面铺装层的施工要求以外，对防水剂的使用也应慎重处理。

1.混凝土防水剂的特点

混凝土防水剂一般由无机、有机、高分子等多种材料组成，拌和在水泥或混凝土中使用，能起到减水、密实、增强、防止渗漏的作用。广泛用于水塔、水池、屋面、地下室、隧道、桥梁、人防等防水工程的内部或外部密封防水。混凝土防水剂有以下一些特点。

(1)能改善拌和物的和易性，保水性。减少用水量，增加密实度。

(2)加快水泥水化速度，使水化生成物数量增多、结晶变细。

(3)提高构筑物的强度及防水、抗渗、抗风化、抗冻融、耐腐蚀等性能。

(4)产品无毒、无污染、使用方便，可在潮湿基层施工。

2.防水剂的使用方法

(1)防水剂的掺量范围一般为4%～8%。

(2)可直接掺入水泥中配置防水砂浆或抗渗水泥，搅拌时间延长30～60s。

(3)掺加防水剂的防水混凝土要压实，混凝土要振捣密实，不得出现蜂窝麻面。

(4)掺加防水剂的混凝土要至少养护10d。

(5)将产品存放于干燥的室内，开袋后一次用完。

第15章 桥头、支挡结构物及通道排水

15.1 桥台和支挡结构物排水

桥台和支挡构筑物排水的目的在于疏干台后或墙后回填料中的水分，防止由于积水而使台身或墙身承受额外的静水压力、黏性土填料浸水后的膨胀压力或季节性冰冻地区的冻胀压力，并加速墙与台背填料的固结沉降，减少工后沉降和沉降差。

15.1.1 一般原则

桥台和支挡结构物排水最常采用且经济有效的方法是使用透水性回填料，但如果因条件限制，不可避免地采用透水性不良的黏性土时，就必须采取相应的排水措施使渗水及时排走。

桥台和支挡构造物墙背一般不设防水层，只需用水泥砂浆把墙背表面的缝隙及凹处抹平。但在严寒地区，应进行防水处理，在墙背先抹一层2cm厚的M5级砂浆，再涂以2cm厚的热沥青。

此外，为避免雨水下渗，对于路堑护面墙，通常在墙后地面做好排水处理，设置截水沟，或者夯实地表松土，而墙趾前的边沟则应予以铺砌加固；对于路堤挡墙，墙趾前的回填土应拍平夯实。并设置2%的流水坡比，必要时予以加固。

15.1.2 桥台和支挡结构物的排水设施及其施工方法

1. 回填透水性材料桥台和支挡结构物泄水孔的施工方法

当回填料为透水性材料时，由于自由水在回填料内渗流较快，因此可采用仅在墙身设置泄水孔的简易排水措施，使自由水流出墙身，具体施工方法如下。

浆砌片石墙身泄水孔，应在墙前地面以上或水面以上30cm处设置一排泄

水孔。当墙比较高时，可加设泄水孔。泄水孔尺寸可视泄水量的大小而定，一般为5cm×5cm、10cm×10cm、10cm×15cm、15cm×15cm等的方孔或直径为5～10cm的圆孔，或者砌筑墙身时预埋PVC管或竹筒形成泄水孔。泄水孔的流水坡比一般为向外倾斜的3%～5%。泄水孔的间距为2～3m，干旱地区可予以增大，多雨地区可予以减小。上、下排泄水孔宜错开设置，一般为梅花形布置。若为路堑护面墙，其下排泄水孔的出水口应高出边沟水位0.3m；若为浸水挡墙，则应高出常水位0.3m。下排泄水孔进水口的底部，应铺设30cm厚的黏土层，并夯实，以防水分渗入基础。进水口周围还应设置反滤层，以免孔道淤塞，防止墙后土体发生渗流破坏。有冻胀破坏时，最好用炉渣覆盖。

干砌片石挡墙可不设泄水孔。

当缺乏石料而采用混凝土浇筑挡墙，或在滑坡地段设置钢筋混凝土挡板墙时，泄水孔的设置方法如下。

(1)现浇混凝土挡墙或墙板：混凝土浇筑到设计泄水孔位置时，用编织袋包裹卷筒、PVC管或铁管放置在泄水孔位置，并将PVC管或铁管垫成向外为3%～5%的坡比；然后接着浇筑上面的混凝土，振捣时注意保护泄水管不移动。待拆模后，将进出水口的编织袋卷筒拆除，即形成排水泄水孔。

(2)预制混凝土挡板的预留泄水孔也可以就地取材采用竹筒按上述方法设置，或者采用与泄水孔直径大小一致的木棒或铁管搁置在泄水孔位置处，然后将木棒或铁管抽出即可。也可以在墙身泄水孔位置用无砂混凝土浇筑，利用无砂混凝土的透水性排水代替泄水孔，施工方法如下：当墙砌筑到泄水孔位置时，先砌筑10cm×10cm、10cm×15cm或15cm×15cm向墙外倾斜3%以上的沟槽，并进行泄水孔沟槽内的勾缝或抹面，然后用无砂混凝土浇筑整个沟槽。无砂混凝土沟槽之上继续正常的墙身砌筑，即可形成无砂混凝土泄水孔。无砂混凝土泄水孔对于需要保持墙身支撑结构的完整性、较高支撑力的桥涵台身及要求美观的墙身比较有利。

2.回填透水性不良材料桥台和支挡结构泄水孔的施工方法

当回填料透水性不良时，回填区渗水量大或有冻胀破坏可能时，通常采取下列三种排水方式，使回填料中渗出的水由泄水孔迅速排出。

(1)在台背或墙身与回填料之间设置由透水性粒料组成的连续排水层，排水层的厚度不应小于30cm，其顶部或底部用30～50cm厚的不透水材料封面，以防止水流下渗。

(2)沿台背或墙身的底部纵向设置内径为10～15cm的软式透水管，并间隔2～3m在竖向设置内径为5～8cm的软式透水支管，在纵、竖向透水管交汇处的挡墙上设置泄水孔。软式透水管可由经磷酸防锈处理并外敷聚氯乙烯的钢丝作为内骨架，外面包裹反滤土工布和透水尼龙土工布，它应具有足够的耐压扁能力及透水性与反滤作用。为防止回填料顶部的表面水沿台后或墙后透水层下渗，对透水层的顶面应采用不透水材料予以封闭。

(3)沿台背或墙背的底部设置30～40cm厚的纵向排水渗沟，间隔4～5cm设置30～40cm厚的竖向渗井，并在纵、竖向渗沟的交汇处设泄水孔，竖向渗沟的顶部用30～50cm厚的不透水型材料填筑封面。

(4)对于墙身不厚的情况，可以采用较大的无砂混凝土泄水孔，如断面尺寸为30cm×30cm的泄水孔，也可以采用30cm厚，整个墙身或2～5m长的无砂混凝土泄水墙，每2～3m高度设置一个泄水孔，原地面高程或墙外最高水位之上30cm的位置至少设置一个泄水孔，纵向上间隔2m设置一个泄水孔。采用此方法时，应在泄水墙底及两侧的砌筑墙身采用勾缝或抹面进行处理。

不论是沿整个墙身连续铺筑透水性材料层，还是采用纵向和竖向条形渗沟，或采用软式透水管代替纵向、竖向渗沟的改进方法，在回填料的顶部均应使用不透水性材料予以封闭，防止回填料的顶部表面水沿墙后透水层下渗，并应在泄水孔进水口处设置反滤层。

反滤层的设置，目前有三种方法：用集料作为反滤层；用反滤土工布包裹碎石作为反滤层；用无砂混凝土作为反滤层。

15.1.3　桥台和支挡结构沉降缝用作泄水的施工方法

利用桥台和支挡结构的沉降缝进行墙背填料的排水施工方法，使在旱地桥台和支挡结构的沉降缝或洪水位之上30cm的沉降缝，可以不进行沉降缝的防渗、封缝处理，只在墙背回填前用30cm宽的反滤土工布覆盖，墙背回填照常进行即可。

15.2　通道桥涵排水

与其他人行、公路、铁路立交并从其路基下面通过的通道称为通道桥涵。通道桥涵在地下水进入或者雨季积水的情况下，都会严重影响车辆和行人的正常通行。对在建成的公路通道或立交通道中的教训，应引起充分重视。通道桥涵的防、排水设施，应根据路线等级和排水、防水要求，结合桥涵高度、附近地形、汇水面积、地下水位、冰冻深度、电力供应及地面水流情况而定，力求达到安全、可靠、经济、易于维修的目的。

15.2.1 通道桥涵排水设施的构造与布置

1. 地面上排放

通道内的地面上多是由引道流入的雨水，为保证通道桥涵在降雨过程中不因积水而中断交通，要严格控制其汇水面积，常用的措施如下。

(1)在引道的两侧设置泄水口、排水沟等排水措施，拦截和引排上游方向的地表水，以减少地表水流入通道挖方段。

(2)在两端引道起点之外的道路设反坡，组织引道之外的地表水流入通道。当采用以上任何一种拦截地表水的措施时，都必须使引道两侧挡水墙高于周围地面。

对通道桥涵中少量降雨的积水及地下渗水可采用集中方式予以排出，集中排放可以采用自流式或水泵排水，无论采用哪种方法，通道桥涵内均应设置集水井和排水管。地面水通过集水井和排水管自流入排水总管，排水总管的排水能力应大于通道范围内地面水设计流量的 1.5 倍。

目前，一般加高上层道路的路基高度，使下穿式道路不致形成凹曲线，或低于原地面造成下穿道路的水不能自流排入天然沟渠，避免在下穿通道形成积水。对于人畜行通道或小型的人车通道，可以在通道一层或两侧设置人行台阶；在畜行或偶尔行车的路面允许有积水，但不致影响畜行、车行。

2. 地下水排放

当地下水高于桥涵两端引道，但其流量不大，而通道最低处高于天然水体时，可设置自流式盲沟，将地下水排向天然水系，如最低处低于天然水体则可流入泵站排走。采用泵站排水时，应防止泵站及附近地面建筑物的不均匀沉降。

当通道桥涵埋置深度较深，而且地下水压力和流量较大时，可在通道桥涵底下和周围设置包含渗水管的渗排水层。地下水渗入渗排水层和渗水管后，排入附近河道、下水道或经水泵排走。

也可以采用无砂混凝土浇筑的渗水管作为渗、排水构造，无砂混凝土按反滤结构物的设计方法进行设计，不需设置其他反滤结构层，从而简化施工方法。但结构物的断面尺寸应比普通混凝土的结构断面大，根据无砂混凝土的强度和刚度进行设计。

15.2.2 通道桥涵排水设施的施工方法

1. 地面水排水设施的施工

(1)集水井：通道桥涵内的集水井应按下列要求施工。

①井口应设置雨水口，并设深度不小于30cm的沉淀池。

②集水井的深度应考虑通道桥涵排水构造和冻深的影响，一般约需1.5m左右的深度。

③集水井的数量、尺寸应根据地面水的流量和每个集水井的泄水能力而定，通道桥涵的集水井一般是在通道桥梁的两侧各设置一个。如为少雨地区，可将横断面做成单向坡，只在一侧边沟设集水井；若在暴雨地区，宜在每侧各设两个集水井，以便及时将汇水排走。

(2)排水管：排水管施工时，除应按照有关规定进行施工外，还应符合下列要求。

①排水管应垫稳并连接平顺，管间承插口或套环口应平直，环间间隙均匀防漏，管道与集水井之间应连接牢固，接缝处和结合处均应用弹性不透水材料填充密实，采用抹带接口，应使表面平整，不得有裂缝、间断及空鼓现象。

②为使排水管畅通并便于堵塞时的清理和日常维护，排水管每隔50m左右及转弯处，均应设置检查井，井底设沉淀池，管道的纵坡不应小于0.5%，否则流速太慢，流量太小，雨水不能及时排除，同时也可以避免产生淤积。

③排水管应进行闭水试验，试验合格的标准如下。

a.烟雾试验法：将管道两端进行封闭，用发烟机压入强度为250Pa的浓烟雾，封闭所有出现烟雾的开口，保持压力5min；如管道仍有漏烟处，应进行修补并重新进行试验，直到无烟雾漏出为止，即认为合格。如管子不合格，应进行修补，直到试验合格为止。

b.灌水试验法：如果单位内径的管子增加的水量不超标，则认为管子合格。如果试验管子不合格，应进行修补，直到试验合格为止。

2.地下水排水设施的施工

(1)自流式盲沟：采用人工开挖沟槽，并将沟底和沟壁拍平夯实，检查沟槽，在沟底纵坡、断面尺寸符合设计要求后，展铺反滤土工布，然后夯填3～5cm厚的碎石，再搭接土工布，最好摊铺、碾压路基土。

(2)自流式管式渗沟：采用人工或挖机开挖沟槽，用人工将沟底拍平夯实，检查沟槽，在沟底纵坡、断面尺寸符合设计要求后，用C15～C25混凝土浇筑15cm厚的基座，并将基座顶面调成设计要求的纵坡，待混凝土的强度达到设计强度的70%以后，安装渗水管，然后采用隔板分层填筑粒料反滤层。

自流式渗沟施工时应注意以下要求。

①渗沟所用各类材料应洁净、无杂质、含泥量小于3%。

②各层的填料要求层次分明，填筑密实。

③渗沟应分段施工，当日下管填料一次完成。

④渗水管一般采用无砂混凝土或有孔混凝土管，也可以采用带槽的聚氯乙烯管。

⑤渗水管基座应用混凝土浇筑，并与渗水管紧贴，纵坡应均匀，无反向坡，管节应逐节检查，不合格者不得使用。

⑤管道安装完毕后，应将管内砂浆残渣、杂质清除干净。

(3)渗排水层：渗排水层可用粗、细卵石和粗、细砂分层构成，使之起反滤作用。渗水管可用带槽管埋设在渗排水层的下部使之起排水作用。

渗排水层施工时应注意以下要求。

①应先做底部渗排水层，其下部设砂滤水层，并安放渗水管，渗水层做完后再在其上面做整体封闭式桥涵。

②渗排水层应分层填筑，每层厚度不宜大于30cm，用平板振动器认真压实。

③渗水管周围应填上比管壁孔眼略大的碎石，排水沟和渗水管应有一定坡度，不得有倒坡或积水现象。

④箱涵两侧填筑的渗排水层宽约1m，其填筑要求与箱涵底部相同，渗排水层外侧用干砌砖墙作为滤水层；砖墙外填土应仔细分层夯实，两侧应同时进行回填。

施工时，基坑内如果有积水，应将水位降低至砂滤水层以下，不得在泥水中设置反滤层，施工好的渗排水层应保持通畅。

(4)无砂混凝土渗管的施工，采用无砂混凝土进行现场浇筑，或根据设计采用预制管进行组装。

渗管施工时应注意以下要求。

①渗管应分段施工，当日下管一次完成施工。

②渗水管基座应用混凝土浇筑，并与渗水管紧贴，纵坡应均匀，无反向坡，管节应逐段检查，不合格者不得使用。

③渗水管周围应填上比管壁孔眼略大的碎石，排水沟和渗水管应有一定坡度，不得有倒坡或积水现象。

④箱涵两侧填筑要求与箱涵底部填筑相同。

⑤渗管外填土应仔细分层夯实，两侧应同时进行回填。

第5篇　工 程 应 用

第16章 防排水设施的工程应用

道路的防排水应根据公路等级，沿线地形、地质、水文、气象等条件及桥涵设置情况进行综合考虑，注意各种排水设施、排水构造物间的联系，使全线形成完善的排水系统，确保路界范围内不积水。同时，全面规划、合理布局、少占耕地，并与当地排灌系统协调，防止冲毁农田及其水利设施，重视环境保护，防止水土流失和水资源污染。采用疏、截、排、储、蒸发相结合的综合排水方式，利用各种排水设施，与桥涵、天然沟渠形成一套完整的排水系统。

16.1 排水沟或边沟

排水沟的断面形式及尺寸应结合地形、地质条件确定，可采用梯形、矩形、蝶形、三角形等断面，沟底纵坡不宜小于0.3%，特殊情况下可减至0.1%。纵坡较大时应进行加固；对美观要求较高时可采用暗埋式排水管，暗埋式排水管每隔35m左右设置一口集水井。

填方路段和挖方路段排水沟的设计图如图16-1和图16-2所示。

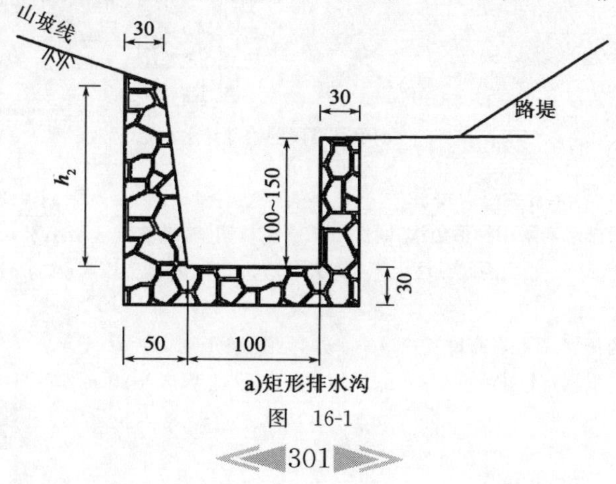

a)矩形排水沟

图 16-1

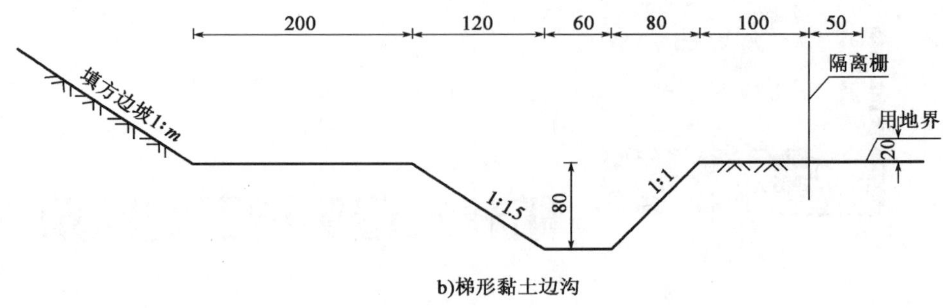

b)梯形黏土边沟

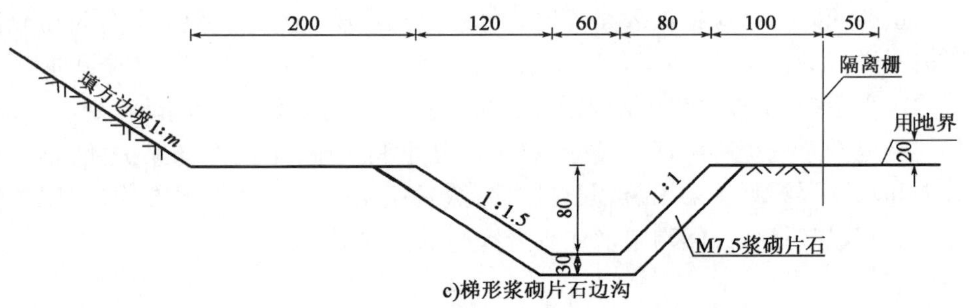

c)梯形浆砌片石边沟

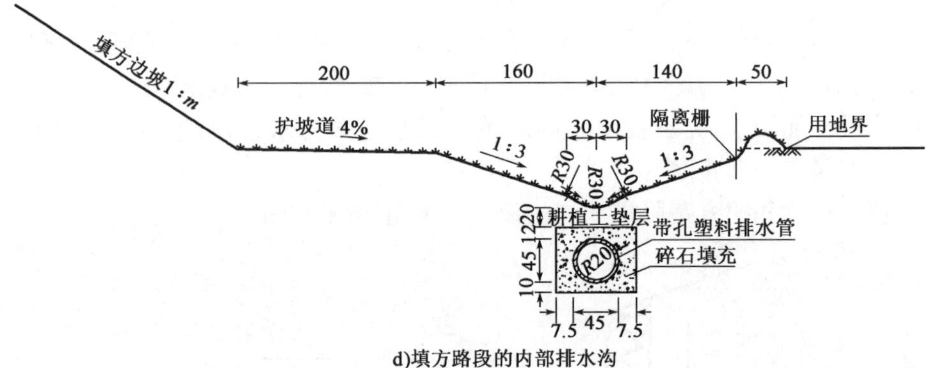

d)填方路段的内部排水沟

注：1. 图中尺寸以 cm 计。

2. 一般路段排水沟采用梯形边沟，断面可根据流量调整，纵坡一般不小于 0.3%，特殊情况下可减至 0.1%。一般当沟底纵坡大于 0.5%时应进行加固；当对美观要求较高时可采用暗埋式排水管。

3. 排水暗沟每隔 35m 左右设置一口集水井，见图 16-1e)。

4. 排水暗沟采用塑料排水管，排水管周围填充碎石，上部覆盖 20cm 厚的耕植土。

图 16-1

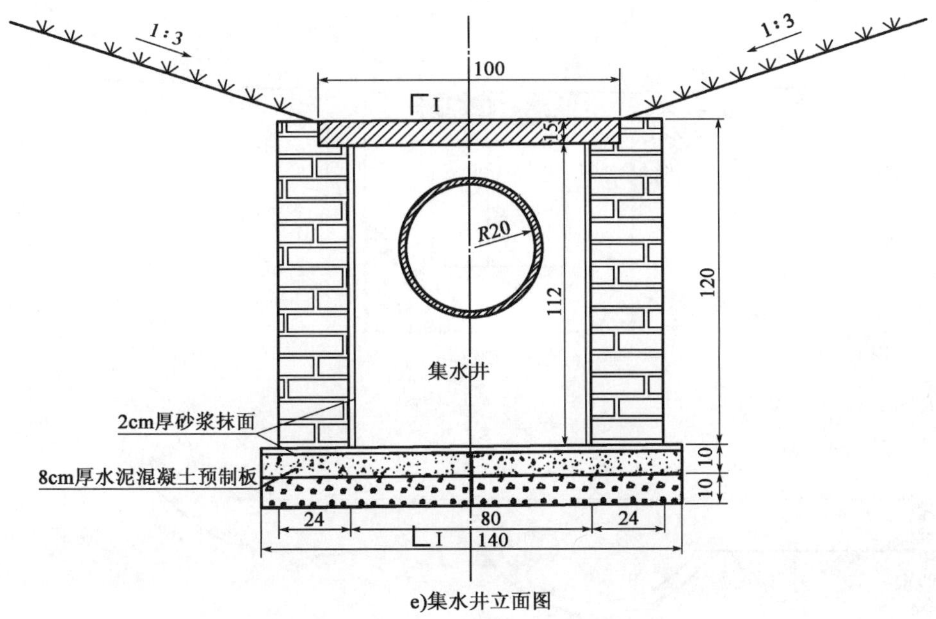

e)集水井立面图

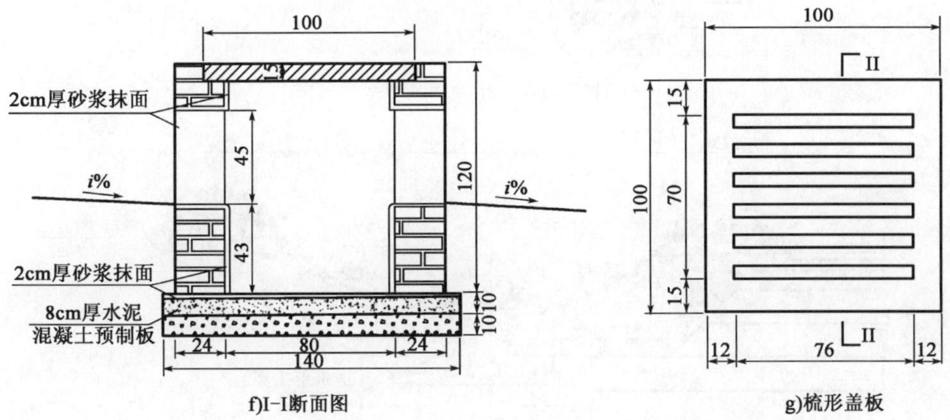

f)I-I断面图

g)梳形盖板

注：1. 图中尺寸以 cm 计，比例为 1∶20。

2. 集水井采用砖混结构，垫层采用 C20 混凝土预制板，厚 15cm；梳形盖板采用 C20 钢筋混凝土盖板，厚 15cm。

图 16-1　填方路段排水沟设计图

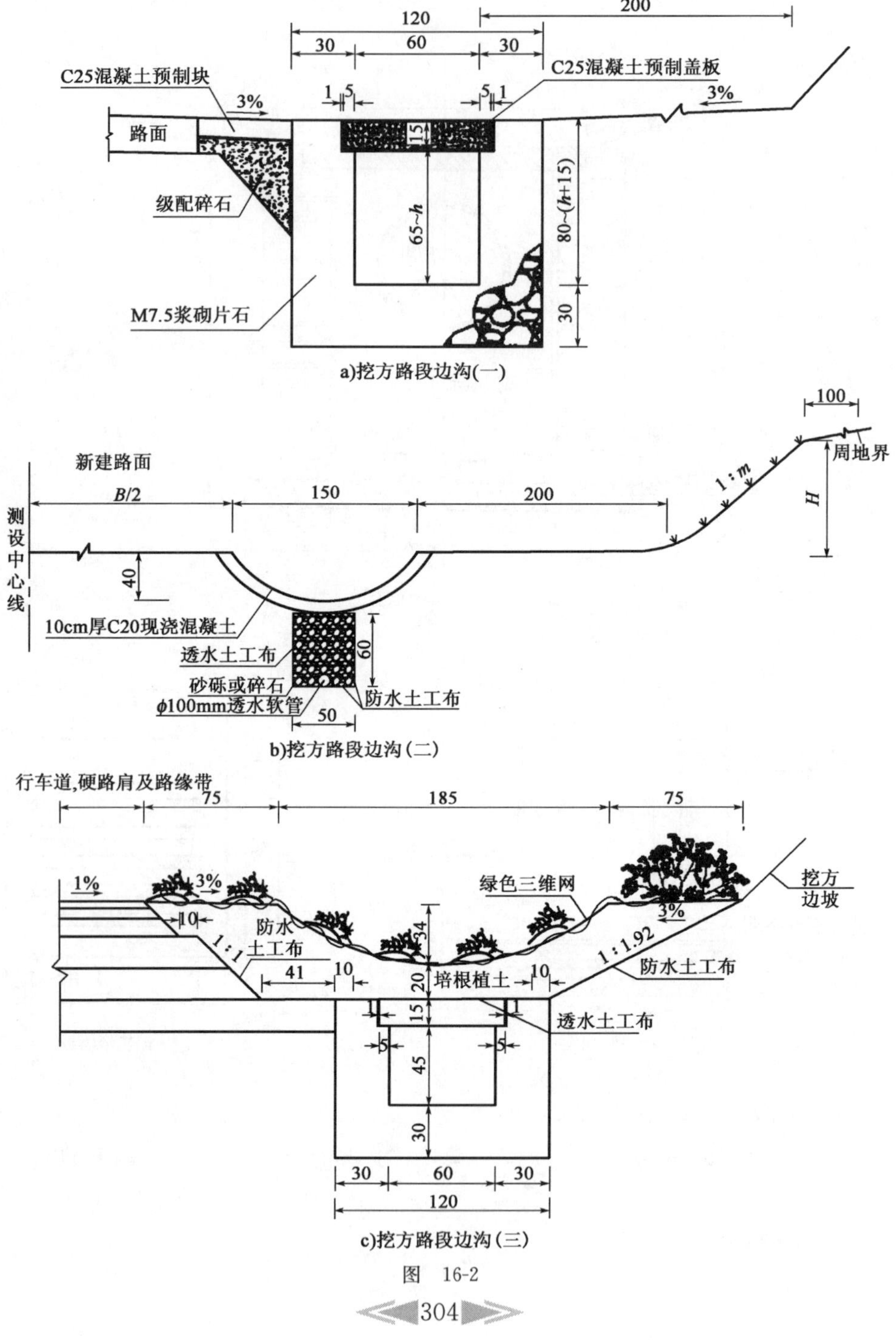

a)挖方路段边沟(一)

b)挖方路段边沟(二)

c)挖方路段边沟(三)

图 16-2

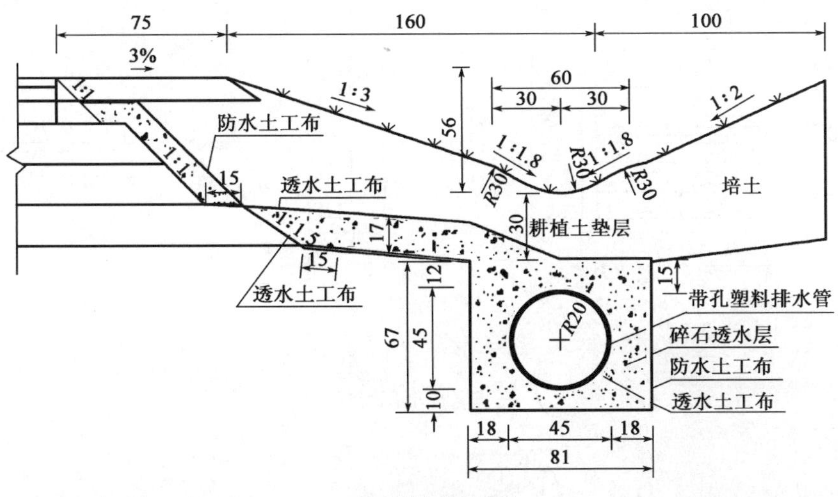

d)挖方路段边沟(四)

注:1.图中尺寸以cm计。

2.矩形边沟采用M7.5浆砌片石砌筑,蝶形边沟采用C20混凝土现浇。图中B值为土路肩宽度。

3.当挖方路段>80m时,采用图a)或图b);当挖方段≤80m时,采用图c)或图d)。

4.当边沟设置反坡时,挖方边沟根据坡度变化逐渐加深。

5.边沟盖板设计见下图。

6.防渗土工布与路面搭接处,首先喷洒热沥青,然后将防渗土工布铺好,并且固定好,最后碾压,保证伸入路面内部的防渗土工布与基层结合紧密。

7.透水土工布规格为200g/m²,防渗土工布规格为200g/m²。

I

I

e)集水井盖板平面布置图

图 16-2

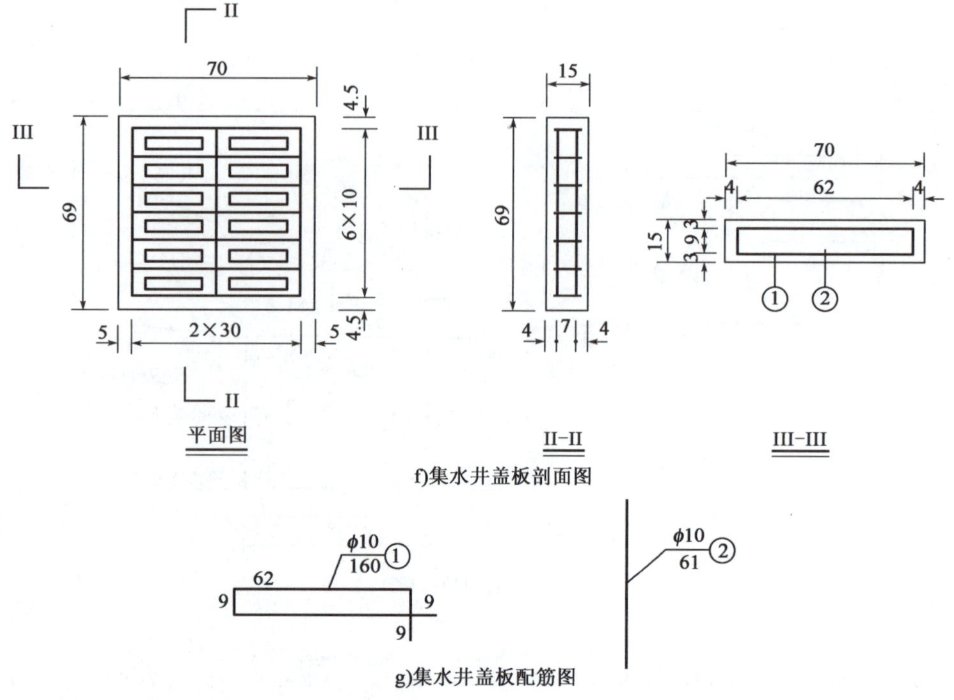

f)集水井盖板剖面图

g)集水井盖板配筋图

注:1. 图 e)~图 g)为空心盖板布置图,图中尺寸以 cm 计。

2. 边沟采用 M7.5 浆砌片石铺筑,M10 水泥砂浆勾缝,钢筋混凝土盖板采用 C25 水泥混凝土预制。

图 16-2 挖方路段排水沟设计图

如图 16-3 为农村公路,在没有设置排水设施前,经常会出现降雨时积水泛滥的现象,为解决这一问题,对原有路段进行了改造,修建了排水口及排水沟渠,使得路表积水现象得到明显缓解,如图 16-4 所示。

图 16-3 改造前的农村公路

图 16-4 改造后的农村公路

如图16-5所示，在公路两侧修建了边沟。由于为农村公路，边沟经常会出现堵塞现象，且对于车辆和行人都存在落入边沟的危险。改造后，不但解决了上述问题，而且从形式上更加美观，如图16-6所示。

图16-5　改造前的公路排水边沟

图16-6　改造后的公路排水边沟

在集中式排水部分，本书讨论了不同形式排水沟渠的布设方案，如图16-7和图16-8分别为皿形和浅三角形边沟。沟渠沿道路纵坡设置，比例合理，同时解决了道路表面和路堑的排水问题，形式上也较为美观，对行车安全也是有利的。

图16-7　皿形边沟

图16-8　浅三角形边沟

16.2　截水沟

对于路堑顶部有汇水的路段，在坡口以外不小于5m处设置截水沟。截水沟应根据地形合理布置，沟底纵坡一般不小于0.3%，断面尺寸应根据排水要求及流量确定，或设置多道截水沟。截水沟应采取有效的防渗措施，并尽量将水引入自然沟渠或桥涵进口处，不得已时通过吊沟排入边沟或排水沟中。截水沟及吊沟设计图如图16-9所示。

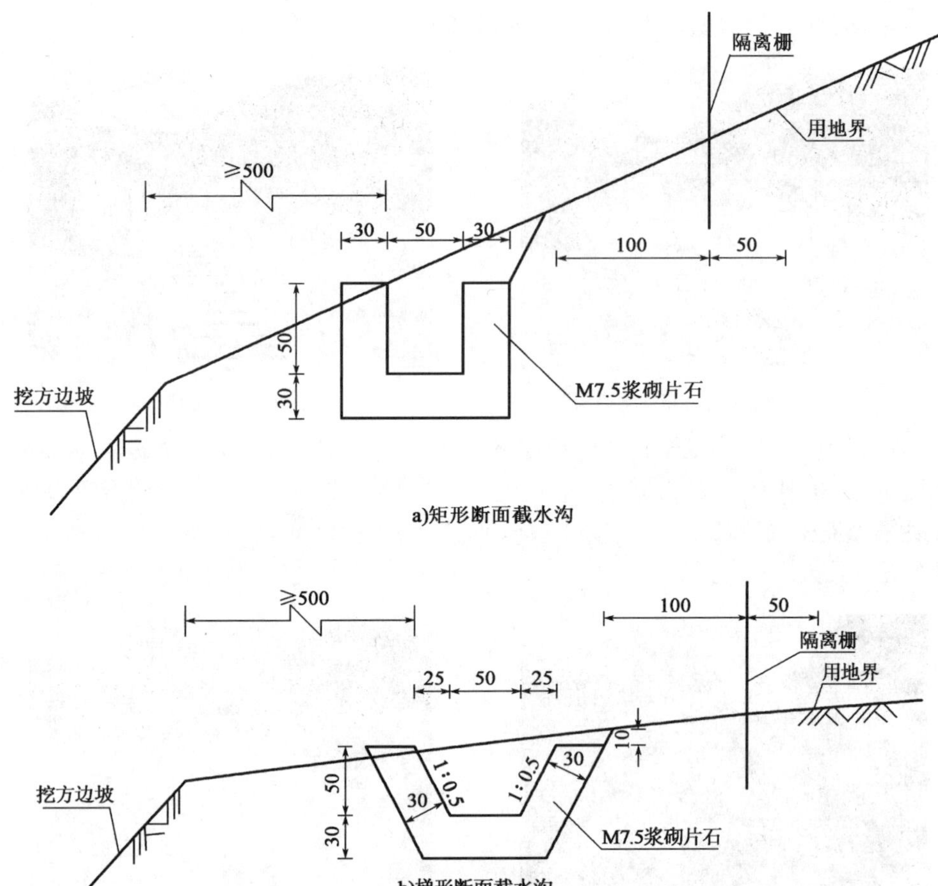

b)梯形断面截水沟

注：1. 图中尺寸以 cm 计。

2. 路基边坡上侧山坡汇水面积较大时，为排除地面径流，应设置截水沟，截水沟采用 M7.5 浆砌片石砌筑。

3. 截水沟断面底宽不小于 50cm，地下较陡时采用矩形边沟，地下稍缓时采用梯形边沟。

4. 截水沟应结合地下情况合理布置，沟底纵坡一般不小于 0.3%。截水沟的水应尽量引入自然沟渠中或桥涵进口处，不得已时通过吊沟排入边沟或排水沟中。截水沟的出口应与其他排水设施平顺衔接，必要时设置跌水或急流槽，截水沟长度一般不超过 500m。

5. 排水量较大时，截水沟断面尺寸应根据排水要求及流量确定，或设置多道截水沟。

6. 片石抗压强度不低于 30MPa，砌筑要求坐浆饱满，无空洞，勾缝严密，外露部分整齐。

图 16-9

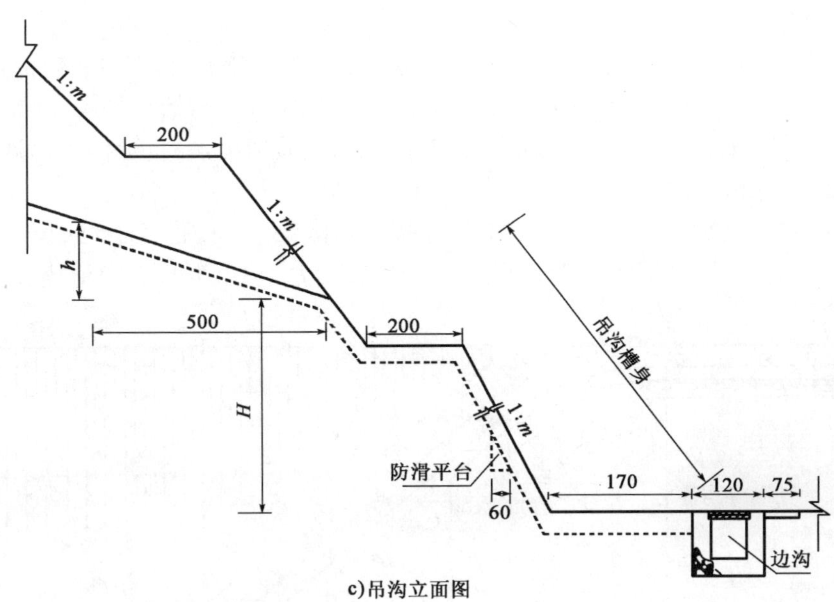

c)吊沟立面图

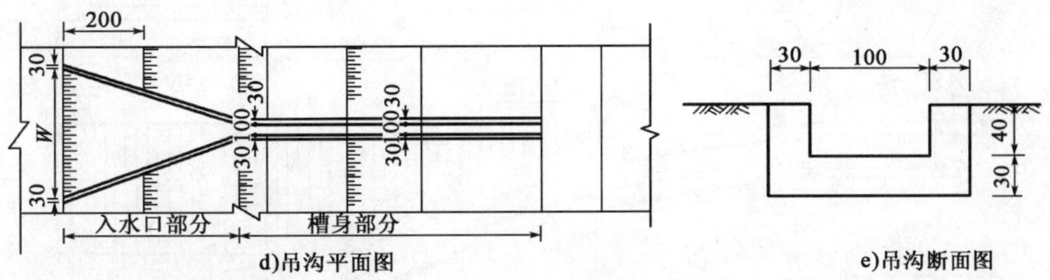

d)吊沟平面图

e)吊沟断面图

注：1. 图中尺寸以 cm 计。

2. 图 c)～图 e)为示意图，天然沟与路堑坡面相交位置以实测为准，可根据实际地形进行现场调整。

3. 吊沟施工应注意与防护衔接。

4. 入水口宽度 W 注意与实际地形相符。H 为防滑平台高度。

图 16-9　截水沟及吊沟设计图

16.3 急流槽

当边沟、排水沟、截水沟的出水口受地形限制落差较大时，应设置急流槽(图16-10)。急流槽横断面形式为矩形，槽深60cm，槽宽60cm，槽身采用30cm厚的M7.5浆砌片石砌筑。急流槽的设置结合地形、地质情况，一直延伸到沟底或无冲刷处，在急流槽的尽头均设消力设施，防止冲刷。

纵向连接边沟与排水沟或排水沟连接自然沟渠，并采用M7.5浆砌片石铺砌加固，当纵向坡度缓于1∶1.5，陡于1∶5且高差大于1m时设置急流槽。

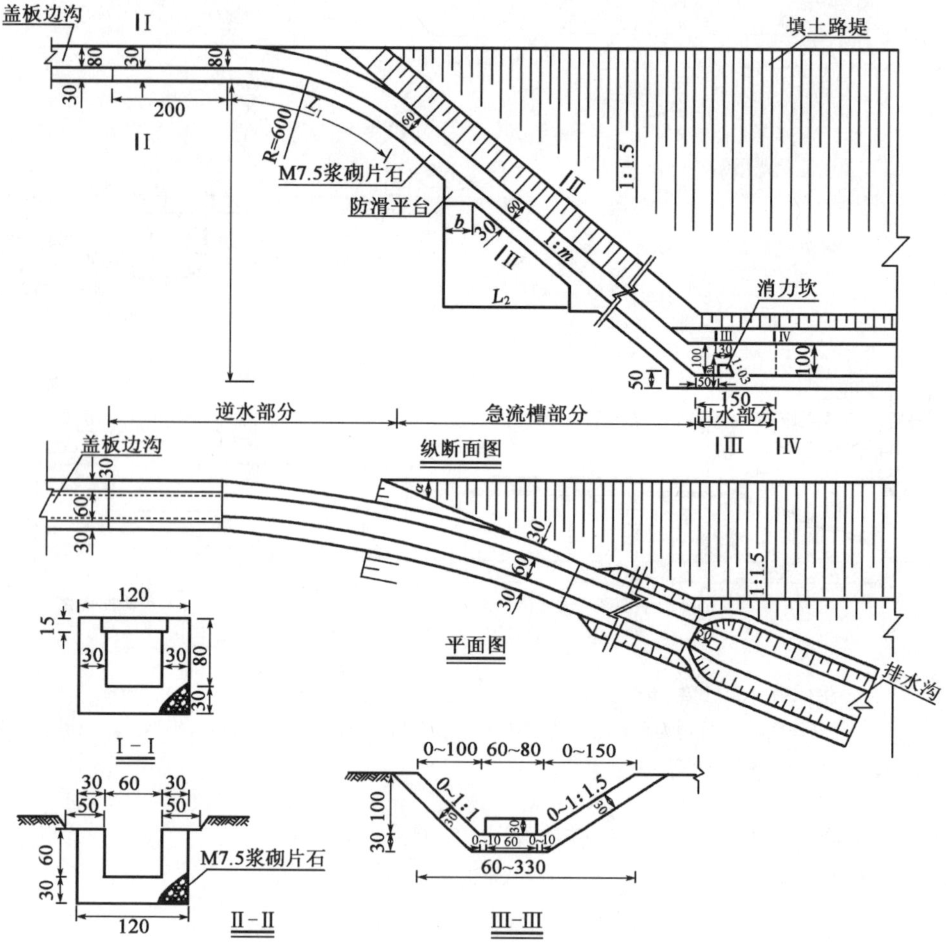

图 16-10

注：1. 图中尺寸以 cm 计，适用于边沟急流槽接排水沟。
2. 图中 H 值、急流槽长度及具体位置由工程数量表获得。
3. 急流槽底宜砌成粗糙面，或嵌入约 10cm×10cm 的坚硬石块用以消能和减小流速。（表中所示 m 值与本图不相符时，计算工程量采用图中所列 m 的内插值）。
4. 急流槽每隔 10m 设一道沥青麻絮伸缩缝，宽 2cm。
5. 图中 α 角应由实际地形而定。

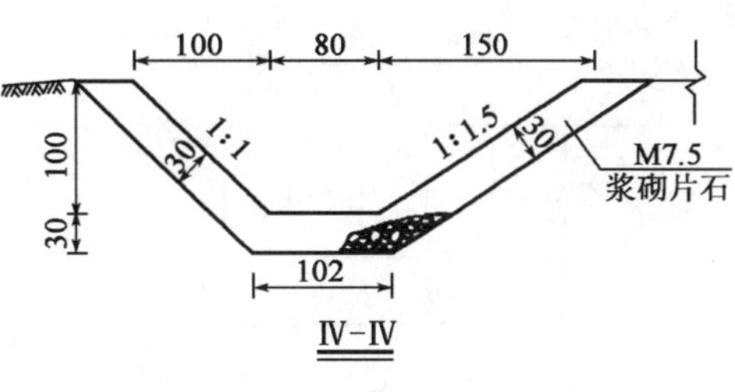

图 16-10　急流槽设计图

16.4　跌水

当边沟或排水沟与自然沟渠有较大落差时须设置跌水（图 16-11），并采用 M7.5 浆砌片石铺砌加固。

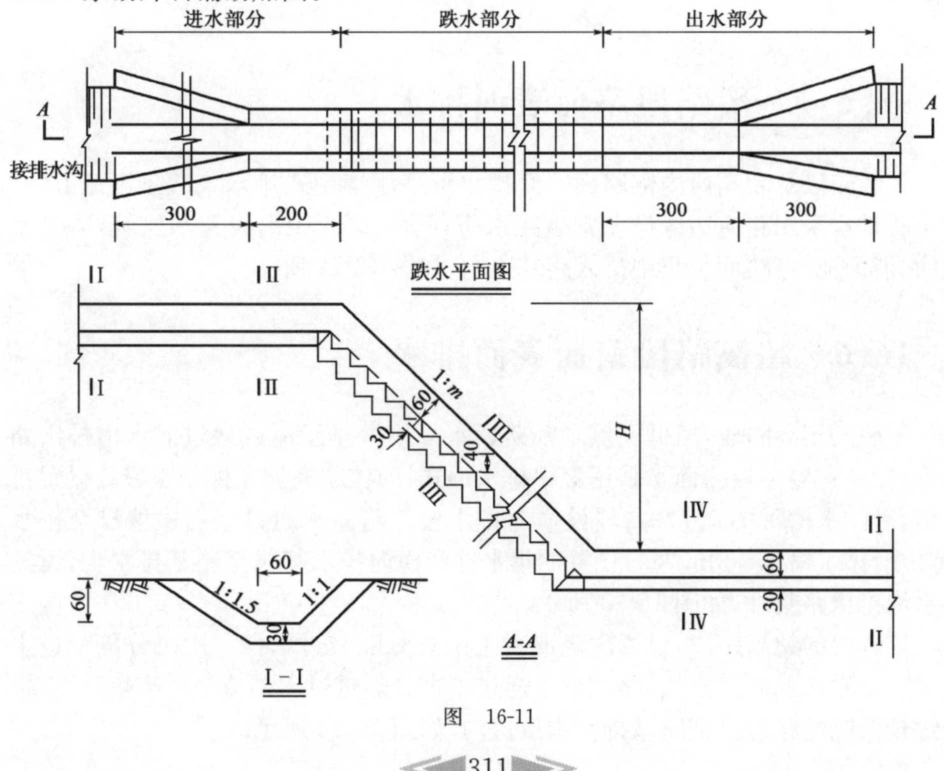

图　16-11

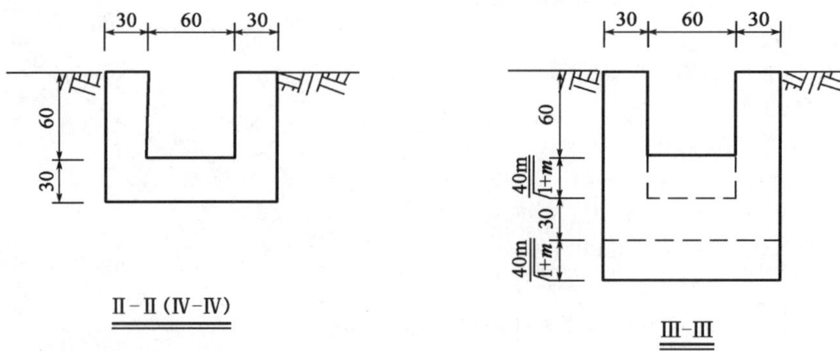

注:1. 图中尺寸以 cm 计。

2. 本图为填方路段地形有陡坎处排水沟与排水沟的连接工程,纵坡不缓于 1∶1.5。

3. 因陡坎上、下部边坡坡脚距中线距离不一,上、下部排水沟与跌水衔接部分可根据地形适当移动,使连接圆滑、水流通畅,转弯中心不宜小于 5m。

4. 跌水部分应坐落在未开挖的原状土上,砌体采用 M7.5 浆砌片石,石料强度不低于 30MPa,坐浆灌浆必须饱满,养护时间不少于 7d。

图 16-11 跌水设计图

16.5 一般路段路面表面排水

一般路段及超高段内侧路面表面排水可采用集中式排水或散排漫流方式。集中式排水采用路肩边缘设沥青砂拦水带,间隔 24m 距离设置水簸箕,通过急流槽、消力池,将路面水集中排入路基边沟,如图 16-12 所示。

16.6 超高路段路面表面排水

一般的超高路段,较低一侧半幅路面水采用散排漫流或通过泄水槽排出路面水,较高一侧半幅路面水采用集中排水形式,即在超高侧左侧路缘带处设置排水槽,沿排水槽每 100m 左右埋设横向排水管。路面水通过路面横坡排至排水槽,由沿排水槽每 100m 左右设置的集水井经横向排水管排至路基排水沟,再经排水沟排出路基外,如图 16-13 所示。

挖方段的超高路段,设置现浇混凝土中央分隔带过水槽。中央分隔带过水槽采用预制水泥混凝土块,路面雨水通过中央分隔带过水槽流至另半幅路面,再经过较低侧的路肩排到路基排水沟或边沟,如图 16-14 所示。

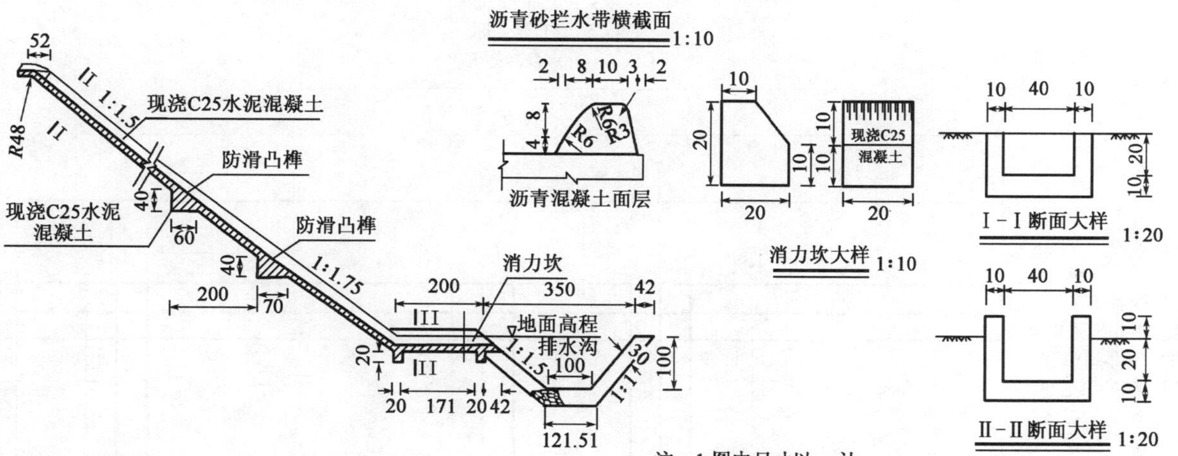

注：1.图中尺寸以cm计。

2.泄水槽进出口、槽身及防滑凸榫均采用现浇C25水泥混凝土。泄水槽的槽底与消力池底也应做成粗糙面，以利于消力，减少冲刷力。

3.填方路段每24m设置一道泄水槽，在凹曲线边坡点100m范围内及超高段内侧，间距加密至18m。

4.在凹形竖曲线的最低点应设泄水槽，在其前后5m处各增设泄水槽一道。

5.进水口处的喇叭口和沥青砂拦水带要平滑顺接严密，以防路面水渗漏。

6.本图适用于路基高度≤20m的填方路段。

7.构造物附近的泄水槽位置可根据排水沟及构造物的实际情况进行适当调整。

8.平原区泄水槽出水口左右各1.5m范围内采用浆砌片石防护。

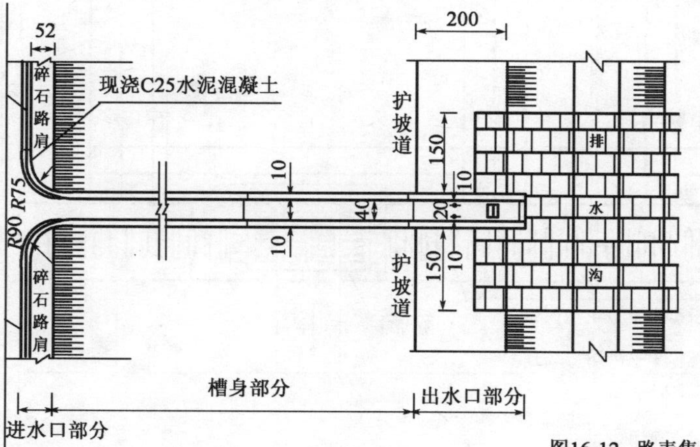

图16-12　路表集中式排水设计图

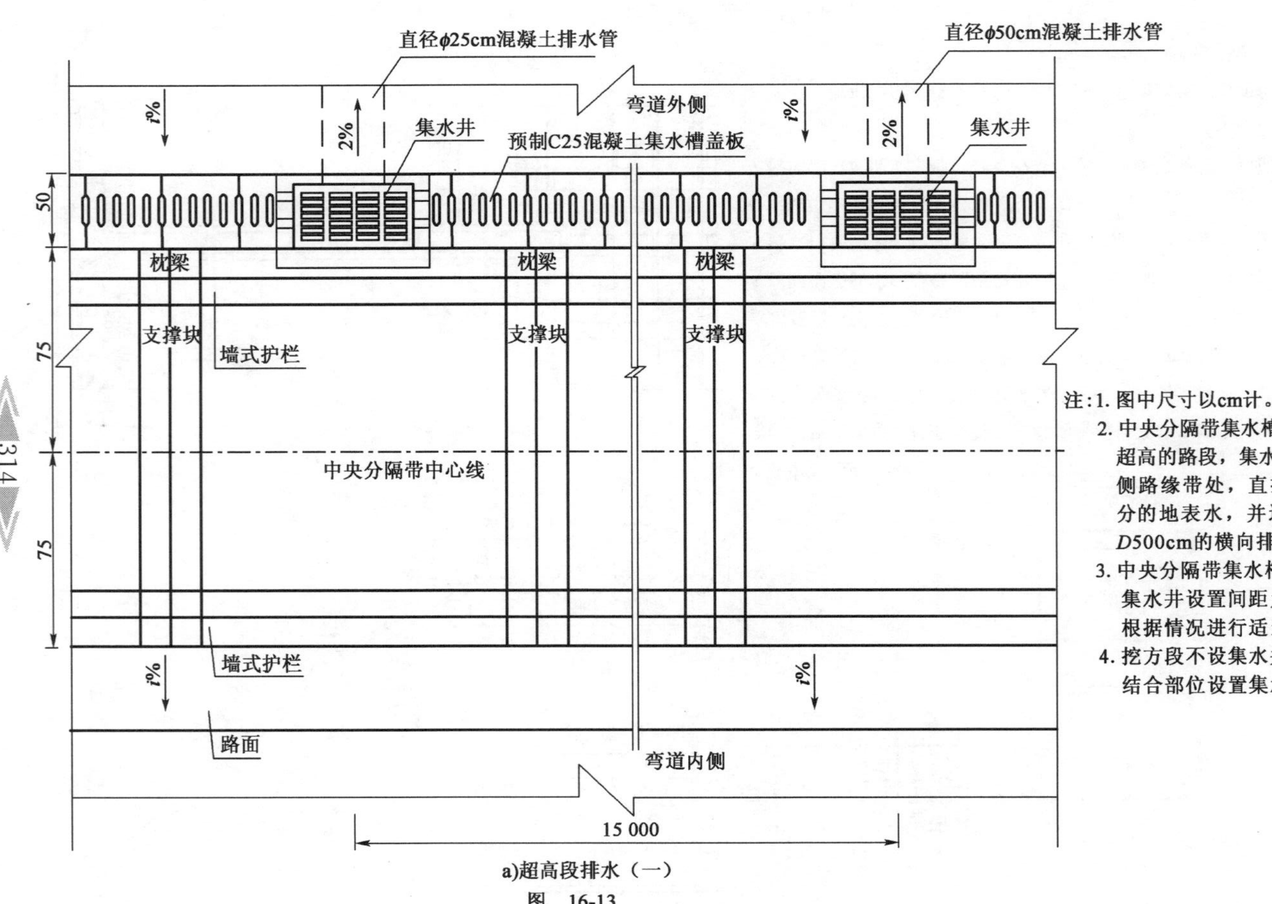

a)超高段排水（一）

注：1. 图中尺寸以cm计。
2. 中央分隔带集水槽设置在平曲线超高的路段，集水槽设在超高内侧路缘带处，直接承接路面部分的地表水，并通过集水井和D500cm的横向排水管排出路基
3. 中央分隔带集水槽遇桥涵中断，集水井设置间距为150m，也可根据情况进行适当调整。
4. 挖方段不设集水井，仅在填挖结合部位设置集水井。

图 16-13

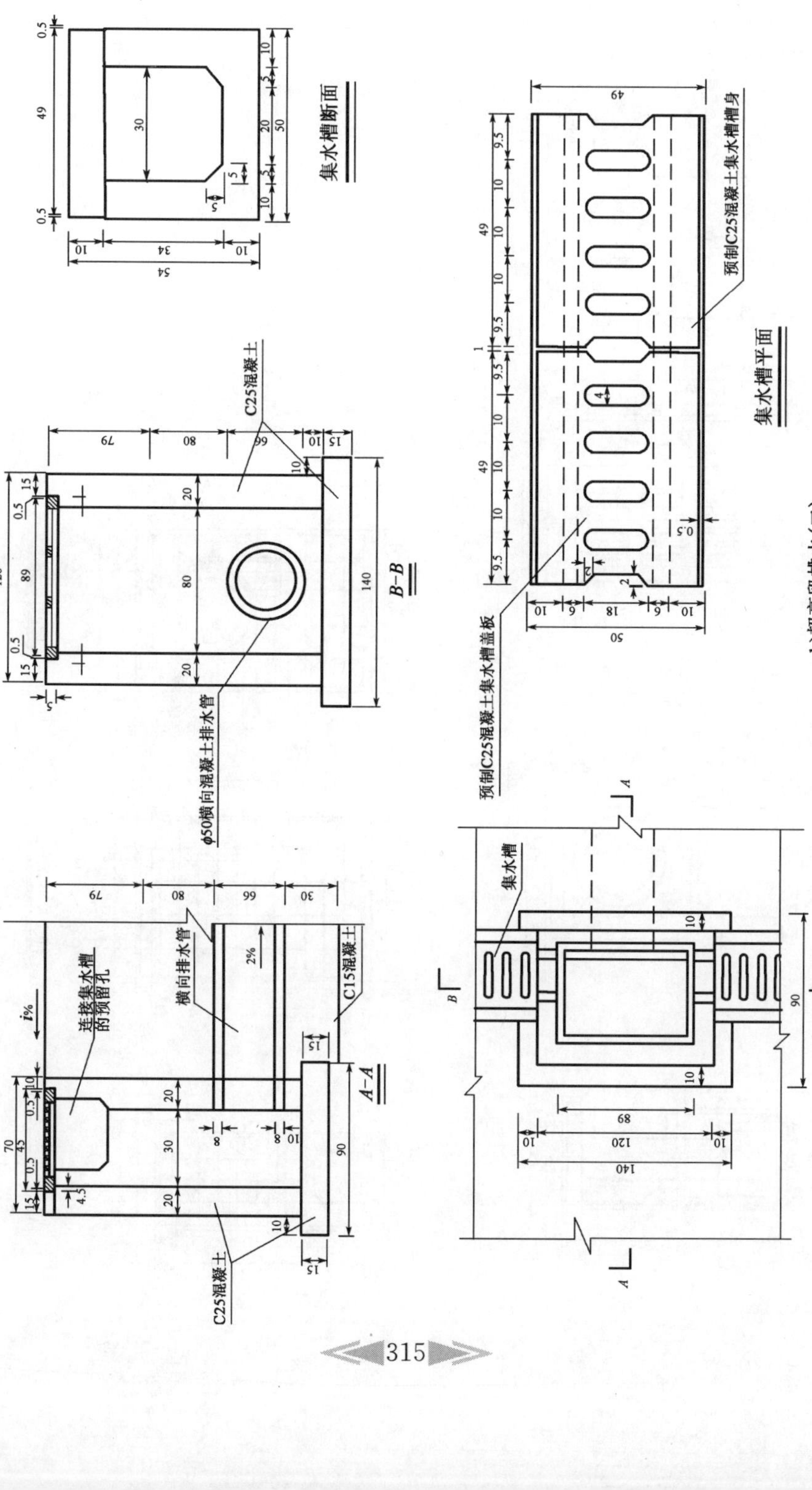

集水槽断面

B–B

C25混凝土

φ50横向混凝土排水管

集水槽平面

预制C25混凝土集水槽身

预制C25混凝土集水槽盖板

A–A

连接集水槽的预留孔

横向排水管

C15混凝土

C25混凝土

集水井平面

集水槽

b)超高段排水(二)

图　16-13

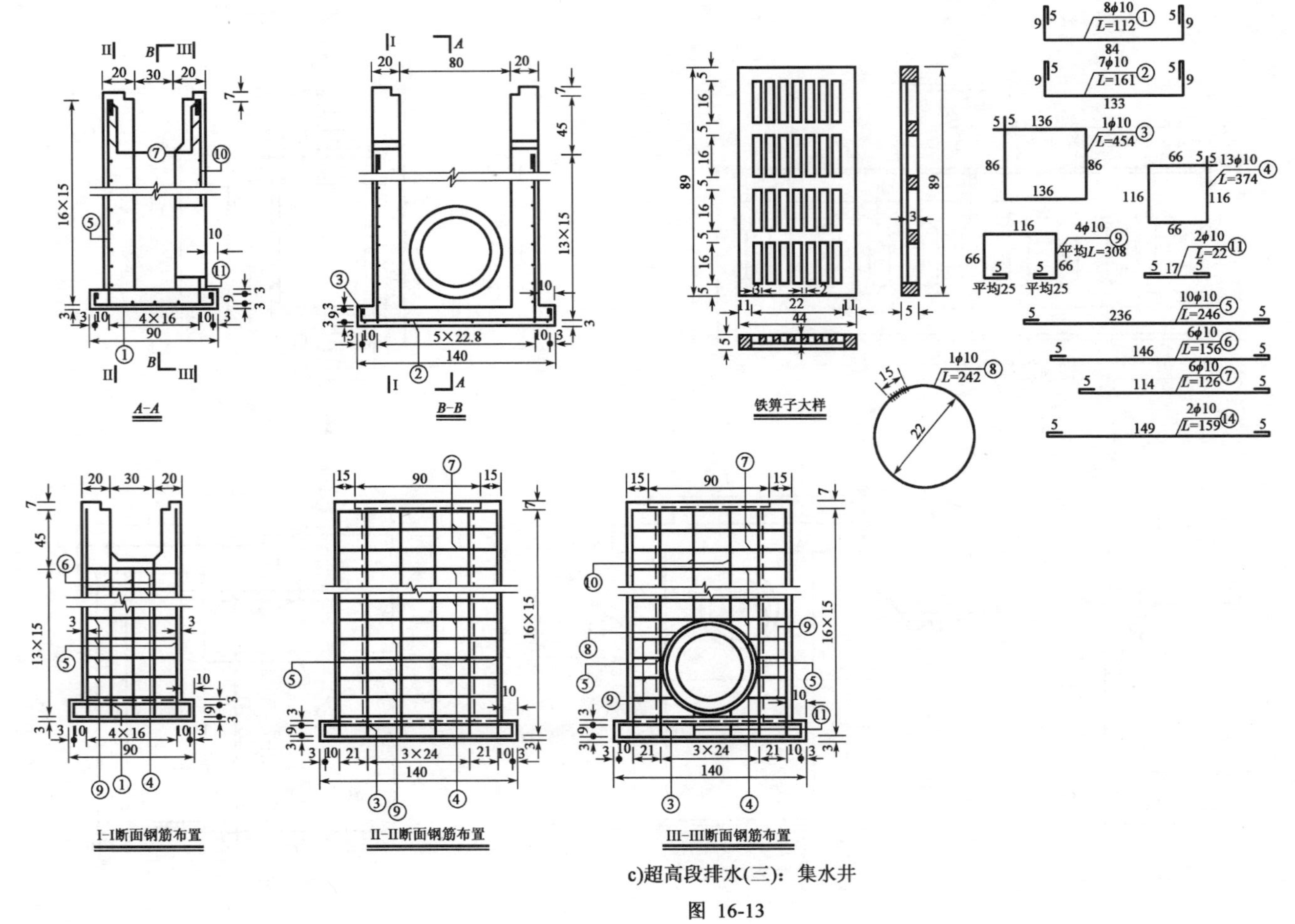

c)超高段排水(三)：集水井

图 16-13

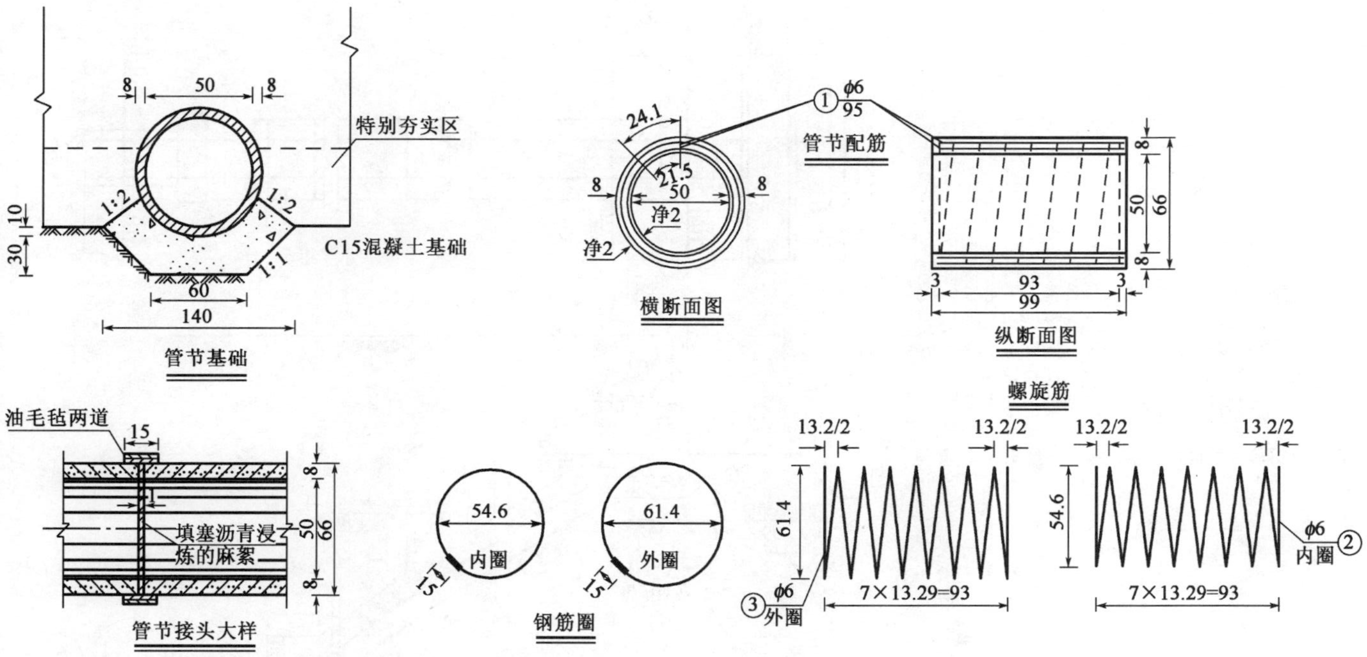

8 50 8
特别夯实区
1:2 1:2 1:1
10 30
C15混凝土基础
60
140
管节基础

① φ6/95
24.1
21.5
8 50 8
净2
净2
横断面图

管节配筋

8 50 8 66
3 93 3
99
纵断面图

油毛毡两道
15
1
填塞沥青浸炼的麻絮
8 50 8 66
管节接头大样

54.6
内圈
15
61.4
外圈
15
钢筋圈

螺旋筋
13.2/2 13.2/2
61.4
③ φ6 外圈
7×13.29=93
13.2/2 13.2/2
54.6
φ6 ② 内圈
7×13.29=93

注:1.本图尺寸除钢筋直径以mm计外，其他均以cm计。
2.钢筋末端封闭15cm,并用铅丝扎牢。
3.管节接头采用沥青浸炼的麻絮填塞，管内、管外各填一半，不得从管外一次填满，最后用满涂热沥青的油毛毡围裹两道。
4.管顶填土要夯实，管中心以下填土的压实度应在95%以上。
5.基础垫层厚度从管外底至基底30cm。
6.本图钢筋圈数仅为示意。

d)超高段排水(四)

图 16-13

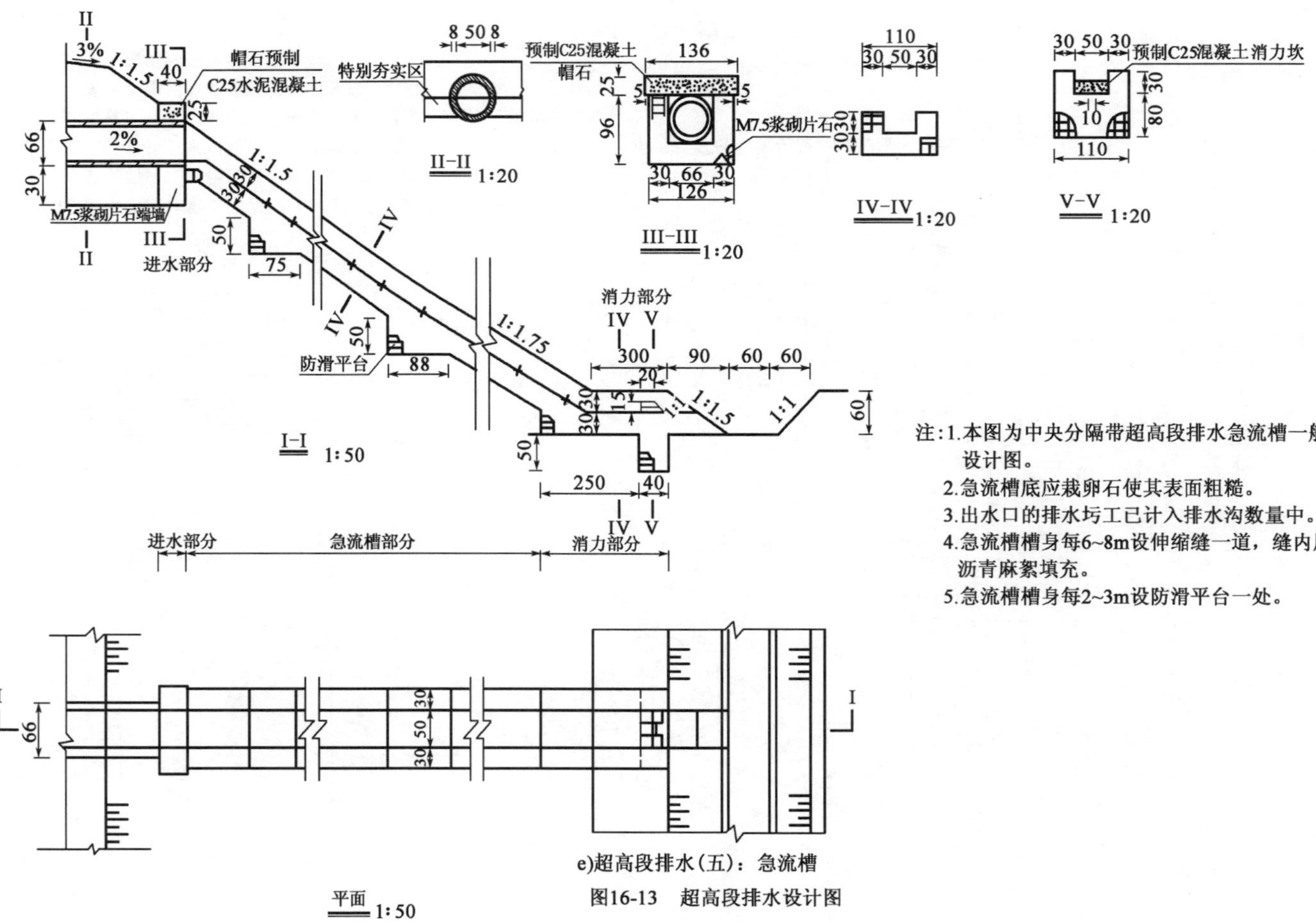

e)超高段排水（五）：急流槽

图16-13　超高段排水设计图

注：1.本图为中央分隔带超高段排水急流槽一般设计图。

2.急流槽底应栽卵石使其表面粗糙。

3.出水口的排水圬工已计入排水沟数量中。

4.急流槽槽身每6~8m设伸缩缝一道，缝内用沥青麻絮填充。

5.急流槽槽身每2~3m设防滑平台一处。

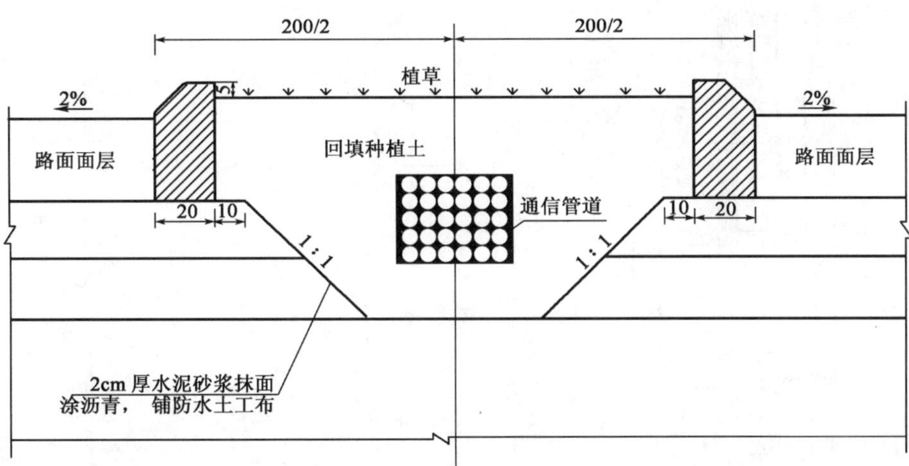

注：1. 本图尺寸以 cm 计。
2. 本图适用于挖方路段。
3. 图中管道通信仅为示意图。

a) 中央分隔带排水（一）

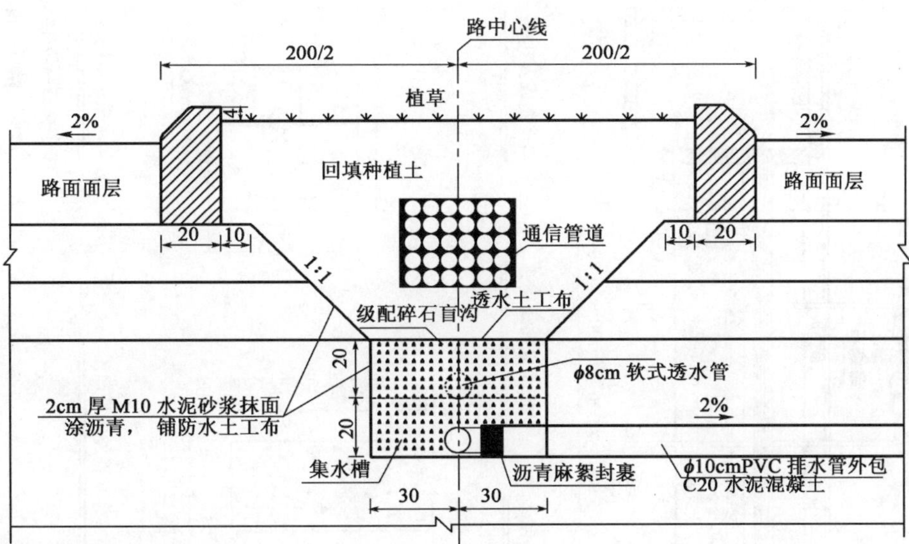

注：1. 本图尺寸以 cm 计。
2. 本图适用于填方路段。
3. 图中管道通信仅为示意图。

b) 中央分隔带排水（二）

图　16-14

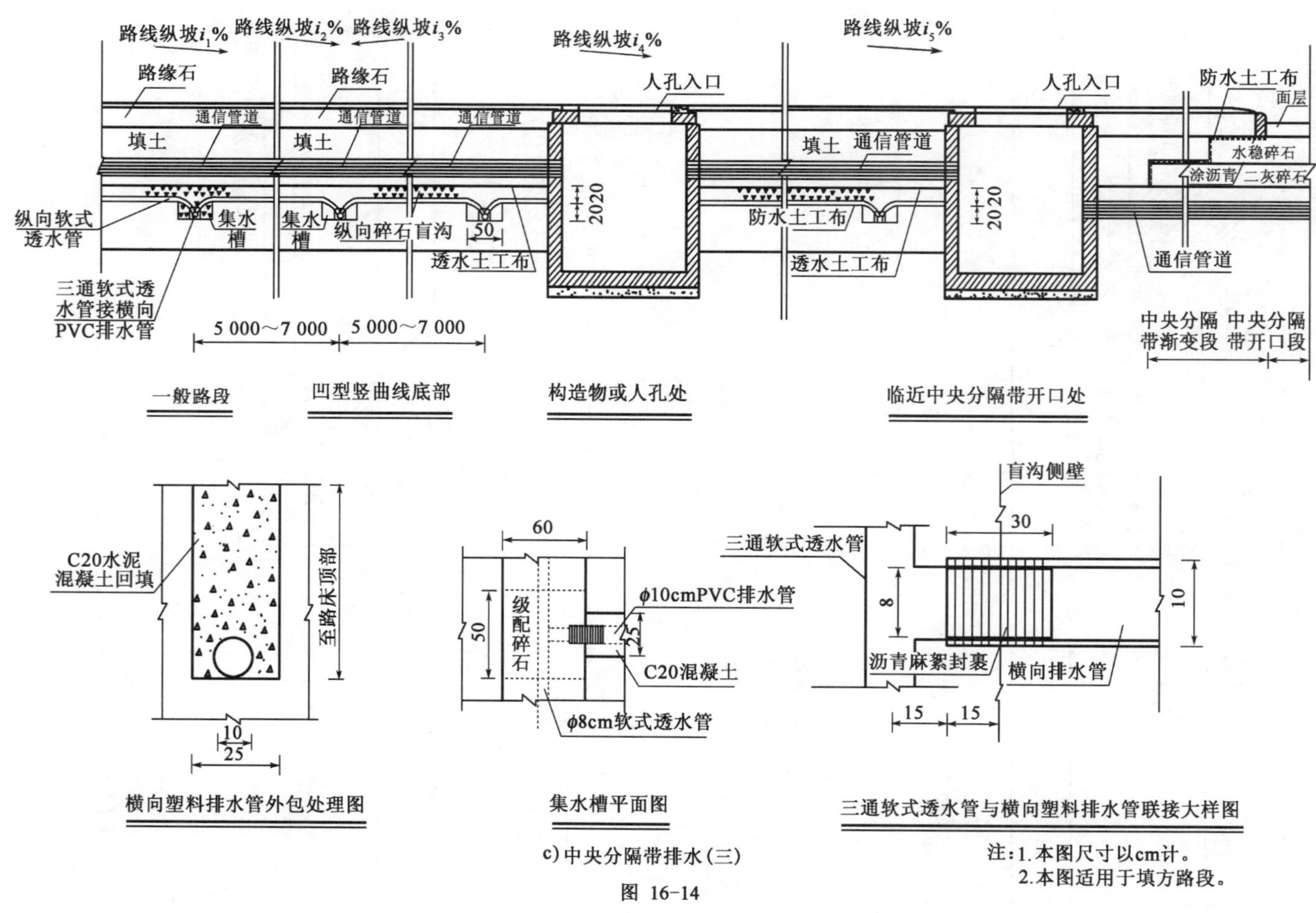

c) 中央分隔带排水(三)

图 16-14

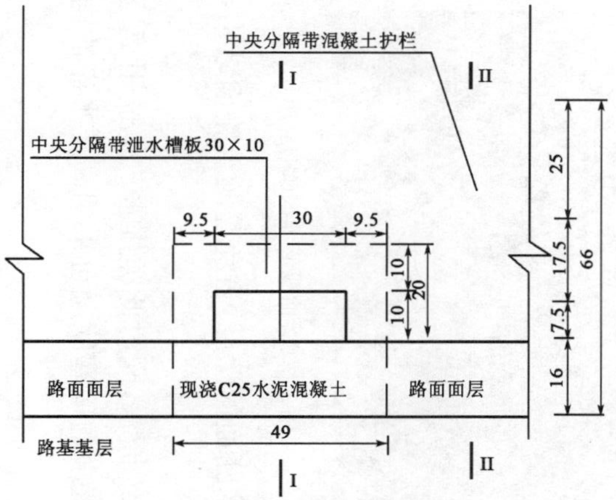

中央分隔带排水槽立面图

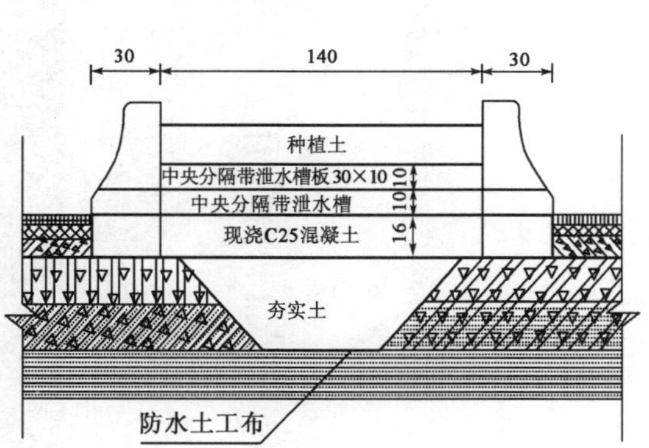

II-II

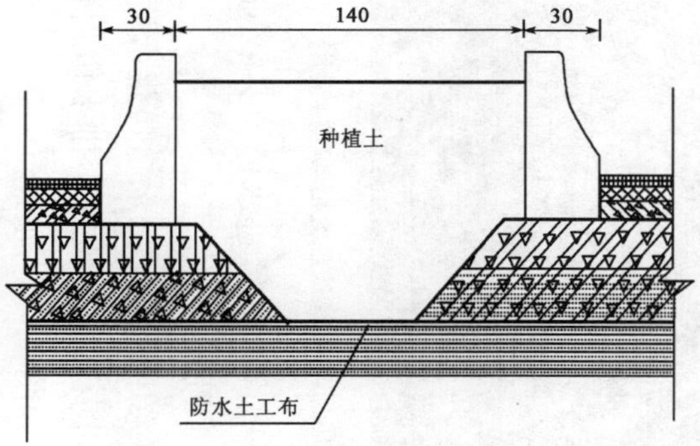

II-II

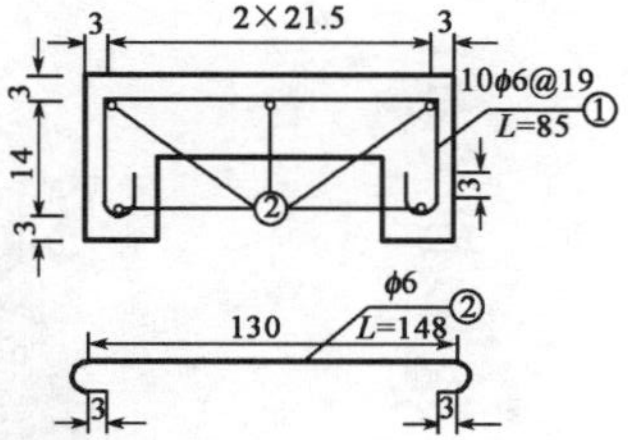

中央分隔带泄水槽板

注：1. 本图尺寸除钢筋直径外，其余均以cm计。

2. 中央分隔带泄水槽每5m设一道。

3. ①、②号钢筋均为I级钢筋。

4. 本图适用于填方较低或挖方的超高段排水。

5. 基底应夯实，夯实后底板做深安装。

d) 中央分隔带排水（四）：中央分隔带排水槽

图16-14　中央分隔带排水设计图

16.7　中央分隔带排水

填方路基段中央分隔带下设置碎石盲沟，通过横向排水管排除积水，上部回填种植土，植草绿化、植树防眩。

挖方路基段在路面底基层以上，中央分隔带培土和路面面层、基层之间采用水泥砂浆抹面、涂沥青、铺设防水土工布的处理措施。进入中央分隔带的降水通过自然蒸发排除。

16.8　阶梯式急流槽的应用

在急流槽内设置阶梯，可降低水流流速，减少水流对边坡的冲刷，如图16-15所示。

16.9　曲线形排水口及各种排水口的应用

(1)采用曲线形排水口可增加排水口的排水量，避免道路积水过多，如图16-16 所示。

图 16-15　阶梯式急流槽的实际应用

图 16-16　曲线形排水口的应用

(2)边沟内设置进水口，可减小边沟过水断面的深度，避免蔓延至路面结构，如图 16-17 所示。

(3)采用狭槽式排水口可最大限度的节约面积，同时此类排水口也适用于城市道路的步行街等位置。排水口由于沉积带来的堵塞问题可采用高压水流冲刷来解决，如图 16-18 所示。

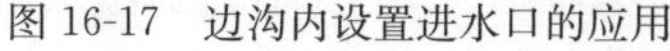
图 16-17　边沟内设置进水口的应用

图 16-18　狭槽式排水口的应用

(4)“清道夫”式排水口既可解决排水口被水中携带的碎片的堵塞问题，又可加大雨水口的排水能力如图 16-19、图 16-20 所示。

(5)收费站排水沟渠的应用如图 16-21 所示。

图 16-19　等长式“清道夫”式排水口的应用

图 16-20　不等长式“清道夫”式排水口的应用

图 16-21　收费站排水口的应用

16.10 边坡防水的应用

如图 16-22 所示，对于平坡路段，可采用漫流式排水。为避免水流对边坡的冲刷作用，可采用浆砌片石来防水。

16.11 桥面排水的应用

桥面排水口及桥下落水管的布设如图 16-23、图 16-24 所示；为避免水流渗入路面层间结构，可在路面铺面边缘处设置防水压条，其示意图如图 16-25 所示；利用桥梁的伸缩缝作为横向排水构造，如图 16-26 所示；桥梁的另一种排水结构是采用碎石盲沟，其处理方法分别如图 16-27、图 16-28 所示；碎石排水盲沟的施工如图 16-29 所示。

图 16-22　边坡防水的应用

图 16-23　桥面排水口的布设

图 16-24　桥下横向、纵向落水管的布设

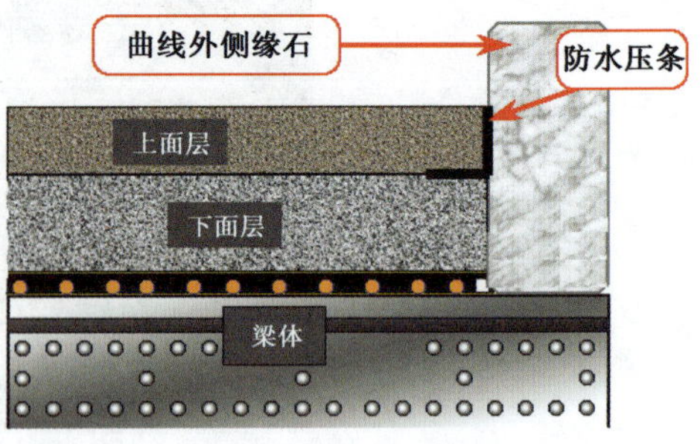

图 16-25　桥面防水压条应用示意图

图 16-26 桥梁伸缩缝横向排水构造

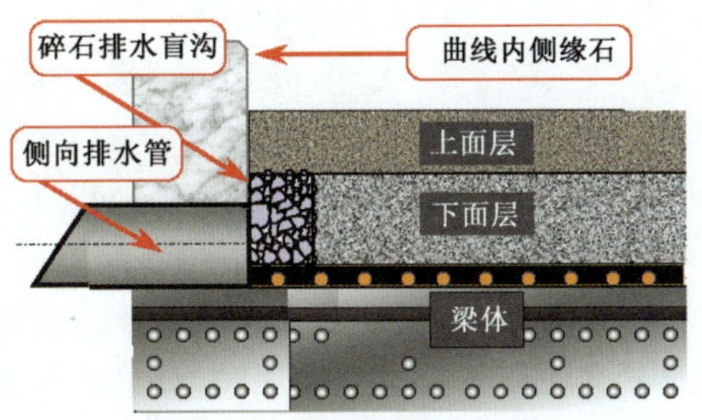

图 16-27 碎石排水盲沟处理方法(一)

图 16-28 碎石排水盲沟处理方法(二)

图 16-29 碎石排水盲沟施工

参 考 文 献

[1] 姚祖康.公路排水设计手册[M].1版.北京:人民交通出版社,2002.

[2] 叶镇国.水力学及桥涵水文[M].1版.北京:人民交通出版社,2003.

[3] 谈至明.公路排水系统设计方法的研究[R].西部交通建设科技项目,2003.

[4] 交通部第二勘察设计院.公路设计手册[M].北京:人民交通出版社,1997.

[5] 余常昭.明槽急变流——理论和在水工中的应用[M].北京:清华大学出版社,1999.

[6] 文康.地表径流过程的数学模拟[M].北京:水利电力出版社,1991.

[7] 中华人民共和国行业标准.JTJ 018—97　公路排水设计规范[S].北京:人民交通出版社,1998.

[8] 李志刚,吴伟,陈云鹤.高速公路路堤边坡冲刷防护临界高度初探[J].公路交通科技,2003(3):24-27.

[9] 陈云鹤,钱国超,李志刚.路表排水泄水口设计合理性的验核方法[J].公路交通科技,2002 (5):28-31.

[10] 刘利群,陈旸.湖南高速公路的路界排水设计[J].湖南交通科技,2001(2):18-19.

[11] FHWA. Guidelines for design of subsurface drainage systems for highway structural sections[M]. Washington, D. C. FHWA, 1973.

[12] Federal Highway Administration (FHWA). Urban drainage design manual[M]. Hydraulic Engineering Circular No. 22. Second Addition, FHWA-NHI-01-021. Washington, D. C. , August 2001.

[13] Anderson D A, Huebner R S, Reed J. Improved surface drainage of pavements. Prepared for the national cooperative highway research program [J]. Transportation Research Board, National Research Council by The Pennsylvania Transportation Institute. The Pennsylvania State University. University Park, Pennsylvania. June 1998.

[14] Chen C L. Generalized manning formula for urban storm runoff routing [C]. Second International Conference on Urban Storm Drainage. University of Illinois. Champaign-Urbana. June 1981.

[15] Reed J R and Kibler D F. Hydraulic resistance of pavement surface[J]. Journal of Transportation Engineering. ASCE, 109(TE2),March 1982:

286-296.

[16] Gallaway R M, Schiller R W, Rose J G. The effects of rainfall intensity, Surface texture, and Drainage length on pavement water depths[J]. Research Report Number 138-5, Study Number 2-8-69-138, Texas Transportation Institute, Texas A&M University, College Station, Texas. May 1971.

[17] U S. Department of transportation. Summary of federal highway administration's drainage efforts[M]. February 2002.

[18] Zhang W H and Cundy T W. Modeling of two-dimensional overland flow [J]. Wat. Resour. Res,25(9):2019-2035

[19] Hirt C W and Nichols B D. Volume of fluid(VOF)method for the dynamics of free boundaries[J]. J Comput. Phys, 1981,39:201-225.

[20] Rodl V. Turbulence models and their applications in hydraulics[M]. IAHR Publication. Delft The Netherlands, June 1984.

[21] 刘朴.快速干道综合排水系统研究[D].上海:同济大学,2004.

[22] 陈长英.复式明渠断面水流特性研究[D].南京:南京水利科学研究院,2002.

[23] 陈景仁.湍流模型及有限分析法[M].上海:上海交通大学出版社,1988.

[24] 张林洪,吴华金.公路排水设施施工手册[M].北京:人民交通出版社,2005.

[25] 中华人民共和国行业标准.SL 18—2004 渠道防渗工程技术规范[S].北京:中国水利水电出版社,2005.